高等学校应用创新型人才培养系列教材

金融学专业

信用管理（第二版）

主　编　唐明琴　王纯红

副主编　王红梅　叶湘榕　高晓娟

高等教育出版社·北京

内容简介

自2014年国务院发布《社会信用体系建设规划纲要（2014—2020年）》之后，我国的社会信用体系建设进入了加速发展的新阶段。除信用管理专业之外，其他不少经管类专业（如金融学专业）也开设了信用管理学基础课程。本书适应新时代社会对信用管理人才培养的需求，着眼于培养高素质的应用创新型人才。

本书分为宏观信用管理和微观信用管理两篇，共十一章内容，分别是：信用、信用风险与信用管理，社会信用体系，征信技术与服务，信用管理服务，信用管理环境建设，信用监管，政府信用管理，企业信用管理，消费者信用管理，商业银行信用管理和非银行金融机构信用管理。本书的主要特点是浓缩理论、拓展实践、应用为先，充分体现了“理论为体、实践为用”的原则并通过二维码对相关专业文章、视频、网站进行了关联。

本书可作为应用型本科院校的信用管理专业、金融学专业和其他经管类本科专业教材，也可作为经管类专业研究生、信用管理专业研究人员、信用管理从业人员和政府信用管理、经济管理干部的学习参考用书。

图书在版编目（CIP）数据

信用管理/唐明琴，王纯红主编．--2版．--北京：高等教育出版社，2019.5（2022.8重印）
金融学专业
ISBN 978-7-04-051683-8

Ⅰ．①信… Ⅱ．①唐… ②王… Ⅲ．①信贷管理-高等学校-教材 Ⅳ．①F830.51

中国版本图书馆CIP数据核字（2019）第062567号

策划编辑 郭金录　　责任编辑 奚 玮　　封面设计 张 志　　版式设计 于 婕
责任校对 李大鹏　　责任印制 朱 琦

出版发行 高等教育出版社
社　　址 北京市西城区德外大街4号
邮政编码 100120
印　　刷 三河市骏杰印刷有限公司
开　　本 787mm×1092mm 1/16
印　　张 24
字　　数 540千字
购书热线 010-58581118
咨询电话 400-810-0598
网　　址 http://www.hep.edu.cn
　　　　 http://www.hep.com.cn
网上订购 http://www.hepmall.com.cn
　　　　 http://www.hepmall.com
　　　　 http://www.hepmall.cn
版　　次 2014年9月第1版
　　　　 2019年5月第2版
印　　次 2022年8月第6次印刷
定　　价 50.00元

物 料 号 51683-00

编委会名单

总前言

金融是现代经济的核心，在资源配置中起关键作用。在金融全球化背景下，其运行状况关系到一国经济运行的稳定和效率，乃至影响国家经济安全。近年来，随着我国经济实力不断增长，中国金融国际化的步伐在加快，金融人才需求呈现出高端化和多样化的趋势，这对我国金融高等教育和金融人才培养提出了新的要求。未来我国金融人才的培养既要适应经济全球化的大趋势，又要立足于中国经济、金融改革与发展实际，确立多样化人才培养目标，不断创新人才培养模式，既要培养厚基础、宽口径、复合型、国际化高级人才，又要培养专业技能熟练、实践能力强的应用型专门人才，以满足社会经济发展对金融人才的多样化、多层次需求。

从我国目前金融人才供求水平来看，主要是人才质量和结构矛盾较为突出。一方面，国内许多金融类企业面临适应经济、金融全球化的应用创新型专业人才紧缺的状况，"招不到合适人才"；另一方面，每年金融类专业部分毕业生就业形势严峻，"找不到对口工作"。究其原因，主要是由于目前我国金融学专业人才培养的质量和专业结构还远远不能满足经济和社会发展的需求。因此，抓紧培养知识、能力、素质协调发展的应用创新型金融人才显得尤为重要。应用创新型人才应全面掌握金融学专业基本理论体系和专门知识，以及金融领域基本工作技能，金融分析的基本工具和方法；能熟练运用计算机、外语和数学等现代金融活动所必需的工具；具有良好的人文品德修养、职业道德和社会责任感；形成良好的金融职业素养。

作为对培养金融学专业新型人才这一社会需求的回应，2012 年 12 月，在高等教育出版社的组织协调下，原中国人民银行所属六所院校聚首北京，共同商定联合编写金融学专业"应用创新型"人才培养系列教材。这些原中国人民银行所属院校从事金融教学、研究已经 50 多年，专业功底厚实。更为难得的是它们始终参与、跟踪我国金融改革发展，熟悉金融业务及其发展变化，较早形成了实力型师资团队，教材建设的经验也比较丰富。以它们为主通力合作，承担编写工作，再合适不过。

为了能够让该系列教材的研发有的放矢、凝聚共识，结合新时期金融学专业应用创新型人才培养的主要特点，编委会总结了我国高校金融学专业所选用教材现存的主要问题：一是教材老化太快。以国有银行股改上市为标志，近十年来金融业的转型变化最快、最为实质，从制度、组织、内部管理、经营机制，到业务、产品和技术手段，均被不断创新，市场逻辑强力主导金融变革前行。仅从业务层面看，资本节约型业务成为普遍选择，零售业务、小企业融资、"三农"服务以及中间业务蓬勃发展，财富管理等各类资产管理业务在银行、证券、保险等行业迅速兴起。传统业务正在向多元化价值增值型业务转型，综合经营已经显化。新情况凸显出已有教材的局限性，书本与现实的差距正在拉大。二是教材选择左右为难。已有版本大部分是研究型的,教材优秀,越编越厚,理论够肥,技能偏瘦,不太适合应用创新型人才的培养和教学,学生厌烦,老师无奈,用人单位抱怨。纠结之中,大家盼望能出一套新书,把金融服务的基本理论、知识和技能讲得清楚、明白而简练,把近年来金融转型的创新发展及其趋势概括进来,以利对学生进行未来从业的基本功训练。

基于对以上问题的分析和总结,编委会对本系列教材的研发明确提出了以下几点要求:

其一,教材内容要兼顾眼前和长远,较好地适应金融业发展变化。现代金融业创新很快,但方向和路径确定:一是不断提升服务质量,更新技术,使公众金融消费更加便利、安全;二是科学管理公众财富,努力实现公众财富的安全和增值;三是不断提高经营水平以利增加社会福利,防止风险损失外化。把握以上三条,内容的取舍选择就有了主心骨,可以按这三条组织贯穿。具体到各门课程,认真概括现阶段金融业的创新变化,参照国际同业的最新发展,分析未来发展趋势,对现有教材的基本知识和技能重新提炼,全面更新。

其二,教材主要侧重金融学专业的基本技能。金融实务虽然浩繁庞杂,但其业内一般性、普适性的技艺可以被提炼出来。任何行业都有业内通用的技术元素,正像一套令人眼花缭乱的武术一样,不过是由一些基本的拳脚招式有机整合而成。基本招式学到手,变成自己的能力,方才称得上基本技能。基本技能提炼得越全面、越准确,教材内容就越稳定、应变能力就越强。因此,本系列教材的内容力求精练、简约,表达清晰,按国际同业通用规则标准化讲述。

其三,理解和掌握基本技能,必须明确相关基本理论和知识,做到"知其所以然"。本系列教材以基本技能为导向,即掌握技能需要什么理论知识,就讲什么理论知识,并不追求理论的全面系统性,不考证理论的来龙去脉。换句话说,讲理论知识是为了应用,而不是去探讨研究。在经济学、数学、统计学、会计学等公共基础课程中,已经奠定了专业理论基础,一些原理、模型等理论工具讲得比较系统、清楚。专业基础课如金融学、金融市场学、投资学等,不再需要重复讲述公共课中已有的理论,只讲更为专业对口并被实践应用的理论。而一般专业课则只讲知识和技能,必须提到的理论,点到为止,直接将理论工具加以运用。如此,大幅度减少重复内容,避免教材越编越厚。

其四,编写形式新颖。本系列教材的编写体例力争实现内容与形式的统一,并进行了大胆探索与创新,各章有引例(导言)、知识结构图、小资料(小案例、小链接)、本章小结、关键术语、复习思考题、案例分析、本章实训、延伸阅读等栏目,便于在教学中启迪思维,开阔视野。

其五,网络资源支持。本系列教材通过二维码技术将纸质教材与数字化资源实现互联,尤其是部分教材与主编所在高校负责的省级精品资源共享课(省级精品课程)实现互联,通过为广大教师、学生提供相关课程的教学课件、教学计划、教学大纲、案例、试卷等辅助教学资源和学习资料,力求对大家的教学和学习有所帮助,也希望成为金融学专业教师资源共建共享的有效途径。

本系列教材的大纲完成后,编委会于2013年4月邀请国内著名专家召开了教材大纲审定会议。审定专家有:西南财经大学曾康霖教授,中央财经大学李健教授,南开大学范小云教授,厦门大学陈蓉教授、康国彬教授。专家们在认真听取了各位主编对大纲的介绍后，逐一对大纲提出了具体指导性意见。会后，各位主编根据专家的意见进行了认真修改和完善。为进一步把握本系列教材的编写质量并广泛征求意见，2013 年 11 月，在各位主编提交样章后，编委会又邀请了一批专家对本系列教材的样章进行了审定。审定专家有：中南财经政法大学朱新蓉教授、韩旺红教授、张金林教授、章晟教授、万健琳副教授；湖南大学乔海曙教授、彭建刚教授、姚小义教授；厦门大学康国彬教授和陈蓉教授；对外经济贸易大学邹亚生教授；江西财经大学桂荷发教授；中央财经大学许飞琼教授、栾华教授，马亚副教授、聂利君副教授；内蒙古财经大学王青山教授；南开大学何青副教授。专家们结合本系列教材的编写原则和设计要求，认真审阅了样章，对所评审教材样章提出了具体修改意见，并对下一步的写作提出了很多宝贵意见。评审后，各位主编又根据专家的意见进行了认真修改、完善，最后编写完成并定稿。可以说，本系列教材不仅反映了原中国人民银行所属六所高校几十位教师的研究成果和教学经验，而且凝聚了审稿专家和所有参与本项目研究、写作的全国同行专家的智慧，是集体智慧的结晶。

教材出版了，编写工作只完成了起步阶段的任务。对教材中的不足与不当之处，敬请广大读者和教师批评与指正，以便再版时修正和完善。

金融学专业应用创新型人才培养系列教材编委会

2014 年 7 月

第二版前言

2014年至今,我国的社会信用体系建设有了很大发展。2014年6月,国务院出台《社会信用体系建设规划纲要(2014—2020年)》,随后各省、市相继出台了社会信用体系建设地方规划,全国的社会信用体系建设很快步入全面和深入发展的历史新阶段。在过去的四年,无论是信用法规制度、标准体系,还是征信系统、信用管理服务市场、教育科研等,都得到了长足的发展。在社会信用体系建设大发展的背景之下,《信用管理》教材也迎来了第一次修订。

本次修订的主要内容包括:

(1) 根据最新法规制度和行业发展情况修改相应内容,相关行业统计数据更新至最近。如第五章增加了2017年出台的《上海市社会信用条例》内容;第六章根据2018年3月银监会和保监会合并的改革方案调整相应内容;第二章、第四章进行多处数据更新。

(2) 调整内容的难易度及知识点,做局部的删减。如第一章删除了“信用的产生与信用形式的演进”内容。

(3) 规范术语的名称、定义和分类等。如第二章名称由“社会信用管理体系”改为更被广泛熟知的“社会信用体系”;第三章征信定义改用国家标准中信用基本术语的表述;第九章消费者信用的分类改用国内教材较普遍采用的分类方法。

(4) 正文中拓展阅读、图表、二维码等做删减、更换或增加,部分章实训内容更换。如第七章、第十章、第十一章的案例资料和实训内容都进行了更换。

(5) 改正第一版的错误之处。主要是改正个别出现的字、词、句、标点符号、英文拼写和排版的错误。

(6) 对文稿再进行文字上的润色。

修订后的教材更为突出了以下三个特点:

(1) 与时俱进。信用管理行业近几年的发展和变化比较大,教材尽可能反映出行业变化的情况和最新的状况。

(2) 内容丰富。本次修订在保持基本架构不变的情况下,替换、更新和增加了不少内容,使得全书内容更为丰富,更具可读性。

(3) 应用特色。修订的主体内容是行业发展前沿和专业知识拓展应用,因此修订之后的教材更突出了其应用特色。

本次修订由唐明琴教授主持,历时约三个月完成。参与修订单位包括广东金融学院、哈尔滨金融学院、上海立信会计金融学院、湖北经济学院、南京审计大学五所高校以及深圳佳信隆企业管理咨询有限公司。各章的具体修订工作由原作者负责完成,王纯红对应用部分内容提出修订意见,叶湘榕负责统一全书修订内容,唐明琴教授负责最终审定。

参加本教材编写的各位作者已尽最大努力,但囿于学识与水平,错漏在所难免,谨望得到批评指正。

编　者

2019 年 1 月 1 日于广州

第一版前言

信用管理作为一门新兴交叉学科在我国发展已有十几年的历史。自2002年我国开设信用管理本科专业以来，“信用管理”一直是作为各高校信用管理专业的基础课程来开设的。后来，随着信用经济深入发展和社会信用体系建设不断推进，信用管理越来越确定无疑地成为社会管理体系的一个重要组成部分，不少财经类院校的经管类专业也都相继开设“信用管理”课程，一些高校将其作为金融学、保险学等专业的必修课或选修课开设，还有一些高校则开设了“信用管理”全校公选课。“信用管理”课程有成为经管类专业基础课程的趋势。

在信用管理教育快速发展的同时，相关教材建设则显得相对落后。主要表现在两个方面：一是越来越多的应用型高校开设信用管理本科专业，却没有合适的教材。开设信用管理专业的本科院校大都是应用型本科院校，它们急需与教学实际相适应的应用型教材，然而市面上大都是理论性比较强的教材，选择有限，而它们自身又不具备编写教材的条件。二是越来越多的非信用管理专业开设信用管理课程，也没有合适的教材。市面上现有教材大多是为信用管理专业而编写的，这样的教材对于非信用管理专业并不是那么合适。关于教材的适用性，从教材的名称我们可以看出一个大概。“信用管理概论”明显是为信用管理专业编写的理论性比较强的专业基础课程教材，“信用管理学”比较偏重信用管理理论的学习，而“信用管理”则较为偏重课程内容的应用性。目前，市面上非常缺少既能系统介绍信用管理理论又能侧重应用能力培养的教材。

基于以上认识，我们力争在本教材中体现以下特色：

（1）浓缩理论，拓展实践，应用为先。本教材坚持“实践为体、理论为用”的原则，在保持理论完整性和系统性的基础上，尽量把理论部分写“薄”，把实践部分写“厚”，在教材中置入大量案例，并通过章内引入“拓展阅读”，章后引入“本章实训”“延伸阅读”和“相关网站”的形式来培养学生的应用创新能力。

（2）宏观和微观相结合，全景式展现信用管理学科的内容。本书既包含宏观信用管理的内容也包含微观信用管理的内容，通过本教材的学习，学生对信用管理学科知识的全貌会有一个比较好的理解。这对非信用管理专业的学生尤其有用。

（3）体现新兴交叉学科特色。信用管理是经济学、金融学、市场营销、财务管理和法学等诸多学科交叉的新兴学科，本教材内容也充分体现了这个特色。

（4）体现国际化和本土化相结合特色。国外信用管理学科发展已有几十年历史，积累了丰富的经验，本教材在展现我国信用管理理论和实践的同时，也介绍国外信用管理学科发展的最新成果。

全书分上、下两篇，上篇宏观信用管理六章，下篇微观信用管理五章，共十一章，分别是:第一章,信用、信用风险与信用管理;第二章,社会信用管理体系;第三章,征信技术与服务;第四章,信用管理服务;第五章,信用管理环境建设;第六章,信用监管;第七章,政府信用管理;第八章,企业信用管理;第九章,消费者信用管理;第十章,商业银行信用管理;第十一章,非银行金融机构信用管理。

本教材可作为应用型本科院校的信用管理专业和其他经管类专业教材,也可作为经管类专业研究生、信用管理专业研究人员、信用管理从业人员和经济管理干部的学习参考用书。

本教材属于普通高校金融学专业“应用创新型”人才培养系列教材之一。在高等教育出版社的协调统一下,由广东金融学院、哈尔滨金融学院、上海金融学院、上海立信会计学院、湖北经济学院、南京审计学院六所高校联合编写。全书由广东金融学院唐明琴教授提出总体构思,拟订基本提纲;由唐明琴、叶湘榕通读、统稿,并最后定稿。各章作者分别是:第一章,史福厚;第二章,王金平;第三章,成蓉晖;第四章,李杰群;第五章,高晓娟;第六章,丁远一;第七章,林江鹏;第八章,蔡赛男;第九章,叶湘榕;第十章,刘香;第十一章,王红梅。本教材配有教学课件、课后习题答案和模拟试题,供教师教学使用。

本教材在写作过程中参考了国内外同行的大量研究成果,谨在此向有关作者致以诚挚的谢意。本教材的写作得到了高等教育出版社和六所联合编写高校的大力支持,高等教育出版社张冬梅编审、郭金录副编审对本教材的写作给予了悉心指导和鼎力支持,西安交通大学周好文教授、南开大学金融系何青副教授给本教材提出了宝贵的意见,在此一并对他们表示衷心的感谢。

参加本教材编写的各位作者已尽最大努力,但囿于学识与水平,错漏在所难免,谨望得到批评指正。

编　者

2014 年 6 月于广州

目 录

上篇 宏观信用管理

第一章 信用、信用风险与信用管理 …… 3
第一节 信用 …… 4
第二节 信用风险 …… 10
第三节 信用管理 …… 18
第二章 社会信用体系 …… 29
第一节 社会信用体系概述 …… 30
第二节 征信国家的社会信用体系 …… 39
第三节 我国社会信用体系建设和发展 …… 51
第三章 征信技术与服务 …… 61
第一节 征信与征信服务概述 …… 62
第二节 信用信息管理系统 …… 69
第三节 征信标准化 …… 74
第四节 信用评级 …… 76
第四章 信用管理服务 …… 89
第一节 信用管理服务概述 …… 90
第二节 商账追收 …… 95
第三节 保理 …… 100
第四节 信用保险 …… 107
第五节 信用担保 …… 111
第六节 信用管理咨询 …… 114
第五章 信用管理环境建设 …… 119
第一节 信用管理的法律制度环境 …… 120
第二节 信用管理的经济环境 …… 138
第三节 信用管理的文化环境 …… 143
第六章 信用监管 …… 151
第一节 信用监管概述 …… 152
第二节 政府信用监管 …… 156
第三节 政府专业监管部门对信用的监管 …… 160

第四节　消费者信用监管 …… 173

下篇　微观信用管理

第七章　政府信用管理 …… 183
第一节　政府信用管理概述 …… 184
第二节　公债信用管理 …… 193
第八章　企业信用管理 …… 207
第一节　信用销售与企业信用管理 …… 208
第二节　企业信用政策 …… 215
第三节　客户及其评价 …… 222
第四节　应收账款管理 …… 230
第九章　消费者信用管理 …… 241
第一节　消费者信用概述 …… 242
第二节　消费者信用管理程序 …… 251
第三节　消费者信用评价 …… 261
第十章　商业银行信用管理 …… 273
第一节　商业银行信用管理概述 …… 274
第二节　商业银行信用管理的基本内容 …… 283
第三节　商业银行贷款的信用管理 …… 291
第十一章　非银行金融机构信用管理 …… 311
第一节　证券公司信用管理 …… 312
第二节　保险公司信用管理 …… 331
第三节　信托与租赁公司信用管理 …… 345

参考文献 …… 365

上篇　宏观信用管理

第一章

信用、信用风险与信用管理

本章导言

现代市场经济也被称为信用经济，信用无处不在，无时不有，已渗透到社会经济生活的方方面面。信用经济的发展源于信用交易的开展。在信用交易活动中，必然涉及信用、信用风险、信用管理三个内涵各异而又具有密切联系的经济范畴。因此，对于信用、信用的基本特征、信用主体、信用在经济生活中的作用有必要深入了解。而且，信用交易与信用风险，两者如影随形，相伴而生。信用风险的存在，往往会加大信用交易成本，所以信用风险管理应运而生，并由此引申出了信用管理的技术和方法。

本章主要从信用的内涵、信用主体、信用风险、信用管理几个方面，就其基本理论进行了较深入的阐释。

本章知识结构图

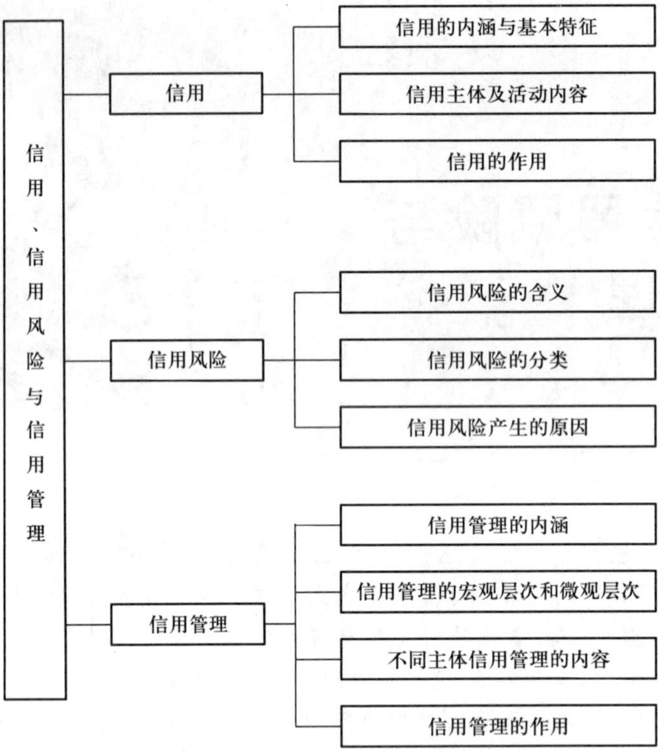

第一节 信　用

信用自产生以来,对社会经济发展和人们的生活产生了深远的影响。本节主要围绕信用的内涵、信用的基本特征、信用活动的主体及内容、信用的作用等方面的基本理论问题加以介绍。

一、信用的内涵与基本特征

(一)信用内涵的界定

1. 信用内涵的不同解释

信用是一个既古老而又现代的范畴,对信用内涵的解释无论是国内还是国外,都比较丰富。

有人考证,信用作为一个古老的经济范畴,早在西方的古希腊和中国西周时期便已经存在。英文的信用"Credit"一词来自拉丁文"Credere",意思是信赖。作为世界文明古国之一,中国素有"童叟无欺、诚实守信"的美德。但是,长期自给自足的经济体系和淡漠的商品交换意识,使中国传统文化更强调信用的品德层次,更重视用道德去约束人的行为。

古人云:无信不立,信者行之基。诚信是我国传统道德文化的重要内容,“自古皆有死,人无信不立”①,信用作为伦理道德的一个重要范畴,带有浓厚的“人伦”色彩。

《大英百科全书》把“信用”解释为:“指一方(债权人或贷款人)供应货币、商品、服务或有价证券,而另一方(债务人或借款人)在承诺的未来时间里偿还的交易行为。”我国《辞海》对信用的解释则较为广义,将其解释为“遵守诺言、实践成约,从而取得别人的信任”。国内一些较权威的教科书通常将信用解释为借贷活动,包括商品的赊销、货币的借贷、存款等,是指以偿还为条件的价值运动的特殊形式。“债权人以有条件让渡的形式贷出货币或赊销商品,债务人则按约定日期偿还借款或贷款,并支付利息。”

国内学者吴晶妹认为:“信用是获得信任的资本。信用是其拥有者社会关系与经济交易活动的价值体现。信用由意愿、能力与行为结果构成。信用最终通过社会关系的声誉、经济交易的授信额度、行为记录与评价等表现出来。”②可见,随着社会经济的发展,关于信用内涵的解释也有所不同。

2. 广义的信用与狭义的信用

基于以上有关信用内涵的解释,我们认为信用从理论上看有两层含义:一是伦理道德信用,即基于伦理道德价值判断的信用范畴,是指人们履行义务或责任的意愿和行为。它涉及政治、社会、经济、文化、道德各个方面,亦即人们通常所说的“诚信”概念,它是一切社会活动和经济活动的基础。二是契约经济信用,即基于经济价值判断的信用范畴,是指经济交易活动中经济主体(主要是受信人)按期履约的意愿和行为。但在现实社会经济中,两者密不可分,相互影响。

因此,广义的信用既包含伦理道德信用,又包含契约经济信用,体现了信用主体的诚信道德、遵守规则、践诺履约。狭义的信用即基于经济价值判断的信用范畴,是指经济交易活动中经济主体(主要是受信人)按期履约的意愿和行为,是一种“契约信用”。契约是双方或多方协议认可并承诺遵守的行为规则。它规定了双方的权利和义务,以及未能履行义务时的惩罚措施,是信用建立的一种法治化手段。狭义的信用包含了信用主体所表现出来的成交能力和履约能力。

拓展阅读 1-1

曾康霖谈诚信、信誉与信用

曾康霖在2002年对诚信、信誉与信用三者进行了比较和分析。他认为三者虽有共性,但更有个性。

诚信,即诚实守信,是自己对他人的承诺,是一种行为规范。信誉,指声望和名誉,是他人对自己的评价,是一种形象标志。信用,反映的是权利和义务的关系,是一种动态的经济过程。

① 论语[M]. 张燕婴,译注. 北京:中华书局,2006.

② 吴晶妹. 三维信用论[M]. 北京:当代中国出版社,2013.

更进一步说,这三者不能相提并论,因为它们各有不同的含义。

(1) 诚信是内生的,取决于自身的品德。信誉是外生的,取决于社会的评价。信用是互生的,既有授信方,又有受信方。

(2) 信誉和信用的确立大都需要通过媒介体,比如通过信用评估机构、征信机构确立信誉,通过金融机构建立信用关系。而诚信不需要,也不应当通过媒介体确立,不实事求是、夸大其词地包装和美化与诚信原则和精神相悖。

(3) 诚信是信用制度的首选思想基础和精神支柱,诚信必须从提高人们的精神追求和道德水准上去把握,而不应当把它作为一种谋取功利的工具。概括地说,诚信不具有商业价值,而"信誉""信用"具有商业价值。在市场上,"信誉"是无形资产,"信用"是一种交换手段。

(4) 诚信是每个人的义务,而不是权利,但"信誉"是某些人的权利,"信用"是权利和义务的结合。

(5) 不讲信用,必须他律,即应受到处罚。缺乏诚信和失信于人在一定程度上还难以他律。

(6) 信用关系能形成链条,相互传递,如"三角债"。但诚信不会形成链条,不存在某个人讲诚信、信誉高,与他相关联的另一个人也讲诚信、信誉高。

总之,诚信、信誉需要立足于哲学、社会学、心理学去考察,信用需要立足于经济学、管理学、金融学去考察。

需要说明的是,我们在讨论信用问题时,主要是以诚信角度作为出发点。比如,我们讨论信用缺失,实际上是指一种缺乏诚信基础的不遵守契约关系游戏规则(显性交易规则和隐性交易规则)的行为。在现实生活中,这种信用缺失可以表现为两个方面:

(1) 对正式的、明确性交易规则的违反。具体表现就是对由交易双方在法律制度框架下根据自由意愿原则所签订的合约条款的不遵守和违反。如贷款到期不还、上市公司发布虚假信息等。

(2) 对隐性交易规则的违反。或者说,对其他交易当事人受契约规则保护的合法利益的损害。如假冒伪劣产品、走私、行贿、假文凭等,都明显违背了公平竞争等隐性交易规则,损害了其他正常交易主体的利益。

资料来源:中国安装协会会讯,2006(2).

(二) 信用的基本特征

1. 信用具有契约性

信用靠契约维系,信用关系表现为一种债权债务关系,信用总是在交易双方认同的基础上产生,这种认同可以是有形的契约,也可以是无形的契约,可以是普遍的规则认同,也可以是仅适用于双方的特例。契约的履行要求经济主体必须具有主观上遵守承诺、履行义务的道德品格,客观上具有兑现或偿付的能力,在经济和金融范畴表现为偿还和付息。因此,守信是信用意愿和信用能力的统一。

2. 信用具有社会性

信用的社会性首先体现在社会心理因素上。信用是以信任为前提和基础的。对受信人的信任实际上是授信人对信用关系所具有的安全感,它是一种社会心理因素,依赖于受信人的资信。

信用的社会性体现为一种社会关系。信用不仅是个体行为,而且是发生在授信人和受信人之间的社会关系。成千上万的授信人与受信人发生信用关系,逐步深入社会生活的每一个角落,现代市场经济实质上是由错综复杂的信用关系编织而成的巨大社会关系网络。

信用的社会性也体现为人们在建立信用关系的过程中互相影响形成的群体行为。这种群体行为具有浓重的人文色彩,体现着人文、社会的一切规律与特征,而这一切最终体现为人与人之间的社会关系。这种社会关系最终构成了整个社会运行的信用环境,成为人类社会有序发展的基础。

3. 信用具有标志性

信用具有标志性,市场主体的信用状况可以通过最简单明了的符号表示出来,或是用分数,或是用字母表示的级别。这些标志可以反映不同市场主体的信用水平,并可以在社会公众中广泛传播。授信者可以据此确定对其客户的授信额度,受信者可以据此赢得客户的信任,投资者据此可以选择合适的投资对象,监管者据此可以实行分类监管。

信用标志需要以信用记录为基础,一般由能够拥有信用记录的机构提供这种服务。这些机构由拥有专业知识和信用管理技术的人员组成,将多种多样的信用主体,按照一定的信用管理理念分类;把庞杂、零散、无序的信用信息,按照一定的目的与用途分类管理;把多种多样的信用记录、信用行为等,按照一定的规则区分界定。然后用某些数理、统计方法或通过建立各种分析模型,将整理好的信用信息加以分析处置,形成一个确定的结果,并用简单的符号表示出来。

能够提供这种信用标志的机构,有行业协会或行业自律组织、政府职能部门、商业银行等授信机构及专业的第三方信用管理服务机构等。

4. 信用具有伦理性

信用属于伦理学的概念范畴,体现为一种约束人们行为的道德准则。信用不仅仅是一种社会关系,也不仅仅是一种交易方式,更是人类社会的一种价值观。诚实守信会得到社会的推崇和信任,失信则会遭受谴责。当人们都认同并遵循这种价值观和道德准则时,社会信用环境就会优化,失信的行为就会减少。

5. 信用具有风险性

任何信用都有既定的期限性,即在未来某个时间偿还。而未来具有不确定性,不确定性意味着风险性。风险性要求获得等价的价值补偿或回报。因此,可以说信用是基于信任心理而表现为多种形式,最终是为了获得"价值偿付"。这种偿付包括交易中商品"物有所值""货真价实""履行契约"等多种形式。

资金融通存在一定的风险,以信用方式融通资金的风险更大,授信者不仅要考虑能否获得相应的利息收入,还要分析本金能否收回。为确保资金的安全,授信者一般要对受信主体(债务人)的资信进行评估,对于资信好的企业和个人,才敢于提供融资。

二、信用主体及活动内容

信用主体,也可以称为信用活动的主体,是指信用关系的当事人,是信用关系的承载者和信用活动的行为者。西方信用发达国家一般分为法人主体和非法人主体。法人主体包括政府、工商企业、银行及非银行金融机构等,非法人主体主要是指消费者个人。我国法人主体除了政府、企业(包括工商企业、银行和各类非银行金融机构)外,还有事业单位和社会组织,所以,在我国信用主体一般分为政府、企业(包括工商企业、银行和各类非银行金融机构)、事业单位、社会组织等法人主体以及个人和家庭非法人主体。相对应,信用也分为政府信用、工商企业信用、银行和非银行信用、事业单位信用、社会组织信用、消费者信用、家庭信用等。下面主要介绍政府信用、企业信用、个人信用。

(一)政府信用

政府是信用活动的主体之一。政府信用是指以政府为授信方或受信方而产生的信用关系,我们称之为公信用或国家信用。它以国家机器和权力为后盾,具有一定的强制性,主要通过政策的制定、权力的运作、社会责任的承担等方面来直接和间接地表现政府信用。政府信用对整个社会信用体系而言具有引导和宏观调控的功能,具体包括信用规则的制定和保证信用规则能够被公正实施。政府作为信用活动的主体之一,包括中央政府和各级地方政府及其职能部门。

政府部门既是信用活动的主体,又是信用监管的主体。政府自身作为信用活动的主体,政府部门的信用活动,也可称为公共部门的信用活动、国家的信用活动或财政信用,是以中央政府和地方政府为主体,按照信用原则进行的授予信用与接受信用的信用交易活动。政府部门的受信活动是中央或地方政府以债务人身份通过发债、借款等方式向社会筹集资金,用于弥补财政赤字或调节经济。政府部门的授信活动主要是中央或地方政府向社会提供有偿贷款或投资、财政周转资金等财政有偿支出。政府部门的信用活动实质上是进行社会资金的再分配,具有鲜明的政策性。大多数国家政府部门的信用活动以受信为主。政府作为信用监管的主体,我们在本章第三节中加以介绍。

(二)企业信用

企业(包括工商企业、银行及各类非银行金融机构等)信用,是社会信用最重要的行为主体,企业信用对社会信用具有重要影响力。工商企业之间在商品交易中通过赊销商品、委托代销、分期付款、预付定金、延期付款等信用活动,直接与商品生产和流通相联系,其发展既增加了购货企业的资金融通渠道,又加快了销货资源的循环和周转,对经济发展起到重要作用。商业银行及各类非银行金融机构在授信活动中提供了广泛的金融服务。

企业信用活动主要是指工商企业、银行、各类非银行金融机构等信用活动的统称。从道德层面来讲,工商企业等通过培育内部的信用文化,营造企业内部规范运营、诚信交易的氛围,主动树立企业的信誉与品牌,使企业受到社会的广泛认同,进而建立社会公众对企业的信任。对外通过保证产品质量、承担社会责任、维护员工权益、增强服务意识、遵纪守法等树立良好的信用形象。甚至通过参与各种捐赠、资助等社会公益活动体现企业的社会责任等。

从法律层面来讲，主要是通过遵守国家的法律法规、遵守政府的行政管理规章、遵守社会秩序等方面，实现依法合规经营。正常经营的企业必须按照国家法律法规的要求，规范经营、依法纳税，在法律许可的范围内开展自己的经营活动。企业也必须遵守政府部门的行政管理规定，按照产品质量标准、环境保护标准、安全生产标准等开展各项生产经营活动。企业的经营活动也必须遵守行业规范等。

从经济层面来讲，工商企业通过对企业客户或消费者个人进行的赊账销售、委托给代理商的销售、通过信用卡和银行信贷进行的零售商品的信贷销售开展授信活动，通过向银行借款、发行企业债券、签发商业票据、分期付款等开展受信活动，以及为保障信用交易正常开展信用管理活动等。对银行、各类非银行金融机构而言，其信用活动包括：银行吸收存款、发放贷款履行信用中介职能，利用现代金融体系创造信用和收缩信用，各种非银行金融机构借助保险单、信托协议与契约、可买卖的基金、信用保险、信托、保理、担保、抵押、证券发行与交易等开展的信用活动等。

（三）个人信用

个人信用在社会信用结构中处于基础地位，是社会信用的微观方面。一般认为，个人信用为一般社会主体所享有。从广义角度看，个人信用的主要内容包括个人商业信用记录、社会公共信息记录及相应的资质认证、信用等级评估等信息，它使个人不仅单纯根据劳动报酬所得进行支付，也可以通过信用方式获得支付能力。从狭义的角度看，个人信用主要指消费者信用，所以个人信用也被称为消费者信用。虽然个人信用与政府信用和企业信用有所差异，信用功能各有侧重，但政府信用和企业信用无不与个人信用息息相关。因此，个人信用是社会信用的基础。

个人信用活动主要是个人作为信用行为主体所开展的有关活动。从道德层面来讲，主要指在人与人的交流过程中，每个人都能向对方传递真实、准确、单纯的信息，也就是说真话、办真事，以简化对方判断事物的过程。表现为个人在经济生活中做诚信人、行诚信事等诚信行为。从法律层面来讲，主要指个人遵守法纪和社会规则，遵守国家的法律法规和行政管理法规，个人要如实申报年收入，依法纳税、合理纳税等，交通不违章、不虚报瞒报等，自觉遵守社会公共秩序，遵守承诺和契约等。从经济层面来讲，主要是个人在经济领域作为受信方通过分期付款、住房按揭贷款、汽车消费贷款、信用卡等所获得的信用，通常被称为消费者信用。消费者通过分期付款、延期付款、赊购证等获得来自商家提供的信用和通过住房按揭贷款、汽车消费贷款、信用卡等获得来自银行等各类金融机构提供的信用，以满足个人或家庭的消费欲望等。

三、信用的作用

信用在经济中的作用，可以从多方面加以说明。普遍认为，信用经济是商品经济发展的高级阶段，现代市场经济被称为信用经济，现代信用深刻地影响着市场经济运行。

（一）信用是市场经济运行的前提与基础

市场经济的主要特征是资源配置，主要通过市场机制的作用来实现。市场机制的核心内容仍是商品交换，商品交换是市场经济运行的前提与基础。而商品交换的基本原则仍是建立在信用基础上的等价交换。交换双方都以信用作为守约条件,构成相互信任的经济关系。假如有一方不守信用,那么等价交换关系就会遭到破坏,经济活动就不能进行。可见,从商品经济的交换到市场经济扩大了的交换,乃至市场机制下的市场关系,都是以信用为基本准则的。没有信用,就没有交换与市场;没有信用,就没有经济活动存在与扩大的基础。事实证明,市场经济越发达就越要求诚实守信。诚实守信已成为现代文明的重要基础和标志。

(二)信用推动了微观经济主体的经济活动

信用推动了微观经济主体的经济活动,如企业之间通过商品的赊销赊购、预付定金、分期付款等商业信用活动,保证了生产和流通过程的顺畅,为经济的增长提供了信用支持;银行信用活动远远超出了商品交易的范畴,扩大了信用的范围、数量和期限,能够在较大程度上满足经济主体对资金的需要;利用国家信用形式所动员起来的资金被国家政府掌握利用,用来弥补财政赤字、调节经济等发挥特殊的作用;消费信用在一定条件下改善了居民的消费水平和消费质量,促进了消费商品的生产和销售,进而促进经济增长。

(三)信用推动了金融活动的形成和发展,创造了大量的信用工具

在现代经济中,金融活动是一切经济活动的基础与核心,社会资源的分配与调节是以金融活动为中心而最终实现的。信用是金融活动形成和发展的基础。人类的信用活动源于原始社会末期,随着社会分工与私有制的产生,出现了贫富差别。大量贫穷家族为了生活与生产不得不向富裕家族借贷,这就出现了原始的物物借贷。在货币被广泛使用的情况下,直接物物借贷发展为货币借贷,信用活动也得到了广泛发展。以信用为基础,在货币保管—兑换—经营的基础上产生了银行,伴随着银行信贷活动大力发展,银行成为经济的核心。以信用为前提,金融工具与金融资产被广泛交易与不断重组,金融市场因此日益发展与壮大,正逐渐成为现代经济的核心。也正是因为信用的发展,形成了以中央银行为核心、商业银行为主体、多种金融机构并存的二级银行体系,出现了多种信用工具,以及实现信用工具流通与转让的金融市场,为政府借助中央银行调节宏观经济提供了场所和经济手段等。

第二节　信用风险

一、信用风险的含义

(一)风险的不同解释及分类

1. 风险的不同解释

对于风险,不同的学者表述各异。决策理论家把风险定义为损失的不确定性。所谓不确定性是指不一定发生的事件或不确定的状态,这种不确定性又可分为客观的不确定性和主观的不确定性。客观的不确定性是实际结果与预期结果的离差,它可以使用统计学工具加以度量。主观的不确定性是个人对客观风险的评估,它同个人的知识、经验、精神和心理状态有关,不同的人面临相同的客观风险时会有不同的主观的不确定性。

统计学家把风险定义为实际结果与预期结果的离差度。如保险公司根据历史经验数据获得了承保住宅发生火灾的概率,但实际发生的火灾可能偏离预期的结果,统计学家用标准差来衡量这种风险。

有的保险学者把风险定义为一个事件的实际结果偏离预期结果的客观概率。[①] 也有不少学者把风险定义为未来结果的不确定性。此外,保险业内人士常把风险这个术语用来指承保的损失原因,如把火灾作为财产所面临的风险等。

结合前述不同的风险定义,我们认为风险是指在特定情况下和特定时间内,未来事件发生损失的不确定性。这里的风险,主要是指损失风险。

2. 风险的分类

为研究和管理风险,风险按照不同的标准有多种分类。

(1) 按照风险的性质分类。按照性质不同,风险可以分为纯粹风险和投机风险两大类。纯粹风险是指那些只有损失可能而无获利机会的风险。例如,火灾、沉船或车祸等事故的发生,将导致受害者的财产损失和人身伤亡,但不会获得任何其他利益。投机风险是指那些既可能有损失,也可能有获利机会的风险。例如,人们进行股票投资之后,面临股票市值波动的风险。

(2) 按照风险的环境分类。按照环境不同,风险可分为静态风险和动态风险两大类。静态风险是一种在经济条件没有变化的情况下,一些自然行为和人们的失当行为形成的损失可能性。如自然灾害、个人不诚实的品质会造成经济损失。动态风险则是在经济条件变化的情况下造成经济损失的可能性。如价格水平、技术变化可能使经济单位和个人遭受损失。

(3) 按照风险标的分类。按照标的不同,风险可以分为财产风险、人身风险、责任风险和信用风险。财产风险是指导致财产损毁、灭失和贬值的风险。例如,建筑物遭受地震、洪水、火灾的风险,飞机坠毁的风险,财产价值由于经济因素而贬值的风险等。人身风险是指导致人的死亡、残疾、疾病、衰老及劳动能力丧失或降低的风险。人身风险通常又可分为生命风险、意外伤害风险和健康风险三类。责任风险是指由于个人或团体的疏忽或过失行为,造成他人财产损失或人身伤亡,依照法律或契约应承担民事法律责任的风险。信用风险是指在经济交往中,权利人与义务人之间由于一方违约或违法致使对方遭受经济损失的风险。本节主要讨论信用风险。

(4) 按照风险能否分散分类。按照能否分散,风险可分为系统性风险和非系统性风险。系统性风险是指由于政治、经济及社会环境等企业外部某些因素的不确定性而产生的风险。它存在于所有企业中,并且是个别企业无法控制,也无法通过多样化投资予以分散的。非系统性风险是指由于经营失误、消费者偏好改变、劳资纠纷、工人罢工、新产品试制失败等因素影响而产生的个别企业的风险。

除了上述基本分类方法以外,还可以依照其他分类方法进行分类。例如,按照风险形成的原因分类,可分为自然风险、社会风险、经济风险、政治风险;按照承担风险的经济主

---

① 许谨良. 风险管理[M]. 4 版. 北京:中国金融出版社,2011.

体分类,可分为个人与家庭风险、团体风险、政府风险;按照风险的可控程度,可分为可控风险、不可控风险等。

(二) 信用风险的内涵

信用风险与信用活动相伴而生。伴随着信用业务及范围的扩展,信用风险的存在范围也在不断扩大,人们对信用风险内涵的认识也经历了一个不断扩展的过程。

1. 信用风险内涵的不同解释

对于信用风险内涵的解释最具有代表性的观点有三种。第一种观点认为,信用风险指交易对象无力履约的风险,即债务人未能如期偿还其债务造成违约而给经济主体经营行为所带来的风险。第二种观点认为,信用风险有广义和狭义之分。广义的信用风险指所有因受信人(债务人)违约所引起的风险;狭义的信用风险通常专指信贷风险。第三种观点认为,信用风险指由于借款人或市场交易对手违约而导致的损失的可能性,信用风险还包括借款人的信用评级变化和履约能力的变化导致其债务的市场价值变动而引起损失的可能性。第三种观点认为,信用风险的大小主要取决于交易对手的财务状况和风险状况。

2. 信用风险内涵的理解

上述三种观点对信用风险的概括,体现了随着市场经济发展,对信用风险认识经历了一个由窄到宽的过程。把信用风险认为是交易对象无力履约的风险,即债务人未能如期偿还其债务造成违约而给经济主体经营带来的风险。这是一种传统的观点。在传统意义上,信用损失被理解为只有当违约实际发生时才会产生,因此信用风险又被称为违约风险。在传统的信用风险定义下,由于信用风险只涉及交易对手违约造成损失的不确定性,信用风险与被定义为由各种市场价格因素变动而造成损失可能的市场风险具有明显的差异。

但是,随着现代风险环境的变化和风险管理技术的发展,传统的信用风险定义已经不能充分反映现代信用风险及其管理的性质与特点。从当今组合投资的角度出发,投资者的投资组合不仅会因为交易对手的直接违约发生损失,而且交易对手履约可能性的变化可能给组合带来损失。一方面,一些影响交易对手信用水平的事件的发生,如信用等级降低、融资渠道枯竭等,其所发行的债券或股票就会跌价,从而给投资者带来损失;另一方面,现代资产估价和风险衡量技术的发展,使得贷款等流动性差的金融产品的价值得到更恰当和及时的衡量,上述信用事件的发生对资产价值的影响可以及时地在资产估价中得到反映。因此,在现代意义下信用风险应该被定义为:债务人或交易对手未能履行合同所规定的义务或信用质量发生变化,影响信用工具价值,从而给债权人或信用工具持有人带来损失的不确定性。信用风险应包括由交易对手直接违约和交易对手违约可能性变化而给投资组合造成损失的不确定性。

二、信用风险的分类

按照不同的划分标准,可以对信用风险进行不同的分类。

(一) 按照信用风险所承受的主体划分

按照信用风险所承受的主体,信用风险可以划分为国家信用风险、银行信用风险、企业信用风险、个人信用风险。

1. 国家信用风险

国家信用风险指以国家为债务方,在国与国之间以及国家与社会团体或居民之间发生的赊欠或借贷行为,到期不能按时偿还的风险。例如,在以国家信用为担保的环节和破产企业的最后债务承担上,国有大中型企业以国家信用为担保,获得大量银行贷款后不能按时偿还的风险。在国家与国家之间以及国家与居民之间,一旦遇到当一国政府遭受来自国内和国外的政治威胁时,如局部或整个国家的武装冲突、内战,国外的入侵等,还有就是政策变动,如贸易政策、投资政策、金融外汇政策、技术标准等,再有就是一个国家经济的不稳定、萧条,甚至是经济形势的全面崩溃,有可能出现政府违约(如政府不履行承诺)的信用风险。

2. 银行信用风险

银行信用风险指银行及金融机构在经营货币、发生借贷行为时,因企事业单位或个人可能无力偿还而形成的风险。银行贷款源于居民的个人储蓄,而居民储蓄是要从银行获取利息和收回本金的,这就要求银行必须将存款转化为贷款或投资,从产业资本那里获得高额利润后,才能满足储户的本息支付要求,一旦贷款或投资不能收回,或者受到来自储户对存款的集中挤提,银行就可能面临损失风险,甚至会发生危机。

3. 企业信用风险

企业信用风险指企业或生产单位之间在商品交易过程中由于通过商品赊销、分期付款以及预付定金等信用交易方式,可能出现债务人不能按时偿付或兑现的风险。由于现存市场经济体系中信用秩序还相当混乱,企业之间"三角债"现象严重,资源配置及使用效率低下,假冒伪劣商品充斥市场,逃废债务现象有增无减,各种失信现象蔓延,增加了企业交易成本和投资风险,使企业信用交易和银行的信贷投资活动更趋于谨慎和收缩。

4. 个人信用风险

个人信用风险主要指居民个人发生赊欠或借贷行为后,不能按时偿还的风险。由于我国目前个人信用体系相当混乱,偷漏税款、走私贩私、经济往来中不规范以及坑蒙拐骗等各种行为时有发生,个人收入不透明,灰色甚至黑色收入越来越突出,导致社会信用降低。在我国,个人信用风险比较突出的是民间借贷风险。

拓展阅读 1-2

抵押贷款与信用风险

银行向客户提供贷款时,为了保证贷款的归还,至少要考虑两种资金来源:一是银行希望企业能用日常的现金流归还借款;二是银行总是希望客户能提供保证,证明其有充足的现金归还借款,因此将借款人的财产抵押品作为担保,作为收回贷款的可靠保证。当客户没有足够的现金归还借款时,银行可以选择变卖担保资产以收回贷款。然而从历史的经验看,即使贷款有担保物作抵押,银行对风险的防范也是不够的。例如,当抵押品的价值跌到贷款金额以下时,银行同样要遭受损失。假如一家房地产公司或是建筑公司以房地产作为担保物向银行贷款,当房地产市场萧条时,房产价值也随之下跌,这样,就增加了银行无法收回贷款的风险,如图 1-1 所示。

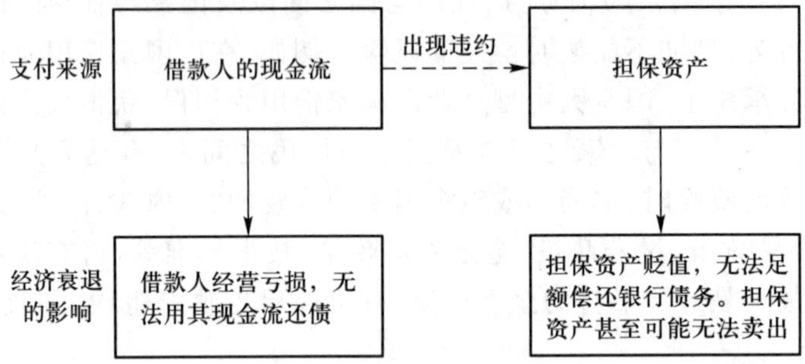

图 1-1　抵押贷款与信用风险

资料来源:英国皇家银行学会(CIB),布莱恩·科伊尔. 信用风险管理[M]. 北京:中信出版社,2003.

(二) 按照授信方与受信方不同角度划分

信用风险是双向性风险,它一般会影响签订协议的双方。按照授信方与受信方不同角度划分,信用风险可以划分为授信方信用风险与受信方信用风险。

1. 授信方信用风险

授信方信用风险也即信用提供者信用风险。信用提供者可能是采用信用方式销售商品或提供服务的公司,也可能是提供贷款的银行。采用信用方式销售商品或提供服务的公司,它将承担这样的风险:顾客可能拒绝付款或是在协议的时限之后支付货款,或顾客破产;提供贷款的银行,它将面临借款方可能无力偿债,承担坏账损失的风险,或者承担延期支付的潜在成本。

2. 受信方信用风险

对于购买者或借款人也可能承受供货商或银行带来的风险。供货商或银行可能因资金原因而无法提供商品、服务、融资或收回贷款等。例如,对于作为受信方的购货方,可能因为主要供应商的财务情况不稳定而引发信用风险,受信方会由于主要的供应商陷入经营危机,不得不寻求其他的供货渠道,并为此可能支付更高的价格或者接受新供应商更苛刻的信用条件,而缺乏现金的供应商往往会要求客户提早付款等。作为银行的客户(包括借款人)面临的风险主要有银行破产倒闭造成顾客存款的损失,还有就是贷款银行借款政策的变化。例如,银行将根据对借款人的信用评级决定向客户收取的利率高低;银行有可能根据自己业务的需要和客户的状况,降低客户的借款限额;现有的借款合同中也可能存在限制借款人继续借贷的条款;缩短贷款期限或提前要求归还贷款、拒绝继续提供贷款等风险。如图 1-2 所示。

(三) 根据信用风险的性质划分

按照信用风险的性质,信用风险可以划分为违约风险、信用评级降级风险和信用价差增大风险。违约风险指的是借款人或交易对手违约给贷款人或者交易者所带来的风险。信用

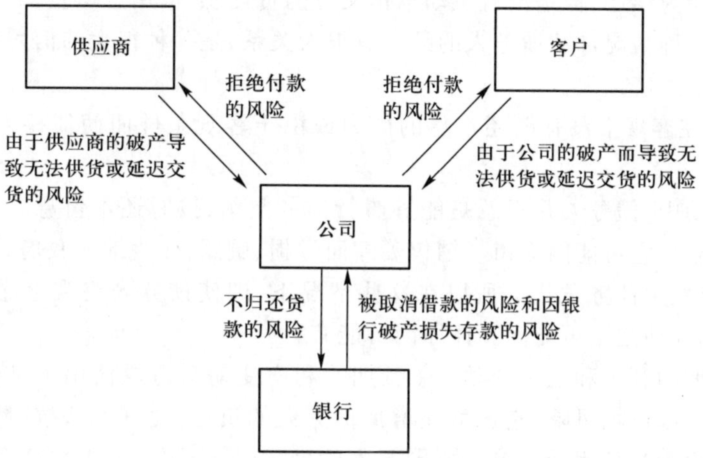

图 1-2　信用风险及双向性的本质

评级降级风险指的是借款人信用评级降低导致的债务市场价值下降的不确定性。信用价差增大风险指的是市场利率、资产收益率波动等因素变化导致的信用价差增大的风险。信用价差是指为了补偿违约风险,债权人要求债务人在到期日提供高于无风险利率的额外收益。

(四) 按照信用风险是否可分散划分

按照信用风险是否可分散,信用风险可以划分为系统性信用风险和非系统性信用风险。系统性信用风险指的是由系统性风险因素所导致的信用风险,例如经济危机使得借款人缺乏偿还债务能力。非系统性信用风险指的是由特定行业或者特定公司的特定因素导致借款人不愿意或者没有能力履行相关业务所带来的信用风险。

(五) 按照受信方的行为特点划分

按照受信方的行为特点,信用风险可以分为道德性信用风险和非道德性信用风险。道德性信用风险是指信用交易双方在签订合同时,受信方从一开始就打算违约的风险,或者对于是否违约问题毫不在乎,履约观念不强。这种类型的风险产生于信用交易的初期,往往没有明显的可识别迹象。非道德性信用风险是指受信方不是出于主观愿望恶意违约,而是由于客观原因无法到期履行合约而给授信方造成损失的可能性,具体可以细分为行业风险、政治风险、企业经营风险和经济周期风险等。

三、信用风险产生的原因

信用风险与信用活动相伴而生,只要有信用活动的存在,客观上便存在信用风险。产生信用风险的原因是多方面的,具体可以分为内部原因和外部原因。

(一) 信用风险产生的内部原因

信用风险又被称为违约风险。从交易对象自身来看,其违约的一般原因可能有:交易对象不愿意偿还债务,没有还债的意愿;交易对象没有能力偿还债务。具体有:

1. 债务人主观上没有偿还债务的意愿

有两种情况:一种是债务人有能力归还本息但故意逃避责任,不予归还;另一种是债务人暂时没有能力偿还,但是没有主动承担义务的责任感,信用意识差,一直拖着欠账,不努力改进。这两种情况都和债务人的品行有很大关系,是一种很大的信用风险,往往对债权人造成很大的经济损失。

2. 债务人在客观上没有偿还本息的能力或由于客观条件而使债权人持有的信用工具价格下跌

在信用活动中,债务人并不总是能够履行债务契约,按时还本付息。作为个人,他可能失业;作为企业,它可能因为市场销售萎缩而亏损、倒闭;作为地方政府,可能税收减少;作为国家,可能发生债务危机。所以在这些情况下,即使债务人主观上愿意早日清偿债务,但客观原因却使之不可能。具体原因可能有:

(1) 未预期的利率和汇率变动。未预期的利率变动会造成信用工具价格的下跌,这被称为资本风险或市场风险,它还可能增加债务人的负担,使其无法按时还本付息,造成所谓的违约风险。当信用活动涉及不同国家的借贷时,未预期的汇率变动会使债权人面临一定的信用风险。

(2) 未预期的通货膨胀。在信用风险中,未预期的通货膨胀给债权人带来的风险被称为购买力风险。由于通货膨胀率的水平高于人们预期的水平,无论是利息收入还是本金在最终得到支付时所具有的购买力会低于最初投资时所预期的购买力。

(3) 资金使用不当。债务人常常由于资金使用不当而无法偿还债务本息。例如,当债务人具有长期资金而进行多次短期投资时可能出现的实际利息收入低于预期收入,这在信用风险里常被称为收入风险。另外,也可能由于债务人投资项目选择失误,投资方向错误(如投资于某种价格下跌的股票),常使债务人无法偿还债务本息。

(4) 信用风险管理能力低下。表现为:交易对象或债务人没有设置专门的信用管理部门,从而使信用管理工作缺乏主管部门;没有建立客户信用档案或客户信用档案不完善;应收账款缺乏日常管理的监督机制;财务部门与营销部门缺乏有效的沟通等。

(二) 信用风险产生的外部原因

信用风险的产生,除了交易对象或者债务人自身的原因外,还有来自外部的一些原因。从我国经济发展的实际来分析,信用风险的产生主要有以下几个原因:

1. 产权不清

国内学者的有关研究认为,信用风险产生的一般原因是产权问题。产权制度可以给人们一个追求长期利益的稳定预期和重复博弈的规则,如果人们有稳定的预期,又是在重复博弈之中,他要想生存就必须讲信誉,否则就生存不下去。如果一个产权制度没有能够给当事人带来稳定的预期,也没有重复博弈的约束,企业或者经济个体自然就不讲信用,因为产权不清,人们就无须对自己的行为承担责任,也不可能从企业的信誉中获利,自然就没有必要讲信誉。“中国企业不讲信誉的根本原因在于企业的产权不清楚,没有明确的私人所有者。”①即使私人产权明晰,如果产权保护程度不足,短期行为也会屡屡发生。在我国集体产权模糊,国有产权归属清楚,但是由于企业内所有者缺位,也使得一些经营者

① 张维迎. 产权、政府与信誉[M]. 北京:三联书店,2002:9-10.

热衷于短期行为，不讲信誉。

2. 信息不对称

依据经济学理论分析，信息不对称是主观性信用风险发生的必要条件。风险是指由于不确定性而造成损失的可能性。由于交易双方所拥有的信息是不对等的，即现实经济生活中普遍存在信息不对称。而交易双方都会利用自己所拥有的信息使交易朝有利于自己的方向发展，最终博弈的结果是，总有一方由于信息的劣势而遭受损失。一般情况下，在信用交易中授信主体与受信主体所掌握的信息资源是不同的，受信主体对自己的经营状况等真实情况有比较清楚的认识，而授信主体则较难获得这方面的真实信息，他们之间的信息是不对称的，在信用合约签订之前，非对称信息将导致信用交易中的逆向选择；在信用合约签订之后，产生信息优势方（受信主体）可能发生道德风险行为。

在我国，企业、银行、个人、国家之间的信息不对称是很明显的，主要表现之一是缺乏一个有效的社会信用信息系统，或者说缺乏一个对企业、个人等主体的"社会印章"的详细记录体系。这种记录体系的缺失，加大了这个"匿名社会"中各个交易主体之间的信息不对称，这无疑也是造成我国信用风险较大的一个非常重要的原因。因此有很多针对中国信用风险问题的解决方案，首先都会提出要建设社会信用征信体系，实际上就是从信息不对称的矫正方面考虑的。

3. 社会信用体系不健全

解决信息不对称的有效手段是构建完善的社会信用体系，交易各方对相关信息的拥有可以减少不确定性。但在现实经济生活中，由于我国尚处于市场经济体制的建立完善阶段，社会信用体系尚不完善，尚缺乏一个能够经济、高效地了解交易对象的征信平台，交易双方的信息不对称也就十分自然。具体表现为：

（1）社会诚信环境不佳。信用以道德为基础，社会行为主体道德观念淡薄、社会道德欠佳，适应现代市场经济发展的信用关系就建立不起来。

（2）法律法规不完善。现行的相关法律法规对于缺乏信用的交易方的约束性规定力度不够，对于故意或者恶意拖欠货款等失信行为缺乏严惩的规定。不少地方，出于狭隘的地方利益考虑，大搞地方保护主义，包庇甚至纵容制假贩假行为，助长了"失信"行为的蔓延，既破坏了企业间的正常经济交往，又严重阻碍了健康市场关系特别是信用关系的确立，从而使得这些企业在失信行为上有恃无恐。而且，由于我国法律制度对失信、造假、欺骗等行为和活动的惩罚远低于因造假、欺骗获得的利益，一些领域中假冒伪劣的失信行为和活动屡禁不止。另外，执法系统不能严格执法，造成政府信用形象不佳，导致公众信用信心和信用预期不足，使整个社会缺乏有利于信用成长的法律环境和文化环境。

（3）覆盖全社会的征信体系尚未建立起来。社会征信体系在维护市场秩序、有效防范信用风险、扩大信用功能、提高市场交易效率等方面具有不可替代的重要作用。从发达国家的经验来看，要建立一个完善的、成本低廉并能有效发挥作用的社会守信约束体系，最简单的方式就是对各经济主体进行信用评级。但是，准确的信用评级是建立在大量的能证明被评级者资信和守约状况资料的基础上的。我国目前普遍缺乏对这类资料的收集、整理和储存，也即缺乏一个全面而完善的社会征信体系。与此相联系的就是信用服务市场尚未建立，没有形成守信激励、失信惩戒的社会机制等。

第三节 信用管理

通过对信用、信用风险的介绍,我们认识到信用是进入市场的通行证,而信用风险的存在,加大了信用交易的成本,不利于市场经济发展。因此,加强信用风险管理,防范和化解信用风险就显得十分重要。

一、信用管理的内涵

信用管理是社会经济管理体系的重要组成部分,是指各经济主体(包括政府、企业、金融机构、个人以及专业的信用管理机构)为了实现信用活动的目的、维持信用关系的正常运行、防范或减少信用风险而进行的收集分析征信数据、制定信用政策、配置信用资源、进行信用控制等管理活动。

信用管理服务于信用活动,并与信用活动相融合。一方面,信用活动中授信与承诺、履约存在的时间间隔放大了交易过程中的信息不对称,进而导致信用风险的发生,不利于信用活动的正常进行,而信用管理可以控制和降低信用风险,提高信用活动的质量,使信用活动的开展更有效率。另一方面,对于建立其信用管理制度的单位来说,信用管理和信用活动相互交融,信用管理已成为信用活动的有机组成部分。

信用管理方法包括对信用风险的识别、度量及管控等。信用风险的识别是指通过统一的标准分析确定可能导致信用风险的因素的行为。识别风险的目的在于认识风险,在信用交易过程中找出可能产生风险的因素和产生风险的环节。信用风险的度量是指通过制定统一标准来测算和比较所有的授信风险,将风险的可能性进行量化,得到由于某些风险因素而导致在给定收益的情况下损失的数额或在给定损失的情况下收益的数额的行为过程。信用风险的管控就是对信用风险的监管和控制。信用风险的管控事前重在防范,事中重在化解,事后重在控制和损失的补偿。

二、信用管理的宏观层次和微观层次

通俗地讲,信用管理就是提供信用的一方利用管理学的方法来解决信用交易中存在的风险问题。信用管理可以分为宏观层次和微观层次。信用管理的宏观层次,主要是指作为征信国家,通过构建社会信用体系也即通过信用法律环境、征信体系、信用管理服务市场、政府信用监管、诚信教育与信用文化等建设,形成守信激励、失信惩戒的社会机制。信用管理的微观层次,主要是针对信用交易中的信用风险,通过包括识别风险、评估风险、分析风险,并在此基础上有效地控制风险,用经济、合理的方法综合性地处理风险。

(一)信用管理的宏观层次

信用管理从宏观层次来讲,主要是通过构建整个社会信用体系来实现。社会信用管理体系是一种有效的社会机制,它以法律和道德为基础,以信用制度为核心,通过对失信行为的记录、揭露、传播、预警等功能,解决经济和社会生活中信用信息不对称的矛盾,加大失信成本,惩戒失信行为,褒扬诚实守信,扩大市场的信用交易规模,维护经济活动和社

会生活的正常秩序,促进经济和社会的健康发展。具体而言:

第一,加强信用管理法律制度建设,只有建立完善的信用管理法律制度体系并确保其良性运作,才能为建立完善的社会信用体系提供良好的法律制度环境。

第二,加快覆盖全社会的征信体系建设,因为社会征信体系在维护市场秩序、有效防范信用风险、扩大信用功能、提高市场交易效率等方面具有不可替代的重要作用,是社会信用体系建设最基础的工作。

第三,培育和发展信用管理服务市场,推动信用管理服务中介机构发展,扩大信用管理服务产品需求,增加信用管理服务产品供给,完善信用管理服务市场监管机制,建立和完善社会信用评级体系。

第四,加强诚信教育,强化社会主体的信用理念,构建社会信用体系要坚持以人为本的思想,树立和不断强化个人的信用意识,强化企业信用理念,让企业做到自觉维护信用、牢固树立信誉就是企业生命的信用意识,将信用作为一种资源或资本来经营,有较长远的眼光,建立现代企业信用管理制度,加强自我信用控制能力,提升企业的信用管理水平。

第五,加强信用文化建设,提升信用道德水平等。

有美国人讲,一个国家有两套体系足够了:一套是法律体系;另一套是信用体系。在美国一个公司失信,比如欠款 30 万美元,该企业的负面信用记录将被保留 7 年,很难融到资金,企业经营者的个人信用也没有了,在美国寸步难行。美国人之所以守信用是因为失信成本太高,简直无法承受。

(二)信用管理的微观层次

信用管理从微观层次来讲,主要指微观经济主体在信用交易活动中针对信用风险开展的信用风险管理。通过制定信用政策,指导和协调各机构业务活动,对从客户资信调查、付款方式的选择、信用限额的确定到款项回收等环节实行的全面监督和控制,以保障应收款项的安全及时回收。信用风险管理过程包括识别风险、评估风险、分析风险,并在此基础上有效地控制风险,用经济、合理的方法综合性地处理风险。具体包括企业信用管理、商业银行及各金融机构信用管理、消费者信用管理等。

三、不同主体信用管理的内容

(一)政府信用管理

政府信用从政府角度看是指政府作为公共权力的代理者,要信守规则,遵守承诺,实践成约;从民众角度看是指社会组织、民众对政府信誉的一种主观评价或价值判断,是政府行政行为所产生的信誉和形象在社会组织和民众中所形成的一种心理反应。政府信用管理,从狭义的角度看是指对政府自身信用的管理;从广义的角度看是政府作为管理主体,对社会信用包括政府自身信用的管理。

政府自身信用的管理,首先,要加强法律制度建设,将政府信用纳入法制化管理的轨道。着力加强对政府信用的法制监督,切实做到有权必有责、用权受监督、违法要追究。要尽快制定出台政府信用监督与管理法,将政府信用的内容、程序、制约机制以严格的法律条文进行明确。其次,要强化政府失信惩戒机制,对政府官员的失信行为要依法追究其行政、民事直至刑事责任。在政府信用监督与管理法中应明确规定,对严重失信于民的政府及部门必须改组其领导班子;对信用缺失的政府官员和公务员,依据情节轻重分别予以降职、降薪、辞退以及经济处罚和司法处理,并将其失信状况记录在案。要逐步建立对政府机关和官员的信任投票制度、主要责任人引咎辞职制度等,形成守信光荣、失信必罚、毁信必究的良性机制。要完善政府失信国家赔偿制度,当政府的失信行为给公民或社会组织造成损失时,政府除了道歉外,更应给予相应的赔偿。再次,要完善政府信息公开制度,实施政务公开和阳光行政。最后,要加强信用文化建设,营造守信重诺的文化环境,提高政府官员的信用道德水平,树立遵守信用的职业道德和社会公德等。

政府对社会信用管理方面,要加快整个社会信用体系建设。在整个社会信用管理体系建设中政府应承担重要职责。因此,首先,政府要加强社会诚信监管。通过诚信教育、信用文化、舆论导向打造诚信社会,实现政府诚信、企业诚信、个人诚信。大力倡导诚信为本、操守为重、模范守信的道德观念,讲究求真务实、说实话、报实情、办实事的工作作风。其次,完善法律制度规范。主要通过制定道德规范标准,制定各类市场主体进行信用交易的法律法规、部门规章、行业规范等,建立守信激励、失信惩戒机制,以营造良好的市场环境和信用环境,保证信用交易的正常开展。再次,推动建立覆盖全社会的信用信息数据库和实现信用信息的开放,并对信用信息的公开、合法、正当的收集与使用通过立法形式明确界定。最后,政府要大力发展信用服务中介机构,一方面通过信用服务中介机构向客户提供所需的信用报告帮助客户防范信用风险;另一方面通过信用服务中介机构特有的信用信息传递机制,促进有效的社会惩罚机制的形成,使失信者的失信成本远高于其失信所获得的收益,确保社会信用功能有效发挥,促进社会信用秩序根本好转。

(二)企业、银行及非银行金融机构等法人主体的信用管理

企业信用管理是对工商企业的受信活动和授信决策进行的科学管理,企业信用管理从管理对象划分,包括对方信用管理和自身信用管理两部分。对方信用管理是企业对于信用销售行为(赊销)对象进行科学管理的专业技术,主要目的在于规避因赊销产生的风险,增加赊销的成功率。自身信用管理是根据企业本体的经营特点和经营需求,有意识地对自身信用进行科学管理,以使信用等级处于较高档次,从而在获取贷款和投资时减少成本,掌握主动。

企业信用管理按照涵盖内容划分,有狭义和广义之分。狭义的企业信用管理是从授信方角度来讲的,是指企业为提高竞争力、扩大市场占有率而进行的以信用销售为主要管理内容的管理活动。狭义的企业信用管理与对方信用管理口径较为一致。企业通过制定信用管理政策,指导和协调内部各部门的业务活动,对客户信息进行收集和评估,对信用额度的授予、债权保障、应收账款收回等各交易环节进行全面监督,以保障应收账款安全和及时收回的管理。

广义的企业信用管理是指企业为获得他人提供的信用或授予他人信用而进行的以筹资或投资为目的的管理活动。企业通过全面的信用管理活动,完善在赊销、赊账、投资、担保等各项经济活动中的企业信用管理流程和技术手段,保持应付账款的最合理持有,保障应收账款及时足额收回以及投资、担保等业务的安全性,达到企业价值最大化,并保持企

业良好的信用形象，以满足企业长期可持续发展。

银行及非银行金融机构信用管理主要是指对自身贷款、投资、授信活动等面临的信用风险所进行的管理。从广义角度来讲，是银行及非银行金融机构对所有风险的综合管理。

（三）个人信用管理

个人信用管理是以科学管理的专业技术，扩大信用消费、防范信用风险的技术手段。个人信用管理的主要功能为：客户信用调查、客户授信、账户控制、商账追收以及利用个人征信数据库推销信用支付工具。在不同形式的个人信用销售中，风险要素也各不相同。按不同的信用交易形式、还款方式以及发放信用的不同主体，个人信用管理可以分为零售信用、现金信用和房地产信用等。

在我国，个人信用管理作为社会管理的一个重要方面，首要的、最根本的保障就是建立和完善个人信用管理的相关法律，使个人信用的收集、加工处理、传播及使用过程中都能找到明确的法律法规依据；其次，在个人信用管理方面要发挥政府的主导作用，通过制定行政法规、政府规章来规范信用资料的收集和使用，加强信用行业管理，监督个人信用中介机构；再次，需要统筹社会信用建设规划，从制度建设、普法宣传、经济奖惩、大众教育等各个角度，全方位、有步骤地进行信用的宣传工作；最后，我们需要规范个人信用的评分标准，建立自然人破产制度、整合个人信用服务机构等，不断完善个人信用服务体系，满足社会、市场的信用需求。

拓展阅读 1-3

现代信用风险管理的发展趋势

信用风险是一种古老的风险形式，长期以来，人们采取了许多方法来规避，以期减少损失。传统的信用风险管理方法主要有专家制度、贷款内部评级分级模型以及 Z 评分模型等。但是，现代金融业的发展，使得这些方法有些显得过时，有些则显得不精确。随着现代科学技术的发展，以及对于市场风险等其他风险的管理水平的提高，现代信用风险的管理水平也得到了提升，出现了 Creditmetrics、KMV、Creditrisk 等信用风险量化管理模型，使得信用风险管理更加精确、更加科学。总的来说，现代信用风险管理呈现出如下几个发展趋势：

（1）信用风险管理由静态向动态发展。传统的信用风险管理长期以来都表现为一种静态管理。这主要是因为信用风险的计量技术在相当长的时间里都没有得到发展，银行对信贷资产的估值通常采用历史成本法，信贷资产只有到违约实际发生时才计为损失，而在违约发生前因借款人的还款能力的变化而造成信用风险程度的变化则难以得到反映，银行因而难以根据实际信用风险的程度变化而进行动态的管理。在现代信用风险管理中，这一状况得到了很大的改进。首先，信用风险计量模型的发展使得组合管理者可以每天根据市场和交易对手的信用状况动态地衡量信用风险的水平。其次，信用衍生产品市场的发展使得组合管理者拥有了更加灵活、有效地管理信用风险的工具，其信用风险承担水平可以根据其风险偏好，通过信用衍生产品的交易进行动态的调整。

(2) 信用风险对冲手段开始出现。长期以来,信用风险管理模式局限于传统的管理和控制手段,与日新月异的市场风险管理模式相比缺乏创新和发展,尤其缺乏有效的风险对冲管理手段。传统的管理方法只能在一定程度上降低信用风险的水平,很难使投资者完全摆脱信用风险。而且,这种传统的管理方式需要投入大量的人力和物力,这种投入还会随着授信对象的增加而迅速上升。这一局限性对以经营存贷业务和承担信用风险为核心业务的商业银行而言并无多大影响,但随着信用风险越来越多地进入证券交易和投资银行领域,传统信用风险管理的这一局限性变得愈益突出。对于证券交易商而言,其面临的信用风险具有以下特点:一是与商业银行不同,证券交易商是以承担市场风险而不是信用风险作为自身业务的核心的,信用风险只是交易的副产品,是交易双方都试图剥离或摆脱的;二是由于证券交易品种多样化、交易对手广泛的特点,证券交易商往往比商业银行面临更多的信用对象;三是证券交易商往往缺乏商业银行那样管理信用风险的经验和相应的人力和物力,这都使得传统的信用风险管理模式和手段不能适应市场发展的需要。

在市场力量的推动下,以信用衍生产品为代表的新一代信用风险对冲管理手段开始走到风险管理发展的最前沿,并开始推动整个风险管理体系不断发展。

(3) 信用风险管理方法从定性走向定量。传统的信用风险管理手段主要包括分散投资、防止授信集中化、加强对借款人的信用审查和动态监控、要求提供抵押或担保的信用强化措施等。尽管这些传统的信用风险管理方法经过多年的发展已相当完善和成熟,有些甚至已经制度化,成为金融机构风险内控体制的重要组成部分,但是,这些传统的信用风险管理方法主要都是基于定性分析。近年来,信用风险的计量和管理方法发生了革命性的变化。与过去的信用管理相对滞后和难以适应市场变化的特点相比,新一代的金融工程专家将建模技术和分析方法应用到这一领域,产生了一批新技术和新思想。随之而来,在传统信用评级方法基础上产生了一批信用风险模型,这些模型受到了业内人士的广泛关注。现代信用风险模型主要是通过数理统计手段对历史数据进行统计分析,从而对有关群体或个体的信用水平进行定量评估,并对其未来行为的信用风险进行预测,提供信用风险防范的有效依据和手段。

(4) 信用评级机构在信用风险管理中发挥越来越重要的作用。独立的信用评级机构在信用风险管理中的重要作用是信用风险管理的又一突出特点。由于相对于市场风险而言,信息不对称导致的道德风险是信用风险产生的重要原因之一,对企业信用状况进行及时、全面的了解是投资者防范信用风险的基本前提。独立的信用评级机构的建立和有效运作是保护投资者利益、提高信息收集与分析的规模效益的制度保障。在发达国家,信用评级机构已经存在了很长时间,现代信用风险管理对信用评级的依赖更加明显。如信用风险管理模型都直接依赖于企业被评定的信用等级及其变化。巴塞尔银行监管委员会发布的《新资本协议》中加强了信用评级在金融监管中的作用。

资料来源:MBA 智库百科.

四、信用管理的作用

信用管理的作用,可以从微观层次和宏观层次两个方面来探讨。从微观层次谈信用管理的作用,就是具体针对各个市场主体包括政府部门、工商企业、商业银行及金融机构、事业单位和社会组织、个人信用管理的作用,在后续相关章节中有详尽的分析说明。这里主要从宏观层次探讨信用管理的作用。信用管理的作用主要有:

(一)提高信用风险管理水平,推动信用经济发展

无论是政府信用管理、企业信用管理还是个人信用管理,都是通过加快覆盖全社会的征信系统建设,提供信用信息服务及信用管理活动,提高了各市场主体信用风险的管理水平,为市场经济健康发展提供了基本保障。如征信系统提供的信用信息、各类信用服务机构提供的信用产品,使经济主体在不确定性中减少成本,保证或增加收益,使市场经济活动与交易不断延续,信用交易的范围和规模不断扩大,推动信用经济的发展。

(二)降低社会管理成本和市场交易成本,提高经济效率

信用制度与信用管理体系延长了交易当事方的博弈过程与时间,减少了潜在的欺诈行为,延长了交易的持续性,保障了市场健康发展。同时,信用管理行业及其机构的社会化信用服务活动,进一步保障了各种经济活动与交易健康有序进行,保障了市场经济的运行效率。

(三)根治失信现象,优化市场环境

市场经济是建立在一定规则基础之上的有限制和约束的自由经济。在市场经济中,一般社会关系中诚实守信的道德规范与行为原则和经济活动的规则紧密地统一起来,诚实守信是外在强制内化成市场主体的自觉行为。社会信用体系的建设及社会信用管理可以根治社会信用缺失,通过守信激励、失信惩戒机制作用的发挥,为市场构建新的游戏规则,优化市场环境,促进市场经济健康有序运行。

(四)提升国际竞争优势

随着经济全球化进程的推进,国际经济日益朝着一体化趋势发展,一国不可能脱离国际经济实现自己的单独发展,本国经济在国际经济分工中占有什么位置,拥有多少市场份额,如何更有利地参与国际竞争,与该国的社会信用体系有直接的关系。优良的信用环境,有效的信用管理,必将造就良好的市场经济环境和有序运行的市场经济秩序,那么,在参与国际竞争中,必将处于优势地位。否则,信用秩序混乱,一定会损害该国在国际经济活动的信誉,进而影响经济的发展。

本章小结

1. 信用,是一个古老的经济范畴。随着社会经济的发展,信用有不同的内涵。信用具有契约性、社会性、标志性、伦理性、风险性等基本特征。

2. 信用主体,是指信用关系的当事人,是信用关系的承载者和信用活动的行为者,包括企业、银行及各类非银行金融机构等法人主体、政府主体、个人或家庭主体,各行为主体

的信用活动通常被概括为企业信用、政府信用和个人信用等。信用在经济中的作用,可以从不同层面来加以说明。

3. 对信用风险内涵的认识经历了一个由窄到宽的过程。信用风险指交易对象无力履约的风险,即债务人未能如期偿还其债务造成违约而给经济主体经营带来的风险。这也是一种传统的观点。现在一般认为,信用风险是指债务人或交易对手未能履行合同所规定的义务或信用质量发生变化,影响信用工具价值,从而给债权人或信用工具持有人带来损失的风险。信用风险从不同角度有多种分类。

4. 信用管理是社会经济管理体系的重要组成部分,是指各经济主体(包括政府、企业、金融机构、个人以及专业的信用管理机构)为了实现信用活动的目的、维持信用关系正常运行、防范或减少信用风险而进行的收集分析征信数据、制定信用政策、配置信用资源、进行信用控制等管理活动。按照市场主体不同,信用管理可以分为政府信用管理、企业信用管理、个人信用管理等。

关键术语

信用　国家信用　企业信用　个人信用　信用风险　信用管理　政府信用管理　企业信用管理　个人信用管理

复习思考题

1. 什么是信用？如何理解信用的内涵？
2. 简述信用的基本特征。
3. 试述信用的作用。
4. 信用风险产生的原因有哪些？
5. 简述市场主体信用管理活动的主要内容。
6. 试述信用管理的作用。

本章实训

一、实训目的

1. 通过该案例了解美国次贷危机爆发的过程。
2. 分析美国次贷危机爆发的原因及其给我们的启示。

二、实训内容

1. 案例资料

2007年美国次贷危机及其启示

美国次级抵押贷款是指一些贷款机构向信用程度较差和收入不高的购房者(其中包括非法移民)提供的抵押贷款,由于信用等级低,利率比一般抵押贷款要高2~3个百分点。21世纪初,当信用佳、收入稳定的客户市场发展越来越慢的时候,抵押贷款公司将业务发展的重点放在次级抵押贷款上。美国的次级房屋抵押贷款曾被认为是一项了不起的金融创新:不仅有效地帮助了低收入人群实现拥有自有住房的梦想,也使很多次级贷款放款机构获得了巨额利润。次级抵押贷款的首付一般低于20%，有时甚至为“零首付”；当时基准利率低，贷款利率起初多设为4%，之后，利率根据联邦基准利率浮动。许多放贷机构甚至不要求次级贷款借款人提供包括税收表格在内的财务资质证明，即“零文件”；做房屋价值评估时，放贷机构也更多依赖机械的计算机程序而不是评估师的结论，潜在的风险就深埋于次级贷款市场中了。

房地产抵押贷款在美国极为发达。联邦国民抵押贷款协会（简称房利美，Fannie Mae）和联邦住房抵押贷款公司（简称房地美，Freddie Mac）是美国最大的由联邦政府支撑的两家抵押贷款机构，共同占美国房贷的3/4，次级抵押贷款市场的七成份额，主宰了美国住房抵押贷款市场。房利美和房地美是20世纪30年代经济大萧条时期，由总统罗斯福抽调联邦资金，为购房者提供帮助而建立的“政府主办”企业，公司的实际所有者是私人股东。房利美和房地美并不直接向购房者发放贷款，而是作为中间人购买其他贷款机构发放的住房抵押贷款，为房地产市场提供流动性，帮助当地银行和储贷机构转让贷款风险。一些抵押贷款被打包成流动性强的证券后出售，承诺投资者能够获得本金和利息。

自创办以来，这两家机构一直享有政策特权。它们享有免除联邦税和地方收入税、较低的资本要求、免除美国证交会的登记和信息披露要求、财政部可有限延长企业信贷、豁免于《破产法》、董事可由总统直接任命等多项优惠待遇。企业通过较低的抵押贷款利率，向购房者提供隐性补贴。这一切意味着可以转化成较低借贷成本的政府担保。据美国国会预算办公室估计，政府对两家机构潜在补贴的价值大约为每年196亿美元。虽然公私不分，身份“暧昧”，但投资者认可房利美和房地美的政府背景，愿意付高价购买它们发行的债券。房利美和房地美因此获得了滚雪球式的大发展，1997年至2003年，其持有的贷款组合增加了两倍，超过了1.5万亿美元，跻身全世界最大的非银行类金融服务企业之列。

2004年，随着这两家公司涉嫌几十亿美元的财务丑闻爆出，政府为加强对其的监管，要求两家公司缩小规模，削减其持有的贷款组合。整个次贷市场开始争抢这两家公司所购贷款，交易过程中，新的市场参与者出于逐利目的过分追求高风险、高利率贷款。

当房利美和房地美还占次贷市场主导地位时，它们通常会制定明确的放贷标准，严格规定哪些类型的贷款可以发放。但到后来，由于众多高风险偏好的对冲基金、养老基金、共同基金等采用数量模型投资战略的数量化投资基金的介入，原有的放贷标准在高利率面前成为一纸空文，新的市场参与者不断鼓励放贷机构尝试不同贷款类型，并由次贷放款机构发放了风险极大的CDO（股权级抵押债券）和CDS（违约风险互换）。这样就由全社会承担了次级抵押贷款的风险。随着国际性的投资银行和商业银行的参与，就演变成由全世界来承担美国次贷的风险。

2000年以来，美国持续低利率，房价又在不断上涨，大大刺激了次级抵押贷款的发展。2001年，次级抵押贷款规模为1 200亿美元，2002年至2005年间，年增长率超过50%，2005年达到6 250亿美元，2006年略微下降至6 000亿美元。从2004年到2006年的两年内美联储连续17次加息，联邦基准利率从1%提升到5.25%。利率大幅攀升加重了购房者的还贷负担，次贷的利率则更高，多在10%以上。受此影响，2006年，美国房价开始下降，很多次级抵押贷款市场的借款人都无法承担提高了的利率，不能按期偿还借款,购房者又难以将房屋出售或者通过抵押获得融资。

普通居民的信用降低,债券的评估价格下跌,一些次级贷款公司开始向投资银行出售资产来抵押债券,但其向投资银行提供的债券担保凭证存在风险高、流动性弱的特点。为分散风险,投资银行向一些保险公司等金融机构和对冲基金提供流动性强、风险较低的担保债券凭证换取流动资金。随着美国房地产市场降温,一度红火的次级抵押贷款市场2006年开始走软。2006年年末,次级抵押贷款的坏账率飞升,20多家次级抵押贷款公司破产或申请破产。2007年第一季度,次级抵押贷款市场问题恶化,其中浮动利率贷款逾期还款的比例和借款人丧失抵押品赎回权的比例双双升至历史最高点。

2007年3月13日,全美第二大次级抵押贷款机构——新世纪金融公司(New Century Financial Corporation)濒临破产的消息使纽约股市首次因次级抵押贷款市场危机遭到重创。道琼斯指数当天下跌了242.42点,跌幅为1.97%;是六年来除“227”外的第二大跌幅。不过投资者当时并未意识到危机的严重性,股市很快重拾升势。

6月,纽约股市再次大跌,其诱因是美国第五大投资银行贝尔斯登公司旗下两只基金因涉足次级抵押贷款债券市场出现亏损。7月,股市创历史新高后,随着企业和投资机构公布业绩,次级抵押贷款市场越来越多的问题被曝光,股市接连遭遇重创。业绩缩水最严重的是次级抵押贷款公司。美国最大次级抵押贷款公司——全国金融公司第二季度利润同比下降了33%,财务报告显示该公司被拖欠的贷款占全部非优先级贷款的比例达到20%。据不完全统计,从2006年11月到2007年6月,全美共有80多家次级抵押贷款公司宣布停业,其中11家已经宣布破产。

美国主要金融企业以及涉足次级抵押贷款市场的企业业绩也出现了不同程度的滑坡。贝尔斯登公司旗下两只基金的倒闭,导致投资人总共损失逾15亿美元。2007年以来,贝尔斯登、美林证券和雷曼兄弟公司等投资银行的股价都大幅下滑。

美国次级抵押贷款市场危机严重影响了全球债券市场的正常运转。7月,标准普尔公司和穆迪投资服务公司两家信用评级机构分别下调了612种和399种抵押贷款债券的信用等级。信贷危机使大量企业和基金被迫暂停发债。

7月下旬,美国次级抵押贷款引发了全球金融市场动荡。从7月25日到8月1日,全球股市两周缩水2.66万亿美元,金融市场呈现流动性不足,全球金融危机一触即发。

2. 实训要求

要求学生学习上述案例并收集相关资料,在了解信用风险及信用管理相关知识的基础上,回答如下问题:

(1) 通过美国次贷危机爆发过程,分析美国次贷危机爆发的原因。

(2) 引导学生分析美国次贷危机带来的全球金融危机及给我们的启示。

三、实训组织

1. 指导教师布置实训项目,提示相关要求。

2. 采取学生自由组合的方式,将班级学生划分为若干小组,并指定组长负责。

3. 要求学生以小组为单位,认真学习并收集相关资料,就相关问题以PPT形式进行课堂汇报。

延伸阅读

1. 英国皇家银行协会(CIB),布莱恩·科伊尔. 信用风险管理[M]. 北京:中信出版社,2003.

2. 石晓军,陈殿左. 信用治理——文化、流程与工具[M]. 北京:机械工业出版社,2004.

3. 胡维熊. 企业信用管理理论与实践[M]. 上海:上海财经大学出版社,2008.

4. 张晓勇. 政府信用管理的制度选择[J]. 陕西行政学院学报,2008(5).

相关网站

1. 信用中国官网。

2. 国际信用监督网。

第二章 社会信用体系

本章导言

西方发达国家顺应市场经济发展的趋势，建立了完善的信用体系，形成了良好的信用环境与信用秩序，有力地促进了经济社会的发展。社会信用体系的完善与否已成为市场经济成熟与否的重要标志。在我国，符合市场经济要求的社会信用体系建设刚刚起步。我国经济的快速发展和中共十八届三中全会关于“市场在资源配置中起决定性作用”论断的确立，客观上对社会信用体系的建立提出了迫切要求。

本章从社会信用体系的基本内涵、框架、功能，征信国家社会信用体系主要模式，我国社会信用体系建设和发展等几个方面对社会信用体系进行系统阐述。

本章知识结构图

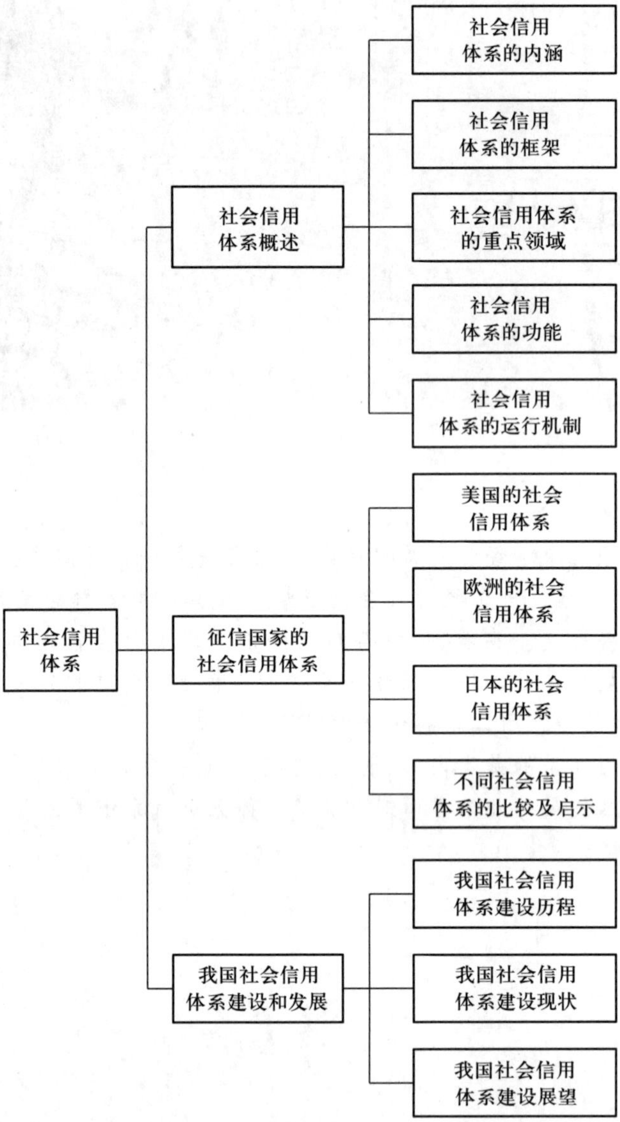

第一节　社会信用体系概述

一、社会信用体系的内涵

社会信用体系也称国家信用体系,是由信用立法与执法、信用管理行业运行惯例与约定、社会信用行为与道德规范、不良信用惩罚机制、诚信教育与科研等多个子系统共同作用、交织形成的社会机制。它旨在建立一个适合信用交易发展的市场环境,保证一国的市场经济朝信用经济方向转变。

社会信用体系是一种社会治理机制，它以法律法规和社会公约为依据，以社会成员的信用记录和信用共享为基础，以信用服务业为依托，通过政府监管、民间机构监管、信用主体自我管理，实现各类信用活动规范运行，形成激励守信、惩戒失信机制，维护经济活动和社会生活的正常秩序，促进经济和社会的健康发展。

社会信用体系是社会主义市场经济体制和社会管理体制的重要制度安排。加快社会信用体系建设是全面落实科学发展观、构建和谐社会的重要基础，是完善市场经济体制、创新和改进社会管理的重要手段，对于提高全民意识和水平，营造优良信用环境，构建新型社会信用秩序，增强国家竞争力，促进信用经济发展，促进社会文明进步具有重要意义。

社会信用体系的主要作用是规范一个国家或地区的信用活动。健全有效的社会信用体系可以促进该国或该地区市场经济交易手段，从原始支付方式向信用支付方式过渡和转变；创造和规范发展市场经济的良好信用环境；扩大并创造市场需求，保持市场繁荣，促进经济持续增长；促进该国或该地区的市场经济走向成熟，为市场经济健康、有序发展提供制度保障与社会基础。

二、社会信用体系的框架

社会信用体系的基本框架包括“五个系统”，即社会信用法规制度系统、社会征信系统、社会信用管理服务系统、社会信用法规制度系统、社会信用监管系统、社会信用管理支持系统，以及广泛的信用主体。如图 2-1 所示。

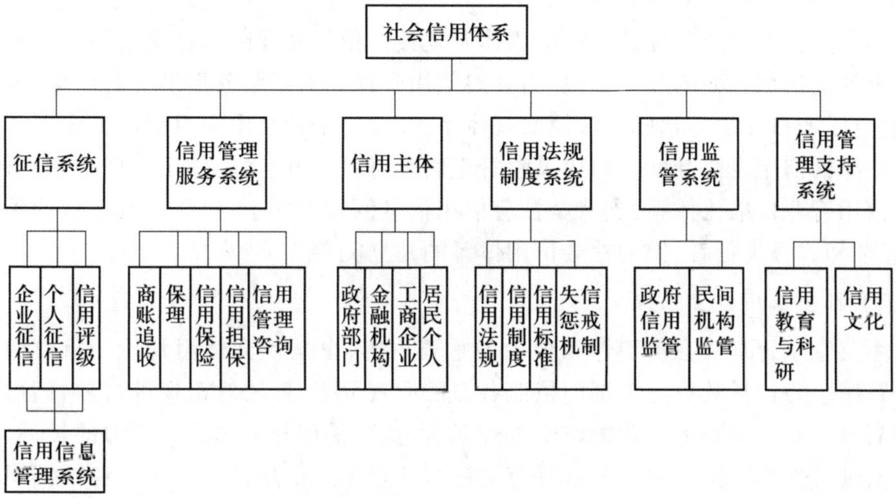

图 2-1 社会信用体系框架图

（一）社会征信系统

社会征信系统建设是社会信用体系建设的一项基础性工作，也是其核心内容。社会征信系统建设主要包括征信服务机构建设和信用信息管理系统建设。目前，在发达国家中，以信用交易为主要交易手段的市场经济已经成熟，逐渐形成了完整、健全的信用信息服务与管理体系。以征信国家为例，其信用管理与服务行业主要由三大类企业构成，即征信机构、信用评级机构、信用管理服务机构。在我国，征信管理与服务机构不仅数量少，而且实力小，竞争力不强，加快社会征信机构体系建设任重而道远。要加快征信信息平台建设。有关行业、部门和地方管理部门通过统一征信标准，依法依规有效采集、整合和应用政府、企业、个人的有关信息，形成统一征信信息平台，实现对失信行为的协同监管。通过加强包括政府部门在内的社会各领域的信用信息系统建设，建立健全信用主体的信用档案，改善各行业、各部门、各地区的信用环境，实现征信信息在全社会的共享。

（二）社会信用管理服务系统

社会信用管理服务系统是社会信用体系的重要组成部分，是信用管理市场化运作的依托。信用管理服务行业的业务领域包括商账追收、保理、信用保险、信用担保、信用管理咨询等。信用管理服务机构为信用活动提供信息之外的专业化服务，即不生产征信产品，而是以征信产品为基础，向客户提供信用管理类服务，主要依靠信用风险管理等技术为信用交易的授信方提供服务和保障。

（三）社会信用主体

信用主体是信用关系的承载者和信用活动的行为者。西方国家的信用主体一般分为法人主体和非法人主体。法人主体包括政府、工商企业、银行及非银行金融机构等，非法人主体主要是指居民个人。我国法人主体除了政府、企业外，还包括事业单位和社会组织。因而我国的社会信用体系建设的主体范畴更为广泛。

（四）社会信用法规制度系统

建立社会信用法规制度是社会信用体系建设的依据和保障。社会信用法规制度包括建立健全社会信用方面的法律法规，为开展信用管理和信用服务提供法制保障；界定产权关系，制定以产权保护为基础的法律法规体系；建立健全社会中介组织以及企事业单位以道德为支撑的信用自律制度和信用风险管理制度，使各个层面的信用管理有章可循；制定统一的信用行业标准化体系，支持全社会信用信息的开放共享；建立高效运转的失信惩戒机制，惩戒和震慑失信者，推动社会信用体系的建立完善。

（五）社会信用监管系统

信用监管系统是社会信用体系建设的重要内容，也是社会信用管理的重要保障。信用监管系统主要包括政府有关部门依照各自的职责分工，依法对市场进行监督管理；政府有关部门承担对信用服务行业的监督管理职责，负责受理有关对失信行为的投诉，对失信行为依法进行惩戒，起草、制定和解释有关法律法规等。信用监管系统还包括民间机构如行业协会等对信用的监管。

（六）社会信用管理支持系统

信用管理支持系统主要包括信用教育与科研、信用文化。信用教育为信用管理提供人才支持，科研为信用管理提供技术支持。信用教育与信用科研是信用体系建设的基础性工作，是培养征信人才、开发信用产品、拓展信用市场的有效途径。国外信用体系的发展实践证明，伴随着信用经济和征信业的加速发展，对信用专业人才和科研成果必将产生巨大的需求。因此，必须加快发展信用教育，加快信用科研投入力度，以加快社会信用体系的建立与完善。信用文化是指信用活动中形成的，反过来又对信用活动产生重要影响的价值观念、行为准则。信用文化是以“诚信为本，操守为重”为主要内容的信用理念，对于社会信用氛围的构建发挥着强大的支持作用。

三、社会信用体系的重点领域

《社会信用体系建设规划纲要（2014—2020年）》提出，推进政务诚信、商务诚信、社会诚信和司法公信四大重点领域诚信建设。

（一）政务诚信

政务诚信是社会信用体系建设的关键，各类政务行为主体的诚信水平，对其他社会主体诚信建设发挥着重要的表率和导向作用。政府作为社会信用主体之一，也要在政务活动中恪守诚信原则，信守承诺，遵守国家的法律法规，严格执行自身所出台的各项政策规定。随着社会的发展，人民群众对于政府的期望也越来越高，政务诚信问题也引发越来越高的关注度。

政务诚信主要表现在政府的基本素质、在社会管理中的信用水平以及在经济活动中守信践诺的能力与意愿。政府的基本素质表现为政府的基本诚信素质，涉及道德理念、精神素养、行为等，体现了政府的诚信度。政府在社会管理中的信用水平表现为政府在行政管理事务中遵守国家法律法规、政策的意愿、能力及行为，反映了政府在行政管理中的信用价值取向，体现了政府的合规度。政府在经济活动中守信践诺的能力与意愿表现为政府在经济活动中是否严格遵守契约的各项约定，体现了政府的践约度。

政务诚信建设可以从意识文化、规章制度、交易践约三个方面进行。一是要努力提升政府工作人员的诚信意识和服务意识，加强诚信相关知识培训，着力打造诚信政府，提升政府公信力。二是制定有关政务公开、官员个人财产公开、公务员诚信档案、官员问责等规章制度，对政府行为产生硬约束。三是加强政府自身的债务管理，根据自身偿债能力自觉控制债务规模，提升政府的经济履约能力。

（二）商务诚信

目前，我国商务诚信问题较为突出，严重制约了商务领域乃至整个市场经济的发展。提高商务诚信水平是社会信用体系建设的重点，是商务关系有效维护、商务运行成本有效降低、营商环境有效改善的基本条件，是各类商务主体可持续发展的生存之本，也是各类经济活动高效开展的基础保障。

商务诚信主要体现在企业主体经营活动中的诚信状况、经营方式、借贷能力与偿还情况、声誉及社会形象等方面。了解对方的商务诚信状况有助于商务主体在商务活动中进行准确的判定与决策。

商务诚信建设要求政府深入开展诚信兴商活动，增强市场主体的诚信意识；要求市场主体修炼内功，建立企业诚信制度与诚信文化；加强商务领域的信用立法工作，使商务领域的信用服务得到法律的保障；建立起商务领域信用信息基础数据库，并对外提供信息查询服务；加强消费者维权体系建设，有效保护消费者的合法权益；大力推动企业信用管理制度建设,加强企业信用管理;加强行业组织信用建设,充分发挥行业协会的自律作用;推动信用服务业的发展,促进商务领域信用体系的建立健全。

(三)社会诚信

近年来,社会诚信缺失现象屡见报端。重塑社会诚信,加快推进与经济社会发展相适应的社会诚信建设已经成为当务之急。社会诚信是社会信用体系建设的基础,社会成员之间只有以诚相待、以信为本,才会形成和谐友爱的人际关系,才能促进社会文明进步,实现社会和谐稳定和长治久安。

社会诚信是指参与社会活动的所有社会主体的诚信。社会主体包括个人、企业、政府和包括高校、行业协会等在内的社会组织。社会诚信表现为社会主体的基本诚信素质、社会主体在社会活动中遵守相关法律法规、民间惯例等的情况、社会主体在经济活动中遵守交易规则的能力。

当前大力构建社会主义和谐社会,应该大力弘扬诚实守信的传统美德,在全社会开展诚信建设。要强化思想道德教育,培育诚实守信的良好社会风气;加强舆论引导,提升社会公众的诚信理念;加强职业道德的诚信要求,规范人们的社会活动,营造良好的社会信用氛围;记录社会大众的日常诚信行为,建立相应的信用档案,并通过实施信用联合奖惩制度,培养社会大众的守信习惯。

(四)司法公信

司法公信是社会信用体系建设的重要内容,是树立司法权威的前提,是社会公平正义的底线。当前我国司法建设与经济社会发展的要求、人民群众的期许还存在一定的差距,司法公信力还有待提升。

司法公信是司法机关由于自身对法律和事实的忠实所获得社会公众信任的能力。主要表现为司法机关的基本诚信素质、司法过程中的合法合规情况、司法机关在经济活动中守信践诺的能力,体现司法机关的信用价值取向和信用责任。

司法公信建设应当坚持司法公开,增强司法透明度;加强反腐倡廉建设,确保司法队伍的清正廉洁;提高司法人员综合素质,夯实司法队伍基础;推进司法体制机制改革,加强司法保障措施的落实,促进社会的和谐稳定。

拓展阅读 2-1

以政务诚信引领社会诚信

人无信不立,国无信不强。政务诚信事关民心得失、政权存续。以政务诚信示范引领社会诚信建设,凸显了政务诚信在推进国家治理体系和治理能力现代化中的重要作用,彰显了我们党和国家推进诚信建设的科学理念和鲜明态度。

政务诚信建设意义重大

政务诚信是"第一诚信",是整个社会信用大厦的顶梁柱。政务失信,社会信用大厦就会倾斜。

政务诚信是社会诚信的标杆。国家机关是提供公共服务、维护社会秩序的权威机构，是社会诚信建设的推动者，也是社会信用体系的维护者。这就要求政府及其工作人员必须率先垂范，自觉将诚信作为一种品格、一种责任，将政务诚信贯穿于社会管理、公共服务始终，主动兑现政务承诺、回应公众需求。如果没有政务诚信，商务诚信、社会诚信就会举步维艰，民众、法人就难免“虽令不从”。

政务诚信是社会和谐的基石。建设和谐社会，离不开规范有序、相互信赖的社会关系。政府事务渗透于社会生活的各个领域，社会影响十分广泛。当前，我国正处于改革发展关键期，又处于社会矛盾凸显期，政府与民众之间、民众与民众之间互信度衰减，政务诚信建设难度较大、不容乐观。党员干部特别是领导干部在公务中只有恪守诚信，才能有效化解社会矛盾、促进社会和谐。

政务诚信是国家治理的重要资源。政务诚信是践行社会主义核心价值观的重要体现，是治国理政的重要资源。当前，提高治理能力，需实现治理方式由政府包揽向政府主导、市场主体、社会协同转变，建立起政府、社会和民众之间的良好信任合作关系，形成国家与社会之间的良性互动。这就要求把政务诚信建设作为推进国家治理体系和治理能力现代化的基础性工程。

政务诚信建设需标本兼治

政务诚信建设是一项系统工程，需要标本兼治、多措并举、持之以恒。

夯实思想基础。政务失信涉及思想“总开关”问题。推进政务诚信建设，必须解决好信仰信念问题，补足精神之“钙”，根除作风之弊、行为之垢；树立“功成不必在我”的政绩观，多做打基础利长远的事，杜绝“政绩工程”“形象工程”；把打造诚信政府作为硬任务，以良好的党风政风带出诚信的民风社风。

构筑制度保障。一是完善政务信息公开制度，让权力在阳光下运行，避免暗箱操作。二是健全干部考核评价体系，加强对政绩的综合分析，全面地历史地评价领导班子和领导干部的政绩。三是建立健全问责制度。建立官员诚信档案，健全信用评定、信用监管、信用惩罚等机制；实行“官德”问责，制定责任追究办法，促使公务人员把诚信原则贯穿于履行管理、监督和服务职责全过程。

突破重点领域。政务诚信建设，既要整体推进，也要在重点领域突破关键问题，特别是关涉政务诚信的重大民生问题。比如，在政治上，要下大力气解决腐败问题，以对腐败零容忍的坚定态度和有力措施赢得人民群众的信任；在社会领域，要着力解决基本公共服务均等化问题，为人民群众创造公平的教育、医疗和社保条件；在法律领域，要着力维护公平正义，有效遏制司法腐败，增强人们对法治的信心。

营造良好环境。加强政务诚信建设，需要不断改善社会环境。要加强舆情分析，深入研判民情，增强政务诚信建设的针对性；加强舆论引导，树立诚信样本，曝光失信典型，弘扬诚信文化；及时回应社会热点问题，对造谣惑众、污名化政府的言论要敢于发声，以正视听；加大监督力度，提高失信成本，形成强大社会压力，让失信者如“过街老鼠”；研究内在规律，吸取国际经验教训，推进法治化进程，探索符合我国国情的政务诚信建设之路。

资料来源：孙学玉．以政务诚信引领社会诚信．人民网－人民日报，2014-06-25.

四、社会信用体系的功能

社会信用体系作为一种有效的社会机制,以法律和道德为基础,以信用制度为核心,通过规范信用主体的行为,维护经济活动和社会生活的正常秩序,促进经济和社会的健康发展。因此,它既有经济方面的功能,也有社会方面的功能;既有宏观功能,也有微观功能。从社会经济持续发展的角度来看,社会信用体系主要有促进市场机制完善、经济发展、对外开放、宏观调控、构建和谐社会等功能。

(一)促进市场机制完善的功能

在现代市场经济的运转链条中,无论是生产、交换,还是分配、消费,无论哪一个环节都离不开良好的社会信用做基础。特别是随着经济全球化和我国加入世贸组织,信用的地位越来越重要,作用越来越大。如果没有良好的信用做保证,社会生产的连续性就会遭到破坏,交易成本就会增加,经济秩序就会混乱,现代市场经济就不可能健康发展。社会信用体系建设为市场建立了一种游戏规则,这种规则的作用就在于保证市场上信用交易成功率的提高,间接地扩大市场规模。能否建立社会信用体系是衡量市场经济成熟程度和完善程度的重要标志。如果各市场主体都能够诚实守信,就能建立和维护良好的市场秩序,防止和避免市场经济秩序的混乱局面。

(二)促进经济发展的功能

完善的社会信用体系能够促进居民的信用消费,将消费者的预期收入转化为即期消费,给个人信用消费带来极大的便利,由此扩大社会总需求;能够拓展企业的融资渠道,企业可以凭借自身优良的信用,通过上市融资、债券融资、票据融资和赊购融资等扩大直接融资的比例;能够解决交易双方信息不对称的问题,从而大大减少企业交易过程中的信息收集成本,并有效地控制信用风险,维护市场的公平竞争。

(三)促进对外开放的功能

当前,信用关系紊乱带来了一系列问题,如不按合同履约、侵权盗版、冒用商标和企业名称、商业欺诈、不讲商业道德窃取商业机密等,严重影响了我国的对外开放。只有建立适应现代市场经济发展要求的社会信用体系,才能创造良好的市场经济环境,使我国顺利与国际经济对等对接,发挥“两种资源”“两个市场”的作用,加快我国全面建成小康社会的步伐。

(四)促进宏观调控的功能

当市场经济发展到一定程度,保持国民经济持续、稳定、健康增长需要投放信用支付工具时,政府就要调控金融机构向市场投放信用工具的总量。在市场上扩大信用交易的总体额度会使市场的总体规模扩大,市场规模的扩大与信用投放呈正比关系。然而,正是由于信用的这种货币特征,无节制地向市场投放信用会引起通货膨胀,也会使一些不善于理财的人无节制地消费,以致产生其他社会问题。所以,政府要根据国家经济的发展状况,从宏观上调控以信用支付工具形式出现的投放总量。信用工具的安全投放,可以有效防范和化解金融风险,保证金融安全,进而保证国民经济的安全。

（五）促进构建和谐社会的功能

社会和谐的基础在于全社会拥有一种普遍的认同，人与人之间有一种相互信任的纽带，建立社会信用体系，形成严格的征信系统和完整的信用记录，就会对不讲信用的企业和个人形成强大的压力和威慑力，使守信者得到奖励，失信者付出代价，形成“一处失信，处处制约；事事守信，路路畅通”的社会氛围。

五、社会信用体系的运行机制

社会信用体系的运行机制，包括信用制度保障机制、信用数据管理机制、现代信用服务机制、现代信用评价机制、企业信用管理机制、政府信用市场监管机制、社会诚信教育机制和失信惩戒机制等。

（一）信用制度保障机制

信用制度保障机制由一套完整的法律法规体系构成，其主要功能是对社会信用运行机制的确立和实施提供法制保障。这是社会信用体系的核心。市场经济发达国家都建立了比较完善的信用法律法规制度体系。美国在信用管理上的相关法律法规已有16部，涉及信息采集、加工、传播、使用等各个主要环节。西欧发达国家不仅制定了与信用有关的国内法律，而且共同制定了在欧盟所有成员国内都有效的信用法规。借鉴发达国家信用体系建设的成功经验，我国的社会信用体系建设一定要制度先行、立法先行，这样才能保证社会信用体系的健康发展。当务之急是要出台信息使用的法律法规，解决各相关部门信用信息的对外开放问题。

（二）信用数据管理机制

信用数据亦称信用信息，是指用于识别企业、个人身份，反映企业和个人经济状况、履约能力、商业信誉等信用状况的数据和资料。信用数据管理机制，是指规制信用信息征集、披露、使用及利用信用信息开展相关服务活动的基本准则及制度。这是社会信用体系的重要基础设施。信用信息的完整性直接决定着信用信息的有效性，信用信息的有效性是信用产品质量的基础。在我国，建立信用数据管理机制，首先要从整合行政资源入手，把工商、税务、海关、贸易、交通、质监、药监、环保、劳动人事、公用事业、公安、法院、银行、证券、保险等有关方面掌握的有关企业和个人信用的数据资料，作为重要的信用信息资源，有序开放，充分利用。同时，应遵循独立、客观、公平、公正、审慎的原则，保证信用信息真实、完整；尊重个人隐私，保守商业秘密，保护国家安全和企业、个人的合法权益。

（三）现代信用服务机制

信用服务业是为了有效减少信用交易过程中高额信息成本和风险成本，通过专业化的机构以市场交易方式提供信用信息和信用保障中介服务，以促进信用交易发展，维护市场运行秩序的一种新型服务产业。信用服务业一方面属于社会信用体系的构成部分，是社会信用体系有效运行的重要机制，与政府提供的公共信用服务一起构成了完整的社会信用体系；另一方面它是一个相对独立的服务行业，其提供的服务是一种特殊的商品即信用产品，受市场机制所制约。信用服务业具有智力密集、技术密集、专业化程度高、市场集中度高的特点,承担着信用信息收集、加工、处理和传递的功能,在防范信用风险、促进信用交易方面发挥着重要作用。应大力培育和发展一批具备较高执业资质和道德水准的独立公正市场化运作的信用服务机构。目前应重点发展大型信用评级公司、企业信用服务机构和消费者信用服务机构这三类信用服务机构。对上述三类信用服务机构,应区分情况,采用不同的政策。应正确处理政府管理部门与信用管理服务机构的关系,坚持实行“政府推动、市场化运作”的模式。

(四)现代信用评价机制

信用评价是以调查、征集所得的信用主体的大量信息为基础,运用科学的评价方法和信息处理技术,加工成以信用主体资信报告为基本形式的信用产品(征信产品)。由于信用评价结果(征信产品)直接反映信用主体信用状况的好坏,影响信用主体的切身利益,因而信用评价机制在运行机制中具有重要的地位。信用评价机制由评价主体、评价客体、评价指标体系和评价方法以及信用评价行业发展模式组成,信用评价机制的运作要充分体现独立性、客观性、公正性、科学性、准确性和权威性等原则。这是建立现代信用体系的市场基础。要通过政府立法、行业组织制定行规来引导全社会对信用服务的需求。政府有关部门要带头积极利用信用评级、评估报告等产品。信用服务企业要适应市场需求的变化,尽快建立完整而科学的信用调查和评价体系,增强技术创新、产品创新和市场创新能力,努力提供各具特色、多样化、高质量的信用产品,充分满足社会不断增长的对各类信用产品的市场需求。

(五)企业信用管理机制

企业信用管理机制是企业为扩大信用交易规模、防范信用交易风险、提高核心竞争能力而建立的,对信用交易风险进行有效管理的技术、政策和规则体系,包括客户资信管理制度、客户授信制度和应收账款管理制度。这是扩大社会信用交易规模和提高信用交易程度的前提。信用是企业生存之本和竞争力之源,是企业最宝贵的无形资产。加强企业信用管理,可以大幅度减少因守信不当导致的合约不能履行,增强信用风险的防范能力。为提高信用风险防范能力,应对企业的经营交易全过程进行信用管理。研究制定适合中小企业的财务会计制度,为企业建立健全财务会计制度提供标准;应以资金、质量、营销等管理为核心,引导企业强化内部管理制度和责任追究制度;引导企业建立以客户资信管理制度、内部守信制度和应收账款管理制度等为主要内容的信用管理制度,提升企业的信用管理水平。

(六)政府信用市场监管机制

政府信用市场监管是指政府对社会信用市场的监督与管理,主要包括政府对自身行政信用和社会信用市场两个方向的监督与管理。政府信用市场监管的核心是:政府为市场、企业制定制度规则,防范市场上参与交易的企业和个人行为非理性的机会主义,解决交易关系的离散性问题,提供市场主体活动公平的制度平台,使市场主体通过制度和法律实现公平地获取资源、信息、资本、人力资源、政策资源和市场准入资格。这是建立社会信用体系的组织保证。与社会信用体系建设关系最密切的行政执法和司法部门主要包括工商、税务、海关、外汇、质量技术监督、人事、社会保障等行政执法和管理部门,通信、供水、供气、供热等公用事业部门，公安、法院等司法部门，银行、保险等金融部门。这些部门应尽快普遍建立信用等级分类管理制度，建立行业或部门基础数据库，建立信用信息公开制度等。

（七）社会诚信教育机制

社会诚信教育机制是集伦理道德建设、诚信文化塑造、信用专业人才培养于一体的自律机制。其功能在于将法治和德治、教育和管理紧密结合起来，提高全社会的思想道德水准，增强全民信用意识。这是建立社会信用体系的一项长期的基础性工作。只有全体社会成员的诚信意识提高了，市场主体的守法意识增强了，现代信用知识增加了，自我约束和自我保护能力增强了，社会信用体系的建立和完善才有了坚实的基础。在我国，开展诚信教育，目前应主要从以下三个方面入手：一是认真贯彻《关于开展社会诚信宣传教育工作的意见》，利用广播、电视、图书、报刊、网络等传播工具，大力开展形式多样、内容丰富、通俗易懂的宣传教育活动，在全社会普遍形成守信光荣、失信可耻的社会氛围。二是组织编写现代信用知识普及性教材，普及现代信用知识，开设面向政府、企业的多种类型的短期培训和在职教育。行业协会等中介组织可以组织信用服务行业从业人员的培训，提高信用服务行业从业人员的业务素质和水平。三是在大学开设信用管理的研究生或本科专业，培养高层次的信用管理专门人才，满足全社会对高级信用管理、信用教育、信用服务等的需求。

（八）失信惩戒机制

失信惩戒机制是一种识别守信者和失信者，并确保守信者得到利益、失信者付出代价的机制，是信用运行机制的核心内容，其功能在于综合运用经济手段和道德谴责手段，惩治失信行为，将失信者从主流交易中清除出局，同时对守信者给予政策倾斜，降低他们获取资金、技术、服务的门槛，给他们提供各种交易便利。这是社会信用体系正常发挥作用的保障。因为，对失信者和失信行为不能给予及时、有力的惩戒，就是对失信者的鼓励、对守信者的惩罚。为此，应综合运用法律、行政、经济、道德等多种手段，使失信者付出与其失信行为相应的经济和名誉代价，直至被市场淘汰；使守信者得到各种方便和利益，获得更多的市场机会，不断发展壮大。

第二节　征信国家的社会信用体系

征信国家，就是指一国建立了比较健全的信用体系，形成了独立、公正且市场化运作的征信服务企业主体，从而确保以信用交易为主要交易手段的成熟市场经济能够健康运行。现代市场经济是建立在法制基础上的信用经济，高度发达的信用体系在防范金融风险、提高市场资源配置效率等方面发挥着积极作用。一般来讲，发达的市场经济国家都建立了比较完善的社会信用制度，因而可称其为征信国家。而一些发展中国家虽已着手建立本国的社会信用体系，但由于这些国家的企业征信制度欠发达，征信企业较少或在社会经济生活中没有发挥重要作用，因而称其为非征信国家。征信国家社会信用体系建设主要有三种模式：一种是以美国为代表的市场主导模式；另一种是以欧洲大陆国家为代表的政府主导模式;还有一种是以日本为代表的会员制模式。由于所处发展阶段和各国国情的差异,发展中国家在建立本国的信用制度过程中,同发达国家的经历并不完全相同。世界主要发达国家经过近200年的实践,已经建立了相对完善的社会信用体系,为我国建立与完善社会信用体系提供了有益的经验。

一、美国的社会信用体系

美国是世界上最发达的征信国家,也是世界上信用交易额最高的国家。美国的社会信用体系具备了征信国家的基本内涵,不仅有比较完善、有效的信用体系,而且有完全市场化运作的信用服务企业主体,还有对信用产品有着强烈需求的信用产品使用者。美国社会信用体系的框架主要包括以下四方面内容:

(一)完善的法律体系和健全的信用管理体系

在美国,与信用管理有关的法律体系比较完备,信用产品的加工、生产、销售、使用的全过程都被纳入法律范畴。20世纪60年代末至80年代期间,美国在原有信用管理法律法规的基础上,进一步制定了与信用管理相关的法律,目前已形成了比较完整的法律框架体系。这些法律构成了美国社会信用体系正常运转的法律环境,而且几乎每一项法律都随着经济发展状况的变化进行了若干次修改。在美国生效的信用管理相关的基本法律中,直接规范的目标都集中在规范授信、平等授信、保护个人隐私等方面。

对于征信国家来讲,信用体系的重要组成部分是明确政府管理部门的职能和建立失信惩戒机制。美国政府对信用管理法案的主要监督和执法机构分两类:一类是银行系统的机构,包括财政部货币监理办公室、联邦储备系统和联邦储蓄保险公司;另一类是非银行系统的机构,包括联邦贸易委员会、国家信用联盟办公室和储蓄监督局。对失信者的惩戒,除了政府的相应措施以外,还主要靠各类信用服务机构大量生产和销售信用产品,从而对失信者产生强大约束力和威慑力;靠整个社会对失信者的道德谴责,使人们与之交易时的有限信任;靠对失信者信用产品负面信息的传播和一定期限内的行为限制,使失信者必须付出昂贵的失信成本。其结果,一是使不讲信用的人不能自在地、方便地在社会上生活;二是使不讲信用的人没有机会把生意做大做好。

(二)市场化运作的各类信用中介服务机构

随着信息技术的发展,各种与信用有关的信息得以加工制造成信用产品,并销售给对信用产品有需求的特殊服务业,从而使信用服务机构获得长足发展的机遇,形成具有高知识含量和高附加值的现代服务业。该行业经过100多年的市场竞争,形成了少数几个市场化运作主体。目前从事信用服务的企业主要有资本市场上的信用评估机构、商业市场上的信用评估机构,以及对消费者信用评估的机构三大类。

资本市场上的信用评估机构主要包括对国家、银行、证券公司、基金、债券及上市大企业的信用进行评级的公司。目前,这类公司在美国只有穆迪(Moody)、标准普尔(Standard & Poor's)、惠誉公司(Fitch)等几家,它们基本上主宰了美国的资信评级市场。根据国际清算银行(BIS)的报告,全球所有参加信用评级的银行和公司中,穆迪涵盖了80%的银行和78%的公司,标准普尔涵盖了37%的银行和66%的公司,惠誉公司涵盖了27%的银行和

8%的公司。

商业市场上的信用评估机构是对各类大、中、小企业进行信用调查评级的公司。经过100多年的市场竞争，邓白氏集团公司（Dun & Bradstreet）最终独占鳌头，成为美国乃至世界上最大的全球性征信机构，也是目前美国唯一的这类评级公司。作为上市公司，邓白氏集团公司的经营理念是对股民负责，向所有持有邓白氏股票的投资者展示公司的高增长性。而这种高增长性则来自市场对其信用产品的需求，来自对其产品形成的市场认知度，来自信息技术带来的信用产品生产、销售能力的飞速提高。邓白氏集团公司开展信用评估业务主要有两种模式：一是在企业之间进行交易时对企业进行信用评级；二是企业向银行贷款时对企业进行信用评级。

对消费者信用评估的机构在美国叫作信用局或消费信用报告机构。目前美国有三家大的信用局，分别是美国人控股的环联公司（TransUnion）、艾克飞公司（Equifax）和英国人控股的益博睿公司（Experian）。信用局，是向需求者提供消费者个人信用调查报告的供应商。信用局的基本工作是收集消费者个人的信用记录，合法地制作消费者个人信用调查报告，并向法律规定的合格使用者有偿传播信用报告。上述三大信用局拥有覆盖整个北美地区的个人征信数据库。此外，美国还有数千家小型消费者信用服务机构，提供不同形式的消费者信用服务。在美国，信用局收集消费者个人信用信息的工作方式是主动的，不需要事先通知被记录者。而且，大多数授信机构都会将消费者的不良记录主动提供给信用局，使失信消费者的信用记录增加负面信息，今后无法成功地申请其他信用工具。信用局主要通过三个渠道获取消费者的信息：一是经常从银行、信用卡公司、公用事业公司和零售商等渠道了解消费者付款记录的最新信息；二是同雇主接触，了解消费者职业或岗位变化情况；三是从政府的公开政务信息中获取被调查消费者的特定信息。

（三）信用产品的巨大需求和市场主体较强的信用意识

对信用产品永不衰竭的需求，是信用公司生产加工和销售信用产品的原动力，是巩固和发展现代信用体系的深厚市场基础，也是信用产品不断创新的原因。目前，全球有30万亿美元的负债按照规定要进行评级，全球所有在国际市场融资的国家要进行评级，商业银行、保险公司、基金组织和上市的大企业都需要进行信用等级的评定。仅穆迪公司就已经对全球110个国家、1 200家银行、5 000多家大企业进行了评级。企业对信用产品的需求更是旺盛，由邓白氏集团公司提供信用产品的客户企业已高达6 500万户。对消费者的信用报告是需求量最大的信用产品，据环联公司提供，环联公司每天平均卖出信用报告100多万份。

美国信用交易十分普遍，缺乏信用记录或信用记录很差的企业很难在业界生存和发展，而信用记录差的个人在信用消费、求职等诸多方面都会受到很大制约。不论是企业还是普通消费者，都有很强的信用意识。美国的企业普遍建立了信用管理制度，较大的企业都有专门的信用管理部门。为有效防范风险，企业一般不愿与没有资信记录的客户打交道。由于信用交易与个人的日常生活密切相关，美国的消费者都十分注重自身的信用状况，并会定期向信用局查询自己的信用报告，尽可能避免在信用局的报告中出现自己的负面信息。

(四)规范的信用行业管理制度

美国是世界上信用管理行业最发达的国家。由于美国有比较完备的信用法律体系,征信数据的取得和使用等都有明确的法律规定,虽然政府在信用行业管理方面所起的作用比较有限,但有关政府部门和法院仍然起到信用监督和执法的作用,其中联邦贸易委员会是信用管理行业的主要监管部门,司法部、财政部货币监理局和联邦储备系统等在监管方面也发挥着重要作用。此外,美国信用管理协会、信用报告协会、美国收账协会等一些民间机构在信用行业的自律管理和代表行业进行政府公关等方面发挥了重要作用。

二、欧洲的社会信用体系

法国、德国和比利时等一些欧洲国家的社会信用体系不同于美国,主要表现在以下三个方面:① 信用信息服务机构是作为中央银行的一个部门建立起来的,而不是由私人部门发起设立的;② 银行需要依法向信用信息局提供相关信用信息;③ 中央银行对信用管理部门承担主要的监管职能。

在法国,中央银行的信用信息局以每月为间隔向银行采集它们向公司客户发放超过50万法郎的信息。在比利时,信用信息办公室根据一个记录有关分期付款协议、消费信贷、抵押协议、租赁和公司借款中的不履约信息的皇家条令建立起来,并作为比利时中央银行(比利时国家银行,National Bank of Belgium)的一个部门。

在比利时、德国和法国,商业银行向中央银行建立的信用风险办公室或信用信息局提供所要求的信息是一种强制行为。比如,在德国银行和金融服务机构被要求向德国联邦银行(German Federal Bank)的中央报告办公室报告负债总额达到或超过300万德国马克的借款者的详细资料。

以比利时、德国和法国为代表的一些欧洲国家,由于信用信息局是中央银行的一部分,因而对信用信息局的监管通常主要由中央银行承担,有关信息的收集与使用等方面的管制制度也由中央银行制定并执行。

此外,欧洲国家也非常注重与信用管理相关的立法。比如德国1970年制定的《个人数据保护法》、1997年制定的《通用商业总则》,国际经济合作与发展组织1980年制定的《个人人格保护及个人数据国际交流准则》,欧盟1995年制定的《欧盟数据保护纲领》都较为著名。

三、日本的社会信用体系

日本的社会信用体系不同于美国和欧洲,有其独特之处。

日本银行家协会牵头建立了一个以银行会员为主的会员制机构,机构主要由会员银行共同出资建设,产权归全体会员共有。这个会员制机构的主要职能是收集银行的信用信息并在会员之间进行交换、共享,这是一个社会性的信息组织,它因此被命名为“日本银行个人信用信息中心”,其征信的范围包括个人征信和企业征信。

这个会员制信用信息中心是一个非营利性机构,而非以利润为目的的商业性实体。但这并不意味着它提供的信用信息是无偿的。为了维持机构正常和持续的运营,它必须在提供信息时收取一定的费用。因为,其基础设施和管理维护都是需要成本的,而且它在收集信息的时候是需要付费的。需要强调的是,这个非营利性机构所收取的费用仅用于维持机构运转和信息收集,而不是作为利润。

信用信息原则上只对这些银行会员开放,也就是说只有会员单位才能享受到信用信息中心提供的信息。会员取得信息是有偿的,同时各会员单位有义务向信用信息机构提供其掌握的准确、全面的信用信息。

与银行业协会会员制信用信息中心并存的还有一些商业征信公司,它们和信用专业中介服务机构一样,是市场化运营的商业性实体,以利润为目的向市场提供信用信息产品和服务。它们是银行业协会会员制信用信息中心的必要而有益的补充,其中最著名的商业征信公司是帝国数据银行。

银行业协会会员制信用信息中心和商业征信公司共同主导并运营社会信用体系建设,这是日本社会信用体系的最突出特色。

在日本,个人申请信用卡或者购房贷款,审查很严。首先要真实填写自己的工作单位、收入、单位和个人电话、银行存款等。银行打电话向有关单位求证相关情况,如发现不实,就会拒绝发放信用卡。因为日本所有的银行信息联网,一旦有被拒的记录,在几年内都不会有一家银行发放信用卡。如果透支信用卡过期不还,银行会想尽办法通知还款。最后一招则是诉诸法律,在催促还款时把钱还掉还没事,一旦进入法律起诉程序,持卡人就会进入黑名单,在日本就有了不诚信的记录。如果是小额欠款,被追回之后,虽然不会判刑,但会为此背一辈子黑锅,无论走到哪里,别人都会对你另眼看待。

日本银行做贷款项目时,首先要调查相关企业的信用信息。一般来说,大型企业信息资料比较全,向金融机构贷款比较容易;中小企业,特别是小企业,银行会对企业生产的产品前景进行评估,与企业的客户接触,听取客户的评价,有时候也会暗访,考察每天有多少客户。向中小企业提供贷款的信用金库和信用组合,特别是信用组合一般由地方企业出资组成。这些企业大都在一个城镇,信用组合对每个企业情况十分了解,一般不会出太大的问题。每个企业必须根据要求向金融机构提供详细真实的情况。日本企业为了维持自己的信用,在金融机构有一个好的信誉,大多都很配合,把真实情况和盘托出,一般不会弄虚作假,因为这样成本太高,一旦被发现,要承担法律责任,再有历史的企业都可能因此失去客户,进而破产。

四、不同社会信用体系的比较及启示

分析比较美国、欧洲、日本社会信用体系的不同模式和差异特征,有助于我们取长补短,积累经验,从而加快我国社会信用体系的建设步伐。

(一)不同社会信用体系的比较

1. 不同国家,不同模式

由于经济发展水平不同、法制文化环境相异,各征信国家社会信用体系的制度特点也多有区别。比较典型的社会信用体系模式可被划分为三种。

第一种是市场主导型模式,又称民营模式。这种社会信用体系模式的特征是征信机构以营利为目的,收集、加工个人和企业的信用信息,为信用信息的使用者提供独立的第三方服务。在社会信用体系中,政府的作用一方面是促进信用管理立法,另一方面是监督信用管理法律的贯彻执行。美国、加拿大、英国和北欧国家采用这种社会信用体系模式。

第二种是政府主导型模式,又称公共模式。这种模式是以中央银行建立的中央信贷登记系统为主体,兼有私营征信机构的社会信用体系。中央信贷登记系统是由政府出资建立的全国数据库网络系统,直接隶属于中央银行。中央信贷登记系统收集的信息数据主要是企业信贷信息和个人信贷信息。该系统是非营利性的,系统信息主要供银行内部使用,服务于商业银行防范贷款风险和央行进行金融监管、执行货币政策。据世界银行统计,法国、德国、比利时、意大利、奥地利、葡萄牙和西班牙七个国家有公共信用登记机构,即中央信贷登记系统。同时,除法国外,其他六国都有市场化运营的私人征信机构。

第三种是会员制模式。这种模式是指由行业协会为主建立信用信息中心,为协会会员提供个人和企业的信用信息互换平台,通过内部信用信息共享机制实现征集和使用信用信息的目的。在会员制模式下,会员向协会信用信息中心义务地提供由会员自身掌握的个人或者企业的信用信息,同时协会信用信息中心也仅限于向协会会员提供信用信息查询服务。这种协会信用信息中心不以营利为目的,只收取成本费用。日本采用的就是这种社会信用体系模式。

2. 不同模式,不同背景

在信用交易成为市场交易的主要方式、信用工具被大规模使用以及信用风险日益显著的背景下,社会信用体系成为影响一个国家经济发展的重要方面。

经过上百年的市场经济发展,发达国家形成了相对完善的社会信用体系。但是,由于各国经济、文化、历史不同,不同国家形成了不同的社会信用体系模式。

第二次世界大战后,美国市场的信用交易额猛增,各种信用工具被广泛地使用。伴随着信用交易的增长,收集和加工信用信息的营利性征信机构迅速发展起来。但是,征信机构收集和加工信用信息的界定、征信机构的服务方式以及征信机构为信用信息使用者提供服务的过程中,保护商业秘密和个人隐私权等问题突现出来。在社会各界的强烈要求下,美国政府于20世纪60年代末期至80年代,出台了一系列信用管理方面的法律,为商业秘密和个人隐私提供比较完善的保护机制,同时将征信机构列为独立发展的市场服务业,形成市场主导型社会信用体系模式。

西欧国家的社会信用体系主要是为了防范金融信贷领域的违约风险,西欧国家的中央银行在社会信用体系中发挥着举足轻重的作用,社会信用体系采用以中央银行建立公共信贷登记系统为主体的政府主导型模式。

日本的社会信用体系明显区别于美国和西欧国家。日本形成会员制的社会信用体系模式,主要是由于日本的行业协会在日本经济中具有较大的影响力。以个人信用体系为例,目前,日本的信用信息机构大体上可划分为银行体系、消费信贷体系和销售信用体系三类。相应的行业协会分别是银行业协会、信贷业协会和信用产业协会。这些协会的会员包括银行、信用卡公司、担保公司、其他金融机构、商业公司以及零售店等。三大行业协会的信用信息服务基本能够满足会员对个人信用信息征集考察的需求。

3. 各种模式的法律框架

具备相对完善的信用管理法律制度是征信国家的共同特点。美国的信用管理法律制度可以划分为三个层次。

第一个层次是直接的信用管理法律规定。一般来讲共有17部法律,其中《信用控制法》在20世纪80年代被终止使用。其他16部法律是:《公平信用报告法》《公平债务催收作业法》《平等信用机会法》《公平信用结账法》《诚实租借法》《信用卡发行法》《公平信用和贷记卡公开法》《电子资金转账法》《储蓄机构解除管制和货币控制法》《甘恩-圣哲曼储蓄机构法》《银行平等竞争法》《房屋抵押公开法》《房屋贷款人保护法》《金融机构改革—恢复—执行法》《社区再投资法》《信用修复机构法》。

第二个层次是直接保护个人隐私的法律。主要包括《隐私法案》《犯罪控制法》《家庭教育权和隐私法》《财务隐私权利法》《隐私保护法》《电子通信隐私法》《录像隐私保护法》《驾驶员隐私保护法》《电信法》等。这些法律都直接规定,在相应的特殊环境中不能公布或者限制公布个人或企业的相关信息。

第三个层次是规范政府信息公开的法律。这方面的法律包括《信息自由法》《联邦咨询委员会法》《阳光下的联邦政府法》。

20世纪90年代中后期,西欧国家纷纷制定本国的信用管理法律。以个人信用信息征集、加工和使用为例,英、德、意三国先后出台了《数据保护法》,对信息的采集、使用等做出了明确规定。欧盟成员国立法受到欧洲议会的影响。1995年10月欧洲议会通过欧盟《个人数据保护纲领》,该部法律的立法宗旨和基本原则是在保护人权和开放数据之间取得平衡。这是欧盟在信用管理领域的第一部法律。欧盟于1997年12月公布了第二部法律《数据保护指南》,该部法律于1998年10月5日正式生效。根据欧洲议会通过的法律,欧盟各国对本国的信用管理法律体制进行了完善。

日本有关信用管理的法律主要有:1983年颁布的《贷款业规制法》和《分期付款销售法》,对于个人信用信息的收集和使用等做了初步规定,规定对信用信息机构保有的信息只能用于调查消费者的偿债能力或支付能力;1988年12月颁布的《行政机关保有的电子计算机处理的个人信息保护法》,对行政机关保有的由计算机进行处理的个人信息提供了法律保护;1993年日本行政改革委员会提出的《行政改革委员会行政信息公开法纲要》,对征信机构收集政府部门保有的信用信息提供法律依据。另外,日本行业协会的内部规定对信用管理活动发挥着重要作用。

4. 不同模式,不同的信息征集范围

不同的社会信用体系模式,征信机构的信息征集范围存在巨大差异。以个人信用信息的收集、加工和使用为例,美国法律只是限制个人信用报告可以公开的信息范围,在遵守隐私保护法和政府信息公开法等法律的前提下,征信机构可以采取灵活的方式收集多样化的信息。

在个人信用报告方面,美国相应的规定和做法有:

第一,一份消费者信用报告中,不需要消费者个人同意就可以包括的信息有:消费者的姓名、通信地址、电话号码、社会保障号码等;现有或以前的贷款或信用卡记录正面交易信息,包括授信者名称、账户号码、信用额度、开户日期、授信者向征信机构报告该信息的日期、最后一次支付的日期和数额等,还可以包括过期账户信息、目前过期未付的款项数目,以及在过去 12 ~ 60 个月中是否按期支付了上述款项的记录,公开正面信息没有时效限制;在法定时效期间的公共信息记录中的负面信息,包括破产记录、欠税记录、犯罪记录、被追账记录等;个人信用信息被查询记录,包括过去 1 年间所有的被查询记录。

第二,以下信息除非经过消费者本人同意或请求,否则禁止在消费者信用报告中公开:消费者活期或储蓄账户的信息;消费者购买的保单;消费者收入信息;消费者个人生活方式和消费习惯;消费者的工作表现;消费者医疗信息;消费者驾驶记录;种族、宗教信仰、政治倾向等。

第三,任何消费者信用报告都不得包含的个人信息(即使本人同意也不能出现在报告中的信息),是指超过了法定记录期限的公共记录中的负面信息,包括:超过 10 年的破产记录,超过 7 年的诉讼或判决,超过 7 年的逮捕、起诉、有罪确认的记录以及其他超过 7 年的有害记录。

欧盟国家的中央信贷登记系统收集的信息主要是银行等金融机构信贷业务的详细历史记录,各商业银行有法定义务按时向央行数据库传输准确的信贷业务数据,这些数据一般只在中央银行和商业银行间流动,为商业银行防范信贷风险和央行进行金融监管、执行货币政策服务。中央信贷登记系统登记的每笔信贷交易的数据非常详细。

日本的信用信息征集范围与美国和欧盟国家又有差异。以个人信用信息的征集和使用为例,日本没有专门的商业化运作的个人征信机构,个人征信采用会员制模式,形成了三个全国性的个人信用信息中心:日本银行个人信用信息中心(日本银行家协会主办)、日本个人信用信息中心(日本信贷业联合会主办)、CIC 信用信息中心(日本信用产业协会主办)。各信息中心均要求会员定期向信息中心输送客户信息,由于信息只在会员之间共享,保密度较高,会员向信息中心传输的信息也较为详细。

日本三大个人信用信息中心征集和使用个人信用信息的具体规定如下:

日本银行个人信用信息中心规定,会员向中心提交的个人信息包括消费者贷款、活期存款交易、保证、信用卡交易四个方面,如个人姓名、出生年月、邮政编码、住址、贷款日期、贷款金额、约定偿还日、拖欠日期、最终偿还日等。相关信息在记录保留期限届满后会自动删除。

日本个人信用信息中心采集的信息范围与银行个人信用信息中心相似,中心要求会员提供的个人信用信息的范围包括:个人的身份信息,如姓名、出生年月、住址、住宅电话、工作单位、电话等;贷款合同的信息,包括与贷款合同有关的所有信息,如借款日、借款金额等;关于借款偿还情况的信息,如还款日、借款剩余金额、还款预定日、还款完毕日,以及拖延还款时限的信息等。相关信息的保留期限也有明确规定,不能超过借款合同开始后的 5 年及还款后的 5 年。

CIC 信用信息中心收集的个人信息包括:个人身份信息,如姓名、出生年月、邮政编码、住址、电话号码;与信用交易相关的信息,如合同的种类、签订合同的年月日、合同额度、支付次数、商品名称、发生年月日、月支付的记录、存款余额;由 CIC 独立收集的公共资料,如政府官方发布的破产公告、失踪公告、扣押财产公告等内容;其他资料,如从消费者个人处直接收集的本人信息。

5. 不同模式,不同的信息使用范围

以个人信用信息为例,比较不同社会信用体系的信息使用范围。

美国在《公平信用报告法》中明确规定了个人信用报告的使用范围,征信机构只能根据以下目的提供信用报告:具有管辖权的法院签发的命令或者联邦大陪审团的传票;消费者本人的书面要求;相关方意欲对消费者个人授信、复查或收取应收账款或进行信用交易;用人单位用于审查个人工作申请,用于政府机构考察个人的财务状况,决定是否同意个人的牌照申请或给予个人其他利益;潜在投资者或保险人评估个人的信用状况或预付风险;金融机构用于评价个人的信用风险;由消费者本人发起的其他合法交易活动,比如房屋租赁申请等;各州或者地方的儿童抚养执行机构的负责人用以考察个人支付抚养费用的能力;各州的计划部门用于制定或更改儿童抚养裁定;联邦调查局对外反情报调查活动必须使用的个人信用信息。

法国、德国等欧盟国家采用政府主导型模式的社会信用体系。这些国家的中央信贷登记系统只为中央银行进行金融监管和执行货币政策以及商业银行控制信贷风险服务,只有被授权的中央银行职员,以及商业银行等金融机构被授权的职员才可以使用中央信贷登记系统,其他人不能够通过中央信贷登记系统直接查询个人信用状况。这也是绝大多数欧盟国家同时存在营利性私营征信机构的原因。因此,从严格意义上讲,中央信贷登记系统仅是银行业内部的信用风险控制工具,是社会信用体系的重要组成部分,而不能代替社会信用体系。

日本采用会员制模式的社会信用体系。个人信用信息中心只为本协会的会员服务,会员既是信息的提供者,又是信息的使用者。信用信息中心保有的信息只能在调查消费者的偿债能力和支付能力时使用,不能用于其他目的。三大个人信用信息中心(日本银行家协会主办的日本银行个人信用信息中心、日本信贷业联合会主办的日本个人信用信息中心、日本信用产业协会主办的 CIC 信用信息中心)均规定:本协会的个人信用信息只能供会员自己使用,不能提供给第三者使用,不准随意公开。

6. 不同模式,不同监管方式

社会信用体系模式不同,政府在社会信用体系中的角色也不同。

在采用市场主导型模式的美国,征信业是市场化服务业,征信公司是以营利为目的的商业组织,政府是市场秩序的监管者,不直接参与征信活动,政府的作用是制定信用管理法律和监督相关法律的执行。

在采用政府主导模式的欧盟国家,中央信贷登记系统是政府出资建立的,通常由各国中央银行直接管理,该系统本身就是中央银行的组成部分,因此,中央银行既是监督者又是运营者。同时,中央信贷登记系统由国家财政出资建设,为央行和商业银行提供某种公共产品,是非营利的,对信息使用者最多只收取成本费用。

在采用会员制模式的日本,信用信息的征集和使用主要依靠行业协会的自律约束,政府只是制定法律和监督法律的执行。

7. 不同模式相互借鉴,信用体系结构多样化

不同模式的社会信用体系各有优势和不足。在建立和发展社会信用体系的过程中,各国必然吸收各种模式的优点,完善本国的社会信用体系。

在美国,政府有关部门、各行业协会以及相当多的企业已形成了各具特色的专业化数据库,虽然这些数据库大都不是专为收集信用信息而建,但确为信用信息的收集和分析提供了极大的便利。随着美国信用市场持续增长,美国出现了行业内同业信用信息交流协会。例如,美国化工企业信用协会会员可以在协会内部实现与其他会员企业进行多项信用信息交流,这与日本的会员制模式没有本质区别。

在采用政府主导型模式的欧盟国家,据世界银行统计,除法国外,其他欧盟国家都有私营征信机构。这些私营征信机构是商业化公司,以营利为目的,对中央信贷登记系统形成有益补充。

随着市场经济的发展,各国的社会信用体系不会停留在最初的单一模式水平,一国的社会信用体系必然吸收其他国家社会信用体系的优点,不断完善本国的社会信用体系,促进本国经济持续健康发展。

拓展阅读 2-2

学者王淑芹谈诚信问题

一、不能单纯移植西方社会信用制度

目前,虽然政府和学界都在研究我国社会诚信建设问题,但总体来看,基本处于探索阶段。尤其值得注意的是,学界在一定程度上存在主张对西方信用制度片面“移植”的倾向。一些学者在对我国传统诚信德性伦理局限性分析的基础上,陷入诚信契约性质的西方化话语体系,把社会诚信制度直接等同于社会信用制度,一味推崇法律制度的外治作用而忽视诚信德性的内在规约性和心灵的精神特质。

西方主要的市场经济发达国家,在市场体系完善过程中,基本上建立了规范政府、企业、个人不同主体的信用制度。发达市场经济国家建设经验表明,社会信用制度建设是市场体系完善不可或缺的重要方面。西方主要发达国家尤其是美国较完备的社会信用法律制度,自然可以为后发市场经济国家的社会诚信建设所借鉴。但借鉴不等于照搬或移植,从发达国家借鉴良好的法律法规,若要它们产生良好的社会效果,还需在借鉴过程中进行批判的吸收,进行中国化的改造。还有,诚信与信用的区别表明,社会诚信制度是比信用制度更具广泛社会意义的概念,可以把信用法律制度建设作为社会诚信制度建设的重要组成部分,但绝不能完全用西方的“信用制度”取代“社会诚信制度”。

二、要注意社会信用法制建设的渐进性

社会信用法律制度包括两大部分,即信用管理的核心法律法规和影响信用管理的外围法律制度。目前我国社会信用法律制度的建设处于起步期,迄今为止尚无专门的全国层面的信用法律被制定和颁布,只有部门或地方性的法规,同时还需要对信用管理的外围法规进行修订,如《民法》《商法》《消费者权益保护法》《产品质量法》《刑法》等。显然,加快信用立法,改变信用法律的缺位状态确实是当务之急。但需要注意的是,社会信用法律制度的建立、健全与完善是一个相对漫长的过程,不能急躁冒进。首先,社会信用法律制度的建立受制于社会信用经济发展的程度。社会信用制度建设与经济信用活动的广泛性与活跃性密切相关,而经济信用活动又受制于市场经济的发展程度,因为只有各种赊销、信贷、融资等信用交易形式多样化、普遍化且出现了大量的对市场秩序破坏的失信行为，才会催生信用产品的需求和发展。就我国市场经济发展的现阶段而言，一方面是社会资源配置的市场化程度尤其是信用交易的广泛性仍需提高，另一方面，经济活动领域的违约、虚假等失信行为对市场秩序的破坏程度严重。其次，从法律制定的滞后性特征和发达国家信用法律制度建立的历程来看，信用法律制度的出台和完善是一个渐进的过程。例如，美国在第二次世界大战之前，市场经济就有了相当的发展，且存在一定范围的赊销交易和地方性的少数信用管理公司，但其信用方面的法律则是20世纪60年代至80年代制定颁布的。到目前为止，美国信用和征信相关的基础法律、信用管理相关法律和信用投放相关法律共20部。由此可见，信用的法制化，不是一个法规问题，而是一个法律体系。因而可以预测，我国的信用法律体系的建立也不会在短期内迅速完成，但在正式的法规颁布之前，可先用行政性法规或指导性意见等过渡性条文给予规定和指导，以解决信用法律的现实迫切需要问题。

资料来源：光明日报，2011-11-15(11).

（二）对我国社会信用体系建设的启示

作为非征信国家，我国社会信用体系的基础还相当薄弱，建立和完善社会信用体系是一项艰巨而复杂的系统工程。但是，我国经济健康稳定发展的客观要求和国际竞争格局的变化，迫切要求我们必须加快信用体系建设，强化国家对社会信用活动的管理。虽然发达国家建立信用制度的过程各不相同，但社会信用制度的基本内涵是一致的。参照世界各国的经验，应从以下几方面着手建立我国的社会信用体系。

1. 通过多种方式强化市场主体的信用观念和信用意识

社会信用体系的建立固然需要法律体系和必要的制度安排，但是，信用的基础在很大程度上靠社会主体之间的信任和诚信的理念来维系，靠市场经济条件下的信用道德规范来维系。讲信用应成为社会经济生活中的一种基本公德。在市场经济环境下，市场主体的行为准则首先应是守信用，无论是法人主体或公民个人，都应树立守信的公众形象，树立“以讲信用为荣，不讲信用为耻”的社会意识。信用度高实际上是一种财富，全社会应形成这样的共识和理念。这种共识和理念要通过各种宣传、教育、典型示范来进行，通过加强全社会范围内的信用教育、科研和培训来实现。从基础教育到大学教育，对信用观念、信用意识、信用道德的宣传和教育应贯穿始终。

2. 加快制定信用管理的法律法规，构建失信处罚的有效机制

完备的信用管理法律体系是信用行业健康规范发展的基础和必然要求。从发达国家的经验看，信用立法工作是一个长期过程。因此，我们建议从两方面推进信用立法工作：一方面应充分借鉴发达国家在信用管理方面的法律法规，在此基础上以比较完备的行政管理规定的形式颁布，尽早为信用中介机构的发展建立制度框架；另一方面抓紧研究、率先出台与信用行业直接相关的基本法，如可先出台《信用报告法》，对信用行业的管理定下基本的制度框架，以促进信用行业规范健康发展。

社会信用体系的运转，要求构建失信惩戒机制，使失信者名誉扫地，在相当长的期间

内没人再对失信者进行授信。失信惩戒机制构建的基本原则是:以市场经济运行的法则处罚市场上出现的失信行为。建立和完善失信惩戒机制,使人们明确在市场经济中,失信的法律边界是什么,失信到什么程度将给予何种程度和形式的制裁。通过失信惩戒机制的设立,加大企业或个人失信的成本,迫使其行为趋向守信,让守信成为守信者的通行证。

3. 加快征信数据的开放与信用数据库的建立

各国的经验表明,征信数据的采集和使用首先是一个法律问题,各国都通过法律或法规的形式对此做出明确规定。一般来说,采集和共享的信息包括银行内的借贷信息和政府有关机构的公开记录等。由于信用信息包括正面数据(Positive Data)和负面数据(Negative Data)两部分,各国对共享信息的类型通常都有规定,一些国家限制正面信息的共享,比如在西班牙,信用信息局不能共享正面数据,澳大利亚信用索引公司的运作仅被限定在负面信息。而美国、加拿大和智利等国家则允许共享正面信息和负面信息。此外,由于各国国情和文化传统等方面的差异,对信用信息(主要是涉及消费者个人的信息)的采集和使用范围的规定也不完全相同。

我国目前还没有建立起适应现代社会和市场经济体制的信用征信及查询信息系统,企业的信用记录分散于工商、税务、审计、银行、保险、法院等各个有关部门和金融机构,以及会计师事务所、律师事务所等中介机构中,居民更没有个人基本信用档案可供资信证明查询。根据一些国家的经验,对消费者个人信用信息的采集和公布应采取相对审慎的原则。同时,由于功能完善的信用数据库是建立社会信用体系必备的基础设施,目前建议一方面要鼓励信用中介机构注重自身信用数据库建设,另一方面政府有关部门要建立行业或部门的数据库,待条件成熟时,可将自建数据库中的部分内容提供给信用中介机构或与信用中介机构共享,为我国信用行业的发展提供支持。

4. 促进信用中介机构的建立与规范发展

目前,一些社会中介机构本身信用程度就很差,常常提供不真实信用信息,不仅不能起到客观公正的中介和咨询作用,有些还提供虚假评估、审计结论,误导和欺骗社会,欺骗企业和个人。如故意高估价格的房地产评估报告、虚假验资报告、财务报告、审计报告等,在很多上市公司骗案中出现,屡见不鲜,如银广夏、麦科特、东方电子等骗案,都是中介机构所为,给社会和投资企业及个人造成了极大的危害和损失。

由于信用中介机构在防范金融风险和促进信用交易方面非常重要,信用中介机构本身的信用就成为各国建立社会信用制度过程中必须解决的问题。以信用信息局的建立为例,在国际上主要有两种模式:一种是由私人部门发起设立;另一种是作为中央银行的一个部门建立。在由私人部门发起设立的国家,通常都有比较完善的信用立法作为保障。由银行发起设立的信用信息局,中央银行通常承担主要的监管职能。目前我国的信用中介机构都是采取公司制的市场运营方式,但由于还处于发展的初级阶段,市场需求不足,业务量相对较少,特别是政府对信用信息的利用程度低。由于竞争激烈,从制度上保障信用中介机构能够客观、公正、独立地运营是亟待解决的问题。就信用中介机构的管理来看,根据我国行业发展现状和别国的经验,对于企业征信咨询类机构可以通过竞争的方式,使其业务逐步向有规模、有影响的征信公司集中。但是对于资信评级机构和个人信用信息征信咨询机构,建议通过比较明确的进入退出机制的办法加以规范。

5. 加强政府对信用行业的有效管理

从国际上看，对信用行业的监管框架主要分为两类：一类是以中央银行为监管主体，另一类是以完善的法律法规为基础。从国际经验看，政府对信用行业的管理方式与该国信用管理法律体系的状况密切相关。法律法规完善，政府的直接管理职能就相对弱化，信用行业的发展也比较规范；法律法规不健全，政府或中央银行的直接管理职能就更为重要，信用行业的发展状况更容易受政府行为的影响。我国信用行业的发展只有二十几年的时间，由于缺乏相关的法律法规，因此，在加快立法进程的同时，还需要政府对该行业进行相应的管理和监督。

此外，政府应通过建立失信约束和惩罚机制监督信用行业的规范发展，而不参与主办信用管理服务机构，否则就失去了信用管理服务的中立、公正性质。政府有必要大力扶植和监督信用中介服务行业的发展，积极推动这方面的立法，并保证政府各部门的公共信息向社会开放，让大家平等地取得和使用，同时监督市场经济主体间依法公平、公正地披露信息和使用信息的义务和权利得以实现，保护公平竞争。对与信用活动相关的注册会计师、审计师和律师等专业服务领域的人员也必须加强监督管理。从我国资本市场的发育来看，上市公司的经营和信用状况的真实披露在很大程度上依赖于证券注册会计师的审计报告。这些中介机构的虚假信息会导致证券市场失信于广大投资者。因此，必须加强管理，维护证券市场的公正、公平和公开的原则。同时，政府必须有效地解决信用执法过程中的地方保护主义的问题，维护市场执法的公正性。

第三节　我国社会信用体系建设和发展

一、我国社会信用体系建设历程

我国社会信用体系建设起步较晚，自 20 世纪 90 年代初期至今，我国社会信用体系建设大体经历了起步阶段、初步发展阶段、加速发展阶段三个发展阶段。

第一个阶段：始于 20 世纪 90 年代初期的起步阶段。其标志是以信用评价为代表的信用中介机构的出现和发展。

20 世纪 90 年代初期，我国涌现出中国诚信、大公、远东等一批与企业发债和资本市场发展相适应的信用评估机构。银行业金融机构为了控制企业贷款风险，引入了贷款证管理模式，上海等地还要求申领贷款证企业必须进行信用评级，这些措施推动了企业的信用需求。与此同时，专业担保、信用调查、讨债追债等信用服务中介机构也开始出现，如华夏信用管理公司、中国经济技术投资担保公司、新华信公司、华安公司等。有关政府部门针对国家重点大型企业、中小企业等不同对象进行了企业信用和业绩评价的积极探索，商业银行积极开展了以控制信贷风险为目的的贷款企业信用等级评定工作。

第二个阶段：始于 20 世纪 90 年代末期的初步发展阶段。其标志是以信用担保为代表的信用中介机构的快速发展。

20 世纪 90 年代末期，在国家经贸委、财政部和中国人民银行等部门的大力推动下，我国山东济南、江苏镇江、安徽铜陵、广东深圳、重庆、山西、河南等地涌现出一批面向中小企业服务的信用担保机构。1994年以来陆续成立的中投保、深科投等一批专业担保公司也开始为中小企业提供担保服务。民间资本也开始涉足信用担保行业,如深圳的中科智担保公司、甘肃的银泰担保公司、山西的阳泉个私担保公司等。信用担保机构的发展不仅缓解了中小企业贷款难状况,也为企业特别是中小企业信用能力的提高奠定了基础。截止到2001年年底,全国已有各类信用担保机构约360家,覆盖了全国近30个省(自治区、直辖市)的300个城市,拥有的担保资金已达100亿元,其中50%为民间投资,担保公司中注册资本超过10亿元的全国已有3家。

第三个阶段:自21世纪初期以来的加速发展阶段。其标志是信用信息披露系统和以社会中介为主体的信用联合征集体系的起步和推进。

上海、北京、甘肃、广东等省、市加快了社会信用体系建设的步伐,2002年3月28日上海和北京开通了城市企业信用信息系统,甘肃和广东省政府分别于2001年9月和2002年4月印发了社会信用建设的文件。2001年4月国家经贸委、国家工商总局等十部委联合下发了《关于加强中小企业信用管理工作的若干意见》,2002年3月国务院开始启动企业和个人征信立法与实施方案起草工作,2002年4月财政部、国家经贸委和中国人民银行联手进行全国信用担保机构全面调查,2002年6月中国人民银行企业信贷登记咨询系统实现了全国跨省市联网,中国工业经济联合会开展了推动信用工程工作,中国商业联合会组建了商业信用中心,工商、证券、保险、税务、旅游以及注册会计师等领域信用体系建设步伐加快。中国诚信、华安、华夏、大公、远东、联合、新华信以及中国联合信用网、中国企业信用网、中国信用信息网等社会信用中介机构积极开拓业务领域,邓白氏、惠誉、科法斯等国外信用机构也积极发展中国市场。起步于上海、北京、浙江富阳、广东汕头等地的政府部门之间信用披露系统互联互通和信息共享由地方试点向全国发展。

2002年11月,党的十六大提出:“整顿和规范市场经济秩序,健全现代市场经济的社会信用体系。”2003年3月,国务院提出本届政府要用五年左右的时间初步建立起与我国经济发展相适应的社会信用体系的基本框架和运行机制。党的十六届三中全会通过的《关于完善社会主义市场经济体制若干问题的决定》进一步指出:“建立健全社会信用体系,形成以道德为支撑、产权为基础、法律为保障的社会信用制度,是建设现代市场体系的必要条件,也是规范市场经济秩序的治本之策。”

我国“十一五”规划提出“以完善信贷、纳税、合同履约、产品质量的信用记录为重点,加快建设社会信用体系”。2007年,国务院《关于社会信用体系建设的若干意见》进一步明确,“以法制为基础,信用制度为核心,以健全信贷、纳税、合同履约、产品质量的信用记录为重点”“建立全国范围信贷征信机构与社会征信机构并存、服务各具特色的征信机构体系,最终形成体系完整、分工明确、运行高效、监管有力的社会信用体系基本框架和运行机制”。党的十七届三中全会也重点对“加快农村信用体系建设”提出了要求。党的十七届五中全会通过的“十二五”规划建议进一步提出,要“加快社会信用体系建设”。目前,社会信用体系建设规划已被明确列为“十二五”期间报国务院审批的重点专项规划。

为进一步统筹协调、加快推进社会信用体系建设,2007年,国务院办公厅牵头召开了社会信用体系建设部际联席会议第一次会议,落实部署社会信用体系建设急需重点推进的十项工作。2008年,国务院进一步明确中国人民银行承担“管理征信业,推动建立社会信用体系”职责，并牵头建立社会信用体系建设部际联席会议制度，联席会议办公室设在中国人民银行。2011 年 10 月 19 日，国务院召开常务会议，部署制定社会信用体系建设规划。会议强调，“十二五”期间要以社会成员信用信息的记录、整合和应用为重点，建立健全覆盖全社会的征信系统，全面推进社会信用体系建设。2013 年 1 月 21 日，《征信业管理条例》公布。该条例的出台，有利于加强对征信市场的管理，规范征信机构、信息提供者和信息使用者的行为，保护信息主体权益；有利于发挥市场机制的作用，推进社会信用体系建设。在中国人民银行与各部门、各地区共同推动下，我国社会信用体系建设进入了一个较快速的发展时期。

党的十八大以来，党中央、国务院高度重视社会信用体系建设，并在 2014 年正式出台全国性的顶层设计文件，将其提升到国家治理体系和治理能力现代化的高度。几年来，我国社会信用体系建设在很多基础领域和关键环节取得重要进展。

一是社会信用体系顶层设计基本完成。以《社会信用体系建设规划纲要（2014—2020 年）》和《关于建立完善守信联合激励和失信联合惩戒制度加快推进社会诚信建设的指导意见》等文件正式发布为标志，我国社会信用体系建设顶层设计基本完成。社会信用体系建设的范畴涵盖政务诚信、商务诚信、社会诚信和司法公信四大领域。

二是建立了统一社会信用代码制度。截至 2018 年 3 月底，全国法人和非法人组织存量代码转换率为 99.8%，存量证照换发率为 82%；个体工商户存量换码率为 95%，为社会信用信息归集共享奠定了重要基础，为商事制度改革和“放管服”改革提供了重要支撑。

三是实现了全国范围内的社会信用信息归集共享。截至 2018 年 6 月，全国信用信息共享平台已联通 44 个部委和所有省区市，归集各类信用信息 175 亿条，并与国家人口库建立了信息核查与叠加机制，完善了自然人基础数据，推动消除政府部门间“信息孤岛”，加强协同监管。同时，“信用中国”网站等平台向社会提供公共信用信息查询服务，日访问量达千万人次级。

四是建立了部际联动的联合奖惩制度。目前，已签署信用联合奖惩合作备忘录 37 个，制定联合奖惩措施 100 多项，初步建立起“发起-响应-反馈”机制。截至 2018 年 4 月底，全国法院累计公布失信被执行人 1 054.2 万人次，累计限制购买飞机票 1 114.1 万人次，限制购买高铁动车票 425 万人次。市场监管总局累计吊销市场主体 1 848 万户，公布经营异常名录 457 万户、严重违法失信企业 3.3 万户。在法院公布的失信被执行人中，有近 250 万人慑于信用惩戒主动履行义务。相关红黑名单信息通过“信用中国”网站向社会公开，在招投标、政府采购等过程中广泛查询使用。

五是发布实施了《企业信息公示暂行条例》。确立企业信息公示制度，改企业年检制度为年报制度，建立行政许可和行政处罚信息 7 个工作日内双公示制度。

六是推出了首批社会信用体系建设示范城市。国家相关部门于 2015 年、2016 年组织两批共 43 个城市创建社会信用体系建设示范城市。2018 年年初，杭州、南京、厦门、成都、苏州、宿迁、惠州、温州、威海、潍坊、义乌、荣成 12 个城市因创建成效突出被评定为首批示范城市。此外，批复同意长三角地区创建国家社会信用体系建设区域合作示范区，试点探索形成了一系列可复制、可推广的经验做法。

七是信用法规和标准研究加快推进。信用法、公共信用信息管理条例、统一社会信用代码管理办法已形成初稿;截至2017年6月,企业信用评价指标、企业诚信管理体系等28项信用领域国家标准发布。

八是市场化社会信用服务体系建设日趋完善。截至2017年6月,共有约130家企业征信机构和约100家信用评级机构在央行系统备案并开展业务。2018年1月,百行征信有限公司获得首张个人征信牌照。

全国各省市、自治区都成立了社会信用体系建设领导小组,出台了相关规章和政府文件,多个省市出台了总体规划或建设方案,并已基本建成或正在建设信用信息系统。与此同时,国家各部委积极行动。行政执法部门结合专项整治和自身业务,着手制定信用标准,建立信用档案,实行行业信用分类管理。财政、商务、建设、旅游部门选择财会、导游、进出口、建筑施工等重点行业开展征信活动,实施违规公示的试点。中国人民银行组织商业银行建立的全国统一的企业和个人征信系统相继在2005年、2006年投入使用。全国社会信用体系建设正在向纵深发展。

拓展阅读2-3

国务院原则通过《社会信用体系建设规划纲要(2014—2020年)》

国务院总理李克强2014年1月15日主持召开国务院常务会议,部署加快建设社会信用体系、构筑诚实守信的经济社会环境。

会议认为,信用是市场经济的基石。加快建设社会信用体系,是完善社会主义市场经济体制的基础性工程,既有利于发挥市场在资源配置中的决定性作用、规范市场秩序、降低交易成本、增强经济社会活动的可预期性和效率,也是推动政府职能转变、简政放权,更好做到"放""管"结合的必要条件。抑制不诚信行为,对鼓励创业就业、刺激消费、保障和改善民生、促进社会文明进步,也极其重要、势在必行。但目前信用缺失仍是我国发展中突出的"软肋"。制假售假、商业欺诈、逃债骗贷、学术不端等屡见不鲜,广大企业和公众深受其害。必须采取有力措施,切实改善社会信用状况。

会议原则通过《社会信用体系建设规划纲要(2014—2020年)》,并要求:一是全面推进包括政务诚信、商务诚信、社会诚信等在内的社会信用体系建设。政府要以身作则,带头推进政务公开,依法公开在行政管理中掌握的信用信息,提高决策透明度,以政务诚信示范引领全社会诚信建设。二是加强基础建设。制定全国统一的信用信息采集和分类管理标准,推动地方、行业信用信息系统建设及互联互通,逐步消除"信息孤岛",构建信息共享机制,在保护涉及公共安全、商业秘密、个人隐私等信用信息的基础上,依法使各类社会主体的信用状况透明、可核查,让失信行为无处藏身。三是用好社会力量。企业要把诚信经营作为安身立命之本,切实做到重合同、守信用。发挥行业组织自律和市场机制作用,培育和规范信用服务市场,形成全社会共同参与、推进信用体系建设的合力。四是加快推动立法。把健全相关法律法规和标准体系作为重要基础性工作,列入立法规划尽快推进实施,使信用体系建设有法可依。

会议强调,建设社会信用体系是长期、艰巨的系统工程,要用改革创新的办法积极推进。要把社会各领域都纳入信用体系,食品药品安全、社会保障、金融等重点领域更要加快建设。要完善奖惩制度,全方位提高失信成本,让守信者处处受益、失信者寸步难行,使失信受惩的教训成为一生的"警钟"。加强诚信文化建设,让诚实守信成为全社会共同的价值追求和行为准则,通过持续努力,打造良好信用环境。

资料来源:中央政府门户网站,2014-01-16.

二、我国社会信用体系建设现状

我国社会信用体系建设虽起步较晚,但发展迅速,效果显著。目前,整个社会信用体系建设开始由点及面推进。

(一)取得的主要成就

(1)建立了社会信用体系建设协调机制,初步明确了部门分工。社会信用体系建设是一项长期和复杂的系统性工程,涉及面广,协调性和创新性强,因此,推动社会信用体系建设,需要自上而下的协调机制。2007年4月,国务院下发《国务院办公厅关于建立国务院社会信用体系建设部际联席会议制度的通知》,由国务院牵头,成立社会信用体系建设部际联席会议,办公室设在国务院办公厅。在社会信用体系建设协调机制下,中央机构编制委员会办公室明确了各有关部门的职责分工。中国人民银行管理征信业,推动建立社会信用体系;商务部推动商务领域信用建设;国家税务总局组织实施税收信用体系建设;国家工商总局组织指导企业、个体工商户和商品交易市场信用分类管理;国家质检总局承担产品质量诚信体系建设责任。2008年11月,国务院下发《国务院关于同意调整社会信用体系建设部际联席会议职责和成员单位的批复》,由中国人民银行牵头社会信用体系建设部际联席会议,办公室设在中国人民银行征信管理局。目前,大多数省、自治区和直辖市都建立了本地的社会信用体系建设领导小组或联席会议,全国形成了自上而下的协调机制。

(2)信用法规制度加快建立,促进了行业信用和地方信用体系的建立与完善。国务院及一些行业主管部门、地方政府相继出台了一些信用法规。2007年国务院颁布了《政府信息公开条例》。2013年,国务院颁布了《征信业管理条例》。2008年中央治理商业贿赂领导小组发布《关于在治理商业贿赂专项工作中推进市场诚信体系建设的意见》。2005年中国人民银行发布了《个人信用信息基础数据库管理暂行办法》,2006年发布了《中国人民银行信用评级管理指导意见》。2004年国家食品药品监督管理局和公安部等8部委联合发布了《关于加快食品安全信用体系建设的若干指导意见》。2007年商务部发布了《商务领域信用信息管理办法》。2007年住房和城乡建设部发布了《建筑市场诚信行为信息管理办法》。2009年交通运输部发布了《公路建设市场信用信息管理办法(试行)》等。截至2018年7月,陕西、湖北、上海、河北、浙江5个省市已出台地方性信用法规;南京市推出"市民诚信卡",为广大市民提供信用服务;杭州市为诚信市民提供公共交通先乘车后付款、图书馆借书免押金等优惠便利服务;苏州市推出"桂花分",探索市民信用评价;上海浦东研究"政务诚信指标体系",支持政府诚信建设。此外,很多省市积极探索以信用监管手段优化营商环境。山西、辽宁、浙江、湖南、上海、深圳等省市制定了信用信息管理办法。这些信用法规的颁布实施,为行业信用及地方信用体系建设的发展提供了法律依据。

(3) 全国集中统一的企业和个人信用信息基础数据库建成并成功运行,为商业银行防范信贷风险提供了重要依据。2006 年中国人民银行成功建成了全国统一的企业和个人信用信息基础数据库,为社会信用体系建设奠定了坚实基础。此后,专门成立了中国人民银行征信中心,负责两大数据库的建设和运营。目前,征信系统已基本覆盖所有从事信贷业务的机构,包括所有中资商业银行、外资商业银行和所有具备接入条件的城市和农村信用社,部分村镇银行、汽车金融公司、信托投资公司、租赁公司、财务公司及公积金管理中心等机构,征信系统的信息网络遍布全国银行类金融机构的信贷营业网点。截至 2017 年 5 月底,累计 3 000 家机构接入数据库,收录了 9.26 亿自然人、2 371 万户企业和其他组织的相关信息;2017 年 1 月至 5 月,个人信用信息报告日均查询 343 万次,企业信用报告日均查询 22 万次。全国统一的企业和个人信用信息基础数据库的建成,为商业银行防范信贷风险提供了重要依据。

(4) 行业信用建设取得一定成就,部分行业之间实现了信用信息共享。建立了一批行业信用信息系统,重点行业信用记录得到了完善。如国家工商总局、国家质检总局和国家税务总局等部门,依托“金信”“金质”和“金税”等工程,加大本行业信用信息系统的建设力度,推动合同履约诚信、产品质量诚信和纳税诚信建设。部分行业之间实现了信用信息共享,如中国人民银行与人力资源和社会保障部、住房和城乡建设部、环境保护部等部门实现了信用信息共享。

(5) 地方信用体系建设取得一定进展,中小企业和农村信用体系建设促进了地方经济发展。山西、辽宁、浙江、湖南、上海、深圳等省市在全国率先开展了社会信用体系建设,建立了地方信用信息共享平台,形成了各具特色的地方信用体系建设模式。部分地区之间开始探索区域信用信息共享机制,如江苏、浙江、上海三地提出共建“信用长三角”概念,并与中国人民银行签订了《共建“信用长三角”合作备忘录》。中国人民银行会同相关部门积极推动地方政府开展中小企业和农村信用体系建设。据不完全统计,当前共有 20 个省、自治区和直辖市在县(市、区)建立中小企业信用信息系统,31 个省、自治区和直辖市在农村地区建立农户信用信息系统。截至 2018 年 3 月末,全国累计补充完善中小微企业信息 261.14 万户,累计已有 50.6 万户中小微企业获得银行贷款,贷款余额 11.17 万亿元,全国累计建立信用档案农户数 1.75 亿户,累计评定了信用农户 1.2 亿户,累计已有近 9 405 万农户获得银行贷款,贷款余额 31 752 亿元。中小企业和农村信用体系建设有效促进了地方经济的发展。

(6) 信用服务市场初步形成,社会对信用服务产品的需求量日益增加。据不完全统计,到目前为止,除中国人民银行征信中心外,经监管部门认可从事资本市场评级业务的机构 8 家,从事信贷评级业务的机构 83 家,从事个人征信业务的机构 2 家,从事企业征信业务的机构多家,信用服务市场格局初步形成。信用服务产品包括企业信用报告、个人信用报告、债券评级、借款企业评级和担保机构评级等。社会对信用服务产品的需求量日益增加。“十一五”期间,资本市场已公开发行经评级的债券 2 880 期,其中短期融资券 1 481 期,中期票据 461 期,企业债券 581 期,公司债券 90 期,可转换公司债券 36 期,认股权和债券分离交易的可转换公司债券 21 期,金融债券 144 期和资产支持证券 66 期;信贷市场中上海市借款企业评级数量累计20 603家次，深圳市借款企业评级数量累计12 404家次。为防范信用违约风险跨市场、跨行业、跨地域转移，中国人民银行不断完善金融信用信息基础数据库，实现了信用卡、贷款、信用担保、融资融券等金融领域负债信息的全覆盖。截至2017年5月底，累计3 000家机构接入数据库，收录了9.26亿自然人、2 371万户企业和其他组织的相关信息；2017年1月至5月，个人信用信息报告日均查询343万次，企业信用报告日均查询22万次。

（二）面临的主要问题

（1）对社会信用体系建设缺乏统一认识。由于社会信用体系自身的复杂性，社会各界对社会信用体系的内涵和建设目标、政府在社会信用体系建设中的定位以及行业信用和地方信用体系的关系等重大问题缺乏统一认识，导致社会信用体系建设缺乏统一部署，协调难度大，社会信用体系建设进程与全社会对社会信用体系建设的紧迫性要求相比显得严重滞后。

（2）行业信用建设水平参差不齐。各部门、各地区在完善行业信用建设方面做了大量有益探索，取得了一定进展。但总体看，全国行业信用建设水平参差不齐。部分行业已经建立了全国统一的执法信息系统；部分行业正在建设全国统一的执法信息系统；部分行业仅实现了区域内数据集中，尚未实现全国范围内数据的集中统一；也有部分行业在部分地区甚至尚未实现数据的电子化管理。一些部门对自己掌握的信用信息未进行有效管理，部门内部信用信息较为散乱，尚未集中、整合和利用。

（3）地方信用体系建设总体滞后。当前，许多省市都开展了当地的信用体系建设，并取得一定成绩。但总体看来，地方信用体系建设仍然滞后，不同地区之间和城乡之间信用体系建设差异显著。地方政府部门在社会信用体系建设中的积极性仍未充分发挥。部分地方信用体系建设缺少统一规划，造成资源浪费。

（4）法律法规体系不健全。目前尚无国家层面的信用法律，《征信业管理条例》虽已颁布，但信用信息采集、整理、加工、保存和提供，商业秘密和个人隐私保护等均亟待进一步规范，信用服务机构的市场准入、资格、信息披露、服务、责任等方面也需相应法律法规进行规范。

（5）信用信息采集标准不统一。当前基础信用信息采集标准不统一，有些部门根据自身需求制定了本行业信用信息采集标准，但尚无全国统一的标准来规范信用信息采集，给信用信息资源的整合造成了困难。

（6）信用服务市场不完善。目前，多层次和全方位的信用服务市场尚未建立；信用服务市场有效需求不足；信用服务机构规模偏小，信用服务产品比较单一，盈利能力偏弱；信用人才尤其是高级信用管理人才较为匮乏。

三、我国社会信用体系建设展望

当前，我国社会信用体系建设面临前所未有的机遇。从国内看，党中央、国务院高度重视社会信用体系建设。习近平总书记在党的十九大报告中明确要求，增强政府公信力和执行力，建设人民满意的服务型政府；推进诚信建设和志愿服务制度化，强化社会责任意识、规则意识、奉献意识;健全环保信用评价、信息强制性披露、严惩重罚等制度。习近平总书记在中共中央政治局第37次集体学习时强调,对突出的诚信缺失问题,既要抓紧建立覆盖全社会的征信系统,又要完善守法诚信褒奖机制和违法失信惩戒机制,使人不敢失信、不能失信。习近平总书记在中央全面深化改革领导小组第25次会议上要求,构建"一处失信、处处受限"的信用惩戒大格局,让失信者寸步难行。李克强总理连续三年在国务院"放管服"改革电视电话会议上对信用建设做出重要部署,强调要建立健全市场主体诚信档案、行业黑名单制度和市场退出机制,加快建立联合激励与惩戒机制,使"守信者一路绿灯,失信者处处受限"。2016年,中央全面深化改革领导小组会议审议通过6个信用建设相关文件,社会信用体系建设顶层设计进一步完善。全社会对社会信用体系建设的重视程度已经上升到一个新的高度,推动征信业发展,为信用活动提供有效的信用信息支持,构建诚实守信的社会氛围和环境,成为摆在我们面前的迫切任务。从世界范围看,全球金融危机后,各国普遍意识到信用信息服务对经济金融运行的深刻影响,其作用从防范非系统性风险上升为防范系统性风险,推动社会信用体系建设成为各国面临的共同任务。

社会信用体系建设是一项长期而艰巨的任务,是一项需要各地区、各部门以及社会各界广泛参与、共同努力的系统工程。2013年,国家发改委、中国人民银行会同信用体系建设部际联席会议成员单位,共同完成了《社会信用体系建设规划纲要(2014—2020年)》的编制工作,这是我国首个信用体系建设专项规划。2014年1月15日,国务院总理李克强主持召开国务院常务会议,部署加快建设社会信用体系、构筑诚实守信的经济社会环境,会议原则通过《社会信用体系建设规划纲要(2014—2020年)》。2016年,国务院发布了《关于建立完善守信联合激励和失信联合惩戒制度加快推进社会诚信建设的指导意见》。以《社会信用体系建设规划纲要(2014—2020年)》和《关于建立完善守信联合激励和失信联合惩戒制度加快推进社会诚信建设的指导意见》等文件正式发布为标志,我国社会信用体系建设顶层设计基本完成。

本章小结

1. 社会信用体系是以法律法规和社会公约为依据,以社会成员的信用记录和信用共享为基础,以信用服务业为依托,通过政府监管、民间机构监管、信用主体自我管理,实现各类信用活动规范运行,形成激励守信、惩戒失信机制,促进和谐诚信社会建设的管理机制。社会信用体系是社会主义市场经济体制和社会管理体制的重要制度安排。

2. 现代市场经济是建立在法制基础上的信用经济,高度发达的信用体系在防范金融风险、提高市场资源配置效率等方面发挥着积极作用。一般来讲,发达的市场经济国家都建立了比较完善的社会信用制度,因而可称其为征信国家。而一些发展中国家虽已着手建立本国的社会信用体系,但由于这些国家的企业征信制度欠发达,征信企业较少或在社会经济生活中没有发挥重要作用,因而称其为非征信国家。

3. 作为非征信国家,我国信用体系的基础还相当薄弱,建立和完善社会信用体系是一项艰巨而复杂的系统工程。但是,我国经济健康稳定发展的客观要求和国际竞争格局的变化,迫切要求我们必须加快信用体系建设,强化国家对社会信用活动的管理。世界主要发达国家社会信用体系建设的实践,为我国建立与完善社会信用体系提供了有益的经验。

4. 我们必须通过多种方式强化市场主体的信用观念和信用意识,加快制定信用管理的法律法规,构造失信处罚的有效机制,加快征信数据的开放与信用数据库的建立,促进信用中介机构的建立与规范发展,加强政府对信用行业的有效管理,以此促进我国社会信用体系建设加快发展。以《社会信用体系建设规划纲要(2014—2020年)》和《关于建立完善守信联合激励和失信联合惩戒制度加快推进社会诚信建设的指导意见》等文件正式发布为标志,我国社会信用体系建设顶层设计基本完成,我国的社会信用体系建设必将进入一个新的发展阶段。

关键术语

社会信用体系　征信国家　非征信国家　社会信用法规制度系统　社会信用管理服务系统　社会信用监管系统　失信惩戒机制

复习思考题

1. 什么是社会信用体系?简述社会信用体系的功能。
2. 发达国家信用体系建设主要有哪几种模式?简述之。
3. 简述我国社会信用体系建设的历程。
4. 简述我国社会信用体系建设的现状。
5. 结合我国的现实国情,并借鉴发达国家社会信用体系建设的成功做法,你认为要加快我国的社会信用体系建设需突出做好哪些工作?

本章实训

一、实训目的

1. 掌握社会信用体系的基本内涵与运行机制。
2. 训练学生案例学习分析能力。

二、实训内容

1. 案例资料

案例1:环保措施得当,提升企业信用

东莞××电子有限公司于1985年5月成立,是一家合资企业,专门从事印刷线路板生产,是环境保护和污染治理要求较高的行业。

东莞××电子有限公司早在2008年年初就与中国银行××分行建立了授信关系,其授信业务整体情况较好。2008年11月,东莞××电子有限公司向中国银行××分行申请授信总量为60 000万元,其中授信总量分配为中长期贷款限额20 000万元,授信综合限额及额度30 000万元,资金业务综合限额及额度10 000万元。中国银行××分行通过查询企业征信系统发现,该公司在其他多家银行也有授信业务,业务品种涉及贷款、保函、信用证、贴现、银行承兑汇票,授信业务笔数众多,征信记录良好,没有不良授信和欠息记录。由于从事印刷线路板生产的企业需要使用电解池,容易对环境产生污染,环保部门的要求相应严格一些。因此,中国银行××分行专门对该企业环境保护及污染治理情况进行了重点调查,未发现环保违法等负面信息。根据征信系统提供的相关信息,结合该公司的经营与收

益状况、授信需求进行综合评价,通过了该公司的授信申请。

案例2:积极关注环保违法信息,有效催收银行贷款

中山××制衣有限公司是(澳门)××行进出口有限公司投资成立的独资经营企业,生产各类针织、梭织、化纤服装产品,产品全部出口至美国。

2008年3月,中国银行××分行根据该企业申请,向其发放短期贷款800万元,在借款期间,企业均能按时还息。2009年1月,中国银行××分行通过查询企业征信系统发现,企业信用报告中涉及中山市环境保护局对其处以7万元罚款的环保违法信息。中国银行××分行认为环保违法信息从侧面反映出该企业经营管理存在一定问题,遂做出清退该授信客户的决定。在2009年3月贷款到期日前,尽管该企业多次向中国银行××分行提出续贷申请,中国银行××分行仍然拒绝了其续贷申请,并采取加强与客户沟通、上门催收贷款等手段,于2009年上半年收回了该笔贷款。

2. 实训要求

要求学生以小组为单位,学习上述案例并收集相关资料,在了解社会信用体系建设相关知识的基础上,回答如下问题。

(1) 上述两个案例给我们哪些启示?

(2) 企业应如何珍爱自身信用记录?

(3) 失信惩戒机制在推动社会信用体系建设中有何作用?

三、实训组织

1. 指导教师布置案例分析作业,提示相关要求。

2. 采取学生自由组合的方式,将班级学生划分为若干小组,并指定组长负责。

3. 要求学生以小组为单位,认真学习并收集相关资料,就相关问题以PPT形式进行课堂汇报。

延伸阅读

1.《国务院办公厅关于社会信用体系建设的若干意见》,国办发〔2007〕17号.

2.《中华人民共和国政府信息公开条例》,2007年1月17日国务院第165次常务会议通过.

3.《征信业管理条例》,2012年12月26日国务院第228次常务会议通过.

4. 全国信用标准化技术工作组. 中国社会信用体系建设法规政策制度精编[M]. 北京:中国标准出版社,2007.

5. 陈建中. 社会信用管理体系建设构想[M]. 北京:中国经济出版社,2009.

6. 焦国成. 中国社会信用体系建设的理论与实践[M]. 北京:中国人民大学出版社,2009.

7. 刘焕成. 电子政务与社会信用体系建设[M]. 郑州:黄河水利出版社,2011.

8. 中国市场学会信用学术委员会. 中国社会信用体系模式探索[M]. 北京:中国方正出版社,2012.

相关网站

中央人民政府门户网站。

第三章
征信技术与服务

本章导言

征信是信用管理专业的技术名词。由于信息不对称的存在,信用交易中的交易主体不得不面临各类信用风险。征信机构作为信用管理的中介服务机构,使用征信专业技术手段来降低信用交易中的信息不对称,为交易主体提供各类征信服务,帮助交易主体有效防范、控制和转移信用风险,并降低交易成本。伴随着征信市场规模的日渐扩大,征信机构更多地借助信用信息管理系统提供包括企业资信调查、个人信用调查、信用评级等在内的征信服务。我国征信业从20世纪80年代末起步以来,征信业务的需求与供给不断扩大,征信技术与服务在信用管理中的作用日益显现。

本章主要对征信、征信行业、征信市场、征信机构、信用信息管理系统、征信标准化、信用评级等征信技术与服务的基本原理和业务内容做出系统阐释。

本章知识结构图

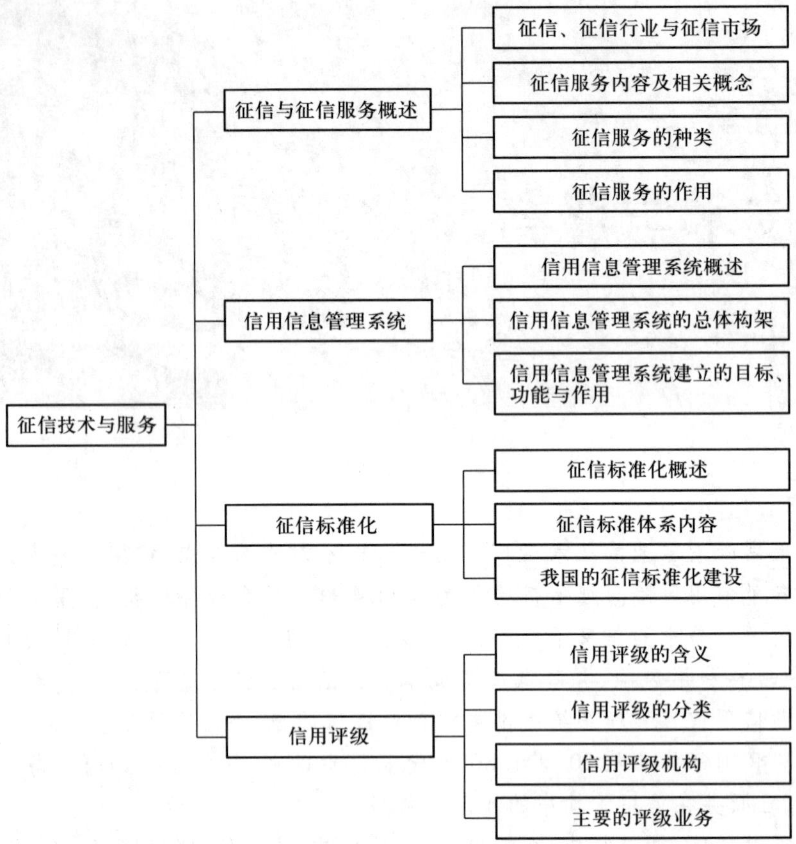

第一节　征信与征信服务概述

一、征信、征信行业与征信市场

(一) 征信

1. 征信含义的不同解释

征信的英文表达是 Credit Reporting，其含义是征求他人或自身的信用或验证信用。在我国，“征信”一词最早出现在《左传・昭公八年》，其中记录“君子之言，信而有征，故怨远于其身”。其大意为君子言而有信，信可验证，因此不会招人怨恨。

从征信的词性来讲，作为名词时，征信是一系列特定的调查技术操作的名称。作为动词时，征信就是资信或信用调查的动作。

从字面意思上看，征信的“征”是求证、验证、求得的意思；征信的“信”是信用的意思。所以，征信是征求信用或验证信用的意思。作为一项专门的技术或业务，征信是指调查和验证受信人的信用价值。

从市场的实践来看,征信通常是指委托第三方专业调查机构进行的企业资信调查或消费者信用调查。对企业法人的信用状况进行的调查称为资信调查;对消费者个人的信用状况进行的调查,则习惯上称为信用调查。征信所对应的业务操作是指对企业或个人的信用信息进行采集、核实、处理、合法传播的全过程等。

综上所述,可对征信做出如下定义:征信是指专业的、独立的第三方机构①依法采集、整理、保存、加工个人或组织的信用信息,并向有合法需求的信息使用者提供信用信息服务,帮助市场主体判断和控制风险、进行信用管理的活动。②

2. 狭义的征信含义与广义的征信含义

狭义的征信,即传统意义上的征信,是指对与个人信用状况和企业信用状况相关的信息进行采集、核实、整理、保存、加工并对外提供查询服务的活动。在实践中,征信表现为一种为信用活动提供的信息服务,一般由专业的第三方征信机构依法收集、整理、保存、加工自然人、法人及其他组织的信用信息,并对外提供信用报告、信用评级等服务,帮助客户判断、控制信用风险,为信用管理提供服务的活动。需要指出的是,由于立法过程中所存在的争议,我国的《征信业管理条例》最终没有将信用评级行业纳入规范的对象。

广义的征信,是指除了传统的企业资信调查、个人信用调查和信用评级外,还将为企业和个人提供信用风险管理的商账追收,甚至保理、信用保险、信用担保、电话查询票据、企业信用管理咨询服务等都作为征信服务的范畴。在企业的全程信用管理过程中,提供的所有对企业信用风险进行防范、控制和转移的技术方法都可以被认为是广义的征信手段③。

(二) 征信行业

征信行业简称征信业,分为狭义的征信行业与广义的征信行业。狭义的征信行业是直接使用征信数据或经营征信数据,从事征信产品生产的行业,其主要业务特征是资信调查。狭义的征信行业只包括企业征信行业和个人征信行业,它们分别从事对法人的资信调查和对自然人的信用调查。

在征信行业发展历史上,企业资信调查(俗称企业征信)、消费者信用调查(俗称个人征信)都属于传统的征信行业,此后,又出现了信用评级和商账追收。随着信用风险控制和转移工具的不断创新,现代征信行业比传统概念上的征信行业更为广义,还出现了保理、信用保险、信用担保、信用管理咨询等。广义的征信行业包括的分支行业如图 3-1 所示。

(三) 征信市场

征信市场也即征信服务市场,是指征信机构提供征信产品和服务的目标市场。征信

① 这一专业的、独立的第三方机构一般用"征信机构"来指称。有时为了叙述方便,或者为了忠实于本书中引用的参考文献资料原文,也用"信用服务机构"或"征信所"或"征信局"或"征信公司"等术语来指称"征信机构"。

② 《信用基本术语》(GB/T 22117—2018),征信的基本概念。

③ 征信行业又称信用服务业或信用管理行业,如吴晶妹和韩家平主编的《信用管理学》高等教育出版社 2015 年版。

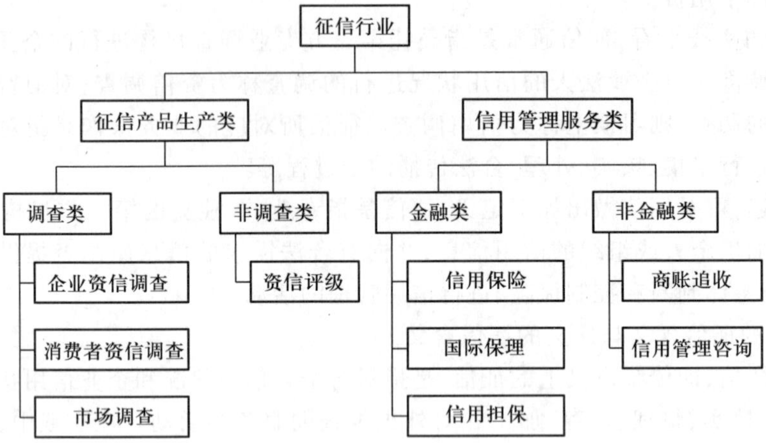

图 3-1　征信行业分类

市场是按照征信的广义定义划分的。

根据调查对象不同，征信市场被划分为四个部分，分别是资本市场、商业市场、消费市场和产品市场。在不同的征信市场上，提供不同征信服务的征信机构种类分别是资信评级机构、企业征信机构、个人征信机构和市场调查机构。除了服务于消费市场的个人征信服务以外，其他 3 个市场上的调查服务不太受到国界的限制。

由不同种类的征信机构提供的服务，决定了在不同市场上的征信业务操作方式和方法不同。关于征信市场的四个部分的划分以及在各个对应征信市场上的征信产品和服务情况，如表 3-1 所示。

表 3-1　征信市场划分

范畴	征信对象	服务	信用信息源
资本市场（Capital）	金融机构、上市公司、企业债券等	资信评级	商业银行、非银行金融机构、上市公司、公用事业公司、外汇管理局、评级对象
商业市场（Commercial）	中小企业	企业资信调查（企业征信）	工商、法院、海关、技术监督、统计、商业银行、供应商
消费市场（Consumer）	该国公民、在该国境内长期活动的外国人、个人资产	消费者信用调查（个人征信和财产征信）	公安、法院、劳动人事、邮政、房产登记、汽车登记、商业银行、公用事业公司、通信公司、雇主、信用卡公司、专利局
产品市场（Merchandise）	各类产品、实验品、商品	市场调查	产品的用户、消费大众

注：关于信用信息源的分类，并非在每个国家的情况都相同，表中的分类是根据我国情况总结的。

市场调查机构提供产品调查服务，不属于资信调查或信用调查性质，其调查对象既不是企业，也不是消费者，而是产品，所以市场调查机构不能被定义为征信机构。

二、征信服务内容及相关概念

（一）征信机构及其运营模式

1. 征信机构

征信机构是指专门从事信用信息采集、处理、评价、传播业务的专业机构。对于从事信用交易的双方，征信机构是信息中介机构。鉴于征信机构的性质，市场要求征信机构所提供的调查和评价服务是站在“公正”和“高效”的“第三方”立场上进行的。

征信机构有别于那些有能力从事个案调查的律师事务所、会计师事务所和私家侦探机构。大多数征信机构采用大规模的信用信息处理方式工作，依靠征信数据库进行大规模的数据加工和服务，调查报告是以类似工业生产线形式组装出来的。因此，脱离了传统工作方式的征信机构，其工作方式越来越远离“私人侦探”形式的调查。

在专业类别上，狭义的征信机构通常被分为两大类，即企业征信机构和个人征信机构。企业征信机构提供企业资信调查服务，个人征信机构俗称个人征信局，向合法的用户提供消费者资信调查服务。如果算上财产征信机构，征信机构共有三类，各类征信机构还可以根据其业务侧重，继续细分为若干种特定业务类型。征信机构的大致分类情况如图 3-2 所示。

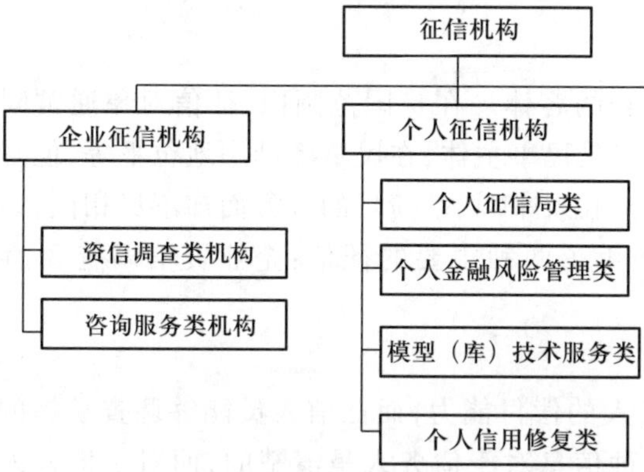

图 3-2　不同性质的征信机构及其类型

国际上有一些知名的征信机构。在欧美地区，能够提供企业征信服务的大型征信机构主要有美国的邓白氏集团公司（Dun & Bradstreet Corp）、英国的益博睿公司（Experian）和荷兰的格瑞顿公司（Graydon International Corp）等，它们都是能够提供全球或国际企业征信服务的大型征信机构。在国际上，邓白氏集团公司的“世界数据库”是典型的巨型企业征信数据库，该数据库内有来自世界各国的 7 000 余万家企业的征信数据。

在亚洲，日本的帝国征信公司（Teikoku Databank Business Service，Ltd.）是规模最大的企业征信机构，又称“帝国数据银行”，成立于 1899 年。该公司的 COMOS 数据库和 CCR 数据库是亚洲最大的企业征信数据库，在该数据库中，存储有 120 万家企业和 52 万家分支机构的信用档案以及 39 万家企业的破产记录。

在个人征信领域，国际著名的私营个人征信机构是所谓的三大个人征信局，包括英国的益百利公司(Experian)、美国的艾克飞公司(Equifax)和美国的全联公司(Trans Union, TU)。三大个人征信局都各自拥有2亿以上的消费者信用档案。

2. 征信机构的运营模式

征信机构的运营可以分为公共征信机构、私营征信机构和混合型征信机构三种模式。

公共征信机构是指由中央银行或政府建立的公共征信机构,主要采集商业银行及各类金融机构的信贷信息和政府部门所掌握的企业与个人的信用信息,为商业银行及各类金融机构提供金融服务、中央银行及其他金融监管部门和政府监管提供征信服务的模式,这种征信服务不以营利为目的,有些甚至是免费的。

私营征信机构是指产权私有、市场化运作的征信机构,包括由商会、银行业协会经营的征信机构,一般独立于政府和大型金融机构之外,主要为商业银行、保险公司、贸易和邮购公司等信息使用者提供服务的模式。私营征信机构模式提供的征信服务是商业化的服务,营利是征信机构的经济目标。

混合型征信机构是介于公共征信机构和私营征信机构之间的一种模式,一般指由政府部门或行业协会等运作,建立在会员互惠互利基础上的征信机构,或者由政府作为征信数据库的所有者拥有所有权,但以民营方式进行市场化运作的模式。混合型征信机构模式一般在提供信息时要收费,以保证可持续发展。

(二) 征信对象及征信目的

1. 征信对象

征信对象是信用调查或信用审查的客体。在一国范围内,征信对象通常限于企业法人和自然人。企业法人和自然人虽然是民事主体,在民事活动中地位平等,但是两者在财产关系和人身关系,以及在经济实力、收入来源、举债目的等方面却不尽相同,因而征信的手段和方式等也不尽相同。这样产生了两种主要的征信:企业资信调查和消费者资信调查。

2. 征信目的

征信目的就是调查或审查债务人的偿付能力,而征信人员能够调查掌握的是有关债务人偿还债务能力的各种信息。这种信息对于债务人是清楚的,而对于债权人是不甚清楚的,只能通过各种方式尽可能来了解掌握。征信目的就是克服借贷关系中的信息不对称问题,尽可能挖掘和发现借款人的隐藏信息和隐藏行为,帮助授信方规避风险,也帮助信誉卓著的受信方体现其特殊的高信用价值,从而防范和避免逆向选择和道德风险。

(三) 征信服务与征信产品

1. 征信服务

征信服务是指企业征信机构或个人征信机构向各类授信人提供的专业的“资信调查”或“信用调查”服务,还包括向委托人提供的成套信用管理咨询服务,其基本特征是咨询。征信服务的提供者主要是专业征信机构,使用的服务手段是征信产品及其组合。征信服务的使用者也就是征信服务的用户,是征信机构为其提供信用信息咨询、调查和信用评估等服务的自然人、法人、其他组织,包括赊销企业和金融授信机构等各类授信人。鉴于“征信”是受委托的企业资信调查或个人信用调查,多数委托人是征信服务的直接使用者。但是,在实践中,资信调查的委托人也不都是征信服务的最终用户,委托人也可能是向最终用户提供咨询的中介机构,或者是征信服务最终用户的上级单位和关系单位。

通常来说,征信服务是通过向服务委托人提供经过专业方法生产的征信产品和软件来实现的,征信服务的目的是对各类企业的信用管理工作提供技术支持,帮助企业做出正确的授信决策或收账决策。

征信服务的种类很多,常见的征信服务分类形式如图 3-3 所示。

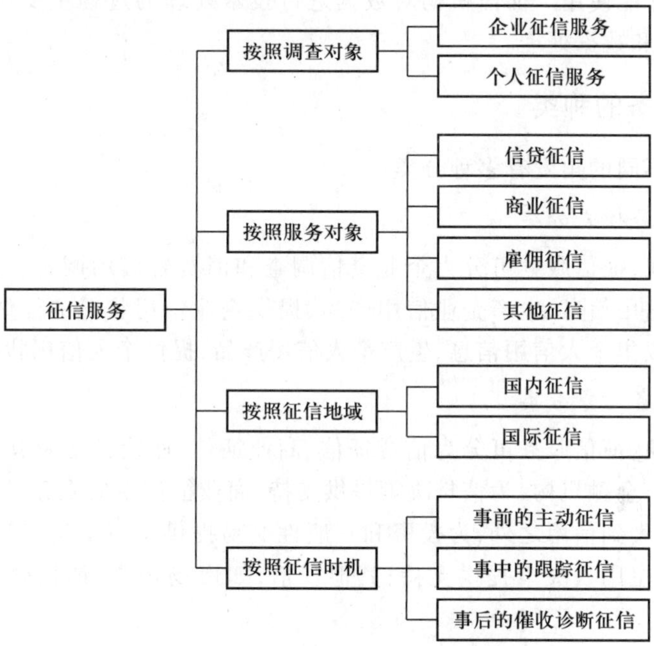

图 3-3　征信服务分类形式

资料来源:林钧跃. 征信技术基础[M]. 北京:中国人民大学出版社,2007.

征信服务是征信市场上的一种基本性服务,也是一种商业化的有偿服务。在形式上,征信服务是受委托的资信调查服务或信用调查服务,包括信用管理咨询。在接受委托以后,提供征信服务的征信机构将对调查对象展开资信调查,征信机构会在尽可能短的期限内完成调查,并将调查结果以调查和分析报告的形式报告给委托人。

2. 征信产品

征信产品包括各类资信调查报告、资信评级报告和信用管理软件。根据征信服务的深度,资信调查报告可以是普通的、深层次的和专项的。资信评级报告可以是债务人评级报告、债项评级报告,更深层次的征信服务是信用管理咨询服务。所谓信用管理咨询服务,指的是征信机构在对企业诊断的基础上,提出规避客户风险的解决方案和预算,帮助企业建立和改进信用功能的服务。

(四) 征信数据

征信数据是对信用信息的专业化称谓,用于制作调查报告类征信产品。征信数据分企业征信数据和个人征信数据,以及财产征信数据。企业征信数据用于生产各类企业资信调查报告,包括制作行业调查报告和国家风险调查报告等,个人征信数据用于生产各类消费者信用调查报告。

征信数据分为量化数据和非量化数据。非量化数据是对一些事实的记录,用语言形式进行描述;量化数据可以直接用来进行定量分析。征信数据主要包括原始调查数据和经过技术处理的数据,征信数据既可以通过直接调查获得,也可以向数据提供商采购,还可以通过与相关数据交换方式取得。原始征信数据不能直接应用于征信产品的生产,只有经过技术处理才能使用。征信机构对数据进行技术处理的过程主要包括数据筛选、数据转换、数据加工和数据处理。

三、征信服务的种类

征信服务从不同的角度有多种分类:

(一)按照服务模式分类

按照服务模式,征信服务可分为企业资信调查和消费者信用调查。企业资信调查是指专门收集企业信用信息、生产企业信用产品、提供企业信用状况的征信活动;消费者信用调查是指专门收集个人信用信息、生产个人信用产品、提供个人信用状况的征信活动。

(二)按照服务对象分类

按照服务对象,征信服务可分为信贷征信、商业征信、雇佣征信及其他征信。信贷征信主要服务对象是金融机构,为信贷决策提供支持;商业征信主要服务对象是批发商或零售商,服务内容扩大到信用之外,为投资和一般性交易提供决策支持;雇佣征信主要服务对象是雇主,为雇主用人决策提供支持;其他征信,如市场调查,债权处理,动产、不动产鉴定。

(三)按照征信形式分类

按照征信形式,征信服务可分为同业征信和联合征信。同业征信是指征信机构在一个独立或封闭的系统内部进行征信和提供征信服务的工作方式,如金融业、建筑业;联合征信主要针对个人征信而言,它是征信机构根据协议,由第三方中介机构把分散在各商业银行和社会有关方面的个人信用信息汇集起来,进行加工和处理,形成个人信用档案信息数据库,为银行和社会有关方面系统了解个人的信用状况提供服务。

(四)按照征信的地域分类

按照征信的地域,征信服务可分为国内征信和国际征信。国内征信是针对国内的调查对象所做的资信调查,是目前世界范围内最多的机构形式之一,尤其是近年来开设征信机构的国家普遍采用这种形式;国际征信是指委托人和调查对象不在同一国家,调查工作跨越国境。

(五)按照征信是否受托分类

按照征信是否受托,征信服务可分为主动征信和被动征信。主动征信是征信机构主动进行的信用调查,是在不存在委托人情况下进行的调查。被动征信的情况相反,是在受到委托之后,根据委托人的具体要求展开的信用调查。

四、征信服务的作用

征信服务是伴随社会信用经济的发展而产生的，既有克服信息不对称状况，降低信用风险，帮助授信方规避风险，帮助信誉卓著的受信方体现其特殊的高信用价值；也有提高社会道德水准，发挥社会失信惩戒的作用。

第二节　信用信息管理系统

一、信用信息管理系统概述

征信服务活动的开展，离不开征信技术的支持，征信技术主要通过信用信息管理系统体现，建设完善信用信息管理系统是开展信用管理服务的基础性工作和核心内容。

（一）信用信息管理系统的含义

信用信息管理系统，是由独立的第三方征信机构综合利用信息集合和征信技术，依法将分散在银行及社会各有关方面的企业、个人等信用主体的信用信息征集起来，进行加工、储存，形成企业、个人等信用主体的信用档案数据库，并利用先进的管理和评级技术，对信用信息的内容进行分析、评价、预测和管理，为银行及社会各有关方面了解企业、个人等信用主体的信用情况提供信用信息查询、信用报告、信用咨询服务等综合管理系统。

从系统论的角度看，信用信息管理系统是关于信用信息数据征集、整合、交换、使用、管理等各个环节的有机整体，是一个连续完整、不断循环的动态过程。这个过程包括：① 征信机构依法从各种渠道收集源于个人、企业等信用主体的信用信息；② 征信机构对信用信息进行加工、储存，形成企业、个人等信用主体的信用档案数据库；③ 征信机构依据一定的技术标准对信用信息进行分析评价、预测和管理；④ 征信机构为社会各有关方面提供信用信息查询、信用报告、信用信息咨询服务；⑤ 如果发现信息有偏差或失误，及时予以修正或删除，等等。

可见，信用信息管理系统是关于信用信息数据征集、整合、交换、使用、管理等各个环节的有机整体。只有建立了完善的社会信用信息管理系统，政府、市场、社会才能有效识别和区分企业、个人等社会主体信用的好与差，从而对信用好的企业、个人等予以鼓励，对信用差的企业、个人等予以惩处。

（二）信用信息管理系统的种类

（1）按征信对象不同，信用信息管理系统一般分为企业信用信息管理系统、个人信用信息管理系统等。

（2）按投资建设主体和运作模式划分，信用信息管理系统分为公共信用信息管理系统和商业信用信息管理系统。前者是由政府投资，政府运作，不以营利为目的的征信系统；后者是由私人投资，市场化运作，以营利为目的的征信系统。

（三）征信数据库

征信数据库是信用信息管理系统的重要组成部分和核心内容。专业化的、独立的第三方征信机构借助为企业、个人等建立的信用档案和基础数据库,依法征集、整合、交换、使用、管理和报告不同社会主体的信用信息,并建立各类信用主体可实时更新的、动态的信用档案,依法对外提供企业资信调查报告和个人资信调查报告,以及相应的延伸服务。

征信数据库,作为信用信息管理系统的重要部分,我国也加快了建设的步伐,目前采取了多种建立方式:一是中国人民银行建立的服务商业银行及各类金融机构的企业征信数据库和个人征信数据库,还有就是政府行业主管部门建立的行业信用信息数据库;二是由地方政府建立的覆盖本地区的不包括金融信用信息的区域性公共信用信息数据库(如上海、深圳、辽宁、陕西等);三是由商业征信机构根据特许或自行建立的专业信用信息数据库。

二、信用信息管理系统的总体构架

信用信息管理系统是一项复杂的系统工程,主要由信用信息征集分系统、信用评级分系统、信用信息服务分系统、信用信息检索分系统四个部分组成。各组成部分彼此关联、相互作用,共同构成信用信息管理系统。其中,信用信息征集是核心,信用评级是重点,信用信息服务是目的,而信用信息检索是关键。这一总体构架如图 3-4 所示。

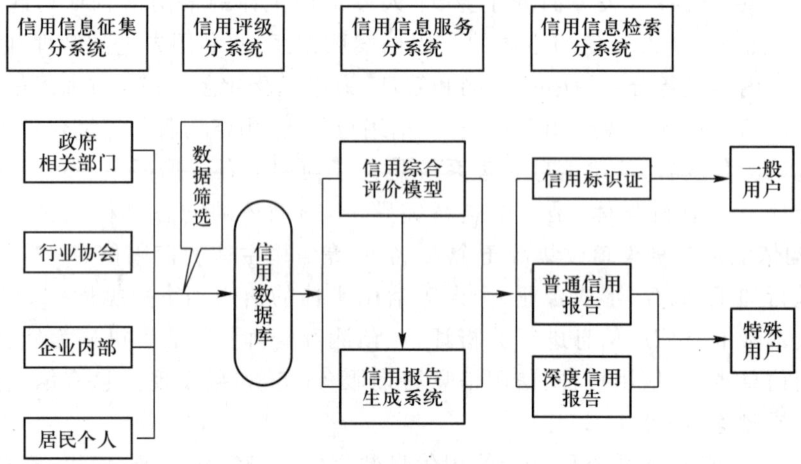

图 3-4 信用信息管理系统总体构架

资料来源:谭中明,等. 社会信用管理体系[M]. 合肥:中国科学技术大学出版社,2005.

三、信用信息管理系统建立的目标、功能与作用

(一)信用信息管理系统建立的目标

信用信息管理系统的建立是信用管理的基础和前提。美欧等发达国家都建立了适应其信用管理需要的信用信息管理系统。我国信用信息管理系统的建设目标是:根据现代信用的本质和我国经济发展的需要,由政府牵头,同时借助市场的力量,整合、开发信用信息资源,建成覆盖全社会的信用信息管理系统,通过信用信息管理系统功能的发挥,净化信用市场环境,规范信用市场秩序,完善信用市场制度,促进经济、社会协调发展。为此,需要做好以下几个方面工作:

1. 制定信用信息技术标准和规范

制定信用信息技术标准和规范，是实现信用信息资源整合、共享和服务的重要工作。一要制定企业和个人信用信息征集指标体系；二要制定企业和个人信用信息指标接口规范；三要制定企业和个人信用报告的标准格式。

2. 建立起行业性、区域性的征信数据库

以中国人民银行的征集系统为基础，建立企业和个人金融信用信息数据库；以工商部门的“金信工程”为依托，建立企业信用信息基础数据库；建立和完善公民基本信息数据库。通过这些数据库的建立，提供企业和个人身份识别、信用信息查询和服务，以及部门间监管信息共享。

3. 建成信用信息数据交换平台，逐步搭建起覆盖全社会的信用信息管理系统

搭建信用信息数据交换平台，实现各行业、各部门、各地区之间信用信息的交换和共享。

（二）信用信息管理系统的功能

完善的信用信息管理系统应具有以下功能：

1. 信用信息征集功能

这主要是指依据征信相关法律和制度，具备信用信息征集、分类等功能。

2. 信用信息整合功能

这主要是指借助信用信息数据库，实现信用信息整合、储存与传输功能。

3. 生产与提供征信产品服务功能

这主要是指实现信用信息发布、信用信息查询、信用信息运营、信用信息评估等功能。

4. 及时有效的监管功能

这就是指系统根据监控指标对企业、个人等信用主体的信用现状进行实时分析、监控信用记录的变化，并将信用信息的变化情况及时发布等。

信用信息管理系统的功能如图 3-5 所示。

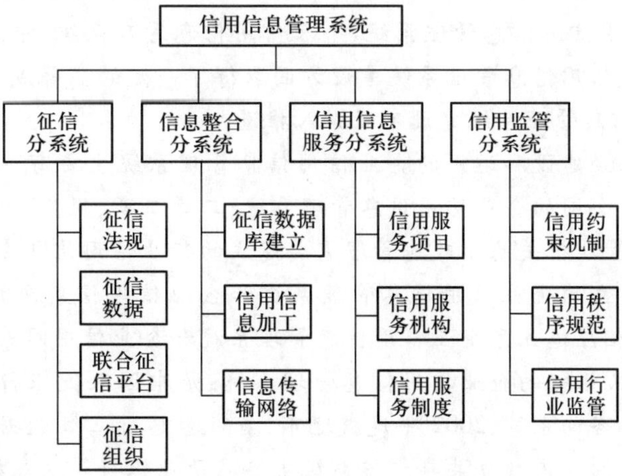

图 3-5　信用信息管理系统功能示意图

资料来源：谭中明，等. 社会信用管理体系[M]. 合肥：中国科学技术大学出版社，2005.

（三）信用信息管理系统的作用

信用信息管理系统的作用,可以从企业、个人、政府及社会视角加以说明。

1. 对企业和个人的作用

企业和个人进入市场交易,交易双方相互对信用状况的了解是一个基本前提。信用信息管理系统健全了企业、个人信用信息的征集和披露制度,对信用良好的企业和个人,信用信息记录事实上成为他们在社会经济活动中的通行证,不仅为其带来便利,而且大大降低其交易成本,拓展了发展的市场空间;反之,对信用较差的企业和个人,信用信息管理系统成了其进入市场交易的壁垒,为了不被社会淘汰,迫使其改善信用状况。

2. 对政府的作用

信用信息管理系统强化了政府的公共服务职能,为政府在自身管理和社会管理活动中创新管理模式、制定管理法规、完善监管机制等方面发挥重要作用,为政府对企业和个人信用进行宏观管理提供有效的办法和手段,提高政府社会管理的效率和效果。

3. 对社会的作用

信用信息管理系统为工商、质监、税务、劳动、海关、检验检疫、食品药品、金融等行业监管部门加强对企业信用、个人信用监管,可以通过信用信息公示、警示制度等,构建起守信激励、失信惩戒的社会信用管理机制。具体而言,借助信用信息管理系统可以实现:①“鼓励守信、惩戒失信”的作用,成为企业和个人加强自身信用管理、改善信用状况的原动力。②“奖优罚劣”措施的实施,可以使“诚实守信者获利、违约失信者失利”,长此以往,这种“正向选择”可以逐步达到净化市场环境、完善市场制度、降低交易成本、提高资源配置效率、促进经济发展的社会目标。

拓展阅读 3-1

广东省公共信用信息管理系统建设

信用信息管理系统作为社会信用体系的基础工程,是信用管理的核心内容。近十年来,广东省在企业信用信息管理系统、个人信用信息管理系统、重点行业信用信息管理系统和促进区域信用信息管理系统建设方面取得了一定的显著成效。

1. 企业信用信息管理系统建设不断深入推进

目前广东省已经建设和运用的企业信用信息管理系统主要有:一是中国人民银行征信局建设的覆盖全国的企业信用信息管理系统;二是工商、税务、海关、质检、环保、司法、商务部等政府管理机关基于政府管理需要建立的行业信用信息管理系统;三是广东省及各地市政府建立的企业信用信息管理系统和企业信用信息网站,如深圳市、珠海市、惠州市等市都相应建立了企业信用信息管理系统和企业信用网等。

其中,中国人民银行的企业信用信息管理系统,是中国人民银行于 1997 年开始筹建的银行信贷登记咨询系统,2002 年建成地市、省市和总行三级数据库体系,实现以地市级数据库为基础的省内数据共享。该系统主要从商业银行等金融机构采集企业的基本信息,在金融机构的借款、担保等信贷信息,以及企业主要的财务指标。在该系统多年运行基础上,2005 年中国人民银行启动银行信贷登记咨询系统的升级工作,将原有的三级分布式数据库升级为全国集中统一的企业信用信息基础数据库,在信息采集范围和服务功能上大大提高。企业信用信息基础数据库已经于 2006 年 7 月实现全国联网查询。

中国人民银行的企业信用信息基础数据库功能首先是帮助商业银行核实客户身份,杜绝信贷欺诈,保证信贷交易的合法性;其次是全面反映企业的信用状况,通过获得信贷的难易程度、金额大小、利率高低等因素不同,奖励守信者,惩戒失信者;再次是利用企业征信系统遍布全国各地的网络及其对企业信贷交易等重大经济活动的影响,加大法院、环保、税务、工商等政府部门的行政执法力度;最后是通过企业征信系统的约束性和影响力,培养和提高企业遵守法律、尊重规则、尊重合同、恪守信用的意识,提高社会诚信水平。

广东省企业信用信息网,是广东省政府向社会公开的信用平台,广东省政府各级部门可以通过该平台实现对广东省企业工商、税务、海关、银行、互联网运营商等各方面信息的集中管理。广东省企业信用信息网是由广东省信息产业厅牵头搭建的企业信用信息系统网络平台,旨在为公众提供一个方便、快捷的信用信息查询平台,以公开、公平、公正的信息来反映企事业单位的信用情况。该系统的建设以广东省工商、国税、地税、海关、银行、技监局、打假办、外经贸等部门的相关数据为基础,同时以广东省既有的政务网、电信网(五网互联平台)、政府内部网、海关业务网、工商业务网、国税业务网、地税业务网、银行业务网等为网络平台。

深圳市企业信用信息系统,于 2002 年 11 月 5 日正式向社会开通试运行。按照深圳市委、市政府的统一部署,由市工商局牵头负责,在公安、税务、质监、银行、海关、法院等 16 个部门共同参与下,企业信用信息系统建设采取政府推动、监管,与社会化、市场化运作相结合的模式,取得了一定的成效。深圳市企业信用信息系统建立在政府城域网平台上,集成了行政机关、司法机关、行业协会、中介服务机构提供的内容涵盖全市各类市场主体的登记,监管,资质认证,表彰与处罚,纳税,信贷,诉讼立案、结案等信息,初步实现了各政府部门之间的企业信息互联互通、资源共享,可为政府各部门和社会公众提供窗口和互联网查询服务。

2011 年,广东省正式推出"公允有信网商征信服务平台",旨在针对网购消费维权困难、网货侵权、网商公信力不足这些堪称目前中国网络购物市场的"三座大山"而建,该服务平台帮助消费者、企业跨越这"三座大山",保护企业知识产权和消费者权益,维护市场秩序。此外,汕头市则建立了全国第一个地方政府信用网。

2. 个人信用信息基础数据库和信用信息管理系统的建设

个人信用信息基础数据库和信用信息管理系统的建设最早是从 1999 年 7 月中国人民银行批准上海资信有限公司试点开始的。2004 年年底,实现 15 家全国性商业银行和 8 家城市商业银行在全国 7 个城市的成功联网试运行。2005 年 8 月底,完成与全国所有商业银行和部分有条件的农村信用社的联网运行。经过一年的试运行,2006 年 1 月个人信用信息基础数据库正式运行。

目前广东省个人信用信息管理系统主要有以下几种形式:一是中国人民银行征信中心建立的个人信用信息管理系统;二是由深圳市政府和中国人民银行推动、深圳鹏元资信评估有限公司建立的深圳市个人信用信息管理系统;三是由民营企业投资建设的特色个人信用信息管理系统,如上下五千年资信科技有限公司建设的"大学生信用档案管理系统"、信途科技资信有限公司建设的"个人职业信用信息管理系统"等;四是政府各部门、各地市建立的个人信用信息管理系统,如广州是国内第一个大规模给企业法人建档评级的城市,深圳颁布了《深圳市个人信用征信及评级管理办法》。

3. 行业信用信息管理系统建设逐步扩大

由政府各个部门如工商、税务、海关、质检、环保、司法、商务部等政府管理机关基于政府管理需要建立的行业信用信息管理系统都逐步完善,利用效率也不断提高,为推动行业信用管理起到了重要的基础作用。

资料来源:广东社会信用体系建设发展研究报告(2012)。

第三节 征信标准化

一、征信标准化概述

征信标准化是征信服务规范化的技术要求。征信标准化是为了保证征信行业有一个有效、规范的运作秩序,解决资源共享的实际问题而制定的共同遵守和重复使用的指导性文件或规则的活动,包括标准的制定、实施和对标准的实施情况进行监督等。征信标准化是保证行业的高效率、高起点建设与发展的一项十分重要的基础工作。

自20世纪80年代以来,随着经济全球化程度的提高和通信技术的发展,一些大型的征信公司开始出现,为了完善其全球服务网络,它们纷纷建立庞大的全球企业数据库。为了保证信息共享和系统的互联互通,制定了一些国际上公认的信息技术和通信类标准,同时企业也制定了适合企业内部的企业标准。随着征信业务的不断发展和先进网络、信息技术的发展和应用,征信标准化变得越来越重要。征信标准化的范围在拓展,进程在加快,征信标准化的成果也在不断地涌现。征信标准化工作通过制定和应用标准,实现了同一企业内部或者企业间、行业内信息传输格式的接轨,对开拓征信业务种类和范围,保持征信行业运作的统一及提高行业效率都起到了很好的作用。同时,由于征信数据涉及个人隐私等方面的内容,各国根据法律制定出规范的数据采集、处理、发布等业务操作规范,并采用相应的安全标准,可以保证征信数据与征信产品的质量,提高数据安全性。

当前,征信发达的国家基本上广泛遵循国际上的主流信息技术标准、信息分类标准、企业标志标准、代码标准、信息交换格式标准以及信用评估业务标准等,没有或很少专门为征信制定相应的国家标准或行业标准。国际标准及事实上的工业标准为征信发达国家的征信系统建设奠定了良好的基础。

二、征信标准体系内容

征信标准体系是由征信体系建设范围内的具有内在联系的标准组成的科学的有机整体。征信标准体系分为基础标准分体系、监管标准分体系、信息技术标准分体系、业务标准分体系、服务标准分体系、安全标准分体系。

在基础领域,涉及对征信数据元的规范、征信术语、征信标准体系的制定等标准;在监管领域,涉及征信机构资质的认定、征信从业人员资质的认定、征信业务规范等标准;在信息技术领域,涉及信用信息共享、系统互联互通、信息安全类等技术标准;在业务领域,涉及对征信业务开展的相关流程进行规范,包括信用调查业务规范、信用登记业务规范、信用评价业务规范、其他征信业务规范以及征信产品标准等标准;在征信服务领域,主要涉及对征信机构为客户提供服务过程中的行为规范,包括征信服务合同格式规范、征信机构服务质量规范、征信产品使用规范、征信服务争议处理程序等标准;安全标准分体系,是针对征信活动中信用信息的采集、加工、使用、披露过程中的信息安全以及其他可能造成相关当事人损害的行为进行规范,主要包括物理安全标准、安全防护标准、安全管理标准、安全检测标准等。

三、我国的征信标准化建设

我国征信行业标准化是为了保证征信行业有一个有效、规范的运作秩序,解决资源共享的实际问题而制定共同和重复使用的指导性文件或规则的活动。根据《中华人民共和国标准化法》(以下简称《标准化法》)的规定,我国标准分为国家标准、行业标准、地方标准和企业标准 4 个层次。各层次之间有一定的依从关系和内在联系,形成一个覆盖全国又层次分明的标准体系。征信标准属于金融行业内标准,在国家统计局制定的 GB/T 4754-2011《国民经济行业分类》中,金融业隶属于我国服务业 20 个门类中的第 J 类。

行业标准和国家标准都是全国适用的标准。根据《标准化法》关于国家标准的规定,“对需要在全国范围内统一的技术要求,应当制定国家标准”。国家标准一般为基础性、通用性较强的标准,是一个国家标准体系的主体和基础。国家标准是国内各级标准必须服从不得与之相抵触的标准。根据《标准化法》关于行业标准的规定,“对没有国家标准而又需要在全国某个行业内统一技术要求,可以制定行业标准”。行业标准是全国某个行业范围需要统一的技术要求,是专业性较强的标准。“行业标准由国务院有关行政主管部门制定,并报国务院标准化行政主管部门备案,在公布国家标准之后,该项行业标准即行废止。”

征信标准体系服务于征信体系建设,从等级上看既有国家标准,又有行业标准。随着征信行业的进一步发展,征信地方标准和企业标准也会逐步产生。所有不同级别的征信标准形成一个完整的征信标准体系,保证我国征信业的健康快速发展。

因此,征信标准体系的编制,首先要与国家标准接轨,贯彻“有国标,采国标”的工作方针;其次要突出征信业自身的特点和需要,充分考虑征信业在我国的发展规律,制定适应征信市场发展需求的征信国家标准和行业标准。

当前,我国在信息技术标准化和信息分类标准化等领域已开展了长期的工作,积累了丰富的经验。在信息技术标准化方面,我国制定了一系列信息技术的基础标准,为征信系统的建设奠定了技术基础。在信息分类标准化方面,我国先后发布了一大批数据元、信息分类代码标准。在这些标准中,GB 11714－1997《全国组织机构代码编制规则》和 GB 11643－1999《公民身份号码》成为唯一标志我国企业和个人的编码规则。这些标准化工作成果为开展国家征信标准化工作提供了重要基础和依据。

第四节　信用评级

信用评级属于广义的征信行业,简单地说,就是由专业的评级机构,对市场主体偿还债务的能力或某种金融工具的投资风险加以评价,以特定符号表示出其可信任程度。信用评级是征信服务的高级阶段。

一、信用评级的含义

关于信用评级,不同的学者有不同的解释。它一般是指由独立的评级机构或部门,对影响评级对象的诸多信用风险因素进行分析研究,对其在未来一段时间按期偿还债务的能力及其偿还意愿进行综合评价,并用专业符号表示不同的信用等级,以揭示债务人或特定债务信息风险的活动。

作为一种评价行为,在把握信用评级的含义时应注意理解以下几点:

1. 信用评级的主体

信用评级的主体即由谁来做出评级。一般来说,能对相关客户进行等级评定的主要是独立的评级公司,它们作为专业的机构,拥有一定的评级人员与相对完善的评级制度,具有对客户进行信用分析与评价的能力。但银行在开展贷款及其他业务时为了控制风险也要对其客户进行一定的风险评估,因此银行的信贷部门也拥有内部评级的能力。

2. 信用评级的客体

信用评级的客体指的是评级活动的对象。一般来说,需要表明资信状况的市场参与主体,包括国家、各类企业、各种金融机构及个人都可以成为评级的客体。

3. 信用评级的内容

信用评级的内容是指要评哪些东西。由于经济活动的复杂性,经济主体的多元性,决定了信用评级的内容是多种多样的,信用评级一般可以分为对评级对象的整体信用情况的评级、对信用工具的评级及对特定的信用关系的评级。

4. 信用评级的时效性

信用评级的时效性指信用评级的结果在使用上一般有时间的限制,因为评级对象的相关信用状况会随着时间而发生改变,评级结果并不是一成不变的,评级机构一般都会明确评级结果的有效期,大多为一年。

二、信用评级的分类

信用评级从不同角度有多种分类:

（一）根据评级覆盖的期间分类

根据评级覆盖的期间，信用评级可以分为短期评级和中长期评级。短期评级对象，通常在一年以内到期，其中包括与商业票据有关的信用工具。中长期评级对象一般为在超过一年的期间内到期的债务，包括所有种类的长期债务，从信用债券、抵押债、中期票据到从属信用债券的可转换债券等。

（二）根据评级对象分类

根据评级对象不同，信用评级可分为主体评级和债项评级。主体评级一般是指对企业等主体整体的信用质量和偿付能力的评价，包括企业评级、金融机构评级、国家主权信用评级。债项评级一般是指对特定债务的偿还风险的评价，如债券、应付票据等的资信等级评定。

（三）根据被评主体是否自愿接受评级分类

信用评级可以分为主动评级和被动评级。主动评级是指资信评级机构根据自己收集的公开资料对被评主体展开评价。20 世纪上半叶为以主动评级为主的阶段，评级机构的收入来源是向投资者出售信用分析报告。被动评级，也称委托评级，是指资信评级机构接受被评主体的委托展开评级工作。20 世纪下半叶为以委托评级为主的阶段，评级机构的收入来源是向委托人收取评级费用。

（四）根据评级对象所处的市场不同分类

信用评级可以分为信贷市场评级、银行间市场评级和公开市场评级。信贷市场评级，如贷款企业资信等级评定；银行间市场评级，如商业票据、银行次级债、金融债券等资信等级评定；公开市场评级如公开发行的企业债券、可转换债券等资信等级评定。

此外，还有的分为外部评级与内部评级。外部评级，指对债务人的资信评级由社会专业评级机构进行；内部评级指对债务人的资信评级由债权人的内部评级部门进行。

三、信用评级机构

信用评级机构是依法设立的从事信用评级业务的社会中介机构，即金融市场上一个重要的服务性中介机构，它是由专门的经济、法律、财务专家组成的对证券发行人和证券信用进行等级评定的组织。信用评级机构是信用管理行业中的重要中介机构，它在经营中要遵循真实性、一致性、独立性、稳健性的基本原则，向资本市场上的授信机构和投资者提供各种基本信息和附加信息，履行管理信用的职能。评级机构组织专业力量收集、整理、分析并提供各种经济实体的财务及资信状况，储备企业或个人资信方面的信息，比如欠有恶性债务的记录、破产诉讼的记录、不履行义务的记录、不能执行法院判决的记录等。这种信用评级行为逐渐促成了对经济实体及个人的信用约束与监督机制的形成。

从 20 世纪初到 1972 年，国外评级机构首先产生于美国，共有 4 家机构。1972 年以后，其他国家的评级机构开始出现，根据巴塞尔委员会 1999 年的研究，全球共有评级机构 130～150 家。中国信用评级行业诞生于 20 世纪 80 年代末，是改革开放的产物。1987 年吉林省资信评估公司是我国最早的信用评级机构,之后,全国各地纷纷设立评级机构。最初的评级机构由中国人民银行组建,隶属于各省市的分行系统。20 世纪 90 年代以后,经过几次清理整顿,评级机构开始走向独立运营。特别是 1992 年后,中国人民银行系统之外的独立评级机构开始成立;1997 年 12 月中国人民银行认定了 9 家具有在全国范围内从事企业债券评级资格的评级机构之后,评级机构的数量减少,到 1999 年年底真正开展评级业务的评级机构不超过 20 家;进入 2001 年后,中国的评级机构数量又有所上升,截止至 2016 年年末,全国备案法人信用评级机构 99 家,分支机构 72 家。

(一) 国际三大信用评级机构

目前,从国际评级市场来看,穆迪、标准普尔与惠誉这三大机构是全球最重要的评级机构。

1. 穆迪投资者服务公司

穆迪投资者服务公司是穆迪公司的子公司,穆迪的创始人是约翰 · 穆迪。他在 1909 年出版的《铁路投资分析》一书中发表了债券资信评级的观点,使资信评级首次进入证券市场。1913 年,穆迪对工业公司以及公用事业进行评价,穆迪的评级开始成为债券市场的一个要素。1914 年 7 月 1 日,穆迪投资者服务公司正式成立,1924 年穆迪评级覆盖了美国 100% 的债券市场,20 世纪 70 年代穆迪的评级产品延伸到商业票据和银行储蓄评级。穆迪是全球最早开展现代信用评级业务的机构,作为国际权威投资信用评估机构与著名的金融信息出版公司,穆迪公司的总部设在美国,其股票在纽约证券交易所上市,主要提供评级、研究和风险分析服务。2017 年,穆迪公司收入额为 42 亿美元,员工大约为 12 600 人,在 42 个国家开展业务。

2. 标准普尔公司

标准普尔公司是第一家对证券化融资、债券担保交易、信用证、非美国保险公司财务实力、银行控股公司、财务担保公司进行评级的机构,并在这些服务上保持全球的领先位置。标准普尔的历史可以追溯至 1860 年,其主要是对美国、外国公司和公用事业债提供信用评级、金融信息服务和调查的机构。当时其创始人普尔(Henry V. Poor)是金融信息业的奠基人,该公司于 1941 年由普尔出版机构(Poor's Publishing Co.)和标准投资机构(Standard Stastistics Co.)两家债券评级机构合并组成。在合并之前,两家先后于 1916 年和 1922 年公布各自的第一份信用评级报告,至 1966 年被麦格罗 · 希尔机构(Mc Graw-Hill)收购。但是,有关信用评级的业务都是独立运作,不受母机构的干预。目前,标准普尔在 100 多个国家为大约 32 万亿美元的债务证券提供了评级。仅在 2007 年,标准普尔就发布了 51 万个评级,其中包括新评级和评级调整。而 2009 年则发布了 87 万个新评级的后续评级。另外,标准普尔是全球最大的独立证券研究机构,为全球提供多元化的金融服务,特别在提供基金数据和分析方面处于领先地位。

3. 惠誉国际信用评级公司

惠誉国际信用评级公司是全球三大国际评级机构之一,总部设在纽约和伦敦,业务遍布 30 多个国家。惠誉评级的前身惠誉出版公司,于 1913 年 12 月 24 日由 John Knowles Fitch 成立,最初是一家金融统计数据出版商,它所服务的对象包括纽约证券交易所在内。1924 年惠誉发明了现已广为人知的“AAA”到“D”评级体系。1975 年,惠誉成为美国证券交易委员会首批授予“全美认可的证券评级机构”(NRSRO)资格的三大评级机构之一。1989 年,惠誉由一支现代的管理团队重组,进入了高速发展阶段。1997 年,惠誉与总部设于伦敦的 IBCA 信用评级公司合并,合并后成为法国 FIMALAC. S. A. 的全资子公司。惠誉于 2000 年 4 月收购了总部设在芝加哥的 Duff & Phelps 信用评级公司,又于同年收购了 Thomson 集团下的 Bank Watch 评级公司。这两次收购加强了惠誉在企业、金融机构、保险公司和结构融资等方面评级业务的市场份额。惠誉集团于 2005 年收购了 Algorithmics 公司,而美国赫斯特出版集团(Hearst Corporation)于 2006 年并购了惠誉集团 20% 的股份。

惠誉评级并不是采用模式化的评级方法为客户评级,而是以前瞻性的态度以及服务文化为基础规划其业务。其评级业务具备如下主要特点:一是领先性,惠誉通过创造性开发针对极为复杂的新兴证券的评级方法和发布领先于市场的产品,一直占据市场领先地位;二是响应性,惠誉的分析师善于与各界沟通,对投资者的垂询能快速回复;三是透明性,针对不同类别证券进行评级时,惠誉的评级方法和流程开放程度很高;四是具有独特的视角,在其研究和分析中体现不同的地区观点和看法。因为在评级业务中采取了与众不同的方法,惠誉实现了较快的增长,目前,多数大型投资者亦将惠誉的评级纳入其投资指导原则,全球各国监管机构和其他市场参考者也使用惠誉的评级结果。与其他的评级机构类似,公司的评级产品覆盖了企业、金融机构、结构融资以及市政建设、保险公司和主权国家发行的证券评级。

(二)我国的信用评级机构

我国的信用评级业务发展历史还不是很长,但在这 20 多年里发展也较迅速,已出现较多的评级机构,并在国内形成了一些龙头企业。目前,已初步占据行业领先地位的有中诚信国际信用评级有限责任公司、联合资信评估有限公司、大公国际资信评估有限公司、上海新世纪资信评估投资服务有限公司、上海远东资信评估有限公司、东方金诚国际信用评估有限公司等信用评级机构。

1. 中诚信国际信用评级有限责任公司

中诚信国际信用评级有限责任公司(简称“中诚信国际”)是经中国人民银行总行、中华人民共和国商务部批准设立,在国家市场监督管理总局登记注册的中外合资信用评级机构,目前是国内最大的信用评级机构。2006 年 4 月 13 日,中国诚信信用管理有限公司(简称“中国诚信”,英文简称 CCX)与全球著名评级机构穆迪投资者服务公司(简称穆迪)签订协议,出让中诚信国际信用评级有限责任公司 49% 的股权;2006 年 8 月 15 日中国商务部正式批准股权收购协议,中诚信国际正式成为穆迪投资者服务公司成员。

中诚信国际一直引领我国信用评级行业的发展,在国际信用评级专家的直接指导和参与下,结合中国国情,修订、完善并改进了信用评级的指标体系,系统地引进了国际评级技术,并在国内创新开发了数十项信用评级业务。目前已累计为 10 000 多家次企业提供信用评级业务,其中累计完成企业债券或转换公司债券的信用评级超过 700 家次,累计发债规模达 2 500 多亿元。

2. 联合资信评估有限公司

联合资信评估有限公司(简称“联合资信”)是由北京大学资源集团牵头,联合国内部分资信评估机构,在北京成立的一家全国性专业资信评估机构。联合资信是目前国内规模最大和最具影响力的专业信用评级机构之一,是目前中国唯一一家国有控股的信用评级机构,是中国人民银行、国家发展和改革委员会、中国银行保险监督管理委员会等监管部门认可的信用评级机构,具有银行间债券市场信用评级资格,也是中国银行间市场交易商协会常务理事单位。联合资信的主要业务领域包括资本市场信用评级、信用风险咨询。

3. 大公国际资信评估有限公司

大公国际资信评估有限公司(简称“大公国际”)是 1994 年由中国人民银行总行和原国家经贸委共同批准成立的全国性信用评级机构,是中国最具影响力的信用评级机构之一。大公国际拥有银行间和证券业两大债券市场,四个国家政府部门认定的中国全部债务工具类信用评级资质。作为中国行业、地区、国家信用评级标准的创立者,大公国际参与了国内大部分债务工具的创新设计与推广应用,在企业债券、金融债券、结构融资债券等信用评级市场占有率名列前茅。大公国际建立了我国评级业第一个博士后科研工作站,为资本市场提供前沿的风险评价技术与研究服务;与天津财经大学联合创建了我国第一所培养信用评级和风险管理高端专业人才的高等院校——大公信用管理学院。

4. 上海新世纪资信评估投资服务有限公司

上海新世纪资信评估投资服务有限公司(简称“上海新世纪”)是一家专业从事信用评级、企业征信、企业信用管理等信用服务业务的全国性信用评级机构。上海新世纪本着“市场、客户、服务”的经营理念,在评级工作中体现“公正、规范、准确、高效”的原则,信奉“信誉是企业生命”这一主旋律,以上海财经大学为依托,始终把理论研究作为公司核心优势,走产、学、研相结合的咨询业道路;公司始终保持着提高理论研究水平与提高实际工作技术“双提高”的特点;以人才资源和专业化队伍来保证和推动公司业务发展。2005 年之后,上海新世纪先后为国泰君安、东方航空、上海电力、浦发集团、张江高科等 50 多家企业发行的短期融资券进行评级,为上海城投、世博土控、重庆城投、上实集团、南钢联等企业发行的债券进行评级。

5. 上海远东资信评估有限公司

上海远东资信评估有限公司(简称“远东资信”)成立于 1988 年 3 月,是中国第一家非银行系统的专业资信评估机构,目前注册资本 1 000 万元,主要股东为上海社会科学院和上海沪银信息咨询中心。目前,公司获得了迄今国内允许开展的评级业务的所有资格。中国人民银行银发〔1997〕547 号,认可公司从事全国范围内债券信用评级业务的资格;国家发展和改革委员会“发改财金〔2003〕1179 号”文件,认可公司“具有企业债券评估从业资格”;中国保险监督管理委员会保监发〔2003〕92 号,认可公司的信用评级资格,保险公司可以买卖经本公司评级在 AA 级以上的企业债券;中国人民银行上海分行历年授予公司从事上海市贷款企业资信评级业务的资格;国家发展和改革委员会选择远东资信为全国小企业信用征集与评级的合作机构;中国人民银行上海分行和上海银监局选择远东资信为上海市企业集团信用评级中介机构;中国人民银行认可远东资信的上海市中小企业信用评级资格及其具备的在浙江宁波、湖南、山西等地开展企业信用评级业务的资格。

6. 东方金诚国际信用评估有限公司

2005年8月,东方金诚国际信用评估有限公司(简称“东方金诚”)注册成立,是根据国际通行规则组建的全国性、专业化信用评级机构。2001年9月,金诚国际信用管理有限公司成立。为了提高信用评级业务的专业化水平和独立性,2005年8月,金诚国际信用管理有限公司将信用评级业务整体剥离转让给其发起设立的金诚国际信用评估有限公司。2008年5月,经财政部批准,中国东方资产管理公司入主金诚国际信用评估有限公司,同时将公司名称变更为东方金诚国际信用评估有限公司。2009年4月,中国东方资产管理公司成功增资,正式成为东方金诚控股股东。目前,公司注册资本已达到1.25亿元人民币,成为中国境内经营资本实力最雄厚的信用评级机构之一,是中国证券监督管理委员会认可的证券市场资信评级机构,是中国人民银行认可的银行间债券市场资信评级机构。

四、主要的评级业务

根据评级对象不同,信用评级可以分为主体评级和债项评级。其中,主体评级包括国家主权信用评级、企业评级、金融机构评级等;债项评级包括企业债项评级、结构融资评级、基金评级等。

(一)主体评级

1. 国家主权评级

国家主权信用评级,一般是针对该主权政府未来偿付到期债务(包括债券、借款等)的意愿和能力的评定。服务对象主要是购买该主权政府债券或对该主权政府借款的投资者。主权信用级别反映的是该主权政府中央银行及该主权政府本身获得充足外币偿还借款的能力和意愿的程度。

主权信用等级一般被视为该主权范围内所有经济实体的无担保债务的最高信用等级,即存在“主权上限原则”。这种主权上限是指受该国管辖的任何实体所发行的外币债务的信用等级上限。主权上限之所以具有合理性,依据是一国政府拥有广泛的权力与资金来源,所发行的债券以政府税收为偿付资金来源,其信用等级无疑高于该国任何发行体。同时在紧急情况下,当环境恶化需要采取果断行动时,中央政府有权在紧急情况下要求收回所有企业和公共机构的全部外汇收入,以供集中分配。中央银行也拥有合法权力对本国资金流出入施加直接的管制。

国家主权信用评级是对一个国家的整体经济实力及所有的债务负担进行分析,分析影响一个国家经济状况的因素,分析一个国家的经济体制与政治体制对经济的影响,分析一个国家的财政收支情况,以及今后可能的变动趋势,同时会考虑一个国家原有的以及潜在的债务压力。

国家主权信用评级主要考虑的因素包括经济因素、政治因素、财务因素、其他因素等。这些因素再通过一系列具体的指标加以分析。

2. 企业评级

企业评级是指独立的评级机构运用科学的分析方法,在对受评企业的基本素质、经营能力、盈利能力、偿债能力、信用状况、发展前景等方面进行全面了解和调研分析的基础上,对其自主履行相应经济承诺和可信任程度做出客观、公正的综合评价,并以简单的符号表示优劣程度,最后公告给社会大众的一种评价行为。

企业评级的评级主体一般是独立的评级机构,评级客体是企业的整体的自主偿债能力,是对未来企业自主偿债能力的预期。企业评级体系包括外部因素分析与内部因素分析。外部因素分析主要从宏观风险测评与行业风险测评入手,宏观风险测评主要分析国家宏观经济政策、经济运行态势和国际经济环境;行业风险测评主要分析产业政策、行业前景、行业生命周期、行业竞争环境、行业竞争结构、行业成本结构等。内部因素分析具体通过定性分析和定量分析入手。定性分析主要从企业基本素质测评、企业的经营管理分析、股东背景、管理策略、内部控制、发展前景等方面展开。定量分析主要从企业资产质量、资本结构、偿债能力、现金流分析、盈利能力等方面展开。

3. 金融机构评级

金融机构评级包括商业银行、保险公司、担保公司、基金公司、证券公司评级等。

商业银行评级主要是指商业银行对所负的各种债务(存款、发行各种债务类证券)能否如约还本付息的能力和可信任程度的综合评价,是针对银行的债务偿还风险的综合评价。

保险公司评级是在对保险公司的经营业绩和财务状况进行全面分析和客观评价的基础上,给出对保险公司未来履行偿付义务能力和提供服务的综合评价。评级机构为保险公司进行评级,对于完善保险市场和保险监管、促进保险业公平竞争具有重要的作用。

保险公司评级一般从外部因素与内部因素展开。外部因素分析主要包括经济运行现状、宏观调控政策、人口状况(寿险)等方面的宏观经济背景分析与包括产业政策、行业特征、监管环境、产品创新等方面的行业经济背景分析。内部因素分析主要包括保险公司经营目标及经营管理策略、竞争地位、业务管理等方面的微观经营管理分析和财务指标分析。

基金公司评级是指根据基金公司经营活动的特殊性,采取外部因素与内部管理、静态与动态、定性与定量的评级方法,对基金公司的偿债能力、信誉状况、履约可靠性和安全程度进行调查、研究、综合分析,从而对其信用能力做出综合的评价。

(二)债项评级

1. 企业债项评级

企业债项评级是指对发行人发行的债务融资工具或金融产品的评级,评定的是该债务融资工具或金融产品违约可能性及违约损失的严重性。企业债项评级包括企业短期债券评级、企业长期债券评级、企业可转换债券评级等。

企业债券的偿还主要由两个方面来进行保障:一是发债主体;二是债权保护措施。发债主体的偿债能力等同于企业主体评级,主要取决于其在未来时期能够获得足以偿还到期的债务的现金流量,而这种能力与发债主体所处行业、在行业中的地位、竞争实力、经营管理水平、未来发展等许多方面的情况有关。企业产生偿还债务现金流量的数量可以从企业未来的现金流入和现金流出两个方面来进行分析。债权保护措施,主要是指针对本期债券的偿还所采取的专门的保障措施，一般有第三方担保（企业信用担保、政府特别基金担保）、资产抵押与质押、有效监督下建立的专门的偿债基金、限制企业投资与分红的专门规定等。债权保护措施越充分，则债券到期偿还的保障程度越高，风险越小。

2. 结构融资评级

结构融资是以对投资者提供一定的偿还担保为基础而发行证券的一种融资方式，就是将资产与其所有者完全分离开来，用资产或其产生的现金流作为抵押来发行证券。结构融资方式下偿债资金来源是提供担保的特定金融资产组合所产生的现金收入，或由第三方提供信用支持来清偿特定债务。

狭义的结构融资是指资产证券化，是将非流动性资产转化为具有更高流动性的证券，然后向投资者出售。资产所产生的现金流用于偿付证券本息和交易费用。资产证券化的基本运作原理是集合有共同特性的资产，或是将其他流动性较差的资产组合到一起，对其现金流进行重组并传递给投资者。资产证券化评级首先要对基础资产进行考察，其次要对相关的参与人和交易结构进行考察，然后要将分析的结果输入相关模型，检验比较之后，根据结果得出信用评级等级。

3. 基金评级

基金评级是指对基金资产安全程度的综合评级，是属于管理层监管范畴之外对基金的社会性监管，通常由独立的信用评级机构来完成。评级机构根据各种基金的盈利表现和资产安全性，对基金运作的整体情况做出综合的评判。目的在于维护基金市场的公开、公平和公正，切实保障投资者的合法权益，促进基金及国民经济的持续稳定发展。

拓展阅读 3-2

信用评级的应用与影响

信用评级制度是社会信用制度的重要内容。在市场经济条件下，资信评级对于金融市场及市场参与者、监管者发挥着越来越重要的作用。

1. 对于投资者及资金融出者

对于金融市场上的绝大多数投资者而言，由于时间和专业知识等诸因素的限制，难以依靠自身力量掌握金融市场上各种信用工具的风险情况。投资者的投资决策越来越依靠专业咨询和分析机构所提供的研究分析结果，从而可以在可承受的信用风险范围内使自己的收益最大化。因为独立而专业的信用评级机构通过科学的评级方法，将债务人及其所发行的信用工具以信用等级的形式客观、公正地反映出来，信用等级的高低反映其信用风险的大小，对于大多数投资者来讲，评级结果往往具有可靠的信用价值，大大减少了投资者进行投资决策的信息收集成本。同时，投资者借助评级结果，很容易了解各种工具的风险情况，比较各类机构及投资工具的信用级别及其变化情况，判断其是否是合适的投资对象或及时调整自己持有的投资品种，使投资组合及风险与收益结构合理化，尽可能避免或减少所持工具的信用风险，减少损失。

对于资金融出者的商业银行及金融机构而言，其利润的主要来源就是其信贷资产所带来的利息收入，如何控制授信额度、防范贷款风险、降低信贷资产损失，是其信用风险管理的重要内容。由于信用评级是对包括企业在内的借款人的综合素质所进行的全面评估,可以使商业银行及其金融机构有效利用信用评级结果,来判别贷款的可行性并给予相应的信用政策;对于已经发放的贷款,信用等级的变化也可以作为一种早期预警系统发出报警信号,告诫金融部门,借款人信用风险是否加大,是否应采取措施防范和化解贷款风险。同时,信用评级结果往往被国际商业银行运用于金融工具的定价过程,包括计算资金成本和信用风险溢价,从而为贷款利率和其他金融工具的价格决定提供了重要依据。

2. 对于筹资者及资金融入者

金融市场上的筹资者,主要是大量的企业。信用评级是企业进入金融市场的通行证。信用评级结果是资信评级机构为企业提供的客观、公正的信用证明,对于企业进入金融市场直接融资具有重要作用。信用等级的高低,一方面关系到企业是否有资格借助金融市场发行企业债券;另一方面通过评级可以提高企业的社会知名度,扩大企业的融资范围,促进发债的成功。企业还可以通过向商业银行及其金融机构借款实现间接融资,如果企业有较高的信用等级,可以获得商业银行的额度授信,取得商业银行的贷款支持及其他信用支持,拓宽融资渠道。

信用评级可以降低企业融资成本。企业融入资金的价格即利率,一般由两部分组成:一部分是无风险收益率,另一部分是风险溢价,这两部分加在一起构成了资金价格——利率。对于筹资者来说,利率的高低意味着筹资成本的高低,高的筹资成本对企业是不利的。如果企业及其所发行的信用工具信用等级高,既可以赢得投资者的认可,又可以以较低的利率筹措到资金,这就大大降低了高信用等级企业的筹资成本。

3. 对于监管者

信用评级是一种重要而有效的市场监督机制。信用评级机构从根本上讲是一种公众服务机构,其发布的信息具有较大的影响力,其职能的发挥直接影响着市场的运行,影响着金融秩序和证券市场秩序,具有较强的社会性。信用评级得到比较普遍的应用时,信用评级机构会随时跟踪资本市场上各个主体的经营状况和信用状况,信用评级会成为市场上信用风险信息的重要来源,成为资本市场定价、交易、套利的主要参考,从而也就对企业形成一定的监督力量,建立起重要和有效的市场监督机制。

信用评级是监管部门监管的重要参考依据。通过信用评级机构的评级观点,在市场准入监管方面,监管部门可以过滤掉一些资信较差、实力较弱的发行者,从而减少各种偿付风险,保证金融市场的繁荣稳定;在日常监管中,监管当局依据评级机构的跟踪评级结果,对低于某个等级的企业及信用工具,给予足够的重视。多数西方国家都将评级机构的评级结果视为重要的监管参考依据。

信用评级满足《新巴塞尔资本协议》有关信用风险管理的要求。一方面,信用风险的衡量和计算离不开资信评级。巴塞尔委员会于 1999 年 6 月在《巴塞尔资本协议》基础上提出更具风险敏感性的《新巴塞尔资本协议》,明确规定信用风险的衡量和计算采用标准法、初级和高级的内部评级法(IRB 法),鼓励银行根据自身能力采用对风险更敏感的方法。标准法是指采用外部信用评级机构对于借款人的评级,来评估其违约概率并计算信用风险。内部评级法是指在金融监管机构同意下，银行使用它们自己的更具有风险敏感度的风险控制系统，估计违约概率，并计算所需资本。另一方面，信用风险管理离不开信用评级。信用评级作为信用风险管理的工具，已经与银行信用风险管理体制密不可分。新协议认可银行对不同信用等级客户采用不同信贷资产风险计量标准，以贷款人的信用评级作为计算资产风险权重以及确定资本金充足率的依据，从而把资本金充足率原则和风险联系得更紧密。新协议鼓励各金融机构在从事授信业务时自行建立对客户的资信评级机制，而该机制应采用何种信用风险评估模型具有很大的弹性。

对于政府监管金融行业所设立的监管当局而言，包括对商业银行、证券机构、信托机构、保险机构等的信用评级，这些机构信用等级的变化反映了其信用风险的变化。监管当局依据其信用等级的异常变化，采取相应的监管措施。另外，监管当局依据不同信用工具的信用等级，对保险基金、养老基金投资及所持有资产信用等级加以规定。

4. 对于金融市场

信用评级有助于提高金融市场的资源配置效率，促进金融市场的健康发展。信用评级一方面可以减少投资人的信息收集成本，降低投资组合的风险；另一方面可以降低筹资企业的融资成本，进而可以有效扩大和活跃市场交易。同时，信用评级结果是资金融通各方开展业务的重要参考依据，无疑对树立金融市场参与各方的信用意识、诚实经营理念，提高资金配置效率，保护债权人和债务人的利益以及促进金融市场的健康发展都具有重要意义。

本章小结

1. 征信是指专业的、独立的第三方机构依法采集、记录、核实、整理、保存企业和个人信用信息，并依法对外传播信用信息的活动。征信机构是指专门从事信用信息采集、处理、评价、传播业务的专业机构。征信机构通常被分为两大类，即企业征信机构和个人征信机构。征信机构的运营可以分为公共征信机构、私营征信机构和混合型征信机构三种模式。

2. 信用信息管理系统是综合利用信息技术对企业或者个人等信用主体的信用信息进行收集、整理、加工、分类，并利用先进的管理技术对信用信息的内容进行分析、评价、预测和管理，是辅助各级管理人员更好地发现与识别现实或潜在信用风险损失所产生的不利效应的人机系统。征信数据库是信用信息管理系统的重要部分。信用信息管理系统具有征集、整合、服务和监管功能；信用信息管理系统构架主要由信息征集分系统、信用评价分系统、信用信息服务分系统、信用检索分系统四个部分组成。

3. 征信标准化是为了保证征信行业有一个有效、规范的运作秩序，解决资源共享的实际问题而制定的共同的和重复使用的指导性文件或规则的活动，包括标准的制定、实施和对标准的实施情况进行监督等。征信标准化是保证行业的高效率、高起点建设与发展的一项十分重要的基础工作。

4. 信用评级是由独立的评级机构或部门,对评级对象在特定期间或特定条件下履行相应经济责任的能力与意愿进行调查与综合评价,并用特定的简单、直观的等级符号来表示其信用等级。信用评级机构是依法设立的从事信用评级业务的社会中介机构,从国际评级市场来看,穆迪、标准普尔与惠誉这三大机构是全球最重要的评级机构。

关键术语

征信　公共征信机构模式　私营征信机构模式　混合型征信机构模式　信用信息管理系统　征信数据库　征信标准化　信用评级　短期评级　中长期评级　主体评级　债项评级

复习思考题

1. 征信机构的营运模式有哪些?各自有什么特点?
2. 征信市场的构成有哪些?
3. 信用信息管理系统有什么功能?
4. 信用信息管理系统总体构架如何?
5. 征信标准体系内容包括哪些?
6. 我国征信行业标准化应如何建设?
7. 信用评级机构应该如何运作?
8. 信用评级是如何分类的?主动评级与被动评级有什么区别?

本章实训

一、实训目的

1. 掌握征信、征信数据库、信用评级等知识。
2. 训练学生案例学习分析能力。

二、实训内容

1. 案例资料

案例 1:征信数据库与企业征信

2010 年 4 月,某市一煤炭公司在市工商银行申请贷款 1 500 万元,市工商银行经过审贷会讨论,认为该公司负债过大,存在多项不良信用记录。为有效降低贷款风险,拒绝了该煤炭公司的贷款申请。

原因是:该煤炭公司于 2008 年 10 月在其他银行的贷款共计 2 600 万元至今未结清;2008 年、2009 年市环保局检查,该煤炭公司排污设施均不达标,该煤炭公司截至 2010 年 4 月员工 10 个月保险金未缴。该公司财务人员询问市工商银行得到信息的来源,市工商银行审贷会告之,通过查询中国人民银行企业征信系统发现了该煤炭公司上述不良记录。

案例 2:征信数据库与个人征信

某小企业业主向建设银行某分行申请住房贷款 6.6 万元,贷款期限 10 年,该客户月收入3 000元,初步符合该行贷款条件。但该行查询个人征信系统发现,申请人已办按揭贷款4万元,同时为他人担保1年期贷款5万元。如果发放贷款,申请人合计负债金额达15.6万元,存在潜在风险。该行拒绝了该笔贷款申请。

案例3:信用评级与一国的国际地位

2002年4月16日,国际著名信用评级机构标准普尔将日本的主权信用评级下调一级至AA-。这是日本自1999年2月失去AAA信用评级以来标准普尔公司第三次下调对日本的主权信用评级。标准普尔公司有关专家指出,日本政府和银行无力处置数万亿日元的不良贷款,很可能威胁日本金融体系的安全稳定,对刻不容缓的结构性改革久拖不决,继续无视银行坏账增长问题的严重性,标准普尔公司很可能再次调降日本的主权信用评级。

这次降级使日本成为西方七国集团中主权信用评级最低的国家。评级结果一出,日元即刻遭逢卖压,汇率大幅度跳水。

资料来源:严恒元. 标准普尔下调日本的主权信用评级[N]. 经济日报,2002-04-18.

案例4:主权评级下调与一国融资成本

2009年3月,由于印度的财政状况已恶化到中期内不可接受的水平,标准普尔公司将印度的长期主权信用评级前景从“稳定”下调至“负面”,将印度的长期主权信用评级列为最低级的BBB-,但将印度的短期主权信用评级仍维持在A3。另外两家国际知名评级机构穆迪和惠誉国际也对印度财政赤字表示了担忧。虽然评级前景下调不会立即对印度的外国直接投资流入产生影响,但由于流动性不足,印度公司将发放从国际市场获得贷款和资产的成本会更高。原先印度的公司可以以LIBOR加450～500个基点的贷款利率从国际市场获得贷款,评级前景下调会导致印度公司要以LIBOR加700个基点的利率获得贷款。

2009年12月底,世界三大主要评级机构都下调了希腊主权信用评级,只有穆迪最后亮牌,给出的评级略高于A级。这使得希腊当局松了一口气,意味着希腊短期内不存在融资的风险,尽管融资成本将上升。专家指出,只要三家评级机构中任何一家给出的评级在A-或以上,就不会影响希腊国债在2011年的抵押品资质。但国际评级机构下调希腊主权信用评级的影响已经显现,希腊国债的融资成本上涨。2009年12月16日,希腊政府向五大银行发售2015年2月到期的20亿元欧元浮动利率国债,利率比同业拆借利率高250个基点。

2. 实训要求

要求学生以小组为单位,查阅并收集相关资料,在了解我国征信技术与服务的基础上,回答如下问题。

(1) 根据案例1、案例2,征信的主要作用是什么?企业征信数据库、个人征信数据库有什么用途?

(2) 根据案例3、案例4,信用评级对国家的作用是什么?

三、实训组织

1. 指导教师布置实训项目,提示相关要求。

2. 采取学生自由组合的方式,将班级学生划分为若干小组,并指定组长进行负责。

3. 要求学生以小组为单位,认真学习并收集相关资料,就相关问题以 PPT 形式进行课堂汇报。

延伸阅读

1.《征信业管理条例》,中华人民共和国国务院令第 631 号.

2.《中国人民银行信用评级管理指导意见》,中国人民银行银发〔2006〕95 号.

3.《个人信用信息基础数据库管理暂行办法》,中国人民银行令〔2005〕3 号.

4.《中华人民共和国政府信息公开条例》,中华人民共和国国务院令第 492 号.

相关网站

1. 个人信用关联信息查询官网。

2. 全国企业征信系统官网。

3. 中国信用管理师网。

第四章

信用管理服务

本章导言

当一国或地区的经济发展到以信用交易为主流交易方式时，那么该国或地区现代信用管理技术和服务会日臻丰富和完善，各种专业信用管理服务机构应运而生，由信用调查和商账追收等传统业务为主，转向采用现代化的信息技术，提供基础服务、各类深度专业服务和全程信用管理增值服务并重。随着经济全球化程度的提高，信用管理服务也出现了全球化趋势。经过180余年特别是最近几十年的发展，信用管理服务已覆盖到社会生活的各个方面，对经济发展的作用日趋显著。

本章从商账追收、保理、信用保险、信用担保和信用管理咨询等方面对信用管理服务展开系统阐述。

本章知识结构图

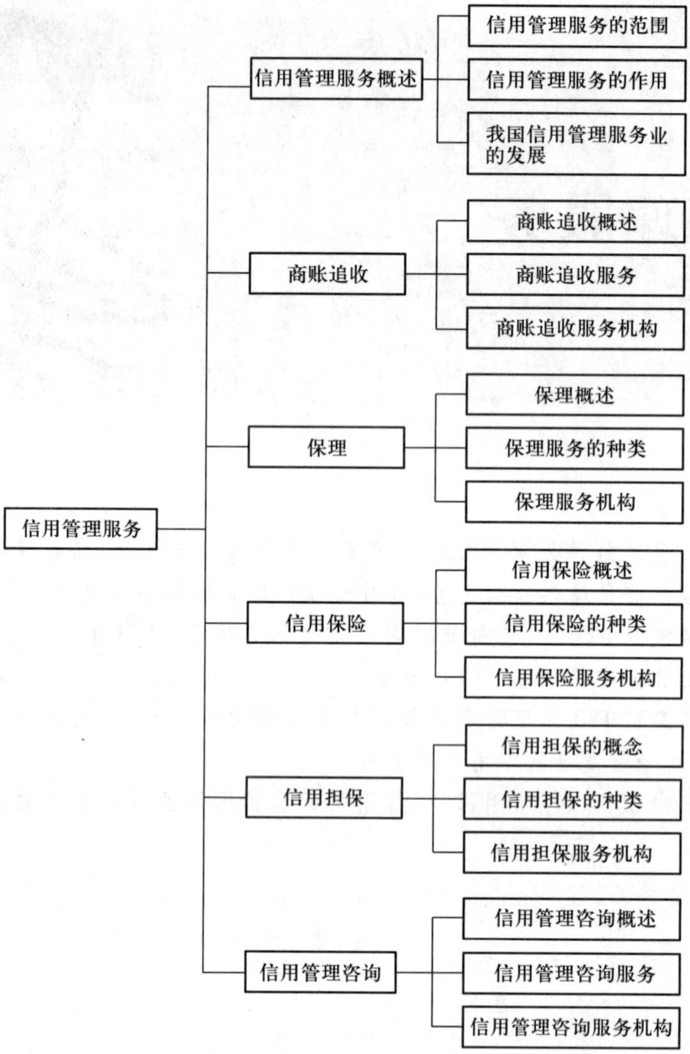

第一节　信用管理服务概述

信用管理服务的产生和发展是市场经济发展到一定阶段后的必然结果和内在要求。西方工业化国家的发展历程说明,当一国或地区的人均 GDP 达到 2 000 美元时,市场交易形态就从以现金交易为主过渡到以信用交易为主,表明该国或地区开始进入“信用经济”时代。企业之间竞争的手段必然从传统的质量、价格、服务逐步转移到品牌和交易方式,企业必须提供信用给其客户以获得交易的机会,而同时必须加强对其客户和自身的信用风险管理,防止呆坏账的产生,获得持续发展的能力。企业要管理好自身的信用和客户的信用,单靠企业自身的力量是不够的。随着社会分工的细化,专业的信用管理服务应运而生,为企业、金融机构和社会各界提供专业化的信息咨询和服务。

一、信用管理服务的范围

信用管理服务是为信用活动提供信息之外的专业化服务,即不生产征信产品,而是以征信产品为基础,向客户提供信用管理类服务,主要依靠信用风险管理等技术为信用交易的授信方提供服务和保障。下设五个分支:商账追收、保理、信用保险、信用担保和信用管理咨询,如图 4-1 所示。

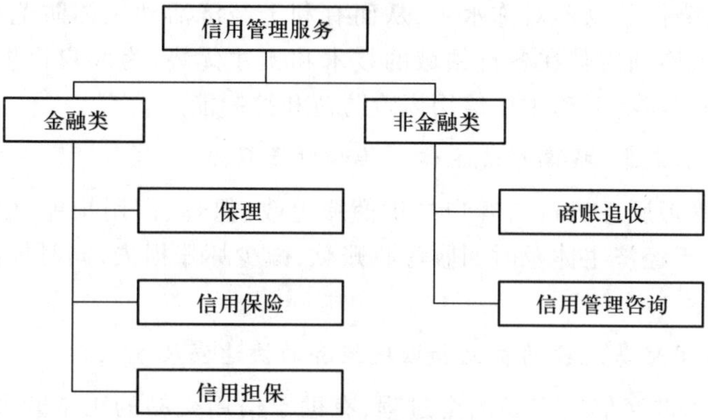

图 4-1　信用管理服务的范围

需要说明的是,保理、信用保险、信用担保这三类涉及资金融通,根据我国政府行业管理,须取得中国人民银行颁发的金融业务许可证后方可进行工商注册经营,属于金融类信用管理服务机构。商账追收、信用管理咨询机构的业务操作与资金融通无直接关系,属于非金融类信用管理服务。

随着信用风险控制和转移的方式及工具不断创新,现代信用管理服务的范围不断拓展。信用管理服务主要是围绕信用交易提供辅助支持,各具特点。商账追收服务主要是在债权逾期后利用信息技术、心理博弈、法律手段等方式保障授信主体的债权权益;保理服务和信用保险服务为转移风险提供一种手段,但需授信主体支付相应的保费或融资费用;信用担保服务通过提供担保支持帮助受信主体获取信用交易的机会,特别是对中小企业尤为重要,对缓解中小企业融资难等问题具有重要意义;信用管理咨询服务有助于提升企业的信用管理能力。

在信用管理服务行业机构不断发展的同时,必然出现代表行业机构进行自律管理的行业组织。行业组织的出现,是行业形成的重要标志之一。各类行业组织代表行业机构的利益,维护机构权益,促进业内交流,也建立了行业的自律标准。

二、信用管理服务的作用

现代信用管理服务起源于 20 世纪 50 年代,从那时起征信机构的业务开始超出征信业务范围。进入 20 世纪 90 年代以后,随着各种各样有关信用管理的技术手段和网络技术的发展,专业信用管理公司意识到,凡企业信用管理需要的服务和手段都应该提供给客户,而且应该是一条龙式的服务,几乎所有的服务都应包含进来。信用管理服务行业的发展与成熟是一国社会信用体系建设的重要组成部分和产业支撑,也是一国社会信用体系建设完善程度的标志之一。

(一) 提高经济主体防范和管理信用风险的能力

信用交易依托资金融通功能加速了商品(服务)流通速度,扩大了交易规模,拓展了商品交易的时间和空间。但是信用交易必然伴随着信用风险,主要是由信息不对称导致的。在信用管理信息服务的基础上,通过信用担保、信用保险和保理等信用管理服务可以减少或转移风险,降低信息不对称水平,从而有利于经济活动主体防范和控制信用风险。专业的信用服务机构利用其在各自领域的技术和人才优势,为客户提供信用风险管理相关服务,有助于提高经济活动主体信用风险防范和控制能力。

(二) 降低交易成本,提高经济主体销售和融资能力

专业的信用管理服务机构为客户提供商账追收、保理、信用担保、信用保险及信用管理咨询服务,有助于经济主体及时回收应收账款,减少坏账损失,同时提高资金周转速度,扩大融资渠道。

(三) 推动信用交易规模的扩大和国民经济的快速发展

信用管理服务贯穿信用交易的全过程,有助于信用交易的正常开展和信用交易规模的扩大。发达国家的经验表明,当市场经济发展到一定的阶段,信用交易规模的扩大将使一个国家市场总体规模成倍,甚至几十倍放大,从而带动生产规模和就业水平的增长,推动国民经济的快速发展。

(四) 营造公平的交易秩序和诚实守信的交易环境

信用信息的使用和广泛传播是良好的信用环境和失信惩罚机制形成的基础。随着信用管理行业的发展,特别是企业和消费者个人征信服务的普遍开展,缺乏信用记录或信用记录不好的企业将很难在行业内生存和发展,而信用记录差的个人在信用消费、求职等诸多方面将会受到很大制约,从而极大地促进企业和消费者个人信用意识的提高,有利于良好的信用环境和市场经济秩序的形成。

三、我国信用管理服务业的发展

我国信用管理服务业起步较晚,直到20世纪90年代我国开始市场经济建设后,信用管理服务机构才相继产生。由于市场经济发展尚不成熟、信用立法仍然滞后、信用经济规模有限、信用服务管理行业对自身经济定位和服务内容认识不清等因素影响,我国信用服务管理行业发展仍处于初级阶段,落后西方先进征信国家近百年。从市场发育角度来看,信用市场供需双重不足、信用服务质量标准不统一、信用从业人员准入管理不健全等现实问题,也成为我国信用管理行业发展的瓶颈。[①] 按照前述信用管理服务范围的划分,各自

① 吴晶妹. 信用管理概论[M]. 2版. 上海:上海财经大学出版社,2011.

行业的发展情况具体如下所述。

（一）商账追收

在我国，商账追收服务业的发展道路比较曲折。自20世纪80年代末以来，民间收债现象十分普遍。不少企业或个人的债权债务纠纷不通过诉诸法律解决，而选择民间收债，很多地区开始出现了名目繁多的讨债公司从事讨债活动，也有一些机构甚至采取非法的暴力手段从事账款追收活动。这些机构的行为极大扰乱了经济秩序，损害了债权人和债务人的利益。针对国内追账和讨债公司的混乱做法，公安部、国家工商总局于1995年全面取缔了讨债类公司。2000年，经贸委、公安部、国家工商总局再一次明令取缔各类讨债公司，禁止任何单位和个人开办任何形式的讨债公司，不允许注册专业商账追收类公司，在任何公司的营业范围内，都不允许有商账追收、讨债、追账的服务项目，但从事应收账款管理服务或依靠律师系统催账的公司还是存在的。由此可见，在我国，商账追收行业一直是发展受限、政策模糊的一个边缘行业，法律上始终没有承认其合法属性。

但是在实践中，很多机构以商务调查、咨询服务等形式开展商账追收业务，具有较广泛的市场需求。我国现在的商账追收机构已经形成相当明确的分工。从对象上看，有专门追收消费者个人欠款或欠费的，有对企业法人欠款进行追收的；有在国内追账的，有的则专门接受海外追账委托。从债务内容划分，有替银行追讨车贷、房贷和助学贷款的；有追讨电话费、信用卡透支的。从市场需求来看，业务需求量很大，许多企业被账款回收难所困扰，亟须专业化的机构协助。因此，如果能够在法律法规上明确规定商账追收的规范化操作，使其健康有序发展，对企业而言，确实是一种非常有效的权益保障手段。

（二）保理

我国保理业务的发展起步于20世纪80年代，与发达国家相比，我国保理业务起步较晚，首先是从国际保理业务开始发展起来。伴随着改革开放发展的步伐，大批的中国企业走向国际市场，而此时国际贸易领域中的买方市场已初露端倪，国际上保理业务得到大规模应用。外经贸部经济信息中心是最早在我国提供具有保理业务服务内容的机构。而正式在我国开办国际保理业务的保理商是中国银行。此后，交通银行也加入了国际保理商联合会，开始从事保理业务。在开展国际保理业务后，一些机构开始开展国内保理服务。1999年，中国银行根据客户需要，开始试办国内保理业务。随着信用经济在我国普遍受到重视，2000年3月中国银行首家推出了发票贴现业务和综合保理业务两项国内代理融资业务，以解决应收账款追讨问题。2000年后我国保理业务进入快速发展时期。国内各家商业银行也开始针对保理业务进行积极探索，中国工商银行、光大银行、中信实业银行、招商银行、民生银行等多家商业银行陆续推出保理业务。

同时，赊销在国内贸易中越来越普遍，这为保理业务发展奠定了良好的市场基础。科法斯（上海）信息服务有限公司对国内1 320家企业的问卷调查显示，约有90%的受访企业证实其2011年在国内业务中提供赊销，这个比例延续了2010年88%和2009年80%的趋势继续上升。虽然目前我国保理市场的主力依然是商业银行，但自2012年以来，中国商业保理市场开始发力，商业保理企业数量快速增长，为中国保理行业的发展注入了新的活力。随着发展环境的逐步改善和商业保理企业的日益壮大，以及电子商务保理和供应链融资等新型保理业态的发展,商业保理行业迎来全新的发展阶段。2008 年 1 月,中国出口双保理业务量跃居世界第一。[①] 自 2012 年起,中国成为全球最大的保理市场。

(三) 信用保险

信用保险行业在我国起步不久,市场规模和机构数量偏小。2001 年中国出口信用保险公司成立,主要从事出口信用保险业务,2006 年推出国内贸易信用保险;中保财险公司也尝试着与国外保险公司合作推进信用保险业务;2003 年平安保险公司与科法斯合作推进国内贸易信用险,市场增长迅速。目前,三内(中国出口信用保险公司、中保财险公司、中国平安财产保险公司)加三外(裕利安宜公司、安卓信用保险公司、科法斯集团)的市场格局初现。从市场份额来看,中国出口信用保险公司依托政策性背景,具有明显的优势,特别是 2008 年全球金融危机以来,国家为支持出口企业发展,要求中国出口信用保险公司 2009 年短期出口信用保险的保额不低于 840 亿美元,2009 年中国出口信用保险公司完成短期出口信用保险 1 500 亿美元,2010 年超过 2 000 亿美元。2017 年年末,中国信保累计支持的国内外贸易和投资规模超过 3.3 万亿美元,为超过 11 万家企业提供了信用保险及相关服务,累计向企业支付赔款 108.4 亿美元,累计带动 200 多家银行为出口企业融资超过 2.9 万亿元人民币,为支持我国出口企业防范信用风险发挥了重要作用。

目前我国的信用保险业务除了出口信用保险之外,发展迅速的还有个人住房抵押贷款保证保险和个人汽车消费贷款保证保险两种消费信贷保险。随着市场机制的引入,未来信用保险行业将由保护垄断走向逐步开放,自由竞争的格局将逐渐加剧。

(四) 信用担保

我国从 20 世纪 90 年代开始推动信用担保体系建设,1993 年前后,在重庆、上海、北京等地即出现了专门为企业提供流动资金贷款担保服务的独立担保机构。经过 20 多年的发展,各类信用担保机构更是如雨后春笋般兴起,并逐渐形成了“一体、两翼、三层”的信用担保体系,即以政策性担保机构为主体,占到担保业 90% 以上,主要是以地方经贸委会同财政、银行等部门共同组建;互助担保和商业担保机构形成信用担保的有效补充;在城市、省及国家三个层面均设立信用担保机构。各类信用担保机构的设立和运行,为中小企业融资担保建立了市场化机制,信用担保机构成为银行、中小企业之间在融资关系上的桥梁和纽带。

但与此同时,我国的信用担保体系无论在整体运作机制还是担保机构的服务质量和数量方面仍存在亟须改进与完善的问题,例如再担保制度的健全与完善,担保机构设立形式的进一步创新以及担保机构的外部监管体系的统一与完善。为了解决我国信用担保行业多头管理所造成的问题,2010 年,经国务院批准,中国银监会、国家发展改革委、工业和信息化部、财政部、商务部、中国人民银行和国家工商总局七部委联合发布《融资性担保公司管理暂行办法》。2010 年为中小企业信用担保机构的整顿规范年,担保机构在变化的市场和监管环境中感受到了压力,加大了创新业务的拓展力度,也更加重视自身资本实力

① 中国服务贸易协会商业保理专业委员会. 中国商业保理行业研究报告(2012).

的提升。

（五）信用管理咨询

我国专业从事信用管理咨询的服务机构的服务水平、从业经验和项目运作管理能力还不健全，信用管理技术和理念的提升仍需经历一个相当长的时期。但信用管理咨询行业的市场潜力较大，很多企业在风险管理和信用体系构建方面缺乏专门的人才，需要借助外脑理顺内部管理流程，增强防范信用风险的能力。但是其行业产值和发展规模相对较小，现实能够运作的咨询项目并不多。据不完全统计，每年信用管理咨询行业的营业额在2 000万元左右。这种情况一方面与企业对信用管理咨询的认知和接受程度有关，另一方面与信用管理咨询行业的技术和运作能力有关。因此，相关从业人员必须在咨询项目中进一步积累经验，了解、熟悉行业和企业内部管理体系，为信用管理咨询行业发展奠定基础。

第二节 商账追收

一、商账追收概述

（一）商账追收的含义

商账追收（Debt Collection）是信用管理服务的重要内容之一。在企业信用管理过程中，对于逾期应收账款的处理属于事后处理，为了提高欠款回收的成功率，企业信用管理部门会委托专业商账追收机构来对债务人进行追账。商账追收原意是指企业的坏账追收，但随着专业分工的深化其含义发生了变化，大多数企业习惯于将内部账款管理和追收叫作应收账款管理，而将委托外部专业机构收账称为商账追收，这时，商账追收的含义逐步演变为“委托专业机构收账”。

商账追收的逻辑非常简单，其实质就是向违约的客户企业施加压力，但并不是任何一种可能的方式都是合法可行的。根据信用管理理论，商账追收机构主要利用社会信用体系建立起来的失信惩戒机制的力量，依法对债务人进行破坏信用记录的威胁、道德与心理施压、法律诉讼的威胁等，追账程序设计技巧和电话催收技巧是商账追收业务的重要技术。追账机构主要靠威慑不良客户信用的方法进行追账，采用的方法是在失信客户企业所在地用法律方法催账，而且管理措施严密。商账追收机构的专业人员依靠账龄分析、完整的证据、没有漏洞的法律语言、合适的频率、适当的登门拜访、诉诸法律的威胁、法律背景等，在案发当地进行追账。如果委托追账机构进行追账作为企业收账的终极手段，可以报复性地破坏违约客户的信用记录。

综上所述，商账追收主要是针对企业的应收账款，通过专业的追收服务，帮助企业及时收回账款，降低企业风险率和坏账率，防范和规避企业由于使用赊销方式带来的信用风险。现代商账追收作为债务信息的传递者和中间人，能够协调商业矛盾，减少交易成本。管理严明、运作规范的现代商账追收不仅不会破坏社会秩序，而且是现代商业经济运行必不可少的润滑剂。

（二）商账追收的优势

通过合理选择商账追收机构所提供的专业服务，企业能迅速处理逾期未追账款的积压状况，改善现金流量、提升管理能力、降低营运成本等。其具体优势主要表现为以下几个方面：

1. 增加追收力度

专业商账追收机构大都是采用自己的专业收账员或代理机构在债务人当地进行追讨，这无论在追收形式上、实际追收效果上，还是对债务人的心理压力上，都远远高于企业自己的追讨力度。同时，商账追收机构作为委托人与债务人沟通的桥梁，可以避免双方因对峙或纠缠产生歧义和不快，力求和谐而有效地收回欠款。

2. 对案件的专业化处理

商账追收机构拥有调查资源和信息数据查询能力，能够对应收账款进行科学分析，使委托人充分了解和评估逾期应收账款的质量，了解债务清偿的可行性和款项的回收速度。换言之，专业商账追收机构凭借其所具备的丰富的从业经验和知识，对每一类拖欠案件制定相应的包含多种手段的措施，包括对案件的分析评估，调查追踪债务人，与债务人直接接触、协商，施加各种压力，律师参与协作追讨，代理法律诉讼。

在跨国追收中，企业由于不熟悉债务人当地的法律和相关商业惯例，在收账过程中会遇到种种意想不到的阻碍和困难。相较而言，专业商账追收机构通常采用在案发当地或委托债务人当地的代理机构进行操作，专业机构熟悉当地的商业惯例及法律环境，可以选择最适合的沟通方式和追收技巧实现款项的顺利回收。

3. 成本与费用的节约

企业在产生账款拖欠后，已造成相当大损失，收回可能性不大的话，更不愿过多地支付追讨费用。专业商账追收机构一般采用“不追回账款，不收取佣金”的政策，它对客户来说，是一种减少损失的方法而不必冒额外损失的风险。同时，商账追收机构提供的专业建议、跟踪调查、法律咨询等多种附加服务，可以使企业从中受益，避免企业花费大量的费用和精力，也避免在缺乏前期调查和结果分析的前提下对债务人直接诉诸法律。当然，专业商账追收机构一般也会考虑自己的经营风险。对于超过一定时间的账款要事先收取一部分手续费，以作为案件处理的部分费用。除此之外，客户不必承担非诉讼追讨中的任何其他费用。

拓展阅读 4-1

商账追收服务的发展

商账追收业务与赊销活动是相伴而生的，因此历史也与赊销活动一样久远。几个世纪以前，欧洲国家的商账追收是一种通过采用骚扰、恐吓等手段达到为他人收盘目的的不正当行业。这种追账组织在中国港、澳、台地区和东南亚国家曾经以行业帮会形式出现，收账手段主要依靠宗法势力、地方帮会势力进行。随着社会的发展和法律日趋规范，这类不被法律承认、类似黑社会性质的机构已经逐步走向消亡。

在征信国家，通过制定法律和规章制度，规范代理收账机构的收账行为，允许追账机构代理他人通过合法手段向债务人收回欠款，但禁止收账机构在收账过程中的各种非法行为。在现代市场经济向信息技术发展的背景下，商账追收迈步发展成为一项合法的、在商业活动中发挥着极其重要作用的行业。

在信用管理行业发达、国家信用管理体系有效运转的情况下，商账追收行业有专项法律约束，其追讨手段是合法的信用压力和法律压力，其中，信用手段被认为是最有效的追账方式。商账追收主要依靠信用手段、法律手段、国际化收账网络和行之有效的应收账款管理方法迫使债务人还款，将有违约付款记录的企业和消费者个人登录到全世界都可以方便查询的"黑名单"上，让全球所有具有一定管理素质的企业和具有信用管理常识的个人都不与"黑名单"列出的企业和个人发生经济往来，最大限度地压缩了有不良付款记录的企业的发展空间，造成有不良付款记录的企业和消费者个人生活的极大不便。在欧洲，尤其是德国、奥地利等商账追收业发达的国家，法律规定，商账追收机构只有取得营业许可证，才能从事商账追收活动。有些国家只允许律师从事商账追收服务。在美国，成立一家从事商账追收业务的公司，还需要向政府注册部门交纳相当大的一笔抵押金，而且商账追收业务受到《公平债务催收作业法》《债务收账法》和《破产法》的严格规范。

商账追收机构是以专业信息咨询人员、收账员、律师等为主体组成的机构，这类追账机构是国际商界中活跃的主流，其作用得到了世界各国的认可，其每年帮助企业和个人处理的欠款案件远远多于律师事务所的清理案件。同时，随着信用行业的不断发展和多种金融衍生工具的出现，商账追收服务的内容从单纯的追账扩大到受委托替客户从事合同管理、账龄管理、逾期应收账款管理等。

二、商账追收服务

（一）商账追收服务的分类

专业的商账追收服务通常包括对法人和自然人的债务人进行催账、欠款追讨和代理法律诉讼。

对法人企业债务人进行的商账追收业务，可以细分为国内追账和国际追账。国内追账又分为商账追收和商账催收，追收方法上又分为追账内勤和外勤。通常，提供国内追账服务的机构能够在全国多个主要城市设立分支机构和业务代理，组织一个律师网络，在债务人企业所在的当地进行债务催收。对于海外追账，从事商账追收服务的专业机构一般依靠专业国际组织的会员，与各国会员建立互为代理的关系，在债务人所在的国家追讨账款。也有从事商账追收服务的大型机构，自己在海外设立分支机构的。

如果商账追收的对象是有拖欠行为的消费者个人，专业追账机构的客户多数是公用事业机构、通信机构、信用卡机构和发行购物卡的金融机构或商业企业。从事对消费者自然人的催账服务，一般都有严格的法律法规对追账机构的作业进行限制，例如美国就有一部《公平债务催收操作法》，它规范了追账机构向消费者个人催账的工作方法。专业的商账追收机构主要通过非诉讼方式与债务人进行有效的沟通、协调，心理施压、信用施压和法律施压相结合，需要诉讼的则由合作律师事务所的律师来完成。

（二）商账追收服务的基本运作流程

从委托收款到追账结案，一般商账追收服务的流程（见图 4-2）主要包括四个阶段：第一，客户出具授权委托书，提供案情资料，追账立案受理；第二，应收账款跟踪管理；第三，应收账款催收，签订追账服务协议开展追账，主要通过以下几个途径，即电子邮件（信件）、电话、传真、互联网、双方面谈，定期提供进程报告；第四，追账结案。

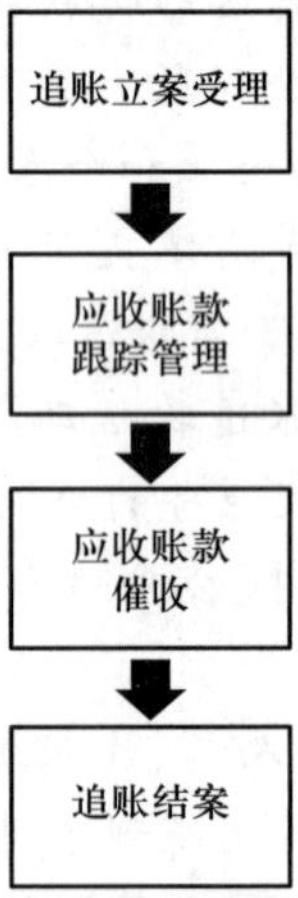

图 4-2　商账追收服务的主要流程

具体到每个商账追收机构，上述商账追收服务会增加很多具体的细节。归纳而言，从接受客户委托到案件关闭的流程基本如下：

（1）接受债权人委托进行应收账款管理。

（2）提醒债权人的客户付款到期，并在账款逾期的一定天数内（例如 60 天内）继续催收工作。

（3）接受债权人委托进行逾期欠款追收。

（4）研究案情。

（5）调查债务人的财务状况与现状。

（6）交给联络小组进行联络，安排与债务人见面与谈判，采取追收工作，如果一个联络小组没有成功，一般起用另一个联络小组进行交叉追讨。

（7）如果上述途径仍未成功，建议客户通过追账机构的专业律师进行追收。

（8）如果在客户同意将案件转交律师，律师将与债务人进行沟通，强调诉讼的后果，争取诉讼前解决问题。

（9）如果债务人没有协商解决的意图，经过调查，债务人有偿付能力，则向客户建议进行诉讼。

（10）如果客户同意进行法律诉讼，则着手进行诉讼和财产保全事宜。

（11）协助进行财产调查和法庭执行。

三、商账追收服务机构

（一）国际著名的商账追收机构

1. ABC 公司

创始于 1929 年的美国 ABC 公司是美国乃至全球最具威望的提供全球范围国际商业信用风险管理及国际商账追收等综合服务的国际性贸易服务机构，总部设在美国纽约的布法罗市（Buffalo），其下属有专业从事国际商账追收服务的美国追账局（America Bureau of Collections）和专业从事商业信用审核、贸易风险评估和企业应收账款整体管理服务的艾美迦信用咨询管理集团（ABC-Amega Group）。ABC 公司可以替全球客户在美国和一些国家进行商账追收服务，是美国最大的专业客户应收账款管理公司，世界各国的很多征信公司经常委托 ABC 公司追收客户的逾期应收账款。该公司在美国有 4 个分部，在韩国有子公司，共有 200 多名雇员。除商账追收服务以外，ABC 公司还提供信用管理咨询服务和信用管理外包服务，以及一些专业培训和法律咨询方面的服务。

ABC 公司于 1992 年进入中国，一直为中国的出口信用保险公司、各大商业银行、各大出口行业总商会及其会员企业提供全球贸易信用风险管理及国际应收账款追收服务。2000 年 4 月，ABC（中国）公司在上海正式成立，在服务 ABC 现有全球客户在华投资企业的同时，开始为广大的中国企业提供更直接、更有效的贸易风险管理服务，其《商险管理》杂志是由美国 ABC 公司出版的季刊。此刊提供 ABC 中国客户有关商业风险管理方面的资讯，帮助中国企业管理者在国际贸易中控制风险。

2. 欧文氏 RMS（Receivable Management Services）公司

欧文氏 RMS 公司是全球领先的应收账款管理服务机构，总部设在美国，在商账管理行业已有 160 年历史，分公司遍及加拿大、墨西哥、印度及中国香港，共设有 35 家办事机构，服务网点覆盖全球 150 多个国家和地区，平均每年为世界各地企业处理超过 50 亿美元的逾期账项。

美国欧文氏商业顾问（香港）公司（香港营运公司名称为美国邓白氏 RMS 商账管理）原为美国邓白氏商业资料（香港）有限公司之商账管理业务部，于 2001 年 5 月由美国 RMS 公司管理层整体收购分拆成立。美国欧文氏商业顾问（香港）公司目前与美国邓白氏商业资料（香港）有限公司是策略性伙伴关系。美国欧文氏 RMS 公司除为企业提供应收账款系统服务外，还为企业提供教育与培训服务和财政管理顾问等服务，提高企业对国内外应收账款管理及信用风险管理水平，熟识各国不同商业习惯、法则和财务处理技巧。欧文氏公司还受聘于多国政府，经常为各国政府组织的企业培训提供管理培训业务。

（二）国内商账追收机构的发展

如前所述，按照我国现行法律法规，商账追收行业是被工商部门禁止注册的，大多数公司以其他名义注册开展业务，处于灰色地带。我国规范的账款管理与追收业务始于 1991 年原外经贸部计算中心，当时主要目的是帮助中国外贸企业追讨海外欠款。通常做法是根据收回的金额收取一定的佣金，此行业主要依靠信用压力、国际化收账网络、专业人才和法律压力迫使债务人还款，若债务人不配合将被列入“黑名单”。但是，国内商账追收的市场总体上比较混乱,追账手段简单,技术含量较低,这也是造成国家限制该行业发展的重要原因。然而,我国要发展信用经济,就应该引导开放商账追收业务,在加强监管的基础上使其规范发展。目前,例如金融机构委托提醒、应收账款管理咨询等业务在个别地方出现了小范围小幅度放开。

目前,通过各种方式在内地开展商账追收业务的机构大致有三类:第一类是国际征信公司在中国内地和中国香港的分支机构,主要瞄准国内企业在海外的债款追讨业务,如邓白氏、ABC公司等。这类国际性公司对中国内地商账追讨市场的潜力寄予厚望。第二类是国内为数不多的征信公司,如新华信商业信息咨询、华夏国际、上海中商、中贸远大等,因为目前在国内催收账款还没有得到法律的完全认可,所以国内公司往往采取"迂回"的策略,或者依靠律师网络,或者以客户名义,不以第三方身份参与直接的追账活动。第三类则是分布在内地的一些小型中介公司,打着各种名目暗地进行追债活动,采取的手段往往不规范,其中一部分是国家工商部门查处的对象。

第三节 保 理

一、保理概述

(一)保理的概念

保理,即保付代理(Factoring),是保付代理商与以赊销方式出售商品或提供服务的卖方之间的一种契约行为。根据契约的约定,由保理商买断销售方的应收账款并提供贸易融资、商业资信调查与评估、销售分类账管理、商账追收和信用风险控制与坏账担保等服务中的至少一项的综合性金融服务。

拓展阅读 4-2

保理服务的起源

保理业务的核心是出售应收账款(债权)以获得融资,其方法甚至可以追溯到公元前3000年,当时的美索不达米亚人用未清偿的应收账款换取现金。现代意义上的保理业务主要源于19世纪美国代理商的商业代理业务,同时与欧洲大陆贴现商的贴现业务也有一定的渊源关系。

19世纪后半叶以前,由于交通和通信条件的制约,在美国盛行商业代理制。向异地销售的制造商或批发商因对买方资信和当地市场不甚了解,便以寄售的方式将货物运交买方所在地的商业代理人,由其负责存仓、推销和收款并在某种情况下提供坏账担保服务。代理商则收取佣金作为回报。这种商业代理制就是现代保理服务的起源和原始雏形。

保理业务的另一个发源地是欧洲大陆。从20世纪50年代起,由于客户的需要和金融机构的利益驱动,发票贴现市场异常活跃。当时一些以票据业务为主的银行开始进入发票贴现市场成为专业贴现商,甚至一些制造商也转而从事贸易债权贴现业务。

发票贴现的具体操作为：卖方把部分交易的发票副本交给贴现商但并不通知债务人，并担保债务人在发票日后一个规定期限内付款；贴现商则将发票金额扣除一部分后一次性付给卖方，然后凭手中的发票作为拥有债权的凭证，卖方将到期后从买方处收到的货款转交给贴现商。

从某种角度上说，美国的保理业务是从保理商提供商账管理、坏账担保、直接收款的“明保理形式”中发展起来的，而欧洲大陆的保理业务则是从不为买方所知的发票贴现的“暗保理形式”中发展起来的。这两种不同的起源共同构成了现代保理服务的主要内容。

（二）保理服务的内容

保理服务可以为企业提供以下几个方面的服务内容：

（1）通过保理商自身或公共的信息库和资料库提供贸易双方的基本信息及财务状况等信息服务。在保理服务项下，此种信息服务是通过保理商为企业核定保理额度的形式体现出来的，保理商提供的这种服务被称为“企业资信调查服务”。需要说明的是，此种服务与征信机构或评级机构提供的“评级报告”服务不同，保理商提供的企业资信调查服务是通过保理商为企业核准保理额度的形式体现出来的，而不是通过完整的详细的征信报告形式出现的。

（2）保理商按约定全额承担债务人到期不付款的财务风险。如果买方未对基础交易提出争议，则一旦买方无法按照合同规定的付款到期日向卖方支付货款，保理商就要先行替买方支付货款。这也是保理服务中的一个重要组成部分，即买方信用风险的承担。

（3）保理服务具有融资职能。在赊销方式销售情况下，交易方式、付款方式灵活多样，若无明确的单据审核要求则交易各方的信用风险不易控制。因此，从防范信用风险的角度考虑，在赊销项下的服务银行是很难为企业提供融资的，而通过保理商叙做保理，只要将应收账款（债权）转让给保理商，保理商就可以根据实际受让的应收账款为企业提供融资。

（4）保理服务具有应收账款的管理职能。应收账款作为一个企业重要的资产，相对其他资产具有一定的风险性。保理商作为应收账款管理领域的专家具备丰富的账务管理经验，同时保理商还拥有包括法律、市场营销、商账追收方面的专业人员，可以为企业提供全方位的有效应收账款管理服务。

虽然保理服务具有以上的作用，但一个合格的保理商还应能根据企业的特点结合企业的实际需求对保理相关的服务和产品进行组合，提供具有独特性的保理服务，充分发挥保理商灵活多样的服务特点。

二、保理服务的种类

根据形式和效果不同，保理服务可进行多种分类，在不同类别之间还可以做适当的组合。同时，根据服务的贸易领域不同，保理业务还可以分为国际保理和国内保理两大类。国际保理服务于国际贸易，而国内保理则服务于国内贸易。由于国际保理是保理业务的主要构成部分,而国际保理的各种形式从理论上讲都可以用于国内保理,因此,这里主要从国际保理的角度对保理业务进行分类。

(一) 单保理(Single Factor System)和双保理(Two Factor System)

根据涉及的保理商数量不同,保理可以分为单保理和双保理。单保理一般只在国内保理业务中使用,而双保理被广泛运用在国际贸易保理业务。

1. 单保理

单保理一般只在国内保理业务中使用。在每一笔叙做保理的业务中,只有一家保理商参与其中,承担从评估、融资、寄单到追收货款、偿付货款的全部工作。由于国内保理业务没有像国际贸易地域差异造成的障碍,减少了工作量和资金周转环节,交换单据简便快捷,最终能以较低的保理费用成交。

单保理业务的一般运作机制如图 4-3 所示。具体业务流程如下。

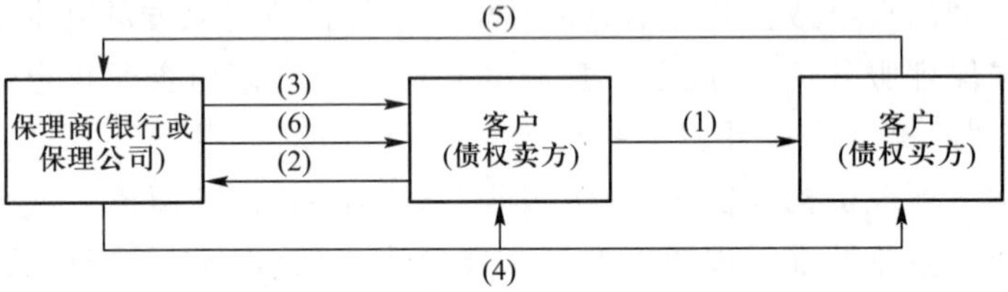

图 4-3 单保理业务流程图

(1) 债权卖方交货或提供了有关服务后,按以往的方式向债权买方开出发票,但这些发票应附带一份转让通知,说明发票所代表的债权已经转让给保理商,债权买方必须直接向保理商付款。

(2) 债权卖方在开出发票的同时将发票副本交送保理商。

(3) 保理商根据发票金额按事先商定的比例(最高可达 80%)向债权卖方支付预付款,即按销售额的一定比例为卖方提供融资,并从中扣除保理商所收取的费用。

(4) 此后保理商将负责向债权买方催收账款,并向债权卖方提供合同中规定的账务管理。

(5) 债权买方向保理商支付款项。

(6) 待债权买方付款以后,保理商向债权卖方支付余下的款额。

2. 双保理

在国际保理业务中,位于进口商所在地的保理商为进口保理商,位于出口商所在地的保理商为出口保理商。双保理业务主要涉及四方当事人,即出口商、进口商、出口保理商和进口保理商。其业务流程如图 4-4 所示。

(1) 出口保理商与进口保理商之间签订国际保理协议。

(2) 出口保理商与出口商之间签订国际保理合同。

(3) 出口商向出口保理商申请债务人(进口商)的信用额度。

(4) 出口保理商将信用申请传递给进口保理商,由其进行调查。

(5) 进口保理商对进口商进行资信调查评估。

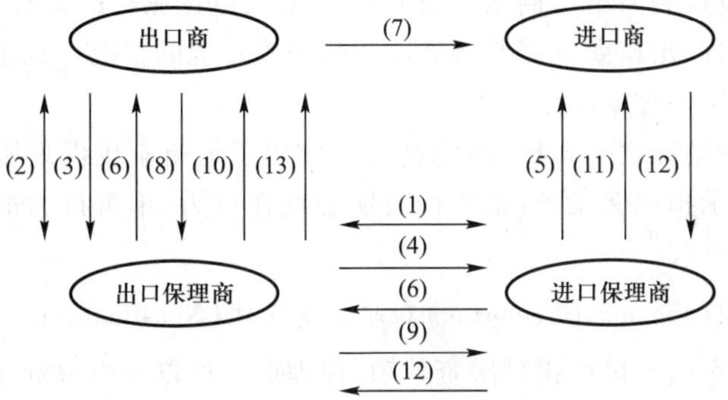

图 4-4　国际双保理业务流程图

(6) 进口保理商将批准的额度制成信用额度证实书通知出口保理商,再由出口保理商将其传递给出口商。

(7) 出口商依据信用额度证实书上的额度金额发运货物。

(8) 货物发出后,出口商如需资金融通,则将全套正本单据寄送出口保理商;如不需要资金融通,则将发票副本传送给出口保理商。

(9) 出口保理商将上述单据传送给进口保理商。

(10) 出口保理商视出口商需要,提供发票金额的 70% ~90% 的资金融通。

(11) 进口保理商在规定的时间内按照商业惯例向进口商催收货款。

(12) 在货款到期日,进口商将货款交给进口保理商,后者将其转交给出口保理商。

(13) 出口保理商在扣除预付款、服务费等项目后,将货款余额全部付给出口商。

双保理模式被广泛运用于国际贸易保理业务。其优点是:第一,出口商只需要面对本地的保理商,从而避免可能存在的法律环境、商业习惯和语言等问题;第二,进口保理商完成对购买商的风险评估和追收欠款等工作,出口保理商负责与出口商的联系工作,从而摆脱了在进口企业资信评估和追收债务时遇到的一些问题;第三,对进口商来讲,只需要通过当地付款的方式把货款交给进口保理商,在特殊情况下,进口商也会通过进口保理商协调解决一些贸易纠纷。

(二) 无追索权保理(Non-recourse Factoring)和有追索权保理(Recourse Factoring)

根据保理商对保理业务项下融通的资金是否有追索权,保理业务可以分为无追索权保理和有追索权保理。

在无追索权保理业务中,保理商一旦根据出口商提供的进口商的名单进行资信调查,并逐一核定了信用限额后,就要在信用限额内购买出口商对进口商的应收账款,并放弃向出口商追索货款的权利。如果进口商由于某些原因无力或拒绝支付货款,保理商不能再向出口商追回款项,只能自己承担进口商无力支付货款的信用风险。这种方式解决了以信用方式销售商品或提供服务的出口商的后顾之忧,但是保理商承担了较高的风险。

在有追索权保理业务中,销售商仅能拿到享受融资的服务,失去了企业要求规避风险的真实目的。保理商不负责核定进口商的信用限额,也不提供担保,仅提供包括融资服务在内的其他服务。当保理商向出口商提供资金融通后,不论进口商由于何种原因不能支付货款,保理商都有权利向出口商索回已付的款项或拒付应付的款项。这种保理方式适用于进口商信用较好、出口商仅需要融资和货款回收管理的情况。也正由于这些局限性,有追索权保理在国际保理中应用较少。

但是,如果下列情况之一出现,即使销售商使用了无追索权保理服务,保理商仍然有权追索融资款和不承担担保义务:销售商有明显欺诈行为、不可抗力的意外发生、赊购方对货物的质量提出异议。

(三) 融资保理(Financed Factoring)和非融资保理(Non-financed Factoring)

根据保理商是否向出口商提供融资款项,保理业务可以分为融资保理和非融资保理。

融资保理,又称预付保理(Advanced Factoring)。保理商在收到出口商提交的证明债权转让的发票副本和有关文件后,即对出口商提供不超过发票金额80%的垫付货款。货款到期后,保理商扣除掉垫付款项和有关的费用和贴息之后,再将余款支付给出口商。

非融资保理,又称到期保理(Maturity Factoring)。当出口商向保理商提交了证明债权转让的发票副本和有关文件后,保理商不立即付款,而是在付款到期日向出口商支付发票金额。付款到期日通常是保理商根据出口商给予进口商的付款期限计算出的平均到期日,即平均预计收款日。

如果销售的流动资金有限,急需销售后的回笼资金投入再生产,销售商可以选择融资保理服务;如果销售商的流动资金相当充裕,根本无须保理商预付货款,或者销售商可以拿到比保理商融资利息更低的融资时,销售商可以选择非融资保理服务。非融资保理服务主要是担保,更类似于保险服务。由于资金的稀缺性,目前在国际贸易中非融资保理正逐步被融资保理取代。

(四) 公开保理(Disclosed Factoring)和隐蔽保理(Undisclosed Factoring)

根据出口商与保理商签订协议后,是否将债权转让给保理商的事实通知债务人,保理业务可以分为公开保理和隐蔽保理。

公开保理业务是债权转让一经发生,保理商就通知债务人,请其到期直接向保理商付款的保理方式。在使用公开保理时,赊购方明确知道卖方使用保理服务。

隐蔽保理的情况则正相反,赊购方不知道卖方使用保理。国际保理大多采用公开保理方式。出口商选择隐蔽保理服务方式,主要出于保持买卖双方良好合作关系的目的。

(五) 完全保理和不完全保理

根据提供的保理业务是否全面,保理业务又可以分为完全保理和不完全保理。

完全保理,又称批量保理,是指根据销售商与保理商签订的保理合同,保理商向进口商提供关于全部销售或某一系列销售活动的保理服务,包括资金融通、应收账款相关账目的管理、向债务人催收应收账款以及承担债务人无力付款时的风险等。最常见的作业方式是循环保理(Cover Line),即保理商批准给销售商一个最高信用额度,在这个信用额度范围内,出口商可以循环使用额度不必每次申请,直到保理商通知撤销批准。

不完全保理则是保理商根据客户的需求和实际情况,为客户提供上述服务中的两项或者三项服务。

三、保理服务机构

(一) 国际性保理组织

目前,国际性保理组织共有三个,分别是国际保理商联合会(Factors Chain International,FCI)、国际保理协会(International Factoring Association,IFA)以及哈拉尔海外公司(Heller Oversea Corporation,HOC)。在这三个组织中,规模最大且最具影响的首推国际保理商联合会(FCI)。该组织1968年11月成立于荷兰,总部设在阿姆斯特丹,是目前全球最大的保理机构网络。到2010年年底,它已覆盖67个国家,是一个由全球各国保理公司参与的开放性的跨国民间会员组织。其目的是为会员提供国际保理服务的统一标准、程序、法律依据和技术咨询,并负责会员公司间组织协调和技术培训工作。凡可提供保理服务的具有良好信誉的公司、银行部门或金融公司,均可申请加入FCI。其所颁布的《国际保理业务惯例规则》已经成为世界保理业务运行所必须遵循的法律依据。其他两个国际保理组织均属于封闭型,故其影响和业务规模远远不如国际保理商联合会。

(二) 国内保理机构的发展

1989年,国际保理商联合会(FCI)与外经贸部、中国人民银行分别联系,希望在中国开展保理业务。1991年,外经贸部和中国人民银行组成考察小组,对欧洲各国保理银行进行考察。回国后,中国银行加入国际保理商联合会,并于1992年率先在国内推出了国际保理业务。1993年5月,由外经贸部经济信息中心、中国银行北京分行、北京市政府共同出资成立的国内联营企业——北京中贸商务咨询公司成立。东方国际保理咨询公司成立于1994年,是国内最早加入国际保理商联合会的非银行组织。此后,交通银行也加入了国际保理商联合会,开始从事保理业务。在开展国际保理业务后,一些机构开始开展国内保理服务。1999年,中国银行根据客户需要,开始试办国内保理业务。随着信用经济在我国普遍受到重视,2000年3月中国银行首家推出了发票贴现业务和综合保理业务两项国内代理融资业务,以解决应收账款追讨问题。

2000年后,我国保理业务进入快速发展时期。2000年,我国经营保理业务的保理商只有3家,保理总量为2.12亿欧元。2000年后的迅速发展与2001年发生的南京爱立信倒戈事件有关。该事件在我国金融业引发了强烈的震撼,促进了各家中资银行对保理的研究和拓展。随着金融系统逐步对外开放,近年来,很多境外银行也进入中国开始提供保理业务,其中中国香港汇丰银行在中国内地保理服务中较为活跃。

拓展阅读 4-3

南京爱立信倒戈事件

南京爱立信曾是南京最大的外商投资企业,2001年公司实现销售收入135亿元,净利润6亿元,比2000年增长30%。在经营效益大幅度提升的同时,2001年,该公司陆续归还江苏省内中国银行、交通银行、工商银行等机构的贷款19.9亿元。至2001年年末,南京爱立信在江苏省内金融机构的所有贷款已全部还清,使该公司在中资银行的贷款大幅度下降。

这个现象引起了中国人民银行总行的高度重视,并责成中国人民银行南京分行就此事进行调查。调查显示,爱立信公司贷款减少的主要原因来自企业严格的内部财务管理。作为一家国际著名的通信产品厂商和上市公司,为了改善财务结构,维护公司的形象,保护股东的利益,爱立信公司总部加强了对南京爱立信的财务管理:一是加强财务监督,要求南京爱立信每星期上报财务数据,尤其强化资金和贷款管理,将贷款限制到按日管理,而且必须在月末、季末还清。二是集团公司加强集团内部的资金调度,有效减少对外部的资金需求。三是在经营中,通过降价销售让利于客户等做法加快资金回收。在2001年年末,南京爱立信的资产负债率从上年的85%左右降到了70%左右。严格的管理要求企业必须有良好的财务控制方法和手段。2001年,爱立信公司为了降低应收账款,增加现金回流,向中资银行提出了无追索权保理业务需求,但此项业务当时在中资银行仍然是空白的。在此情况下,爱立信公司便与汇丰银行上海分行、渣打银行上海分行共签署了8.27亿元的无追索权保理业务协议,相应减少了对中资银行的贷款需求。此后,花旗银行主动与其签订了买断保理协议,服务于其主要的程控交换机业务,将爱立信公司的销售应收账款买断,从而降低了其风险。爱立信中国公司的副总裁都建民和花旗银行上海分行行长黄晓光,分别对此事做出评价,即爱立信与花旗合作完全是市场行为,客户完全有自己的选择权。

“爱立信倒戈事件”说明,我们要清楚地认识到,任何服务都是来源于企业的内在需求。由于保理业务可以很好地协助企业达到企业内部财务管理目标,爱立信公司因此选择了可以提供保理服务的银行。在此事件中,我们可以看出保理业务在企业加快资金周转、调节资产结构、提高经营效率等方面发挥了重要作用。保理势必以它得天独厚的优势,成为债权保障和贸易融资业务的一支生力军。

资料来源:林均跃. 企业与消费者信用管理[M]. 上海:上海财经大学出版社,2005.

目前我国的保理业务取得了一定的进展。中国银行与国际保理商联合会会员间的业务往来完全通过国际保理商联合会开发的保理电子数据交换系统进行,实现了作业无纸化,提高了业务效率,降低了业务风险。中国银行目前已与美国、德国、英国、法国、挪威、比利时、意大利、丹麦、澳大利亚、南非、土耳其、奥地利、泰国、新加坡、马来西亚、日本、韩国、匈牙利、以色列、希腊、西班牙、波兰、爱尔兰等国家和地区的近50家保理公司签署了国际保理协议,业务遍及五大洲。

自2012年以来,中国商业保理市场开始发力,商业保理企业数量快速增长,为中国保理行业的发展注入了新的活力。2012年,商务部下发《关于商业保理试点有关工作的通知》(以下简称《通知》),批准天津市滨海新区开展商业保理试点,探索商业保理发展途径。试点内容为鼓励滨海新区设立商业保理公司,为企业提供贸易融资、销售分户账管理、客户资信调查与评估、应收账款管理与催收、信用风险担保等服务。鼓励各类商业保理公司面向中小微型企业提供服务,积极开展国际和国内保理业务。

截至2011年年底,我国有23家银行成为国际保理商联合会(FCI)成员。另有瀛寰东润(中国)国际保理公司、泰安(天津)国际保理公司、中国中科智担保集团股份有限公司3家公司加入国际保理协会(IFA)组织。2012年下半年开始,商务部陆续在我国部分省市开展商业保理试点工作,商业保理得到长足发展。2012年至2016年,中国商业保理注册企业数量、业务量和融资余额连续四年实现成倍增长。截至2016年年末,全国已注册商业保理公司共计5 584家,较2015年年底的2 767家增长了102%,是2012年年底商务部开展商业保理试点当年已注册企业存量的61倍。

第四节 信用保险

一、信用保险概述

(一)信用保险的定义

信用保险是以商品赊销和货币借贷中债务人的信用作为保险标的,以债务人到期不能履行其契约中债务清偿义务为保险事故,由保险人承担被保险人(债权人)因此遭受的经济损失进行赔偿的一种保险。

信用保险的主要任务是对工商企业和个人的信用状况进行调查、分析和评估,并在长期跟踪调查研究的基础上为客户提供信用保险,帮助他们最大限度地将公司的信用风险降至最低。

(二)信用保险的发展

信用保险是信用活动中商品赊销方赊销商品后不能收回货款,即赊购方出现危机后产生的。19世纪中叶,法国、德国和瑞士的一些私人保险公司开办了国内信用保险业务,成为信用保险的首批经营者。第一次世界大战后,信用保险业迅速发展。20世纪30年代的经济危机使信用保险业遭受重创,一些小保险公司纷纷倒闭,幸存者则修改了条款,以谨慎经营指导承保。

19世纪后半叶,贩运商品至澳大利亚的英国商人开创了历史上有记载的投保出口信用保险的先河。1919年,英国建立了世界上第一个官方支持的出口信用保险机构——出口信用担保局(Export Credit Insurance Guarantee Department),经营出口信用保险,以鼓励本国商人出口商品到信用风险较高的东欧国家;1926年,德国成立了赫尔姆斯(Hermes)出口信用保险公司,专门从事对本国出口和海外投资的支持。1934年,由法国、意大利、西班牙等四国出口信用保险机构发起,成立了名为"国际出口信用和海外投资保险商协会"的国际专业组织,简称伯尔尼协会(Berne Union)。1946年,法国政府也成立了科法斯(Coface)公司。第二次世界大战以后,出口信用保险业务在发达国家得以迅速发展,有力地支持了所在国家和地区的出口和资本输出,对其本国经济的发展起到了十分重要的积极作用。

经济全球化步伐的加快,促进了各国进出口贸易的发展,因而如何减少企业在出口收汇上存在的风险就日显重要。同时,在国际贸易中非信用证结算方式已在不少发达国家和发展中国家的出口贸易中广泛采用,且比重呈逐渐增加的趋势。在这一背景下,出口商为保证竞争优势越来越多地采用其他的非信用证的收汇方式。各国多年的实践证明,出口信用保险是规避企业收汇风险的有效工具,同时是提高企业国际竞争力的重要手段。

二、信用保险的种类

信用保险包括出口信用保险、消费信贷保险和政治风险保险等。

(一) 出口信用保险

1. 出口信用保险的含义与特点

出口信用保险是指以出口贸易中国外买方按期支付货款的信用作为保险标的,或以海外投资中借款人按期还贷的信用作为保险标的的保险,由债权人(出口商或贷款银行)为了保证自己的债权利益向保险公司投保,保险人对被保险人(债权人)因国外买方或借款人不能履行清偿债务而造成的相关损失负经济赔偿责任。

出口信用保险一般是由国家财政提供保险准备金的非营利性的政策性保险业务,其目的主要是推动本国的出口贸易、保障出口企业的收汇安全。出口信用保险是出口信用保险人与作为被保险人的出口商之间订立的一种特殊保险协议。按照保险协议,保险公司将赔偿出口商因债务人不能按合同规定支付到期的部分或全部债务所遭受的经济损失。出口信用保险具有政策性比较强、风险大、盈利可能性比较小的特点。

2. 出口信用保险的分类

各国出口信用保险的经营机构根据实际需要对出口信用保险设计了不同险种,常见的有以下几种:

(1) 根据买方提供信用期限长短不同,分为短期出口信用保险和中长期出口信用保险。

短期出口信用保险是指承保期不超过1年(含1年),出口货物一般是大批量、重复性的初级产品和消费性工业产品出口收汇风险的一种保险。短期出口信用保险是目前各国出口信用保险机构使用最广泛、承保量最大,而且比较规范的出口信用保险种类。

中长期出口信用保险适用于使用银行买方信贷、卖方信贷或其他方式签订的收汇期在1年以上但一般不超过15年的出口合同。中长期出口信用保险具有政策性强、保险合同格式统一、保险机构介入早、需要提供担保及一次性支付保险费的特点。

(2) 根据贸易活动使用银行融资方式不同,出口信用保险又可以分为买方出口信贷保险和卖方出口信贷保险。

(3) 根据保险风险不同,出口信用保险可分为只保商业风险的出口信用保险,或只保政治风险的出口信用保险,以及既保商业风险又保政治风险的出口信用保险。

3. 短期出口信用保险的一般业务流程

如前所述,短期出口信用保险是最常见的出口信用保险,其一般业务流程如图4-5所示。

(1) 客户投保短期出口信用保险,为买方申请信用限额。

图 4-5　短期出口信用保险的基本操作流程

(2) 客户凭保单、限额审批单到银行申请融资,银行核定融资额度。

(3) 客户填写“签订《赔款权益转让授权协议》申请表”,同银行签订《赔款权益转让授权协议》,一并交由信用保险机构签字盖章。

(4) 客户出运,到信用保险机构申报,缴纳保费。

(5) 客户凭出口申报单、保费发票及银行所需的相关单证,如出口合同、发票、货运单据、质检单、出口报关单等到银行押汇或贷款。

(6) 若发生保险单责任范围内的可能损失,保险公司按《赔款权益转让授权协议》将应支付给销售商的赔款直接支付给银行。

(二) 消费信贷保险

消费信贷保险指消费者在申请银行贷款时,根据有关协议向保险公司为所借款项投保贷款保证保险,当贷款人在保险范围内未履行还本付息义务时,保险公司则先予以偿还银行贷款本息的一种具有担保性质的保险业务。

目前,市场上主要有个人住房抵押贷款保证保险和个人汽车消费贷款保证保险两种保险。在消费信贷保险业务中,投保人为借款人,被保险人为贷款银行。借款人缴纳一定的保费后,信用保险公司就可以补偿银行在从事消费信贷业务中的损失,既可以保证银行资产的安全,又对刺激消费具有积极作用。

在一些征信国家,商业银行的消费信贷和保险公司的信用保险相互配合,不仅可以扩大各自的业务、规避风险,而且可以共同发展。在法国,仅国家人寿保险公司就向 800 万借款人提供了借款保险。在美国,信用保险被认为是最大的保险市场。美国的金融机构在进行个人消费信贷运作时,一般还要求借款人进行人寿保险和抵押贷款保险。

(三) 政治风险保险

政治风险保险也称投资保险,承保出口企业在从事海外投资活动过程中,因进口国政治、社会、法律的影响所造成的投资损失,其目的是鼓励本国企业走出国门投资设厂、承包工程,刺激本国金融机构向走出国门的国内企业给予信贷支持,并且改善国内投资环境,吸引外商投资。与一般商业保险不同,政治风险保险有着鲜明的政策性,是各国政府鼓励企业在海外投资建厂的扶持政策之一。

政治风险保险所承保的风险具体有三种:一是征收,指进口国对外国投资企业征用、没收或国有化,致使其投资全部或部分归于丧失;二是禁止汇兑,指进口国或任何与项目还款有关的第三国政府颁布法令实行外汇管制,禁止或限制汇兑;三是战争,指因进口国与本国或与任何有关的第三国发生战争、敌对行为以及内战、革命、叛乱、暴动或其他骚乱等,以致不能继续经营投资所在国的企业。

三、信用保险服务机构

(一) 信用保险国际性组织

伯尔尼协会全称“国际出口信用和海外投资保险商协会”,总部设在瑞士伯尔尼,秘书处设在伦敦,成立于1934年,由英国、法国、意大利和西班牙4国的出口信用保险机构发起,现有来自全球的85个成员。伯尔尼协会下设短期出口信用、中长期出口信用和投资保险三个专家委员会,每年召开两次全体会议和多个专题研讨会。该协会的宗旨是努力达成世界共识,维护并确立国际贸易信用条件和基本原则;促进良好的投资环境的形成,并确立海外投资保险的基本原则;为协会成员提供信息、帮助、专业知识的交换,并在出口信用保险的商业和政治风险等领域提供建议。中国人民保险公司于1996年以“观察员”身份加入伯尔尼协会,1998年成为正式会员。目前,中国出口信用保险公司作为来自中国大陆的唯一代表履行伯尔尼协会会员的各项权利和义务。

(二) 世界知名的信用保险公司

世界知名的信用保险公司有法国的科法斯等。科法斯是世界三大信用保险公司之一,1946年由法国政府发起,法国各大银行与再保险公司共同出资成立,专业从事企业应收账款管理和保障业务,总部设在巴黎。目前,科法斯拥有全球商业出口信用保险25%的市场份额,在66个国家设立直属分支机构,通过合作伙伴能在200多个国家提供服务,为超过3 000亿欧元的贸易提供应收账款安全保障,85 000多家企业客户遍及世界各地。科法斯独家拥有内存全球4 400万家企业付款记录与信用报告的动态数据库——共同风险体系(Common Risk System)。世界另两大信用保险公司分别是荷兰安卓(Atradius)和德国裕利安宜(Euler Hermes)保险公司。

(三) 我国信用保险机构的发展

我国出口信用保险开展较晚。1986年,中国人民保险公司成立了出口信用保险部并开始承接出口信用保险业务。1994年,中国进出口银行作为政策性银行也开始办理出口信用保险业务。在此期间,我国出口信用保险业务发展并不顺利,承保率只有1%左右。

2001年,财政部出资40亿元,将中国进出口银行和中国人民保险公司的出口信用保险业务合并,组建了我国唯一的政策性出口信用保险公司——中国出口信用保险公司。中国出口信用保险公司的成立标志着我国出口信用保险业进入了一个崭新的发展时期。中国出口信用保险公司提供的信用保险服务具有一定的政策性,是出口企业规避信用风险的好方法。特别是2008年金融危机以来,我国为稳定出口,国务院要求中国出口信用保险公司短期出口信用保险的保额不能低于840亿美元,2009年中国出口信用保险公司完成短期出口信用保险1 500亿美元,2010年超过2 000亿美元,为支持我国出口企业防范信用风险发挥了重要作用。

近年来,中国出口信用保险公司的垄断地位有所动摇,一方面是外资保险公司进入中国市场,如安卓公司、科法斯集团、裕利安宜公司等;另一方面国内财产险保险公司在探索进入信用保险市场,如中国平安保险集团和中国人保集团财产险公司均在尝试开办国内贸易信用保险。我国正在逐步形成内外贸、中外资、多元化的信用保险市场格局。

第五节　信用担保

一、信用担保的概念

信用担保在世界各国都有悠久的历史。信用担保是由信用担保机构与债权人约定以保证的方式提供担保,当被担保人不能按合同约定履行债务时,由担保人进行代偿,承担债务人的责任或履行债务的行为,是一种信誉证明和资产责任结合在一起的金融中介行为。信用担保的概念包含三个要点:① 它是由专门机构提供的担保,而不是由一般法人、自然人等提供的担保;② 它是一种制度化的担保,即它是在一定的政策、法律、制度、规则框架安排体系之中的担保,是一种标准化、规范化的业务;③ 它是一种面向社会提供的担保,而不是对内部关联机构或雇员提供的担保。

信用担保介入银行与企业、企业与企业之间的交易活动,是由担保方向第三方担保债务方履行债务合同或其他资金契约的责任和义务,其担保效力来自担保方的信用。

在业务性质上,信用担保属于一种特殊的信用中介服务,具有金融性和中介性的双重属性。一方面,按照《中国经济大百科全书》的解释,金融既包括货币资金与信用的融通,也包括货币资金与信用的授受;另一方面,信用担保具有会计师事务所、律师事务所那种传递信息、提供咨询、促成双方交易成交,并通过提供此项服务而收取佣金的中介服务性质。

信用担保机构通过提供集中的、系统的担保能够引导资金和其他经济资源的配置,具有经济杠杆的作用。信用担保机构可以根据政府在不同时期的经济政策、财政政策自动调整和扩展业务范围,因此,信用担保可以成为与政府的经济政策、财政政策长期协调和配套使用的政策工具。

二、信用担保的种类

信用担保业务多种多样,常见的信用担保业务主要包括以下几种:

(一)融资担保

根据《中华人民共和国担保法》的规定,融资担保方式分为保证、抵押、质押、留置和定金五种形式。中小企业信用担保业务指以担保机构的信用为被担保人(中小企业)承担银行和商业债务的保证责任,通过担保机构的信用和资金向银行提供贷款担保,承诺当借款人和企业无法按期支付到期贷款时担保机构代为偿还贷款,担保机构向贷款申请方收取相应的担保费用。

(二)交易担保

交易担保包括履约担保(货物、工程履约担保)和票据担保。

1. 货物履约担保

货物履约担保是指担保机构以其信用和资金向交易双方企业提供担保,承诺一旦该项目被担保人无法履行合同规定的义务,担保机构将保证货物购销合同及票据中有关货款支付、货物供应等结算条款或违约金支付条款得到执行,从而有效地避免和降低买卖双方在交易过程中的风险。担保机构向买卖双方或一方收取相应的费用。

2. 工程履约担保

工程履约担保是指保证担保人(担保公司)向招标人出具履约保函,保证建设工程承包合同中规定的一切条款将在规定的日期内,以不超过双方议定的价格按照约定的质量标准完成。一旦承包商在施工过程中违约或因故无法完成合同,则保证担保人可以向该承包商提供资金或其他形式的资助以使其有能力完成合同。保证担保人也可以安排由新的承包商来接替原承包商以完成该项目,还可以经过协商使业主重新开标,由此造成最后造价超出原合同造价的部分将由保证担保人承担。如果对上述解决方案不能达成协议,则保证担保人将在保额内赔付业主的损失。履约担保金额一般不得低于合同价款的10%。若使用经评审的最低投标价法中标的,履约担保金额不得低于合同价款的15%。

3. 票据担保

票据担保分为票据开立担保和票据贴现担保。票据开立担保是指申请人向银行申请开具商业票据(包括银行承兑汇票、信用证等)时若无法满足银行要求,则由担保公司为申请人向银行提供担保,促使银行为申请人开具商业票据。票据贴现担保是在企业开具的商业票据贴现时,由担保机构为开票人向银行提供的担保。

(三) 司法担保

司法担保是指原告(人)、被告(人)、申请(执行)人、被(申请)执行人、第三人、案外人为了请求司法权积极或消极地为自己或其关系人作为或者不作为,而向人民法院提供一定的物证作为履行义务或者保障申请司法保护正当性的对价,如果义务人没有按规定履行义务或者申请司法保护缺乏正当性并给他人造成损害的,那么将由人民法院直接裁定以该物或其他标的的价值作为处罚或补偿的司法制度。

司法担保可以分为刑事类司法担保和经济类司法担保两种,经济类司法担保中比较普遍的是诉讼保全担保。诉讼保全担保是指申请人在向法院申请财产保全时,向法院提交的对因财产保全不当给被申请人所造成的损失进行赔偿的担保。主要包括诉前财产保全担保、诉讼财产保全担保和财产执行担保等。

(四) 其他担保

担保业务还包括投资创业担保、忠诚担保以及其他存在信用缺失的经济领域的担保工作。

三、信用担保机构

(一) 信用担保机构的类型

在我国,不同的信用担保机构因为其设立的目的不同,所提供的担保服务和要求也不同。我国信用担保机构有以下三类:

1. 政策性信用担保机构

政策性信用担保机构即政府全资设立或政府出资为主设立的中小企业信用担保机构(通常称为中小企业担保中心、担保公司等)。这种机构属非金融机构,不得从事金融业务和财政信用，不以营利为主要目的，设立具有法人实体资格的独立担保机构（企业法人、事业法人、社团法人），实行市场化公开运作。一般来说，各地区都只设立一个政策性中小企业信用担保机构。它面向所有中小企业提供担保服务，目标客户主要是具有一定经营规模的中小企业。通常政府会为这些担保机构提供运营方面的补贴，这类担保机构的担保服务费用较低，提供的贷款产品也相对较少。由于机构数量和资本金相对较少，因此只能解决少部分中小企业融资担保问题，对大多数中小企业特别是民营中小企业而言，难以获得相关的融资担保业务支持。

2. 中小企业互助信用担保机构

中小企业互助信用担保机构分布在我国城乡社区，以中小企业为服务对象从事中小企业直接担保业务。中小企业互助信用担保机构自我出资、自我服务、独立法人、自担风险、不以营利为主要目的和主要特征，通常以中小企业担保协会和“担保中心”命名。中小企业互助信用担保机构的资金来源有会员入股、其他民间投资、会员风险保证金、国内外捐赠等，一般设立为社团法人或企业法人。此类担保机构主要是以地方工商联、私营协会及私营企业等自发组建，担保资金以会员出资为主要来源，地方政府也给予一定的资助，每个互助机构的规模相对小，主要为同一社区、同一行业的相关企业提供担保服务。通常企业要求申请担保贷款时首先加入互助担保协会并注入相应的会员保证金，根据保证金额度的大小和企业经营管理状况，可以获得 1 ~5 倍于会员保证金的担保贷款。由于中小企业互助信用担保机构的担保基金规模较小，因此常常与地方中小银行、信用社进行合作，每笔担保贷款也比较小，通常在 5 万 ~100 万元。

3. 商业信用担保机构

商业信用担保机构一般是以企业、社会个人为主出资组建的，也有国有独资的商业担保公司。商业信用担保机构多设立为企业法人，法律也允许设立个人独资、合伙企业形式的商业担保公司。商业担保公司以独立法人、商业化运作、以营利为目的和兼营投资等其他商业业务为特征，中小企业直接担保业务只是其业务之一。它主要是以工商联、私营协会、科技部门、开发区及公司企业组建，个别地方政府（财政、科技、计划、主管部门）也有出资。这类商业信用担保机构担保业务操作的商业和市场化程度最高，一般会选择所熟悉的产业和领域开展担保业务，每笔担保规模较大，同时要求的担保费用高于一般政府设立的担保公司和互助信用担保机构。

（二）我国信用担保机构的规范发展

2010 年，经国务院批准，中国银监会、国家发展和改革委员会、工业和信息化部、财政部、商务部、中国人民银行和国家工商总局联合发布正式出台《融资性担保公司管理暂行办法》，由各地金融局监管，直接地约束了担保公司担保行为，形成了统一的行业运作规范和明确的行业监管主体。地方金融局根据该办法的规定，结合当地实际情况，又制定了相关的试行办法。2010 年是中小企业信用担保机构的整顿规范年，担保机构在变化的市场和监管环境中感受到了压力，加大了创新业务的拓展力度，也更加重视自身资本实力的提升。

2014 年 1 月，经国务院批准，银监会、国家发展和改革委员会、工业和信息化部、财政部、商务部、中国人民银行、工商总局、法制办八部委联合发布《关于清理规范非融资性担保公司的通知》。该通知要求各省、自治区、直辖市人民政府于2013年12月至2014年8月底,对本行政区域内的非融资性担保公司进行一次集中清理规范,重点是以"担保"名义进行宣传但不经营担保业务的公司。对从事非法吸收存款、非法集资、非法理财、高利放贷等违法违规活动或违规经营融资性担保业务的,要坚决依法查处和取缔。非融资性担保公司应按其实际从事的主营业务对公司名称予以规范,标明其行业或经营特点;专门经营工程履约担保、投标担保等业务的,应在名称中标明"非融资性担保""工程担保"或主要经营的非融资性担保业务种类。该通知同时要求各省、自治区、直辖市人民政府以清理规范工作为契机,强化对本地区非融资性担保公司的管理,构建长效机制。健全法规制度,明确管理部门。加快非融资性担保公司信用建设。进一步提高行业透明度,充分发挥社会监督作用。清理规范非融资性担保公司将有助于保护金融消费者利益,净化担保市场环境,促进担保行业健康发展。

2017年,《融资担保公司监督管理条例》公布。该《条例》规定,国家推动建立政府性融资担保体系,发展政府支持的融资担保公司,建立政府、银行业金融机构、融资担保公司合作机制,扩大为小微企业和"三农"提供融资担保业务的规模并保持较低的费率水平。

第六节 信用管理咨询

一、信用管理咨询概述

(一)信用管理咨询的内涵

信用管理咨询有时也称信用管理顾问服务,它既是信用风险管理的重要组成部分,也是管理咨询的众多门类之一。信用管理咨询的内容涵盖信用管理诊断、信用管理机制的建立、信用政策制定、组织机构整合、信用分析与决策咨询等顾问服务。它服务于企业,帮助企业建立部分或全部信用管理功能,提供企业信用管理部门的设计和运转辅导。信用管理咨询服务机构或咨询顾问还可以向企业信用管理部门提供逾期应收账款诊断、信用管理功能优化、客户档案改造与建设、赊销合同管理、信用管理咨询顾问、企业信用管理内部培训、信用信息化管理服务、信用管理外包等。信用管理咨询服务建立在征信产品链加长和普及的基础上,对提供信用管理咨询服务的专业顾问的素质要求非常高,要求从业人员掌握扎实的管理知识并具备丰富的实际管理经验和相关的咨询技法。

(二)信用管理咨询的目的与作用

信用管理咨询服务的目的是使企业:提高赊销能力,创造销售最大化;规避信用风险,降低坏账损失;规范应收账款管理,缩短账款回收周期;优化客户资源管理,实现客户档案集中控制;实现内部管理制度化,降低信用销售机会成本和管理成本;配合企业总体经营策略和内部管理政策,实现利润最大化目标。

信用管理咨询服务可以帮助企业建立和调整信用管理体系,即给企业制定连贯一致的信用政策,提升信用部门的工作效率,指导和协调企业的信用销售活动,建立销售和信用部门相互间沟通的桥梁，提高整体业绩，运用信用工具，帮助企业完成客户信息的收集和评估，确定标准化的信用申请、信用条件的审批与授信流程，加速信用决策，建立系统有效的方法实施催收，保障企业债权等，从而使企业能够更好地管理客户和应收账款、降低坏账风险，优化现金流量，支持企业实现成本最小、收益最大的目标。

二、信用管理咨询服务

（一）信用管理咨询服务的内容

信用管理咨询服务一般从企业的市场营销、销售管理、客户资源管理、资金安全和使用效率四个方面着手，分析企业存在的问题，利用信用风险控制原理加以解决，帮助企业建立起以信用管理机构为核心，以客户资源管理系统、销售风险控制系统和货款回收管理系统为框架的内部信用风险管理体系。其服务一般包括以下具体内容：

（1）通过信用管理职前培训，系统培训企业管理、销售、财务、客户服务等部门的人员，传授信用管理理论与实务知识，提高企业信用管理意识和管理水平。

（2）通过诊断企业营销管理模式，财务管理模式，库存、储运、物流管理模式，分析企业信用管理存在的缺陷。

（3）通过整合企业组织结构，建立和完善企业信用管理部门。

（4）通过制定完善的信用管理政策，帮助企业建立各种信用管理规章制度，规范企业内部纵向信用管理模式和横向信用营销模式，编撰对内、对外信用管理手册，确定企业各项信用管理作业流程。

（5）通过建立客户信用档案数据库，收集和整理企业各部门的客户资料，规范客户资料的标准化管理。

（6）通过建立应收账款管理和跟踪制度，完善后期信用管理的每一步流程。

（7）通过研究行业特征、企业特征和客户群特征，确定信用评估评级模型数据。

（二）信用管理咨询服务的流程

为了提高效益和节省开支，目前企业信用管理外包需求显著增加，因此，信用管理咨询业得到了迅速发展。信用管理咨询公司目前重点强调服务质量，把满足客户要求、提供具有前瞻性的建设性解决方案作为中心任务。其咨询服务流程如下：

（1）企业内训。利用 1 ~ 2 个工作日向企业的高层管理人员介绍信用管理知识，转变其信用管理观念。

（2）企业诊断。实地调研，找出企业在信用管理方面存在的问题，提出解决方案建议书。

（3）初步交流。与企业的高层就解决方案建议书进行沟通，确定最终方案。

（4）方案制定。根据建议书为企业制定详细的信用管理解决方案，包括对企业量身设计管理制度框架、业务流程和技术方案等。

（5）实施辅导。就企业信用管理解决方案在实施过程中可能遇到的问题予以解答。

（6）实施培训。对企业中涉及信用管理控制环节的员工进行培训。

通过整套服务，最终使企业在信用管理方面成功实现观念重建、流程重建及组织重建,从而提高企业的信用管理水平。

三、信用管理咨询服务机构

国务院国资委2006年上半年出台了《中央企业全面风险管理指引》(以下简称《指引》),对中央企业开展全面风险管理工作的总体原则、基本流程、组织体系、风险评估、风险管理策略、风险管理解决方案、监督与改进、风险管理文化、风险管理信息系统等方面进行了详细阐述,对《指引》的贯彻落实也提出了明确要求。这一政策的出台,对信用管理咨询行业的发展起到了一定的推动作用。

目前,我国专业从事信用管理咨询的服务机构已有50家左右,但是服务水平、从业经验和项目运作管理能力还不健全,信用管理技术和理念的提升仍需经历一个相当长的时期,更主要的是在咨询项目中积累经验,对行业和企业内部管理体系的把握,是信用管理咨询行业发展的重要基础,也对从业人员提出了更高的要求。同时我们也必须认识到,信用管理咨询行业的市场潜力较大,很多企业在风险管理和信用体系构建方面缺乏专门的人才,需要借助外包理顺内部管理流程,增强防范信用风险的能力。但是现实能够运作的咨询项目并不多,据不完全统计,每年信用管理咨询行业的营业额在2 000万元左右。这种情况一方面与企业对信用管理咨询的认知和接受程度有关,另一方面与信用管理咨询行业的技术和运作能力有关。

本章小结

1. 信用管理服务机构为信用活动提供信息之外的专业化服务,即不生产征信产品,而是以征信产品为基础,向客户提供信用管理类服务,主要依靠信用风险管理等技术为信用交易的授信方提供服务和保障。

2. 在现代市场经济向信息技术发展的背景下,商账追收逐步发展成为一项合法的、在商业活动中发挥着极其重要作用的行业。商账追收机构受顾客委托从事合法的催账和追收账款活动,通过与债务人协商乃至提起法律诉讼等实现商账追收。

3. 保理服务为以赊销方式出售货物的供货商提供货款催收、贸易融资、坏账担保、账务管理等综合金融服务。

4. 信用保险服务提供包括出口信用保险、政治风险保险和消费信贷保险等在内的保险业务,可以帮助授信人有效化解出口贸易、海外投资、消费信贷中的债务人信用风险。

5. 信用担保机构与债权人约定以保证的方式为债权人提供担保,当被担保人不能按合同约定履行债务时,由担保人进行代偿,承担债务人的责任或履行债务。

6. 信用管理咨询服务主要包括为客户提供信用管理诊断、信用管理机制的建立、信用政策制定、组织机构整合、信用分析与决策咨询等顾问服务。

关键术语

信用管理服务行业　信用管理服务机构　商账追收　保理　国际保理　单保理　双保理　信用保险　出口信用保险　信用担保　融资担保　信用管理咨询

复习思考题

1. 概述信用管理服务机构的分类。
2. 什么是商账追收？它具有什么优点？
3. 简述我国商账追收业的发展现状。
4. 简述保理的概念及服务内容。
5. 根据不同的标准，保理有哪些分类？
6. 什么是信用保险？它有哪些基本种类？
7. 什么是信用担保？它有哪些基本种类？
8. 在我国，信用担保机构有哪些类型？
9. 简述信用管理咨询服务的内容与运作流程。

本章实训

一、实训目的

1. 掌握保理的基本概念与基本流程。

2. 训练学生案例学习分析能力。

二、实训内容

1. 案例资料

保理业务中的主要参与人：

出口商：中环进出口总公司（以下简称中环公司）

进口商：美国福斯机械有限公司（以下简称美福公司）

出口保理商：中国某保理公司

进口保理商：美国某保理公司

作业过程：

5月1日，美福公司向中环公司发来订单，求购10 000台千斤顶，要求采用赊销方式，3个月后付款。同一天，中环公司向出口保理商提出保理服务申请，并填写对美福公司的信用额度申请单，申请金额为250万美元。同一天出口保理商将中环公司的申请材料传给美国的进口保理商。进口保理商开始对美福公司的资信和财务情况进行调查分析。

5月8日，进口保理商对中环公司提出的信用额度申请进行核准（担保），核准的总金额为205万美元，并将核准的信用额度传给中国的出口保理商。同一天，出口保理商将核准信用额度通知中环公司，并同中环公司签订《出口保理协议》及《保理取费协议》。也在这一天，中环公司鉴于该笔业务采用赊销方式并做出口保理，将货物报价由原价100美元/台提高到105美元/台，总货款为105万美元。其后，中环公司和美福公司签订了《贸易合同》。

5月29日，中环公司将货物发运美福公司，并按合同规定将发票及其他全套单据（正本）提交出口保理商。出口保理商按发票面值的80%预付给中环公司84万美元。同一天，出口保理商将发票及其他全套单据（正本）寄交进口保理商，由其转交美福公司。

6月24日，货到美国，美福公司验货接收。

8月29日,美福公司如期将货款支付进口保理商。同一天,进口保理商将货款汇给出口保理商。出口保理商扣除:① 预付款84万美元;② 预付款利息1.68万美元;③ 保理服务费(发票面值的1.5%)计1.58万美元。余额17.74万美元交付中环公司。

9月5日,美福公司考虑到赊销方式所带来的便利和可观利润,再次以赊销方式与中环公司签订200万美元的贸易合同。由于这一数额已在保理信用额度核准范围之内,中环公司直接向美福公司发货,由保理商继续进行保理服务。

2. 实训要求

要求学生以小组为单位,学习上述案例并收集相关资料,在了解保理业务相关知识的基础上,回答如下问题。

(1) 保理业务主要包括哪些方面?

(2) 根据上述作业过程绘制保理业务的操作流程图。

(3) 分别说明此项保理业务给进口商和出口商带来的好处。

三、实训组织

1. 指导教师布置实训项目,提示相关要求。

2. 采取学生自由组合的方式,将班级学生划分为若干小组,并指定组长进行负责。

3. 要求学生以小组为单位,认真学习并收集相关资料,就相关问题以PPT形式进行课堂汇报。

延伸阅读

1. 吴晶妹. 信用管理概论[M]. 2版. 上海:上海财经大学出版社,2011.

2. 中国就业培训技术指导中心. 信用管理师[M]. 北京:中国劳动社会保障出版社,2008.

3.《中国银监会关于加强银行保理融资业务管理的通知》,银监发〔2013〕35号.

4.《商务部办公厅关于做好商业保理行业管理工作的通知》,商办秩函〔2013〕718号.

5.《融资性担保公司管理暂行办法》,七部委联合发布〔2010〕3号.

6.《关于清理规范非融资性担保公司的通知》,银监发〔2013〕48号.

相关网站

1. 国际保理商联合会(FCI)官网。

2. 中国出口信用保险公司官网。

3. 科法斯集团官网。

第五章

信用管理环境建设

本章导言

信用管理是一个系统工程,需要法律环境、经济环境和社会环境共同构筑。其中法律的制定和执行是重中之重,信用管理的市场规则和信用制度需要法律予以保障。发达国家的信用管理法规经过了近半个世纪的探索,已经形成了较完备的体系。我国的信用管理立法尚在建设之中。信用管理建设还依托诚实守信的市场经济条件、信用文化的道德伦理基础和人文精神。

本章从信用管理法律的立法原则、国外信用管理法律体系、我国信用立法现状,失信惩戒机制的运行和管理、信用管理的经济环境和文化环境等方面对信用管理的环境建设展开系统阐述。

本章知识结构图

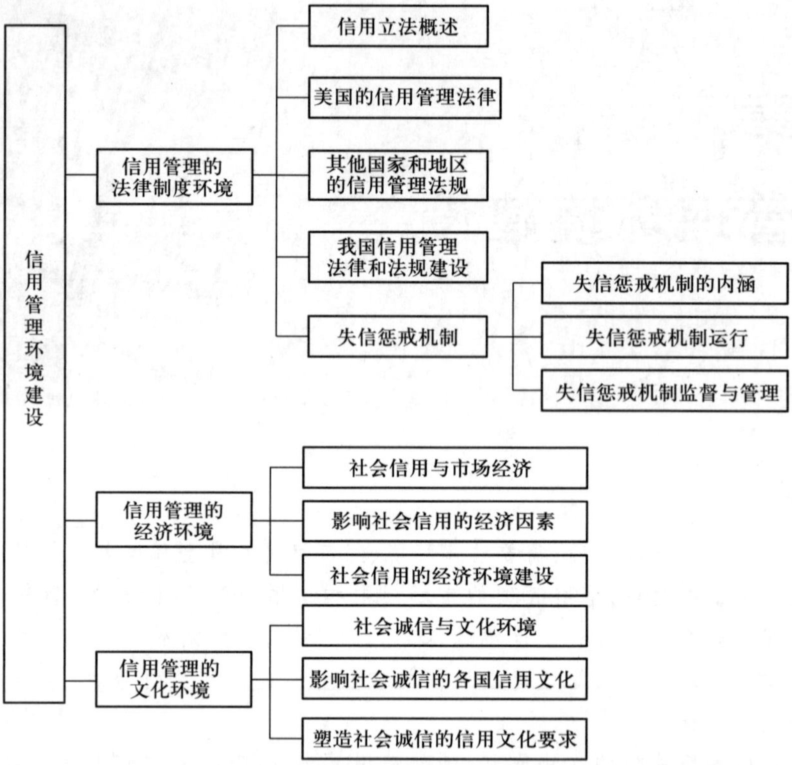

第一节　信用管理的法律制度环境

信用管理是一个多层次的有机体系，这一体系的基础就是法律环境，即信用立法。信用立法界定了社会信用活动的内容和范畴，对各类信用活动参与者的行为进行了规范和约束，还界定和约束了信用管理活动；信用立法，不断补充和完善信用法律体系，健全社会信用体系的法律环境，是发展市场经济、提升信用交易的必然要求。

一、信用立法概述

(一) 信用立法的意义

1. 信用法规是信用管理行动的规范

信用法规为信用管理提供了必要的法律环境。由于信用信息的敏感性，在客观上要求法律对信息的采集和使用做出明确规定，而信用法规在对征信数据的开放提供制度保障的同时，还应对征信数据的使用进行规范，明确界定哪些数据可以被征信公司合法和公开地取得，哪些数据需要保密而不能被征用。因此，信用法规对征信数据开放及使用的规定，使信用专业机构合法传播或经营经过处理的数据成为可能。

完善的法制体系是管理信用专业机构、规范信用专业机构行为、维护信用行业秩序、提高信用专业机构服务水平的重要保证。信用行业作为生产信用产品和提供信用服务的行业,在社会信用体系中有着重要的地位和作用,其主要从事的企业资信调查、消费者个人信用调查、资信评级、市场调查、商账追收等业务都需要有相应的法律、法规做依据,同时,政府和公众也希望有相应的法律去规范信用行业的从业活动,使其合法地进行各类征信数据的采集、处理、存储、核实和传播。通过信用法规的有效作用,可以为信用行业的健康发展提供良好的法律准则,从而促进社会信用体系的正常运行。

授信活动是信用管理中一个很重要的环节,授信活动的规范与否直接关系到信用管理的水平。社会信用体系建设的健康发展需要规范商业和金融业的授信行为,维护市场公平竞争。信用法规的一个重要内容就是规范授信行为,并为授信行为提供法律上的保障。信用管理行为发生在社会信用体系建设中的各个环节,包括金融机构向市场投放信用和发放信用工具、信用专业机构的征信活动以及商账追收等内容,因此规范信用管理行为对于社会信用体系建设具有重大意义。

2. 信用立法是市场经济深入发展的动力

市场经济的本质是交换,交换的方式随经济发展的水平而变化,信用交易方式是市场经济发展到更高的成熟阶段的产物。信用交易在促进经济加快发展的同时,也增大了交易的风险。随着市场经济的不断发展,社会商品的复杂性会增大,价值会增高;经济分工的细化和生产、生活节奏的加快又使商品的流动性增大,一次性交易机会大大增加,因而交易的风险性就会不断加大。由此市场经济自身就会产生一种要求:对信用交易方式加强约束、管理,使交易规范化,让交易双方增强安全感和稳定感。信用法规建设将有效地减少信用交易中的不确定性,从而使市场交易和市场秩序更为规范和有序,促进市场经济的良性发展。

3. 信用立法是建设法治国家的重要组成部分

法治国家,就是一个国家拥有完善的法律法规体系和机制,所有公民都能依照宪法和法规的规定,通过各种途径和形式管理国家事务,管理经济文化事业、管理社会事务,即国家的各项工作都能依法进行。以稳健推进市场经济、有效扩大信用交易为目的的信用法规是依法治国的必然要求和重要内涵,是法治国家的主要组成部分。在法治国家,国家以社会保障体系解决市场经济条件下人们的基本生存条件问题,以社会信用体系解决市场经济条件下个人创业和企业扩大经营规模等有关发展的问题。信用法制建设就是通过一系列的信用法律法规来保障社会信用体系健康而正常地运行,从而确保社会信用体系帮助个人创业、企业扩大经营规模这一社会功能的顺利实现。

(二) 征信国家信用立法的基本原则

研究发达国家的信用管理相关法律可以发现,其法律最主要的是要体现出保护人权和维护市场公平竞争两项基本原则。

1. 保护人权

在发达国家,个人隐私权问题作为人权问题的一部分,一直受到各国政府的高度重视,大众对于个人隐私权问题也是非常敏感的。市场上信用交易的扩大,必然会改变原有的市场规则,直至改变个人的生活方式。市场上信用交易规模扩大的关键,在于提升商业社会的信任程度,在于提高信用交易的成功率。这一切都建立在包括企业资信调查和消费者信用调查在内的信用管理行业发展的基础上。使用征信方法必将大量涉及对消费者个人的信用记录进行评价,以及对评价结果进行公开和广泛的传播,从而涉嫌触及个人隐私权问题。在技术层面上,必须有法律将涉及个人隐私的数据和合乎国际惯例的征信数据加以区分,并规定合法使用消费者个人信用调查报告的用户类型和传播目的,做到既保护消费者的隐私权不受侵犯,又使与消费者个人进行信用交易的授信金融机构或者赊销商取得授信的依据。对于征信机构,提供企业和个人的信用信息采集、查证调查、数据处理、数据存储和调查结果的传播等服务,其业务操作必须有法可依。综观各征信国家的信用管理相关法律,都必然设有限制消费者个人数据的使用范围和限制数据自由传播的条款。

2. 维护市场公平竞争

维护市场公平竞争,包括对各类金融机构公平地开放信用工具、发放业务的许可,使金融机构的业务特色由市场选择,而不由政府进行规划,使消费者个人获得平等的授信机会,也就是维护个人在经济活动中具有平等的成功机会;在合理保护个人隐私的情况下,在市场上全面开放企业和个人经济活动方面的征信信息,使交易双方的信息对称,维护市场的公平交易。

维护市场公平竞争原则的另一作用在于保证失信惩戒机制的运转。在发达国家,公众对是否"公示"个人在道德方面的失信信息还有不同看法,也没有什么处罚的特别规定。但是,不论是公众还是政府,却都不能容忍对任何经济失信记录的保护,一致认为保护企业和个人的经济失信记录是对公众利益的侵犯,是一种对社会的犯罪行为。

在保护企业商业秘密的问题上,许多发达国家都有其他法律和商业准则做出规定,一般并不从信用管理专业法律上体现这种保护。但是为维护市场公平竞争,法律强迫企业法人公开信息,消除企业法人对金融授信机构和消费者个人的信息不对称现象。公平竞争的原则需要更多地保障消费者利益,在企业和消费者利益冲突时,信用法规更多地保障消费者,因为企业有更多的资源和能力,保障自己的利益,因此法律向消费者倾斜,则更有利于市场的公平竞争。

在不违背上述两项基本原则的前提下,信用立法中有时还会遵循一些其他辅助原则。比如:

(1) 稳定经济。研究分析表明,适量的信用交易额能够促进经济的发展。但是,当信用投放过量,信用交易过于活跃时,会对经济产生负面影响,加大通货膨胀的压力,因此,在现代社会里,要保持经济的稳定发展,必须注意维持适度的信用交易量。通过有关信用立法对信用投放量进行调节也是稳定经济的手段之一。美国现在已经被废止的《信用控制法》的产生,可以很好地说明其出于稳定经济的目的。该法案主要针对1960年以来,美国市场上信用交易额度猛增,以致造成加剧通货膨胀的压力等问题。1980年,卡特政府为控制通货膨胀而制定经济对策时,曾援引该项法律。

(2) 解决特殊社会问题。一些信用管理法律也用于解决特殊的社会问题,为一国在某一特殊时期的特殊任务服务,使法律具有一定的政策倾向性和时效性,以实现一些相对长期且特殊的社会目标，如房屋租赁、小企业发展、农业、少数民族问题。

（三）信用管理法规的总体框架

信用管理法律制度体系建设，应涵盖信用的征集、分类、加工、公开、交易、使用，也涵盖信用的调查、评估、担保、咨询、培训、管理等环节，是一个系统、复杂的社会工程，每个国家都应建立符合自己国情的、科学的、系统的框架。

信用管理法律制度体系中，第一个层次应当是处于龙头地位的基本法，是信用法律制度建设的核心。以基本法为依据，进一步制定规范社会信息公开、信息征集、信用服务、信用监管与惩戒等方面的配套法律、法规，这些法律法规构成信用管理的第二个层次。以基本法和法律法规为依据，有关部门和地方制定的规章属于第三个层次。总之，以基本法为龙头和依据，以配套法律法规为主要内容，以有关部门和地方制定的章程为补充，建立结构合理、层次分明、功能齐全、具体详尽的信用管理法律制度体系。具体而言，应包含以下主要内容：

1. 制定社会信用管理的基本法

社会信用管理基本法，明确社会信用法规应遵循的指导思想、基本原则，确定信用管理体制，明确管理机构、中介机构等主体的法律地位和主要任务，并为系统建立信息公开、信息征集、信用服务、信用监督与惩戒等法律制度提供依据和指导。

2. 制定社会信用管理的相关法律法规

社会信用管理的相关法规包括：

（1）政府信息公开的法律法规。在建立社会信用管理法规中，政府部门掌握的公共信息应向社会开放，实现信息资源的社会共享。法律要明确信息开放的程度、范围和方式，对拒不开放者问责和处罚。例如《政府信息公开条例》等。

（2）征信方面的法律法规。制定信用数据的收集、使用方面的法律法规，具体包括征信的主体、范围、方式以及相关征集信息的保存、披露、使用、异议信息的处理和法律责任等内容，以规范征信机构的行为，使信用信息的收集、使用有法可依。例如《企业征信管理条例》《个人征信管理条例》等。

（3）信用中介服务机构管理法规。在这项法规中，应明确规定信用中介服务机构的准入条件、经营范围、权利义务、年检制度等。例如《信用中介服务机构管理条例》《信用担保条例》等。

（4）被征信人权益保护的法规。应通过立法，将被征信人的可公开信息与其商业秘密、个人隐私明确地界定开来。例如《商业秘密保护条例》《个人隐私保护条例》等。

（5）信用监管的法规。应通过法律，明确规定政府监管机构的职能范围和被监管的信用行为的范围，规定监管机构的监管内容、方式、程序、措施以及法律责任，如制定《企业信用监管条例》等。

（6）失信惩处方面的法律法规。应明确规定失信行为的法律界定、失信的种类、失信的惩戒手段及制裁方式等。同时，应规定对守信行为进行肯定和激励的规范，最终实现有力地保护诚实信用行为、制裁违背诚实信用行为的目的。如制定《企业失信惩戒条例》等。

(7)信用数据使用和管理方面的法规。在这项法规中,包含信用数据收集、使用的法规,使信用信息的收集、使用有法可依。例如《信用信息数据使用管理条例》等。

3. 制定信用管理的部门规章、地方规章乃至地方性法规

享有某方面社会信用管理职能的国家机关和地方政府,根据基本法和配套的法规内容精神,结合本部门或地方的具体情况,在自己的职权范围内,制定相应的社会信用管理的部门规章和地方规章,这些规章应尽可能细化和详尽,作为一定范围内市场交易主体进行社会信用活动的依据和准则。例如我国现阶段各省建立的单行条例《江苏省个人信用征信管理试行办法》《上海市企业信用征信管理试行办法》等,国家税务总局发布的《纳税信用管理办法(试行)》。

二、美国的信用管理法律

美国是世界信用交易额最高的国家,也是信用管理行业最发达的国家。美国市场的信用交易和信用管理行业得以健康发展的根本保障是其完整的与信用管理相关的法律体系,以及联邦政府出台的一些法规。建立这些法律法规的目的在于保护消费者的隐私权,并间接地规范了信用管理从业的服务范围和方式。

关于美国的信用管理服务,可以追溯到1830年。在第二次世界大战结束后的20多年中,北美市场的信用交易额猛增,各种信用工具被广泛地使用。由于市场的需要,帮助信用交易中的授信方做出正确决策的信用管理行业步入现代信用管理阶段,并取得了快速发展。但伴随着信用交易的增长和信用管理行业的发展,征信数据和服务方式方面不可避免地产生了一些问题,诸如公平授信、正确报告消费者信用状况、诚实放贷等问题,其中特别敏感的是保护消费者隐私权问题。鉴于市场的发展情况,社会各个有关方面都对国会适时出台信用管理相关法律提出了强烈要求。于是,在20世纪60年代末至80年代期间,美国开始制定与信用管理相关的法律,并逐步趋于完善,形成了一个完整的框架体系。

一般来讲,美国基本信用管理的相关法律共有17项(Robert Cole,1998),几乎每一项法律都进行了若干次修改。其中《信用控制法》(Credit Control Act)在20世纪80年代被终止使用。其他16项法律是:《公平信用报告法》(Fair Credit Reporting Act)、《公平债务催收作业法》(Fair Debt Collection Practice Act)、《平等信用机会法》(Equal Credit Opportunity Act)、《公平信用结账法》(Fair Credit Billing Act)、《诚实租借法》(Truth in Lending Act)、《信用卡发行法》(Credit Card Issuance Act)、《公平信用和贷记卡公开法》(Fair Credit and Charge Card Disclosure Act)、《电子资金转账法》(Electronic Fund Transfer Act)、《储蓄机构解除管制和货币控制法》(Depository Institutions Deregulation and Monctary Control Act)、《甘恩-圣哲曼储蓄机构法》(Garn-St Germain Depository Institution Act)、《银行平等竞争法》(Competitive Equality Banking Act)、《房屋抵押公开法》(Home Mortgage Disclosure Act)、《房屋贷款人保护法》(Home Equity Loan Consumer Protection Act)《金融机构改革—恢复—执行法》(Financial Institutions Reform, Recovery, and Enforcement Act)、《社区再投资法》(Community Reinvestment Act)、《信用修复机构法》(Credit Repair Organization Act)。上述法案,构成了美国国家信用管理体系正常运转的法律环境。

(一) 美国信用管理相关法律的执法机构

就美国联邦政府而言,并未专门设立一个信用管理局来管理信用和信用管理行业的事务,它的信用管理功能是随着市场发展和有关法律的建立而指派或自然分配给各有关部门的。鉴于美国制定信用管理相关法律的目的,以及从其信用相关立法体系构成可以看出,立法基本上可以分为银行相关和非银行相关两类。银行相关的信用法律主要在于规范商业银行的信贷业务,而非银行相关的信用法律主要在于规范信用管理行业。因此,美国的主要执法机构(Credit Regulators)也按照银行和非银行分成两类:银行系统的执法机构包括财政部货币监理局(Office of Comptroller of the Currency,OCC)、联邦储备系统(Federal Reserve System,FRS)和联邦储蓄保险公司(Federal Deposit Insurance Corporation,FDIC);非银行系统的执法机构包括联邦贸易委员会(Federal Trade Commission,FTC)、司法部(Department of Justice)、国家信用联盟管理办公室(National Credit Union Administration)、储蓄监督办公室(Office of Thrift Supervision)等。执法机构一般是法案草案的提出机构,它的职能是在法律文本后面做出实施规则,并且在技术上对法律文本提供权威的解释。如果说银行系统执法机构的主要任务在于商业银行的信贷业务,非银行系统执法机构的功能则主要体现在对征信和追账业者的规范。

在美国,信用管理的执法部门是美国联邦贸易委员会(Federal Trade Commission,FTC)。FTC 是几个主要信用管理有关法案的提案单位和法律指定的执法机构,它管辖的范围包括全国的零售企业、提供消费信贷的金融机构、不动产经纪商、汽车经销商、信用卡发行公司等。对于规范商业银行的信用管理相关法律的执法机构是联邦储备委员会。

(二) 美国信用管理的重要法律

在美国 16 项生效的信用管理相关基本法律中,直接规范的目标都集中在规范授信、平等授信、保护个人隐私权方面。因此,商业银行、金融机构、房产、消费者资信调查、商账追收行业受到了直接和明确的法律约束,而对征信行业中企业资信调查和市场调查行业则没有法律法规的约束(NCAM,1999)。对于企业资信调查,美国法律没有像英国的“公司法”那样规定不论上市公司还是普通公司都必须公开财务报表。与企业资信调查和商账追收业务直接有关的法律是“企业破产法”。下面主要介绍美国信用管理法规中消费者保护的系列法律,最重要的首推《公平信用报告法》。①

1.《公平信用报告法》(FCRA)

《公平信用报告法》于 1971 年 4 月开始实施(U. S. Congress,FCRA,1994)。FCRA 所规范的主体是“消费者报告机构”和“消费者信用报告的使用者”。FCRA 定义的消费者信用报告是指书面、口头或其他资料形式的报告,含有关于消费者信用评价、信用状况、信用能力以及个人消费特点、性格、生活方式等内容。FCRA 保证消费者从信用局(Credit Bureau 或 Local Retail Credit Bureau)能够自由取得自己的基本数据,并且相当比例的授信机构是在以信用局对消费者信用评价为授信依据的历史条件下建立的,它主要规定了消

① 吴晶妹. 信用管理概论[M]. 2 版. 上海:上海财经大学出版社,2011.

费者个人有了解资信报告的权利和规范了消费者资信调查机构对于资信调查报告的传播范围。后者实际上明确了消费者资信调查机构的经营方式。FCRA 规定,消费者有权充分了解任何一家信用局对自己信用状况的评价及依据,消费者具有对不实负面信息的申诉权利。对于消费者资信调查机构,最重要的规范是限制了消费者资信调查报告使用和传播的范围。法律规定,当事人有权取得自身的资信调查报告和复本,其他合法使用消费者资信调查报告的机构或个人必须符合下列条件,否则即使当事人同意也属违法行为:① 与信用交易有关;② 为雇佣目的;③ 承做保险;④ 与合法业务需要有关;⑤ 奉法院的命令或有联邦大陪审团的传票。《公平信用报告法 1996 年革新法》又增加了三个合法使用者:① 依法催收债务的联邦政府有关部门;② 出于反间谍目的的需要的联邦调查局(FBI);③ 经当事人本人同意,并以书面形式委托的私人代表和机构。2003 年,《公平准确信用交易法案》(Fair and Accurate Credit Transations Act)对《公平信用报告法案》再次修正,旨在保护消费者免受身份盗用之害。该法案对信息保密、准确和处理做出了相关规定,同时对共享消费者信息的途径做出限制。

对于消费者资信调查报告中的负面信息,法律规定在指定的年限后,可以在资信调查机构的调查报告上删除负面信用信息。例如,破产记录保存年限为 10 年,偷漏税和刑事诉讼记录保存 7 年。法律规定,凡以欺骗手段取得他人个人资信调查报告的,将被处以 1 年以下徒刑,同时处以 5 000 美元的罚款。该项法律条款的细节内容由联邦贸易委员会(FTC)做出解释。

2.《平等信用机会法》(ECOA)

《平等信用机会法》于 1975 年 10 月开始生效(U. S. Congress, ECOA, 1994)。该法适用于一切向消费者授信或安排消费者申请信用销售的政府机构、商家和个人。该法并不要求授信机构不顾事实地放贷,而是在对信用申请人进行调查和数据分析的基础上做出合理的授信,但不得因申请人的性别、婚姻状态、种族、宗教信仰、年龄等因素做出歧视性的授信决定。其主要内容如下:

(1) 信用申请人不得因其性别、婚姻状态、种族、宗教信仰、年龄而受到授信人的歧视,尽管消费者只有达到合法的年龄才能签署合同。

(2) 在信用申请人处于领救济状态或处于根据“消费者信用保护条例”申诉自己的权利期间,授信人也不得歧视信用申请人。

(3) 授信人不得对处于上述条件的潜在申请人暗示,阻止他们的信用或贷款申请。

(4) 授信人不得基于上述情况而拒绝考虑申请人的申请,而将信用或贷款给条件更好的但排在后面的申请人。

(5) 在申请人申请不保密的独立账户时,授信人不得询问申请人的婚姻状况。

(6) 除特定的情况外,授信人不得询问申请人配偶一方的情况。

(7) 不允许将性别和婚姻状况用于信用评级打分系统。信用评级打分系统必须经统计测试而声名卓著。任何声名卓著的信用评级打分系统都不得对年老的申请人因年龄因素而给予低分。

(8) 任何授信人不得向申请人提问关于生育打算、生育能力和节育的问题。授信人不得假设申请人在育龄期内会因为生育而失去工作,继而中断收入。

(9) 授信人不得因申请人的配偶或前配偶有坏的信用记录而歧视申请人。

(10) 授信人不得对申请人处于非全时工作状态而降低其信用评价,但是可以核查申请人持续工作的时间。

(11) 授信人可以了解和考虑申请人获得的赡养费和定期生活费是否有保证。

(12) 授信人可以询问申请人支付多少比例的赡养费和定期取得的生活费,如果申请人不依靠赡养费和定期取得的生活费来支付,申请人可以拒绝回答。

(13) 授信人如果拒绝一份申请,须在 30 日以内通知申请人。授信人必须向申请人解释拒绝的理由,申请人有权就此问题向授信人提问。

(14) 授信人必须向用户声明他们有权报告信用记录,双方的名字都写在报告上。

(15) 授信人在授信时要向申请人书面声明:联邦平等信用机会法禁止授信人对于申请人在性别和婚姻状况方面进行歧视。另外,针对授信人所在的行业,政府监督部门的举报地址和电话必须写在声明的下面。

(16) 在没有证据证明是用户自愿的情况下,授信人不得因用户的婚姻状况变化而中断用户的信用。

3.《公平债务催收作业法》(FDCPA)

《公平债务催收作业法》于 1978 年 3 月 20 日开始生效,法律适用于替债权方进行追账活动的第三方(U. S. Congress, FDCPA, 1994)。但是,法律规范的是受委托从事追账活动的追账机构向自然人类型的债务人进行追账的情况。该法的中心内容如下:

(1) 追账机构不得在债务人不方便的时间打催账电话,特别是在晚间 9 时至早晨 8 时之间。

(2) 如果债务人将案件委托给律师,追账公司只能同该律师探讨该案。

(3) 如果债务人所服务的单位的雇主不允许在工作时间内打此类电话,追账机构不得在债务人的正常工作时间内打电话催账。

(4) 如果追账机构以书面形式对债务人进行催收,当付账要求被债务人拒绝后,追账机构不得再给债务人寄相同内容的信或打电话,除非通知债务人追账机构将采取新的合法措施。

(5) 追账机构在催账时,必须给债务人书面通知。

4.《诚实租借法》(TILA)

《诚实租借法》于 1969 年 7 月 1 日正式生效。该法共分 4 个章节,各章节的内容分别是:消费者保护;不合理信用交易;被扣发工资的解决方法;成立消费信贷国家委员会(National Committee on Credit Finance)。“不合理信用交易”指的是收费价格过高的信用交易。该法的第三章提供了被扣发工资的情况出现时,首先被法律解释为借贷关系,然后提供同雇主解决纠纷的法律程序。该法的执法机构为联邦贸易委员会。

该法的核心内容是要求一切信用交易的条款必须向消费者公开,让消费者充分了解各信用条款的内容和效果,并且可以同其他信用条款进行比较,避免消费者在知识不够的情况下使用信用条款。在信用销售的情况下,卖方与贷方必须向买方或借方明确收费额或者利率以表明使用消费者信用或信贷的成本,但不限制贷方收取利息的最高利率限额。

根据该法,消费者有机会改变使用房屋信贷的意见,拥有单方面撤销信贷合同的权利,即反悔权。消费者行使这项权利的条件主要有两条:必须购买其最常居住的房子,以及单方面取消贷款合同的期限是签署合同后的72小时以内,并用书面形式通知贷方。在一般情况下,银行或其他房屋信贷发放者在借方签署合同后的可反悔期间内并不实际发放贷款。

根据该法,定义信用销售是需要分4期以上付款的分期付款式销售。在销售广告中,必须注明消费者为此商品或服务付款的全部绝对款额。法律还规定,使用被盗或者假信用卡取得现金或购物超过1 000美元者,构成犯罪。

5.《公平信用结账法》(FCBA)

《公平信用结账法》于1975年10月开始生效,它是对于《诚实租借法》修改的结果(Arnold S. Goldstein,1996)。该法的核心内容还是保护消费者,反对信用卡公司和其他任何循环信用(Open-end Credit)交易的授信方在事前提供给消费者不精确的收费解释和不公平的信用条款。该法的主要条款如下:

(1)如果消费者认为信用卡或其他信用销售的收费账单不正确或者需要有关信息,消费者可以在收到账单的60天以内,以书面形式向授信人提出申诉,并以邮局邮戳为准计时。申诉信中必须包括消费者姓名、账号和所对应的账目细则的疑问和申辩。授信人必须给以书面答复。如果消费者的申诉有理,授信人必须停止对不正确部分的收费。

(2)消费者在等待授信人答复期间,不必支付授信人有争议部分的账单,包括不支付信用卡最低月收费和其他收费。但是,消费者有义务按时付清没有争议部分的账单。

(3)授信人必须在30天以内答复消费者,除非在此之前授信人已经将账单修改。在90天以内,授信人必须更改账单或者向消费者说明其账单是正确的。

(4)如果授信人账单上有争议的部分存在错误,消费者则不必支付账单上的这一部分,也不必支付对应的最低付款额。授信人必须相应地修改账单。如果授信人没有错误,他必须给提出申诉的消费者以书面解释和新账单。在这种情况下,授信人可以合理地累计收取消费者在申诉期间暂停收取的费用或最低付款额。

(5)如果消费者对授信人的解释不满意,消费者必须在新账单规定的合理付款期限内通知授信人。

(6)在消费者再次提出书面申诉后,授信人不得将消费者的任何信息传播给其他信用销售公司或信用卡公司,也不得通知"信用局"。授信人还不得以破坏消费者信用来威胁消费者。在再次用书面形式对账单争议部分进行解释以前,授信人不得采取任何收账手段。

(7)消费者还可以对有争议部分相对应的购物或付费服务采取退货的方法,但必须满足下列条件:所购买的物品价值超过50美元;购物场所在消费者居住的州或者在消费者居所的方圆100英里①以内。

此外,授信机构在向消费者发放信用卡或者购物卡时必须以书面形式向消费者声明其公平结账的权利,并且每年至少向消费者书面提示两次。如果授信人没有按照上述程

① 注:1英里=1.609 344千米。

序办理,并违反法律的任意条款,尽管其收费是合理的,但消费者仍然有权对授信人提起诉讼。授信人将被要求对消费者的伤害予以双倍赔偿,但额度必须大于100美元、小于1 000美元。

6.《信用修复机构法》(Credit Repair Organization Act)

由于许多消费者出于取得和使用信用工具的目的,会高度重视建立和维护自己的信誉问题。因此,在消费者的信用出现问题时,会寻求信用机构的帮助。美国信用修复服务曾经存在问题,如对无知的消费者收费过高,或者使用欺骗性虚假广告词。该项法律的建立,旨在规范信用机构的业务操作。

《信用修复机构法》于1996年颁布,规定:信用修复机构是指使用商业工具销售或者提供服务、以获取报酬的专业性信用服务机构。其主要业务有:一是改善消费者的信用记录、信用历史或者信用评级;二是给消费者提供信用修复建议或者帮助。该法案对信用修复机构的行为进行约束,信用修复机构不得在服务完成之前收取费用,不得做出不真实的或者误导性的陈述或者建议。该法案还要求消费者与信用修复机构签订书面协议。信用修复机构应向消费者声明"准确的、及时的信息不能修复"。消费者在协议签订后的3个工作日内可以免费中止协议。该法案还明确了法律责任:违反法律的机构将承担民事责任,赔偿金额包括消费者遭受的实际损失、律师费和惩罚性赔偿。

拓展阅读5-1

美国信息开放与个人隐私保护的平衡机制

在信用管理法规建设中,保护隐私权是重要的原则之一。但是随着征信业的发展,个人隐私权保护面临着新的挑战。征信与隐私权保护之间存在天然的矛盾:征信制度要求开放个人信息,而隐私权保护正好相反,要求个人信息处于保密状态。如何在个人征信与隐私权保护的冲突中找到一种合适的平衡,成为征信立法者、监管者和政策制定者需要深入思考并加以解决的核心问题。

1. 产生背景

保障信息自由流通是美国征信立法的基本价值取向之一。美国的征信制度是在市场发展中自发形成的,自由市场经济造就了征信业的发展,同时征信业的发展也促进了美国经济的发展,美国近一个世纪经济快速发展正得益于信用工具的充分利用,可以说,信息的交流和利用是美国最近几十年消费拉动型经济增长的基础。美国强调交流和利用信息才是信息的价值所在,这与美国是信用经济高度发达的国家,其经济是"信用驱动型经济"的国情密切相关。

2. 核心理念

美国的平衡保护立法模式看重交易自由,更强调信息自由流通的价值,认为牺牲一些隐私是融入信息经济应付出的代价。在个人征信中,平衡考虑了征信业发展和个人隐私权保护两方面的因素。其立法既为个人征信机构的合理存在保留了适当的空间,又全面考虑了保护消费者个人人权方面的需要,但在隐私保护方面相对弱一点。例如,在欧盟,数据采集必须得到预先同意,个人是数据的所有者;在美国,征信机构采集数据时，可以不经过被收集者个人的同意，私人数据是数据采集者的基本财产。

3. 立法模式

由于担心制定统一的个人信息保护制度会限制信息的流通，进而对有关行业造成致命性的打击，最终妨碍经济的发展，美国对个人信息隐私的保护没有一个明确的总的指导原则，对公共机关采取分散式立法模式，对私人机构采取行业自律的方式。

美国平衡个人征信与隐私权保护的做法带给我们以下几点启示：首先，在个人征信与隐私权保护之间寻求一种合适的平衡是征信立法的核心，一个有效的征信体系必须解决好信息流通与个人隐私权保护之间的利益平衡问题。其次，在取得利益平衡的基础之上，征信立法更加侧重于隐私权保护还是信息共享取决于该国的历史背景、经济发展、文化传统等因素的差异。最后，征信立法没有固定的模式，征信立法模式的选择必须符合本国征信业的发展状况和法律文化传统，并能有效促进征信业发展和个人隐私权保护。

三、其他国家和地区的信用管理法规

（一）欧盟国家的信用管理法规

欧洲征信业也有100多年的历史。随着经济全球化程度的提高和通信技术的发展，已经建立起庞大的全球企业数据库的大型信用管理公司开始完善其全球服务网络，从主要经营信用信息产品转为主要提供信用管理服务。在这样的背景下，欧盟形成了联盟统一的信用管理法规，如欧洲委员会制定的《个人数据自动化处理中的个人保护公约》。为促进欧洲经济一体化，维护欧洲市场的公平性，欧盟议会于1995年通过了第一部有关信用管理的公共法律——《关于涉及个人数据处理的个人保护以及此类数据自由流动的指令》。

欧盟大多数国家采用以中央银行建立的中央信贷登记系统为主体的社会信用管理模式，由政府出资，建立全国数据库，组成全国性的调查网络，征信信息主要供银行内部使用，信息不对外开放。这同美国的以商业征信公司为基础的社会信用管理模式明显不同。此外，欧盟各国的信用法规多侧重于为个人权利保护提供法律依据，这与美国注重维护公正、有效的信用征集系统，而将对个人隐私权的保护放在第二位的立法倾向形成鲜明的对比。

欧洲各国对个人数据，包括信用数据的管理和保护有不同的水平。低水平的保护制度不问调查目的，任何人都可以获得所有借款人的数据。中水平的保护制度只有被认可的查询目的，比如提供贷款，才可以获得数据，不管消费者是否同意。而高水平的保护制度则规定，必须有借款人的明确认可，方可使用借款人档案材料。

（1）奥地利。奥地利隐私法建立于1978年，确保借款人和贷款人匿名，给予每个借款人获得自身数据信息的权利。

（2）比利时。比利时隐私法律给予个人获得以其名义记录在信用登记中心的数据和更正错误信息的权利（只要他能证实该信息是错误的）。当消费者姓名第一次被输入登记系统时，需要书面告知该消费者，而且消费者有资格检查和更正档案。在更正或删除信息情况下,登记系统必须告知先前接收过错误信息的所有贷款人。信息可以提供给执行监管功能的比利时国家银行和金融委员会,在符合与比利时国家银行达成的信息交流协议规定的条件时,还可以提供给外国信用集中风险办事机构。

(3) 丹麦。丹麦于1988年修订《私营登记法》,对隐私保护做了规定。其保密条款是十分严格的:① 信用局必须获得执业许可;② 它们只有资格登记和公布企业和个人不超过最近5年时间的财务状况评价数据;③ 必须告知债务人,而且债务人任何时候都有权获得目前档案的详细资料;④ 只有信用局的客户才能获取数据;⑤ 只有在债务超过1 000丹麦克朗(约140美元)且债务人对债务做了书面确认并实施了法律措施的情况下才能够收集信息。

此外,还规定,只有在以下情况下才能提供汇总负债数据:数据来源于丹麦正式公共公报;单个贷款人有超过1 000丹麦克朗的债务,法院已经对借款人采取法律措施。这些规定比欧盟《指南》严厉得多。

(4) 芬兰。芬兰法律只准许一家信用局在法律许可范围内运营,而且该信用局只限于报告偿付困难情况(只是负面信息)。

(5) 法国。在法国,由于隐私备受关注,《隐私保护法》对个人的保护比其他地方严格得多。1978年《信息、档案和个人权利法》给予个人向保存有该个人电子或自动化档案的机构询问的权利,并要求在每次被调查者姓名在数据库中出现时都事先告知本人,而且要在发布信用报告之前得到本人提供的书面同意。另外,一旦执行调查,就必须向本人提交报告。本人可以提出异议,若认为报告不属实,甚至可以举例反驳调查者。

这些限制条件也应用于由法兰西银行操作的公共信用登记系统。在公共信用登记系统中存有借款人名义的记录,需要告知借款人本人,档案内容也要口头告知借款人。此规定的目的在于避免个人数据未被授权者获得。特别是贷款协议中必须包含"告知借款人存在该档案"一条。无论何时向法兰西银行报告违约情况,银行都必须告知客户。该法还禁止第三方使用该信息。

(6) 德国。在德国,规范个人数据保护行为的是1990年《联邦数据保护法》。个人数据的处理和使用必须征得本人的书面同意。获得同意时,必须将存储记录的目的告诉本人,而且本人有权获得信息并进行更正。在与相关个人协议或者受托关系准协议目的相一致的情况下,允许私营个体存储信息。与其他欧洲国家信用局一样,SCHUFA① 信用局要求贷款人在申请贷款时在发放的专门表格上签字,借此解决保密问题。这类表格使SCHUFA信用局从为消费者保密的要求中解脱出来。

(7) 意大利。在意大利,隐私保护问题执行的是自1997年5月开始实施的1996年《675号法》。需要进行数据处理的机构或个人必须事先告知本人并获得其处理、传送和发布其个人数据的书面同意。该法规定,在以下情况下这种同意是不必要的:① 按照欧盟规定收集和保存信息;② 用来履行法律义务的数据;③ 来源于公共信息登记系统的数据;④ 与完成经济活动有关的数据。该法还规定,本人经申请有权核验和更正数据。

---

① SCHUFA公司是德国信用中介机构,占据了德国消费者市场的大部分份额。

(8) 荷兰。荷兰尽管在不建立“个人数据档案”时也会发生个人数据处理,但是目前施行的荷兰法自从 1989 年起就只适用于与建立“个人数据档案”有关的情况。

(9) 葡萄牙。在葡萄牙,借款人有权获取和更正以其名义记录的所有信息。贷款人向信用局错报是一种犯罪行为。

(10) 西班牙。西班牙的信用法规规定,个人有权拥有自己数据信息的权利,同时规定:如果索要数据机构的档案中没有该人记录,那么任何数据都需经本人授权。另外,借款人可以申请获得公共信用登记系统中保存的关于其本人的信息;在发生错误时,借款人还可以申请更正,而且公共信用登记系统必须告知更正的第三方。

(11) 瑞典。在瑞典,申请获得报告必须具有合法理由。瑞典独具特色的是,信用局有可能收集向公共缴付的所得税数据并将之归档。

(12) 瑞士。瑞士现行的《保密法》给予消费者了解信用局档案中存有何类信息的权利,但无须告知消费者信用局存有其信息。瑞士正在考虑在将来采用与欧盟《指南》相似的法规,这样信用局将不得不告知消费者存有关于他们的记录。

(13) 英国。相关的英国法律是 1974 年《消费者信用法》和 1984 年《数据保护法》。任何个人都有权书面申请获得信用局档案信息的复本。如果信息是错误的,信用局必须进行更正。与美国情况相类似(不需要事先征得个人同意),英国的这种规定出现在欧盟《指南》倡导之前。只要信用局具有许可证,就可以收集财务状况信息。

(二) 亚洲国家和地区的信用管理法规

在亚洲,建有消费者信用管理专业法律制度的有日本、韩国和中国台湾、中国香港地区。日本的《分期付款销售法》早在 1961 年就颁布实施,并在 1980 年大幅度修改。韩国也颁布实施了《批发、零售业振兴法》。中国台湾地区为达到欧美地区个人征信数据交换的要求,提升本地区信用管理水平,从 1991 年着手建立关于个人征信数据采集和传播方面的法律。在参考欧洲议会的《个人数据保护纲领》后,1995 年,中国台湾颁布了《电脑处理个人资料保护法》,并于 1996 年颁布了该法的实施细则。此外,发展中国家由于受发展阶段所限,法律体系并不完善,有关信用管理方面的法律规范相对缺乏,因此,各国在发展过程中,都十分重视建立和完善信用管理法律。印度和越南也都着手建立信用管理法律。泰国则在银行的推动下,逐步完善信用立法工作,并于 1998 年起草了《信用局法案》。

四、我国信用管理法律和法规建设

(一) 我国信用管理立法现状

信用是市场经济的基石,市场经济又称为信用经济。社会信用体系是市场经济体制的重要制度安排。为此,党的十六大报告提出“整顿和规范市场经济秩序,健全现代市场经济的社会信用体系”。党的十六届三中全会提出了“要建立健全社会信用体系,形成以道德为支撑,以产权为基础,以法律为保障”的社会信用制度。党的十九大报告从多个方面强调了诚信、公信力和信用建设的重要性。2016 年 11 月 1 日召开的中央全面深化改革领导小组第二十九次会议强调:“加强政务诚信、个人诚信体系和电子商务领域诚信建设,是社会信用体系建设的重要内容。”社会信用制度是以法律法规为基础、以信用文化与教育为前提，以管理和约束政府、企业、个人的信用活动为内容，以信用信息共享为支撑，以信用服务业为依托，以政府信用监督和社会监督为保障的社会综合管理机制，是信用经济健康稳定发展的重要保障。建立社会信用体系，开展信用立法，建立健全各类信用管理的法律法规，是一切工作中最基本的环节。

2002 年 12 月 24 日九届全国人大常委会第三十一次会议初次审议了《民法典（草案）》，草案人权法一编，专设有“信用权”一章，对自然人和法人两类信用主体的信用信息管理提出了建设性意见。《民法典（草案）》在“信用权”一章中规定的主要内容有：自然人、法人享有信用权。禁止用诋毁等方式侵害自然人、法人的信用。征信机构应当客观、公正地征集、记录、制作、保存自然人、法人的信用资料。征信机构应当合理使用并公开信用资料。自然人、法人有权查阅、抄录或者复制征信机构涉及自身的信用资料，有权要求修改与事实不符的信用资料。

在没有全国性信用立法的情况下，以行政规章或地方性立法的形式对信用管理进行法律规范，也是较可行的做法。2011 年 7 月，国务院法制办会同中国人民银行修改形成《征信管理条例（第二次征求意见稿）》及其说明全文公布，再次向社会各界征求意见。最终，《征信业管理条例》经 2012 年 12 月 26 日国务院第 228 次常务会议通过，自 2013 年 3 月 15 日起施行。几部委联合下发的《关于加强中小企业信用管理工作的若干意见》、住房和城乡建设部制定的《关于进一步推动和完善房地产信用档案系统建设的通知》、农业部印发的《关于加强乡镇企业信用管理工作的意见》的通知等，则是部委层面的信用管理规章，也针对不同行业或领域的信用管理等内容进行了规范。地方性信用立法也稳步进行。上海市人民政府制定的《上海市个人信用征信管理试行办法》、北京市人民政府制定的《北京市行政机关归集和公布企业信用信息管理办法》、天津市拟订的《天津市社会信用体系建设工作方案》、海南省人民代表大会通过的《关于加强信用建设的决定》等均属地方性信用立法，其内容不仅涉及信用信息的征集、使用与管理，也涉及地方征信机构的设立及鉴定等。《上海市社会信用条例》是上海出台的全国首个综合性地方信用立法，是对国家信用改革战略性任务的落实，也是上海信用体系建设的重要组成部分，自 2017 年 10 月 1 日起施行。

（二）我国信用管理立法亟待解决的问题

1. 信用信息的范围与管理问题

这不仅是解决社会信用管理与个人隐私权保护和企业合法权益保护的根本问题，也是一个必将影响全国性信用信息数据库建立及社会信用体系建立的问题。

2. 信用信息的开放、共享与安全保护的问题

包括：明确界定信用信息数据开放的范围，其中包括必须开放的数据源及其监督机构的责任；界定数据的保密范围，即在强制性公开部分信用信息数据的同时，确定必须保密的部分；确定对信用信息数据的经营方式；确定基本的数据开放与保护制度。

3. 个人信用征信管理

主要包括：个人征信的范围及限制行为规制对象的范围；信用信息主体对个人信息权利；个人信用报告的公开及方式；确保征信数据的准确和时效性；个人信用信息的泄密和救济。

4. 制定有关消费信贷的法律

包括:消费者的知情权,即指导消费者信贷发放过程中的信息披露,旨在消除授信机构与消费者之间信息不对称状况;消费者选择权,即使消费者根据自己的意愿选择授信机构,以维护金融机构之间的公开竞争;消费者的平等权,即授信机构对消费者平等合理的授信。

5. 明确政府管理机构、发挥政府的积极作用

在我国现行体制下,与信用管理有关的政府部门有国家发改委、中央银行、证监会、外汇管理局、公安部、住房和城乡建设部、工业和信息化部、市场监督管理总局、统计局、海关总署、税务总局等。各部门大多从本部门的实际出发出台管理规定,建立征信机构或咨询系统,中央政府并未明确一个信用服务机构的综合管理部门,现处于多头管理状态,各自为政,没有形成一套有效的监管机制。因此,当务之急就是明确各部门在整个社会信用体系中的地位和作用。同时,发挥政府在建设社会信用体系中的作用,从多方面、多渠道采取措施,鼓励和引导企业和个人使用信用信息产品,增强企业和个人的信用需求。

6. 规范信用中介机构管理的法律法规

其主要内容包括:信用中介机构的法律地位;信用中介机构的业务范围;信用中介机构的市场准入;信用中介机构的职能与分工;对信用中介机构的业务监督。

五、失信惩戒机制

(一)失信惩戒机制的内涵

1. 失信惩戒机制的含义

失信惩戒机制是由信用市场各授信主体共同参与的,以企业和个人征信数据库记录为依据的,通过信用记录和信用信息的公开,来降低市场交易中的信息不对称程度,约束社会各经济主体信用行为的社会机制,是信用管理体系中的重要组成部分。失信惩戒机制的主要功能是对所有失信行为的法人或自然人实施实质性打击,使人轻易不敢对各类经济类合同或书面允诺违约。同时,失信惩戒机制维护诚实守信者的利益,对诚实守信者进行物质性奖励。它以合法和遵守市场规则为原则,有效保障市场健康有序发展。

失信惩戒机制所要对付的违约失信行为就是居于道德失范与诈骗犯罪之间的经济失信行为,大量处罚额度非常小且不便使用公检法手段处理的经济类违约失信事件。失信惩戒机制的执行单位可以是各种各样的授信机构,在征信国家中,也可以是法律或政府有关机构委托的民间机构。执行机构的作用是把不良记录和相关意见记录在信用调查报告中。企业的主要经营者或公民个人一旦有了不良信用记录,这些记录将伴随他们度过一段时间。时间的长短由相关的法律决定。例如,美国法律规定个人失信记录被信用局保存和公示的时间为 7 年,个人破产记录被保存和公示的时间为 10 年;英国法律规定个人失信记录被信用局保存和公示的时间为 6 年,个人破产记录被保存和公示的时间为 15 年。

2. 失信惩戒机制的特征

在社会信用体系中,为防范和打击失信行为而设计的失信惩戒机制在实施方法和效果上具有以下基本特征:主动打击经济失信行为、在社会上全面渗透、使失信者受到经济性惩戒。

主动打击经济失信行为是指这种失信惩戒机制不对失信者进行思想道德教育,也不在意失信者是否愿意,甚至在失信者不知情的情况下,个人信用局的征信数据库就将其不良记录全部收录在案,并让失信者未来的交易对方或雇主、公用事业单位等能够方便地取得。在全面了解失信者的不良信用记录后,由授信者或者雇主自己决定是否与失信者交易、交往或者决定交易额度。

在社会上全面渗透是指对失信行为的记录是覆盖全国的,对不良记录的传播是全国性的。只有这样,才能使失信者在社会上寸步难行,有效遏制失信行为,提高失信成本。

3. 失信惩戒机制原理

根据信用经济学和信用管理理论,失信惩戒机制原理包括:一是通过降低市场交易中的信息不对称程度来达到对潜在失信者进行防范;二是对已经发生的失信事件,则以企业和个人征信数据库的记录为依据,动员所有授信机构、雇主、政府和公共服务机构共同建立起一种社会联防,以对付失信责任人。它是以征信数据库为纽带的市场联防。失信惩戒机制作用的效果必须达到:将交易双方中失信方与授信方二者之间的矛盾,激化为失信方与全社会的矛盾;在法律允许的处罚期间,让所有的政府监管部门、授信机构、雇主和公用事业单位参与对失信者的经济类惩罚。如图 5-1 所示。

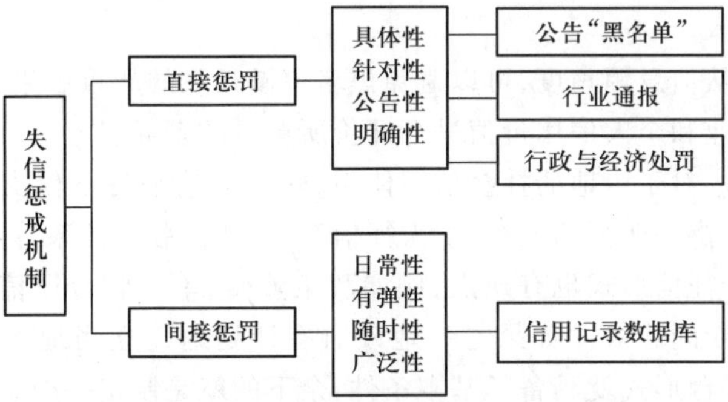

图 5-1 失信惩戒机制的惩罚方式

(二) 失信惩戒机制运行

1. 失信惩戒机制运行的基本要素

失信惩戒机制的建立应具备三个基本要素:一是政府和民间的征信数据对征信机构开放;二是由专业征信机构投资,通过联合征信形式采集征信数据,构筑征信数据库,并合法公开不同级别和类型的资信调查结果;三是由政府倡导,建立一个市场联防机制,由具备监管功能的政府部门、各类授信机构、雇主、公用事业单位等参加,使失信企业和个人不能取得任何信用方式的便利。例如,工商部门制作的失信企业“黑名单”及配套的行政处罚就是一种初级的失信惩戒机制方法。

失信惩戒机制的运转依靠各类征信数据库,如图 5-2 所示。从国内的企业信用制度和个人信用制度试点工作的经验来看,适用于失信惩戒机制的征信数据库的数据采集工作,最好是采用联合征信平台形式,而不仅仅是通过同业或同系统的征信采集数据,独立形成征信数据库。也就是说,凡有条件的地方,失信惩戒机制最好依托当地的联合征信数据平台开展工作,因为使用联合征信数据平台具有以下诸多优点。

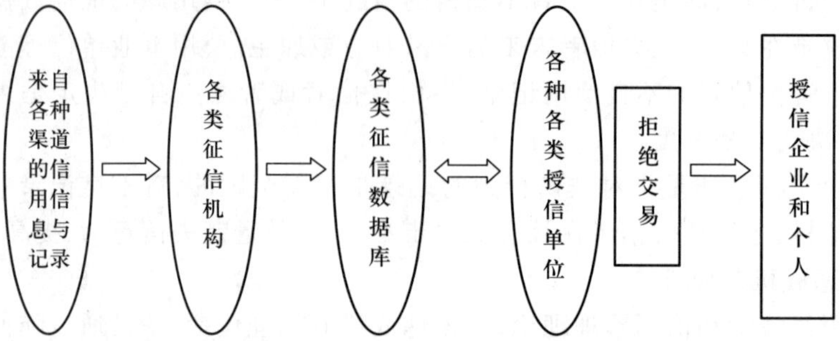

图 5-2　失信惩戒机制的运行

(1) 公正性。通过联合征信数据平台,可以大幅度提高征信数据的采集量,有助于对失信者的信用价值的判断或使量化评级工作更加科学可靠。

(2) 信息完整性。大型联合征信平台,可以同时向若干“黑名单”公示系统提供数据支持,例如一地政府政策支持的联合征信平台。

(3) 经济性。政府政策支持的联合征信形式会明显降低采集征信数据的成本,也从总体上减少设备投入。

(4) 合理性。从信息源角度,可以避免黑名单漫天飞的严重后果,也可以有效地减小不同征信机构对企业和个人信用价值进行评价所产生的差异。

(5) 多功能性。对于一地的社会信用体系,联合征信平台不仅支持失信惩戒机制的运行,还可以具有支持企业征信系统、个人征信系统、征信服务体系等多种功能。

但是,采用联合征信形式也有缺点,例如政策障碍、单一联合征信平台工作的可靠性问题和数据供应垄断问题等。如果是一地政府有计划地建立当地的社会信用小体系情况,采用联合征信平台形式就具备了基本条件,余下的就是制定一个合理的使用资源或资源共享规则。

2. 失信惩戒机制的操作性

社会信用体系作为一种社会机制,其主要目的是建立起适合信用交易发展的市场规则,这种市场规则具备对失信行为进行惩处的功能。失信惩戒机制是以市场手段对失信行为进行惩戒并对守信行为给予奖励的市场机制。失信惩戒机制以信息公开为前提,以市场调节为实现手段,是一种非正式的社会惩戒机制。

失信惩戒机制通过建立以征信数据库为纽带的市场联防,降低市场交易中的信息不对称程度来达到防范失信、惩戒失信和激励守信的目的。

失信惩戒机制运行的操作性在于:

(1) 依托征信数据库,以市场方式处罚市场失信主体。

(2) 将交易双方的矛盾激化为失信方对全社会的矛盾,对市场上的失信行为进行实质性的打击。

(3) 形成失信惩戒的社会震慑力,将市场主体的失信动机消灭在萌芽之中。对于已成为事实的失信行为,要在相当长的失信惩戒期间内,使失信主体不能进入市场的主流,加大失信主体失信的成本。

(4) 在对市场失信行为进行惩戒的同时,具备对守信主体的奖励功能。

(5) 惩戒的作用范围覆盖全社会。

(6) 信用专业机构是法律法规约束下的失信惩戒主要执行者。

在美国,每一个公民都有一个社会安全号,只要到信用公司输入该社会安全号,这个公民的纳税信息、诉讼信息、犯罪信息等就会一目了然。而且,信用公司为每个公民评估了信用得分。如果得分在700分以上,这个公民可以不用任何抵押就可以到银行贷款购车买房;如果得分低于600分,就意味着信用破产,不仅银行不给予贷款,也没有人敢与其做生意。在这样的信用体系中,信用是公民的第二生命,没有信用的人在社会中寸步难行。

(三) 失信惩戒机制的监督与管理

失信惩戒机制的监督与管理,指的是对失信惩戒机制发挥作用的机制和途径进行必要的管理和监督,对其发挥作用所涉及的相关执法部门进行规范和管理。除信用管理有关的立法之外,客户申诉的仲裁、保护正当的公民个人隐私权、对方法和技术的研究发展、政府对民间的信用管理组织的业务管理等也是不可忽视的。监督管理的工作重点应该集中在两个方面:一是对被处罚的自然人或法人的申辩的保护和认真复核,对处罚应该做出权威的标准尺度及其解释;二是对于信用管理使用的技术和设备方案做出评估或审查。

失信惩戒机制会对失信的企业和个人进行经济性的打击,让它公开地为市场服务是一件非常敏感的事情。所以,失信惩戒机制设计的各种措施要有理有据,要在法理上讲得通。另外,失信惩戒机制的"量刑"是基于可对大众产生震撼作用和教育的效果而设计的,达到让失信者认识到因失信而受到惩戒的严重后果,足以达到教育失信者的目的。但是,失信惩戒机制在设计上的初衷,绝不是想一棒子将失信者彻底打死,而要在失信者付出惨痛代价后,给予失信者改过的机会。例如,美国的《公平信用报告法》规定,在任何调查或报告机构的征信数据库中,个人失信记录最多保存7年,个人破产记录最多保存10年,而优良信用记录会被终身保留。

只要失信惩戒机制开始运转,不管征信数据库和"黑名单"系统是不是由当地政府运行,政府都要指定专门部门接受被处罚者的申诉,要求征信机构配合,制定限期复议有争议的记录的制度。对于确实有失信行为的企业和个人,申诉受理窗口也是起到了教育功能,甚至辅导失信者重建信用。本着"治病救人"的态度教育失信者,可以让有失信动机者明白,失信其实是一种害人害己的行为。例如,美国的《公平信用报告法》规定,消费者有权充分了解任何一家个人信用局对自己的信用状况的评分及依据。即消费者可以向个人信用局索取对自己信用状况进行调查的报告,并取得个人信用局对信息来源的解释。

当前,有许多地方政府提出建立本地区的小信用体系,必然涉及失信惩戒机制的启动和运转问题,国家需要尽快建立有关的法律法规,至少地方政府能够先出台相应的地方法规。在社会信用体系建设过程中,存在政府按照市场规律启动失信惩戒机制的建设工作,需要政府推动专业征信机构的发展。统一的政府行业管理部门,既是失信惩戒机制运转的推动者,也是监督者;专业征信中介机构是法律法规约束下的执法工具。

第二节　信用管理的经济环境

拥有良好诚信资源的市场经济,是健康有序的市场经济。在这种状态下,社会运行成本降低,社会关系和谐。而破坏信用关系,就会动摇市场经济的基础,带来经济秩序的混乱。社会信用作为一切道德赖以维系的前提,是现代市场经济发展的道德基础。

一、社会信用与市场经济

(一)社会信用是市场经济的本质要求

社会信用,从本质上讲,要求社会人、自然人和法人诚实守信,言行一致,真诚实在,信守承诺,互利和彼此信任。从另外一个角度来看,可以说,市场经济关系实质上就是一种契约关系。表面看来,契约的制定和执行依赖于法律,但法律本身的执行依赖于整个社会的诚信水准,在一个人们普遍不讲信用的社会里,法律所能起的作用是非常有限的;在契约不完备的条件下,人与人之间交易关系的建立和维持就更加需要信用。

在现代市场经济运行中,信用的价值更加明显。诚实守信能够提升企业形象和竞争力,信守承诺也是个人安身立命之本。人类经济史划分为自然经济、货币经济和信用经济三个阶段,而信用经济是人类经济发展的必然归宿。市场经济是一种市场对资源配置起基础性作用的发达的商品经济,是以市场调节为主的经济。市场经济条件下,人与人之间平等、互利和彼此信任,经济发展得以持续。从经济学的角度来讲,诚信原则的存在大大降低了交易成本。因此,社会信用作为一种道德规范内在于市场经济,是市场经济的本质要求。

(二)社会信用是维护市场经济秩序的道德力量

市场经济显著的特征就是效率和秩序,效率是市场经济的直接目的,而良好的秩序是效率的保证。市场经济的发展需要一个良好秩序来维护,一旦秩序混乱,市场经济就会偏离轨道,失去稳定的基础。良好的市场秩序的主要手段是市场自身的自发调节、政府的宏观调控(包括经济的、法律的、行政的多种手段),除此之外,还要依赖风俗习惯。可见,市场经济秩序的维护,除了靠法律制度的力量外,还特别需要道德的力量。市场经济讲契约关系,自主的市场主体之间的关系是靠契约联结在一起的,契约维系着市场交换中各方的权利、义务和利益,遵守契约是市场得以正常运作的基本规则。市场经济活动中,契约的践行除了靠法律的保护以外,也要靠道德的诚信原则来维系,不仅能够领悟到市场规则的合法性和合理性,而且将其内化为应当遵守的一种规范,并以各自的道德人格在不同领域承担相互的道德责任。只有当市场经济主体具有明确的道德主体意识和道德责任感,市场规律对市场主体行为的约束由外在的钳制力转变为主体的自律时,才能从心理的深层结构上为市场经济健康有序运行提供坚强的保证,从而进一步推动市场经济的发展。

(三)社会信用是现代市场经济发展的内在动力和可靠保证

市场经济信用原则的核心是诚实守信,完整履约。在现代市场经济条件下,一个企业和一个地区的发展,社会信用尤为重要。在竞争、法治和信用这三者中,竞争是良好市场经济秩序的核心,法治是良好市场经济秩序的保障,而信用则是良好市场经济发展的内在动力。社会信用是企业的生命,是企业安身立命之本,也是经济发展之本。没有了信用,人们的经济生活、政治生活、社会生活就失去了基本的维系和支撑;缺少了信用,经济发展和社会进步就缺少了前进的动力和可靠的保证;离开了诚信,在互不信任、互相防范的情况下根本不可能有市场经济的真正发展。事实上,社会信用也是一种生产力,它主要体现在可以使企业降低交易成本、提高效率、摆脱诉讼、提高竞争力等,是企业的无形资产。由于信息公开,传播速度很快,企业的信誉状况很快就会得到市场的反馈。如果公司信誉优良,就可以得到更多的信用和融资的便利,大大降低财务费用,减少库存,加快资金周转,并进一步扩大信用交易,大大增强市场竞争力。

二、影响社会信用的经济因素

地区经济发展水平被认为是地区信用环境的一个典型指标。有研究表明,人均 GDP 在 300 ~ 500 美元,信用被视为可有可无;人均 GDP 在 500 ~ 1 000 美元,信用往往被大肆破坏;人均 GDP 在 3 000 ~ 5 000 美元,是信用重组阶段;人均 GDP 超过 5 000 美元后,信用便进入良性循环阶段。地区经济越发达,各种信用活动的数量越多,也更容易产生信任。马斯洛的需求层次理论认为,人在满足了生理需求后会追求尊重和自我实现需求,他们对信誉等社会属性会看得更重,地区经济环境也更为有信。同时,良好的信用环境对经济发展也起到了促进作用,两者相辅相成,互为推动。除了人均 GDP 代表宏观经济发展水平外,市场化等指标也被当作微观因素研究其对信用环境的影响。

(一) 明确的产权关系

产权明晰是信用关系的前提。社会稀缺资源的配置就是对使用资源权利的安排,不同的产权安排将会影响资源使用和交换的效率。明确产权关系,界定人们在经济活动中如何受益,如何受损,以及他们之间如何进行补偿的规则,帮助交易双方对交易时的合理预期。所有权的确立和保障是信用关系的前提。产权制度的实质在于明确行为与行为结果之间的关系,行为结果是否涉及行为者的切身利益将决定其行为倾向。产权不明晰,限制了自由竞争,必然导致市场秩序混乱,坑蒙拐骗盛行。产权是信用建立的基础之 ,明晰的产权制度是达成交易的必要条件,是结成正常信用关系的基础。如果产权不明晰,私有产权得不到承认和保护,人们就丧失了讲信用的制度基础,信用机制也就无从建立。

(二) 市场化程度和契约制的发展

在市场经济体制下,经济发展水平越高,市场化程度越好,交易也越发达。按照重复博弈理论,交易频繁发生,交易参与者出于对长期利益的追求,会理性地选择信任。亚当 · 斯密曾发现 16 世纪的荷兰人比英国人更讲信用,这与荷兰的商业经济更发达不无关系。市场化程度越高,市场行为参与者越会经济地选择信用。有研究表明,当假定地区信用度为 10% 时,市场化程度增加的 1% 将带来地区信用度 5% 的增加,地区信用提高到了 15% 。市场化与信用环境有强烈的正相关关系。

市场是交换关系的总和,市场交易活动是一种契约活动。契约制产生,明确交易双方的权利与义务关系、交易的性质和内容、交易费用,减少行为失范等不确定性。契约关系关系到维护自愿合作和守信的制度基础。随市场交易发展,越来越多的交易及信用关系通过契约表达和实现。市场交易的契约化,使得所有市场交易(无论是长期的还是短期的)都被看作一种契约关系,并将此作为经济分析的基本要素。其中,最根本、最重要的是契约化以法的形式对信用与利益关系做出了规定,取代了单纯的伦理道德形式,这使交易过程的信用行为不仅具有伦理的要求,也具有了法的要求。契约化的整个过程就是要求按约行事,涉及信用行为和信用关系调整,以及信用制度的建设。契约化的方向是增加可预计性,减少不确定性带来的信用风险和交易费用。

(三)信息环境

西方经济学的基础假定中,信息通常是充分、完备的,获取的成本为零。但这种无摩擦的状态在现实中基本不成立,信息不完全和不对称的情况存在于各种经济活动中。信息不对称会引发逆向选择和道德风险,导致严重的信用缺失。在商品交易中,卖方隐瞒质量价格等信息获得超额收益,其他卖方效仿将会引发“劣币驱逐良币”的情况;信贷市场中为弥补信息不对称的风险,银行提高利率,同样驱逐“高质量”的借款者。在经济发达地区,信息交流频率较多,信息是相对较公开和全面的,信用活动的成功率也较大,促进了经济良性发展。良好的信息环境无疑对整个信用环境有极大的促进作用。

(四)信用中介机构发展

企业或组织作为市场上的独立交易主体,其信用行为还要受到市场自发形成的治理力量的激励和约束。一个市场经济越发达和成熟的国家或地区,其市场自发形成的社会规范力量也越强大,这促使失信的企业或组织无处遁形、遭到排斥而无法立足市场。这种市场自发约束力对于企业或组织的行为决策影响很大,甚至久而久之会逐渐内化为企业或组织的强烈的信用意识和声誉意识。因此,市场自发的社会规范力量也是企业或组织的道德信念的重要影响因素。社会自治力量包括市场自发产生的组织规范,如行业自律组织的发展和规范性、信用中介的行业自律规范、私人仲裁机构的发展等。对比西方发达的市场经济体制国家,行业协会作为一种企业群体的自发组织,在行业的自律、维权等方面发挥了某些政府无法替代的作用,而且比政府那种临时的干预行为更持久、有效。

拓展阅读 5-2

中国信用缺失的经济分析

市场经济下存在完整的市场自律机制。市场自律是市场经济运行的基础,信用的有效运作也与市场自律分不开。以自律为特征的市场机制是市场经济最基本的要素,这一套自律规则将当事人的意思自治与交易费用的减少有机地结合起来。市场本身的规律要求当事人之间有充分的意志自由,在意志自由的条件下来进行自己的活动。同时,市场也要求当事人以诚信而行为,由市场机制对失信行为予以惩戒。市场自律的方式,一是通过私法的非强制性规则来体现,二是通过市场自律规则而不是法律规则来规范市场交易行为。

大量的信用活动是通过市场自律得到规范的。虽然市场经济有其缺陷，但市场经济中信用的普遍缺失，其实正是市场经济发展不健全才导致的。究其原因，市场经济中各种能够制衡和约束信用运行的市场机制并不存在，或者不够健全，特别是征信行业发展得极度滞后。市场主体虽有了自由发展的机会，但自利的盲目性驱使其毫无顾忌地追逐短期的最大利润，却得不到市场机制对其的任何惩罚。市场机制的不健全对信用缺失的影响主要包括：

1. 市场主体的信用约束机制缺乏

信用主要表现为契约，市场主体的履约成为信用运行的关键所在，市场应为市场主体的履约提供无处不在的约束机制。约束机制主要包括市场主体准入机制、信用信息传递机制、信誉机制以及破产机制。其中，最重要的是信誉机制。信誉机制只有在一个多次博弈的行为中才能发挥作用，因为只有当市场主体目前的交易是未来交易的一个组成部分时，他们才可能具有信守承诺的充分激励，市场主体保持较高信誉才有意义。尽管在现代市场经济条件下，不守信的市场主体很难在激烈的市场竞争中长期生存下去，但其前提条件和约束机制是建立在现代信息手段和快捷的信息流基础之上，一旦某市场主体有失信行为，就会为大家所知晓并使其信誉受损，可能为此付出难以继续生存的代价，而这种约束机制在我国却是缺乏的。另外，不恰当的行政干预也造成市场机制的扭曲。一些地方政府的官员，从本地利益甚至从本单位和个人的利益出发，随意干预企业的交易活动，在相当程度上助长了某些企业的外部不经济行为。

2. 与市场主体履约的约束机制相关的信用中介组织及由其主导的信用信息采集和传递机制、信用评估机制的缺乏

由于市场主体间信息的不对称是市场经济的常态，因而中介组织是市场经济中重要的组成部分。如果市场主体自己收集交易对象的信用信息，将付出较高成本，或者无法收集。而信用中介组织可以在法律规定的范围内，对市场主体的资信状况、履约能力、失信情况、违法记录等多个方面进行收集和整理，并对这些信用信息进行评估，用简明的符号来表示市场主体的信用等级，将调查和评估结果反映给信用信息需求者。在这方面，我国还非常缺乏。

3. 产权制度存在缺陷

企业维持重复博弈和建立信用的前提是剩余控制权的确立，只有拥有剩余控制权的组织和人，才会有足够的内在激励来为自己的行为负责，信用才能因此而建立。在我国，国有企业的产权关系不稳定和欠清晰，造成委托人和代理人都不可能真正拥有企业剩余控制权，由此导致企业行为的短期化。企业经营者只追求权利而不承担责任，只追求利益而不承担风险，只顾眼前利益而不顾长远利益，从而引发种种信用问题。同时，私营企业的产权缺乏法律的有力保护。由于产权没有得到可靠的法律保障，产权的各项权能得不到完全实现，私营企业往往表现出过分追求短期利益的趋向，从而摧垮私营企业对长期利益的追求这一信用的基础。法律应确定产权制度，明晰企业的产权，使企业的所有人有足够的积极性防止实施非信用行为。

三、社会信用的经济环境建设

(一)明晰产权,明确经济主体的权利和责任

在构建信用制度的过程中,产权清晰问题主要是强调产权的归属要清晰、权责要明确,该是谁的就是谁的。只有产权清晰了,当事者才能对自己享有的权利部分实施信用。信用制度的建立首先要使产权制度能保证产权的最终所有者对产权具有极强的约束力,同时当事者在产权范围内实现责、权、利的内在统一,以保证产权的清晰。其次,就是要将当事者的信用与清晰的产权联系起来,做到一一对应。在构建信用制度的过程中,产权对等问题主要是强调当事者在进行交易时做到产权与产权的对等,同时保证产权与信用的对等,拥有多少产权就谈多少信用。只有做到这两个对等,才可能保证彼此的信用也是对等,才能避免在交易过程中出现信用的放大,减少信用风险。将信用度建立在产权约束的基础上充分体现了责、权、利对称的原则。当事者所拥有的产权大小,实际上代表了其承担信用失效的能力。产权范围之外的信用,一旦当事者违背,损失将无法弥补。所以,当事者双方在进行交易的时候,一定要坚持产权对于信用的约束。在现实中做到信用制度以产权约束为基础,首先就要增强产权的约束力。这种约束力主要取决于两个条件:一个是要有完整而明确的产权约束依据,体现在现实中主要是指当事者之间的契约;另一个是要有良好的产权约束机制,体现在现实中就是实施产权约束的手段及方式。只有做好了这两个方面,才可以保证产权对于信用的约束力,将约束落到实处。其次,需要当事者双方主动地将自身信用限制在产权约束之内。

(二)促进契约经济的发展

信用经济即契约经济。在信用经济社会中,契约打破了人际关系、地理范围的限制,使在任何个人和组织之间建立信用关系成为可能。通过签订契约,确定和规范各种不同情况下的适当行为,对可能发生的失信行为采取措施,消除和调整交易者之间的利益冲突,互不相识的陌生人之间也能在市场上顺利交易。契约确定了交易双方的权利与义务,制定了保障所有权及其转移的规则,是交易双方自愿合作和守信的制度基础。随着市场交易的不断发展,越来越多的交易及其信用关系通过契约表达和实现。契约化通过法律约束对信用与利益关系做出了规定,这使交易过程的信用行为不仅具有道德伦理的要求,也具有法律的约束。契约化需要信用制度的建立和健全。契约化的目的是减少不确定性带来的信用风险和交易费用。交易不断契约化推动了包括政治、经济和法律制度在内的整个信用经济制度的建立和完善,对信用经济的发展意义重大。

(三)完善信息披露制度,增加信用市场的透明度

强化信用信息系统管理是解决信息不对称的唯一方式。通过信用报告机构调查汇总、分析客户的资信状况并及时出具信用报告,为商业银行提供真实充分的信息以改变其信息劣势。主要由第三方来承担信息鉴定、整合、保存和提供利用的职能,进行源头控制管理,并创造条件,使一批按市场游戏规则运作的从事征信评级、调查的企业成长起来,实现征信数据和信息产品的市场化,达到社会信息相对对称,从而尽可能减少因信息不对称所带来的损害交易主体利益的情况发生,然后在此基础上发展和规范社会性的信用服务行业。

尽量减少信息的不对称，增加信用市场的透明度，是防止逆向选择和道德风险行为及建立信用市场公开、公正、公平竞争的关键。努力加强和完善信息披露的法规体系，要求市场参与主体在不涉及商业机密的条件下充分公开自己的信用及相关信息，增加信用过程的共同知识而减少私人信息或隐蔽信息，为我国市场信用的健康发展营造一个良好的信息条件和外部环境。

（四）大力推动信用中介机构的发展

信用中介机构作为信用体系的重要构成环节，在信用体系中发挥着不可替代的作用。信用中介机构的作用和地位决定了信用评价机构的建设是信用体系完善的重要内容，推动相关组织和系统的建设，以及相应市场的培育和发展，是完善信用体系的有效切入点。一方面在法律上出台信用评价机构的管理办法，明确信用评价公司的资质条件、人员素质和结构要求、股权关系的独立性、内部的管理制度和评级制度完善性、评级理论和方法的科学性；另一方面推动信用中介组织和系统的建设和发展，尤其是要及时建立各地的信用信息征信组织，并努力推进全国征信系统的形成。

第三节　信用管理的文化环境

一、社会诚信与文化环境

（一）信用文化的内涵

信用文化，是指信用活动中形成的，反过来又对信用活动产生重要影响的价值观念、行为准则。从这一意义上说，信用文化有其物质层面、行为层面、制度层面和精神层面的内涵。

信用文化的物质层面，是经济交易活动中的产品和各种物质设施等构成的器物文化，是一种以物质形态存在的表层信用文化。信用文化的行为层面，是指社会公众在经济活动中产生的一种动态文化，是社会公众从事经济活动的经营作风、精神面貌、人际关系的体现，也是社会公众价值取向的一种折射。信用文化的制度层面，主要是指讲信用和不讲信用的激励和约束机制，其中产权制度是前提，有关信用的法律制度是核心和保证。相对于信用文化的物质层面、信用文化的行为层面和信用文化的制度层面来说，信用文化的精神层面是一种更深层次的文化现象，在整个信用文化系统中，它处于核心地位。它是指社会公众在长期的经济交易过程中，受一定的社会文化背景、意识形态的长期影响而形成的一种精神成果或文化观念。总体上看，信用文化的精神层面是一种讲信用的群体意识，是社会成员共同一致，彼此共鸣的内心态度、意志状况和思想境界，是社会公众经济活动中心理定势的主导意识，是信用价值准则的集中体现。

（二）信用文化的特征

1. 共赢性

信用观念和诚信原则本来就是在人们追求利益的互动中产生和发展的。共赢性原则不仅要求当事人在立约、践约的过程中按约办事，不损害对方利益，而且必须确保潜在的第三方即公众乃至整个社会的利益不受侵害。

2. 广泛性

信用文化作为一种基本理念和规范有别于其他文化现象,具有广泛的、普遍的适应性。就社会层面而言,构建现代信用文化绝不能囿于经济领域,而必须从全体社会成员的道德规范和整个社会运作机理上来考虑。信用文化不仅有赖于一个社会的商业文化、物流文化、企业文化,而且有赖于一个国家的制度文化、法制文化和道德文化。它是全社会道德规范和制度规则在国民中的内化整合。

3. 奖惩性

信用文化构建过程,是以"诚信为本,操守为重"为主要内容的信用理念。在构建我国新型的信用文化过程中,要紧紧抓住教化与内化这两个环节,并配套建立起严格的惩罚机制和激励机制,让遵守规则的人和事得到激励和鼓舞,让违反规则、破坏秩序者受到应有的惩罚,付出相应的代价,这就是信用文化的奖惩性特征的内涵。从社会体系而言,正常秩序的建立和维护必须依据一定的制度和规则,而规则有两个基本方面,即客观规则与他律规则、主观规则与自律规则。前者主要是靠强制性的法律措施,后者则是伦理道德、文化氛围的约束,二者不可或缺。

二、影响社会诚信的各国信用文化

(一)中国诚信文化传统

1. 诚信文化思想

(1)儒家的诚信文化思想。儒家在长期的发展中形成了以"仁爱"原则为中心的道德规范体系。以"仁"为核心,就是强调用一种道德伦理、道德准则来教化、指导人的言行。作为儒家道德范畴之一,诚信的内涵有三个方面:第一,信的本质是诚。《孟子·离娄上》中曰:"诚身有道:不明乎善,不诚其身矣。是故,诚者,天之道也;思诚者,人之道也。至诚而不动者,未之有也;不诚,未有能动者也。"以此告诫人们,诚是顺应天道与人道的基本法则,是人的真实不欺的本性和做人原则。第二,信的标准是义理。在通常情况下,以信作为处理人际关系的精神纽带,人们应当言行一致,表里如一,这样才能取信于民。孔子认为信是守信、信用的意思,是每个人应该具备的一种最基本的品质,是儒家学者进行道德修养以完善人格、提高自身境界的原则之一。第三,信的行为规范是人己不欺,一方面诚实不欺,讲究信誉,另一方面要不欺人首先须不欺己,要自信,忠于自己的本质。

(2)墨子的信用观。墨子创建的墨学,始终把"信"作为评价仁人的一条重要的道德标准,推崇忠信之士。墨子同时把功利作为社会伦理的基础,使经济与伦理相统一,这是墨子对先秦经济伦理思想的一大贡献。

(3)老子的信用观。老子告诫人们:"信言不美,美言不信","信者,吾信之;不信者,吾亦信之,德信",反映了老子对真实、信实的道德追求。

2. 中国儒商人格

诚信思想在先秦时期已经突破了单纯的思想观念的范畴,影响社会生活的方方面面,尤其是商业领域。

第一,诚实守信。在诚信文化的影响下,逐步形成了儒商"诚信为本"的道德为本的商业道德。儒商讲求货真价实，童叟无欺，遵规守约。

第二，先义后利。儒商在处理生产经营过程中“义”与“利”的矛盾中，坚持“义以为上”“以利取义”“见利思义”“舍生取义”“利以养其体，义以养其心”等伦理道德思想。强调先义后利，反对重利轻义。

第三，以人为本。儒商具有“应爱”“民本”“民生”的传统，主张“应民爱物”“以民为本”。从而把“以义取利”当作其经济价值观的基础，忧国忧民，以天下为己任。

第四，以和为贵。“和”是儒商精神所主张的经济关系论。儒商追求生产经营活动中和谐的人际关系。竞争是商品经济的必然产物，在参与竞争过程中，儒商尊崇“和而不同”的哲学思想，追求矛盾事物的统一和谐，把“以和为贵”的经营思想升华到了一个较高的精神境界。

（二）中国企业失信行为的文化根源

中国是一个拥有五千年文明史、具有深厚的诚信底蕴的国家，面对如此大量的失信行为，除了我国市场经济发育不完善的经济因素以外，还有深厚的历史文化根源。

1. 长期的封建专制思想

封建专制长期的压抑，人们对外部世界的恐惧，严重扭曲了人们的诚信意识。我国长达两千多年的封建统治时期，在一个由少数人掌握统治大权的“人治”社会中，人民的命运随时会由于统治者一时的喜怒哀乐而改变，人民的生存环境险恶，欲望不能真实表达，思想受到限制，说谎献媚往往能给人带来好处，讲真话、诚实守信却常常吃亏遭殃。这种根深蒂固的文化意识扭曲了人们的诚信意识，是社会诚信意识缺失的深层原因。

2. “重术轻法”倾向

在“重术轻法”的影响下，不遵守规则、秩序，或者遵守和别人不一样的规则、秩序，成为国人心中的一种欲望，这种欲望的实现，有时能够带来显性的利益，或者有种与众不同的优越感。在这种文化导向下，其结果是个人凌驾于法律之上，规则视同游戏。这与西方国家对法律的尊重截然不同。

3. 人伦信用文化的局限

在传统的信用文化中，诚信只是一种道德规则，是在人伦关系中对人格的要求，这种诚信文化是一种“熟人信用文化”，维系共同体文化，共同体成员重人情、轻制度。市场经济条件下，人伦信用必然要让位于契约信用。信用关系突破人伦信用的血缘和地缘，扩展到“生人世界”，相互关系不仅靠舆论和道德约束，更重要的是法律和制度。

（三）发达国家信用文化

1. 日本的信用文化

日本企业信用文化有着深厚的历史文化传统，这也是日本企业信用文化建设比较先进、企业文化管理比较成功的重要原因之一。其一，集体主义的价值观。日本民族以种植业为主，农耕生产，靠天吃饭，相互协作，完成耕作到收获的整个生产过程，形成强烈的集体归属意识。日本国土狭小，资源相当贫乏，长期的孤立使日本人有强烈的危机感，从而能紧密团结，抵御自然灾害和外敌入侵，形成奋发图强的民族自尊和集体意识。其二，武士精神。日本政治体制的最上层是军人阶级，统治日本的军国主义者形成武士道的道德准则,即武士伦理,强调忠诚,推崇视死如归的英雄气概、忍耐刻苦的韧性意志。深厚的信用文化,在日本人心理上形成了强烈的民族认同意识和重视集体力量、发挥集体作用的文化思想,为日本成为高信任社会打下了坚实的文化基础。

2. 美国的信用文化

美国没有经历封建社会,直接进入资本主义社会,其资产阶级的法制观念,承认平等权利,充分竞争、机会均等深入人心。所有这些形成了美国社会独具特色的文化体系。其一,个人主义的价值观。西方人文主义的"个人主义",其核心内容是重视个人能力,实现自我价值,强调个人在自由和机会均等基础上充分竞争。美国人不仅追求自由,而且追求平等,"人生来就是平等的"。美国人的平等,不仅表现在政治上、社会上,还表现在文化上、心理上,其核心就是竞争以及竞争机制的均等。其二,理性主义。移民文化较少血缘关系,形成美国社会的理性主义,重视法制的建设和遵守。美国具有完善的信用法律体系和健全的信用管理体系。市场化的运作管理模式,使美国信用管理服务行业规范有序地运作。

三、塑造社会诚信的信用文化要求

我国构建信用文化,创建和谐的信用环境,需要政府、企业和社会的齐心协力,共同努力。

(一) 将儒家传统人伦信用观转变为契约信用观

我国有着悠久的历史和灿烂的文化。几千年来,儒家文化一直影响着华夏儿女。时至今日,儒家文化对中国社会的影响仍然是广泛和深远的。诚信是儒家传统人伦信用观的基本规范之一,但是儒家传统人伦信用观已不能满足社会主义市场经济的需要。其主要原因是:儒家传统人伦信用观是基于血缘和亲情之上的,以己为中心缺乏普遍适应性和平等性的熟人信用观。儒家文化是中国社会的文化本体和文化根基,人们或多或少都受到传统人伦信用观的影响,所以对陌生人信用意识淡薄甚至缺乏信用意识。

市场经济是契约经济,大部分经济交易是在陌生人之间通过契约来实现的,契约当事人在平等自愿的基础上订立契约并履行契约的约定,违约者将按照契约的约定受到应有的惩罚,以保证经济活动顺利进行。由此可见,传统人伦信用观不能满足社会主义市场经济的要求,市场经济条件下需要的信用观是契约信用观,契约信用观是一种开放的具有普遍适应性和平等性的信用观,它打破了熟人圈的限制,使任何个人和组织都可以在平等自愿的基础上建立广泛的信用关系。因此,构建和谐社会信用文化必须将儒家传统人伦信用观转变为契约信用观。

(二) 经济交易主体必须树立法人财产观

在市场经济条件下,企业是独立的法人。无论是国有企业的财产,还是其他企业的财产,都是法人财产并受法律保护,不同企业法人之间的财产是相互独立的,即使所有者相同的企业之间的法人财产也是相互独立的,它们之间发生债务债权关系,也需要订立契约并按契约的约定了结债务债权关系。因此,在市场经济条件下,需要经济交易主体具有法人财产观,只有树立了法人财产观,经济交易主体才有完整的守信意识,各种经济交易才能顺利完成，信用关系才能建立。

（三）强有力的法律硬约束

道德层面的行为准则对人的行为具有引导和自律作用，但道德层面的约束是一种软约束，失信者可能遭受社会舆论的谴责，导致其良心上的不安，不过不会受到强制性惩罚和损失，因此约束乏力，是一种软约束。由于失信者示范效应的影响以及利益驱动的原因，会使一些守信者变成失信者，因为失信比守信能获得更多的收益，长此以往，人们将形成守信不如失信的信用观念，良好的信用文化难以形成。所以还应辅之以法律硬约束。

我国缺乏制度化的信息发布和收集渠道，对信用信息的开放与使用也没有明确的法律规定，导致政府部门和一些专业机构掌握的可以公开的有关企业和个人的信用信息开放度非常低，缺乏信用信息社会共享机制。我国关于信用的立法和执法也很薄弱，一些法规虽然都对诚实守信做了规定，但只是原则性的规定，操作性不强；《刑法》《公司法》《证券法》《证券投资基金法》《注册会计师法》《商业银行法》及《反不正当竞争法》等法规，对虚假出资、提供虚假的或者隐瞒重要事实的财务会计报告，以及虚假广告等不诚实行为做了处罚规定，但处罚乏力，不足以对各种失信行为形成强有力的约束。和谐社会信用文化迫切需要强有力的法律硬约束，使失信成本大于失信收益，只有这样，人们才能形成失信不如守信的信用观念。

本章小结

1. 从发达国家的信用管理相关法律可以发现，其法律最主要的是要体现出保护人权和维护市场公平竞争两项基本原则。

2. 美国是世界信用交易额最高的国家，也是信用管理行业最发达的国家。美国市场的信用交易和信用管理行业得以健康发展的根本保障是其完整的、与信用管理相关的法律体系，以及联邦政府出台的一些法规。建立这些法律法规的目的在于保护消费者的隐私权，并间接地规范信用管理从业的服务范围和方式。

3. 我国信用管理尚未建立完善的法规体系。党的十六大报告提出“整顿和规范市场经济秩序，健全现代市场经济的社会信用体系”。党的十九大报告从多个方面强调了诚信、公信力和信用建设的重要性。因此，从现阶段看，需要开展信用立法，建立健全各类信用管理的法律法规，是一切信用管理工作中最基本的环节。

4. 失信惩戒机制的主要功能是对所有失信行为的法人或自然人实施实质性打击，使人不敢轻易对各类经济类合同或书面允诺违约。同时，失信惩戒机制维护诚实守信者的利益，对诚实守信者进行物质性奖励。

5. 失信惩戒机制是以市场手段对失信行为进行惩罚并对守信行为给予奖励的市场机制。失信惩戒机制以信息公开为前提，以市场调节为实现手段，是一种非正式的社会惩戒机制。

6. 从经济学的角度来讲，诚信原则的存在大大降低了交易成本。因此，社会信用作为一种道德规范内在于市场经济，是市场经济的本质要求。信用管理的经济建设有赖于：明确的产权关系、发达的市场化运作机制、完善的契约制、完备的信息系统、独立的信用中介机构发展。

7. 信用的精神文化是一种讲信用的群体意识,是社会成员共同的信用价值准则,它需要建立契约信用观、法人财产观以及强有力的法律硬约束。只有这样,才能构筑合理的信用管理的文化环境。

关键术语

信用管理立法原则　个人隐私权　《公平信用报告法》《平等信用机会法》　信用修复　《公平信用结账法》　失信惩戒机制　社会信用　信用文化　人伦信用　契约信用

复习思考题

1. 简述征信国家信用立法的基本原则有哪些。
2. 美国信用管理立法中是如何保护消费者的?
3. 借鉴美国信用管理法律的主要构成和基本思想,对我国的信用立法有何借鉴,谈谈你的看法。
4. 什么是失信惩戒机制? 它有何特征?
5. 失信惩戒机制是如何运作的?
6. 社会信用与市场经济是怎样的关系?
7. 如何加强经济建设促进社会信用发展?
8. 什么是信用文化? 各国信用文化传统对信用体系建设有怎样的影响?
9. 结合实际,谈谈我国应该建立怎样的信用文化以利于经济发展。

本章实训

一、实训目的

1. 掌握失信惩戒机制的作用机制。
2. 训练学生对现实问题的自我学习和分析能力。

二、实训内容

1. 案例资料

地方政府失信惩戒机制的设计必须符合一定的原则,它是机制设计的理论指南,也是机制运作的重要保障。从系统论的设计理念看,主要包括目标统一、务实高效、互动参与、信用损益、环境适应五个基本原则。通过调研分析,一般来讲,地方政府失信惩戒机制应具备以下六个子系统(见图5-3),包括信息公开机制、失信测评机制、责任追究机制、危害补救机制、守信激励机制以及申诉复核机制。其中,信息公开是惩戒的前提,失信测评是惩戒的依据,责任追究和危害补救是失信惩戒的核心,守信激励是失信惩罚的辅助,申诉复核是惩戒的有效反馈。

(1) 建立信息公开机制,确保有效的信用监督。

信息公开是现代文明社会的重要标志之一。建立政务公开信息平台,公开政府责任追究及处置结果;实施公共信息的资源共享,合理高效应用公共信息资源;加快电子政务建设,建立高质量的公共服务窗口,为构建地方政府失信惩戒机制提供技术支撑;建立地

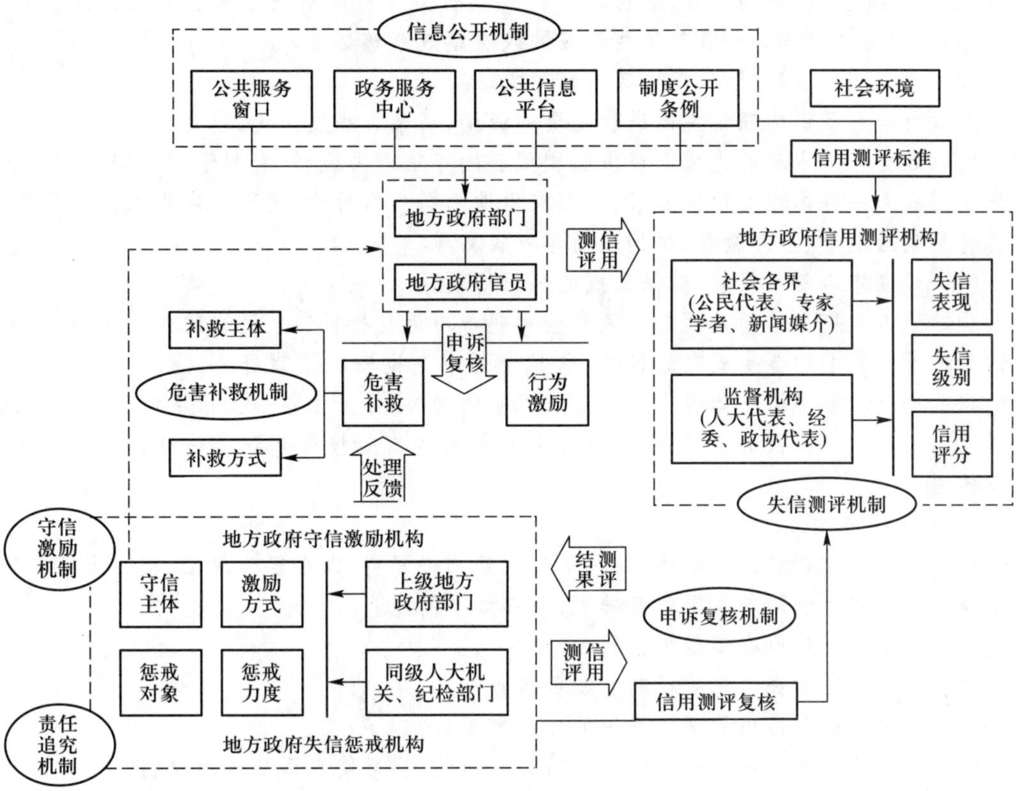

图 5-3 我国理想的地方政府失信惩戒机制的基本框架

方法规和部门规章公开制度，为惩戒地方政府的失信行为提供制度保障。

(2) 建立失信测评机制，合理衡量失信危害度。

地方政府的职能部门分别进行信用评分，分类评定，并设置相应的失信危害级别，由包括公民、专家学者在内不同层次的人员进行评定，以确保科学性、公开性、公正性，为追究政府及个人的失信责任提供合理的依据。

(3) 建立责任追究机制，有效惩戒失信行为。

明确惩戒对象是建立责任追究机制的前提，明确惩戒程度是有力保障政府信用的砝码，建立有效的责任追究机制是地方政府失信惩戒机制中最关键的环节。责任追究制度要体现合理性，对由民主决策造成公共政策朝令夕改引发的失信，要求决策主体对公共政策的频繁更改做出必要的解释，根据具体情况追究政策制定者的责任；对追求领导个人政绩造成的失信，要追究其行政责任，情节严重者还要追究其法律责任，对于造成经济损失的要予以依法追缴和赔偿；对拖欠企业和个人的债务造成的失信，必须理清双方债务关系，由政府原因造成的拖欠必须及时偿还债务，通过社会媒体进行公开道歉并追究部门领导责任；对由政府担保不履约造成的失信，政府不仅应承担缔约过错责任，还要承担连带责任，并追究担保当事人的领导责任。

(4) 建立危害补救机制，最大限度挽回政府声誉。

地方政府的失信惩戒不能仅停留在对责任部门及行政人员的责任追究上，还要对失信造成的危害进行必要的补救,要将政府行政执行力度与政府失信危害补救效度放在同等的地位,并建立与危害补救效度相适应的政府绩效考核标准。

(5) 建立守信激励机制,塑造政府新形象。

对履行自身承诺的守信主体进行必要的激励,从某种程度上说,也是对失信主体的变相惩罚。建立与地方政府失信惩戒机制相配套的守信激励机制,有利于增加守信收益,使政府守信成为一种内在的伦理要求,从而有力地惩罚失信行为,塑造政府形象。守信激励主要通过政治激励、经济激励、精神激励等方式实现。

(6) 建立申诉复核机制,确保惩戒的公正畅通。

构建地方政府失信惩戒机制必须健全和完善申诉复核机制。适当的信用申诉是一个征信系统不断发展和逐步成熟的标志,这种申诉本身也表明了政府及其行政人员自身法律意识的提升。申诉机制体现了失信惩戒机制的功效,保证了整个失信申诉渠道的畅通,也对政府失信危害指数的合理设置、政务公开信息的有效披露起到了一种良性的约束和规范作用。

2. 实训要求

结合我国目前政府失信现状,要求学生收集相关资料,以小组为单位,学习上述案例,在了解失信惩戒机制的基本原理基础上,回答如下问题。

(1) 目前地方政府有哪些失信行为?

(2) 地方政府的失信惩戒机制有哪些特点?

(3) 地方政府在信用管理体系中的作用有哪些?

(4) 如何监督管理地方政府的失信行为,同时怎样行使申诉复核的权利?

三、实训组织

1. 指导教师布置案例分析作业,收集、整理相关资料,结合案例和现实情况进行小组讨论,并形成 PPT。

2. 采取课堂汇报,同学提问,小组回答,互动交流。

延伸阅读

1. [英]亚当·斯密. 道德情操论[M]. 北京:商务印书馆,1997.

2. 林钧跃. 失信惩戒机制的设计和维护[N]. 中国信息报,2004-09-09.

3. 赵锋. 冲突与平衡:个人征信中的隐私权保护[J]. 征信,2010(2).

4. 李爱玲. 西方发达国家信用立法及其借鉴[J]. 金融理论与实践,2010(3).

5. 王富全,许长新. 征信体系建设中的失信惩戒机制分析[J]. 金融研究,2008(5).

6. 刘焱白. 信用的市场经济基础的缺失及其法律补救[J]. 唐山师范学院学报,2008(3).

7. 王晓明. 信用文化建设的实现路径[J]. 中国金融,2012(5).

相关网站

1. 信用中国官网。

2. 中国市场信用网。

3. 中国人民银行征信中心。

第六章 信用监管

本章导言

信用监管是我国社会信用管理体系的重要组成部分。健全有效的信用监管,可以促进一个国家和地区的市场经济交易手段从原始支付方式向信用方式转变;创造和规范发展市场经济的良好信用环境;规范经济主体的信用行为;防范信用风险;创造并扩大市场需求,保持市场繁荣,促进经济持续增长;促进该国或地区的市场经济走向成熟,为市场经济健康、有序发展提供制度保障与社会基础。

本章从信用监管的基本知识,政府信用监管的内容和重点,银保监会、证监会、财政部等专业信用监管部门对行业的监管,以及消费者信用监管等方面展开系统阐述。

本章知识结构图

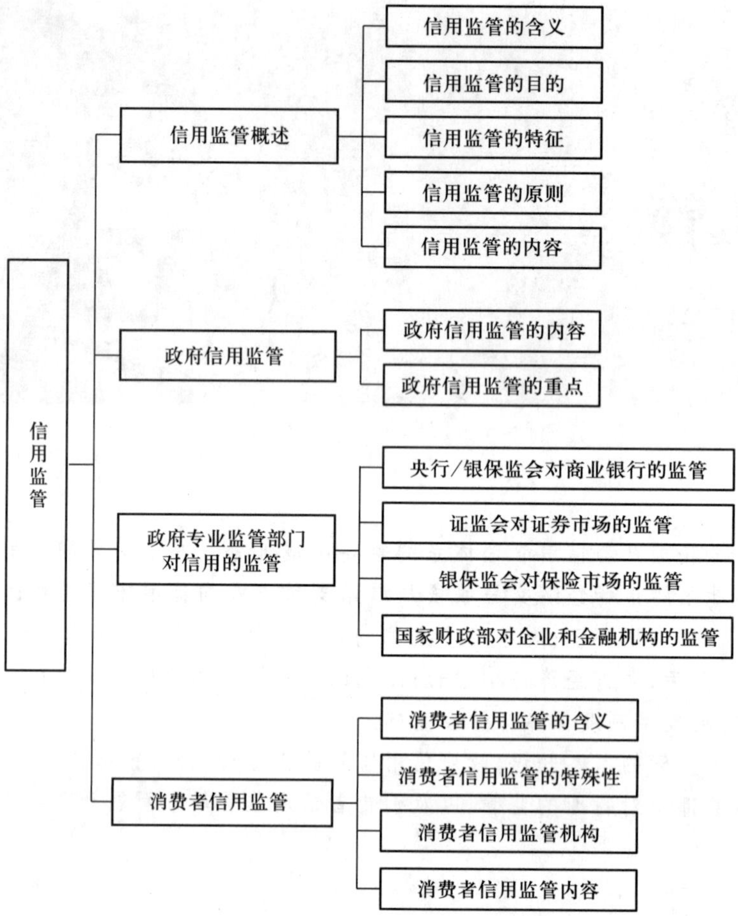

第一节　信用监管概述

信用监管是社会信用体系的重要组成部分,建立信用监管体系是完善信用制度、加强信用管理的重要保障。在社会信用体系中,政府为维护市场公平、保护消费者、维护国家经济安全、促进信用管理行业的发展,需要对信用行业实施统一监管,建立和健全相应的监管制度。

一、信用监管的含义

信用监管是信用监管机构依据相关的信用法律、法规或信用信息,对信用市场参与人的行为、信用产品或信用关系,进行监督、规定、控制、调节等一系列活动的总称。信用监管从总体上主要涉及两个方面的内容:一是信用法律法规的确立与健全;二是政府专业机构和相关行业协会对信用市场的监督和管理。

实施信用监管的主体主要有：

(1) 政府相关专业监管部门。财政部、工商管理部门、中国人民银行，中国银行保险监督管理委员会、证券监督管理委员会等。

(2) 民间机构。信用行业协会等。

(3) 国际金融监督组织。巴塞尔银行监管委员会①、国际清算银行、国际货币基金组织等。

二、信用监管的目的

从宏观角度来看，信用监管是为了保证信用市场机制的正常运转，维护信用市场秩序，健全信用制度。信用监管机构可以通过法律法规将成熟的信用意识、信用理念、信用关系和信用产品带入信用市场，培育良好的信用环境，调整并规范各参与者的信用关系，形成合理的信用制度和信用创新机制，带动社会信用体系的健康发展，保证国民经济秩序的有效运行，以高效、发达的信用制度推动经济的繁荣。

从微观角度来看，由于信用风险涉及范围较广，几乎每个企业和个人的信用活动都可能引发信用风险，而且信用风险的发生难以预料，一旦一方出现信用风险，很可能迅速传递给其他个体，进而产生连锁反应，导致社会信用链中断，演化成全社会的信用风险，影响难以估计。信用监管机构通过信用监督、稽查和执法来控制、惩治各种失信主体，减少和消除各种失信行为。

随着各国金融市场的迅速发展，各种金融创新、金融产品层出不穷，信用风险的防范与控制更加复杂。信用监管致力于限制和消除一切不利于信用市场运行的因素，最大限度地降低信用风险，打击并消除各种失信行为，如各种非法交易、投机活动、欺诈手段等，以维护信用市场的稳定，保障市场参与者的正当权益，保证信用市场在具有足够广度和深度的基础上稳步运行。

总之，信用监管的主要目的可以归纳为四个方面：① 防范信用风险；② 规范信用行为；③ 健全信用制度；④ 促进信用发展。

三、信用监管的特征

(一) 广泛性

1. 信用监管主体的广泛性

所有国家的信用监管机构都是根据监管对象的多样化由多个部门组成的。美国的信用监管委员会由联邦贸易委员会、国家财政部、货币监理局、美国联邦储备体系、证券监督管理委员会、司法部等政府监管部门、联邦存款保险机构等法人机构与各类信用管理协会

① 巴塞尔银行监管委员会(Basel Committee on Banking Supervision)简称巴塞尔委员会，巴塞尔银行监管委员会原称银行法规与监管事务委员会。巴塞尔委员会本身不具有法定跨国监管的权力，所做结论或监管标准与指导原则在法律上也没有强制效力，仅供参考。但因该委员会成员来自世界主要发达国家，影响大，一般仍预期各国将会采取立法规定或其他措施，并结合各国实际情况，逐步实施其所定监管标准与指导原则，或实务处理相关建议事项。在“国外银行业务无法避免监管”与“适当监管”原则下，消弭世界各国监管范围差异是巴塞尔委员会运作追求的目标。

等民间机构组成,各自发挥监管职能。

2. 监管对象的广泛性

监管主体不仅对信用行为和信用产品要进行监管,也要对实施信用行为、生产信用产品的市场主体进行监管。市场主体的一切经济活动往往都是从信用开始的,包括储蓄、筹资和投资活动。

3. 信用监管领域的广泛性

信用是商品交换的前提与基础,市场经济是高度发达的商品经济。随着交换关系的复杂化,日益扩展的市场关系逐步构建起彼此相互联系、互为制约的信用关系,整个经济活动被信用关系联结。所以,有信用关系的领域都是监管的对象。

(二) 综合性

信用监管的理念和政策是建立在现代经济学、管理学、心理学等多种学科的基础上,并融合了信息论、博弈论和系统论等多元化的学科理论形成的。此外,要综合运用经济手段、法律手段、行政手段等方式进行有效监管。

(三) 透明性

通过法律制度将交易各方的相关信用信息向社会或交易对方公布,克服由于信息不对称、信息不完全造成的弊端,降低社会成本。另外,也要依法对交易双方的信息进行适当保护,以保障双方的合法权益。

(四) 基础性

从商品经济的交换,到市场经济扩大了交换,乃至市场经济下的市场关系,都是以信用为准则的。没有信用,就没有交换与市场,就没有经济活动存在与扩大的基础,没有人类赖以生存与发展的社会秩序。因此,信用监管是现代市场各类监管的前提和基础。

(五) 国际性

随着经济全球化时代的到来,国际经贸往来日益频繁和普遍,一国的信用行为早已超越本国国境而延伸至世界的各个角落,信用监管也就日益全球化和国际化。如《巴塞尔协议》对全球的国际性商业银行都具有约束性;各国的信用监管机构都广泛使用穆迪、标准普尔的评级结果等。

四、信用监管的原则

(一) 依法管理原则

虽然不同国家的信用法律法规不尽相同,但在依法管理这一原则上是一致的。这主要有两方面的含义:一是所有信用机构必须接受国家监管当局的监督和管理;二是监管机构在实施监管的过程中也必须依法监管。这样才能保证管理的权威性、严肃性、一贯性和有效性。

(二) 维护市场公平竞争的原则

维护市场公平竞争,包括对各类信用机构公平地开放信用工具、发放业务许可证等,使各信用机构的业务特色依市场决定,使消费者获得平等的授信机会,同时在对交易各方的隐私合理保护的前提下，依照法律制度客观地披露企业和消费者信用活动的征信信息，克服信息不对称、信息不完全等市场机制的固有弊端，降低交易成本，维护市场公平交易。

（三）安全稳健与社会效益相结合的原则

安全稳健历来是监管的中心目的，为此所设立的一系列法律法规和指标体系都是着眼于信用市场的安全稳健和风险防范。信用行业的发展必须满足社会经济发展的需要，要讲求社会效益，所以信用监管也要切实把风险防范和促进社会效益协调起来。

五、信用监管的内容

（一）对征信数据及评估的监管

社会信用水平的提高离不开征信体系的建立，有无健全的征信体系是市场经济能否稳健运行和走向成熟的标志。由于征信的核心产品主要是信用报告和资信评级（分），对于这方面的监管包括：

1. 建立多层次的企业和消费者信用信息数据库

包括：政府出资建立的、涵盖政府各部门信息的企业和消费者信用信息数据库；由行业协会建立的服务于本行业的企业和消费者信息数据库；由信用中介机构自己建立并经营的企业和消费者信用信息数据库。

2. 监管信用信息数据的采集、开放、使用、保护和披露等相关程序

征信数据开放和信息权利保护之间的冲突会影响征信系统的进一步发展，因此，监管机构要解决征信机构获得信用信息的可能性、有效性和信用信息权利保护之间的矛盾，保障企业和个人信用信息的安全，从而更好地提高征信体系的运行效率。

（二）构建信用监管法规体系

信用监管法规体系，包括国家关于信用方面的立法和执法，政府对行业的监督管理，强制开放征信数据的法规等。信用监管法规的目标应集中在规范授信、维护市场公平、保护个人隐私权上，在依法规范各经济主体的信用行为的同时，有效保证企业和消费者征信信息流的畅通，更好地实现在商业秘密和隐私权的有效保护下的征信信息的开放。

（三）政府专业机构和相关行业协会对信用市场的监管

政府专业机构与协会的监督和管理作用由政府相关部门、民间团体、协会、国际标准化组织等专业机构来实现。

对于以欧美为代表的征信国家，由于其信用管理相关法律健全，征信数据在法律的要求和保护下全面开放，政府的主要工作在于技术性地解释各个有关法律的条款，监督商业企业和商业银行的守法情况。非征信国家由于其信用管理的相关立法不健全，或者根本没有建立信用管理方面的法律，其政府的主要工作表现为：促进信用管理相关法律的出台，及强制性地要求有关部门和机构以商业化或义务的形式开放其征信数据，并对该国的信用管理行业进行有效的监管，使征信数据能够得到合法合理的利用和传播。

信用管理民间机构是社会信用制度必不可少的组成部分，其在行业自律管理方面起着不可替代的作用。其主要功能在于：联系本行业或本行业分支行业的从业者，为他们提

供交流场所;游说立法;募集资金或成立专项研究资金,资助信用管理课题研究;举办从业执照的培训和考试;出版信用管理的专业书籍、刊物;制定行业政策、从业标准等。

(四) 实施信用管理教育

国家信用体系建设是一项庞大而系统的工程,其中信用管理教育是必不可少的重要组成部分。随着我国改革开放的不断推进,中国经济正不断地融入世界经济的发展之中,各种经济交易必须在国际惯例和新的环境下进行。信用交易将逐渐成为我国交易的主要形式,因此在国家信用管理体系建设的过程中,信用管理教育的建设越来越成为当前工作的重中之重。信用监管部门通过多种方式强化全社会市场主体的信用意识和观念,树立诚实守信的行为准则;通过多种途径建立完善信用管理专业教育体系和职业资格认证体系,开展多种形式的职业教育及岗位培训。

第二节　政府信用监管

政府在信用监管中扮演着最重要的监管主体角色。本节将从信用活动的三维性[①]出发来阐述政府信用监管的内容及重点。

一、政府信用监管的内容

政府信用监管就是政府对监管对象的诚信度、合规度、践约度实施的综合监管。通常情况下,政府信用监管内容都是三维信用管理,相应的信用监管制度与措施也是针对三维信用分别制定的。无论是哪个维度的监管,监管主体都是政府各个职能部门,监管对象都是企业和个人。

(一) 诚信度监管

诚信度是指信用主体的基本诚信素质,涉及信用主体的诚信素质、精神素养、行为准则等内容,是一个意识形态层面的概念。诚信度监管主要涉及道德、文化、心理范畴。道德监管是监管企业和个人的道德水平。监管部门首先要制定道德规范标准,以此为依据来监督监管对象的道德水平。

诚信度监管不但需要依靠政府部门,还需要社会大众的自觉性和舆论监督的导向性力量,从政府到公众再到社会舆论,都大力倡导诚信为本、操守为重、模范守信的道德观念,讲究求真务实、说实话、报实情、守承诺,反对欺上瞒下、暗箱操作、敷衍塞责、推诿扯皮等。与此同时,社会宣传教育和政府奖优罚劣的导向,有利于整个社会形成人人守信的氛围,也有利于营造良好的诚信环境。另外,利用表彰、通报、处罚等手段对不同信用主体进行奖惩分明的管理,在社会上树立诚信观念本身也是一种价值的理念,使社会主体都珍惜诚信、培育诚信,提高自身的诚信度。

在现阶段,从国内的环境和秩序来看,特别需要诚信宣传教育。也就是说,在社会信

① 吴晶妹. 现代信用学[M]. 北京:中国人民大学出版社,2009.

用体系建设初期，政府职能部门对诚信度的宣传教育，对信用主体的诚信监管，是非常重要的。从全社会来看，在社会信用体系建设初期就必须做到“立信”，使诚信成为人人皆知、人人遵守的社会准则。

（二）合规度监管

合规度就是指信用主体在社会活动中遵守社会行政管理规定、行业规则、民间惯例的水平和能力，是获得管理者信任的社会资本。相应地，合规监管主要涉及政策、准则、制度范畴。社会合规监管是监管企业和个人的合规情况。监管部门首先要制定合规标准，并以此为依据来监督监管对象的合规情况，具体手段包括奖励措施和惩罚措施，即奖励合规的监管对象、惩罚违规的监管对象。

社会合规监管的行使主体为政府部门，监管依据为各类法律法规、部门规章、行业规范等，对于遵守规定的企业给予政务便利、政策扶持或资金支持，对于违反规定的企业则采取行政和经济手段予以惩戒。现阶段，在我国失信惩戒机制无法完全发挥作用的时期，社会合规监管不失为一种有效的信用监管方式，既能做到有据可依、保证监管的公平性，也能运用有效的手段确保监管目的的实现，以维护社会秩序的有效性。

政府部门根据自身的行政权限，以信用分类监管的方式对监管范围内的企业实行信用监管是目前比较适合中国国情的选择。现阶段，工商、税务、海关、质检等政府部门已经启动了信用分类监管措施，并且结合自身的行政职能，给予相应的奖励和惩罚。地方政府还结合区域特色，尝试实行区域信用分类监管的措施，针对不同地区的信用发展状态和信用环境状况，给予不同的扶持政策或惩戒措施。在新兴的科技园区，园区管委会在积极创造条件、扶持园区企业发展的同时，采取相应的分类监管措施规范园区的信用秩序，以营造良好的发展环境和信用环境。

目前，大部分的委办、司局已经有相应的监管部门，事实上承担了信用合规监管的任务。比如，很多部委都已经对监管对象做出了基本的信用评价，进行了信用分类，按照达到监管要求的程度，把监管对象分成了红、黄、蓝、绿，A、B、C、D 或其他标志等。

这种做法的实质就是按照合规程度不同，进行合规监管。只是这种监管目前还很综合，目的不太清晰、效果不太显著。

因此，从目前我国的实际情况看，在社会信用体系建设的过程中，政府要做好信用监管，各部委应该设置专门的监管司、局，专门从信用角度出发，制定与信用相关的管理规定，明确信用行为边界，确定信用处罚规则、内容和程度，实施真正的信用合规监管。相关的信用监管结果可以形成信用信息，可以根据信用信息的情况做出不同的分类，根据不同的分类采取不同的处理方式，如信用信息公开披露、社会共享、纳入企业或个人征信档案等。

（三）经济践约监管

经济践约监管主要涉及经济交易范畴，对企业和个人的经济践约情况进行必要的规范和管理。监管部门首先要制定践约标准，并以此为依据来监督企业和个人的践约情况，企业和个人的践约情况可用践约度来反映。践约度是指诚信度和合规度在经济交易领域的具体表现，直接体现在社会经济关系和交易活动中。

经济践约监管的行使主体主要是政府部门和行业协会、商会等自律组织,监管的依据主要是部门规章和行业自律公约等。政府部门、行业协会等监管机构可以指导和协助企业签署、执行诚信承诺、联盟公约,企业之间互相监督,实现企业的经济践约监管。

在经济践约监管领域,行业协会发挥的作用不容忽视。在许多影响力较强的行业协会中,行业协会不但可以团结行业内企业共享信息资源、建立沟通平台、抵制恶性竞争,而且可以利用协会的号召力发动行业内企业诚信经营,履约践行。

与诚信度监管和合规度监管相比,经济践约监管的建设虽然也应该在我国社会信用体系建设的初期就起步,但它将在社会信用体系建设的后期完成。这是因为经济践约监管实质上是在“立信”中起步的,但大量真正的监管一定是在“立信”之后,在全社会以“立信”为基础,普遍开展信用交易的时候,经济践约监管才能针对交易行为真正发挥监管作用。

经济践约监管是为市场经济服务的,是防范信用交易风险、提高交易效率、节约交易成本的重要保障。当市场经济发展到信用交易比较普遍的阶段,这种经济践约监管就变成日常需要了。市场信用交易越普遍,经济践约监管就越必要。因此,各部委应设立专门的经济践约监管部门,并着手调研我国市场信用交易的基本行为和规律,制定必须遵守的交易规范,确定交易管理制度,明确不良信用交易的惩罚规则与措施,确定保护信用交易主体合法权益的内容与边界。

二、政府信用监管的重点

政府信用监管的主要内容包括诚信度监管、合规度监管、经济践约监管。在三维监管框架中,最重要的是合规度监管。换言之,政府信用监管的重点就是对工商企业、金融机构、信用中介服务机构和个人进行合规信用监管。

(一) 政府进行合规信用监管的必要性

在市场经济中,交易活动是普遍的,交易的前提是讲信用。讲信用就是市场经济的规矩。这个规矩是全世界的,也是全社会的。这个规矩不是一个人、一个企业能建立的,也不是民间的联盟和协会能建立的,它需要一定的强制性以及长时间、制度性的建设过程。实际上,这是一个阶段性的历史使命,这个使命只有政府能完成,这是政府天然的、注定了的社会责任。

在市场经济中,合同中往往不可能约定清楚的内容、非商务性的内容,也是最根本的内容,或是决定交易基础的内容——对方究竟能不能老老实实、规规矩矩地按合同办事。这些内容不可能每个合同中都要去约定,而是社会在某一段时间内形成的思想意识与社会行为规范。这些内容没有必要在每一份合同中一一列清,也不可能列清楚,但却应该受到管理和约束。这种管理和约束不是由商务合同本身的条款来完成的,也不是由具体的经济法律条款来限定的。这种思想和行为规范的问题,应该由政府引导,建立规则、确定规范,向社会宣传,从而成为这段时间内的社会管理共识。政府的这种行政管理约束和法律的这种具体条款限定,一起成为社会管理的内容。

在人们的信用思想意识、信用文化、信用价值观念并未完全确立的时候,政府就要引导和宣传诚信精神。政府要引导、宣传、逐步制定出一些信用行为规范,促使信用主体按照这些规范的要求去做,从而不断改进社会信用环境。综上所述,政府必须进行社会合规信用监管,并且应该作为新时期政府职能转变、政府服务于社会公众的一个新任务。

(二)政府合规信用监管的主要内容

政府合规信用监管是政府行政管理部门从职能出发,以合规监管为核心,以信用信息为手段的新型综合监管机制。合规信用监管与政府原有的行政监管不冲突,它并不是建一套完全独立的、与过去行政监管职能不相关的全新体系,而是对现有政府行政监督管理体系的改良。其实质是在原体系基础之上,对监管手段、制度和某些相关机构的改革。

政府合规信用监管的主要内容包括监管的主体、监管的对象、监管的基础与依据、监管的内容、监管的措施等。

1. 合规信用监管的主体

目前,我国政府信用监管仍是多头监管的格局,并没有形成统一的监管机构,中国人民银行、银行保险业监督管理委员会、证券监督管理委员会、市场监督管理总局、财政部等都是合规信用监管的主体。

2. 合规信用监管的对象

对政府和各层面的监管主体来说,信用监管对象都不是新的,都是原监管职能确定的监管对象,只是监管领域扩大了,监管内容扩大了,但监管更细化了。比如,监管对象都是某企业,但从信用监管出发,若对该企业进行处罚,就要执行对信用监管对象监督管理的实施细则。

3. 合规信用监管的基础与依据

合规信用监管的基础与依据是在原有行政职能部门的职能与任务之上,增加信用内容与信用监管任务,依照法律法规确定具体的监管原则与监管精神,以及监管的职权范围、监管的行政处罚程度与具体实施的保障。

4. 合规信用监管的内容

其核心是建立合规信用监管,主要是信用制度建设、信用数据库系统、信用评价分类监管系统、信用服务系统。实际上,这四个系统就是要确定信用行为范围、规范标准、失信行为界定、失信行为的行政处罚程度与实施办法、具体执行机构及其权限、信用信息处理及披露的内容与程度及方式与路径等。信用监管内容建设的实质,就是确定社会信用行为规范,也就是立规矩,即用行政管理办法告诉社会,何种行为算守信用,不守信用将会受到怎样的处罚。政府合规信用监管的主要内容如图 6-1 所示。

5. 合规信用监管的措施

信用监管与政府以往的其他监管不同。信用监管很有特点,那就是信用监管要依靠信用记录与信用信息。此外,信用监管有自己的监管办法、流程、相应的技术手段和技术方式等。政府要建立一套新的信用监管体系,首先就要建立一套能够记录监管对象信用信息并加以处理的数据库系统。只有一个政府部门这样做还不够,各个政府职能部门之间要联网,要保证各个主体在各个部门之间的信用信息能够在各个职能部门之间透明、公开、共享。各个职能部门都能从自己的管理角度,依据这些信用信息,对不同主体实施不

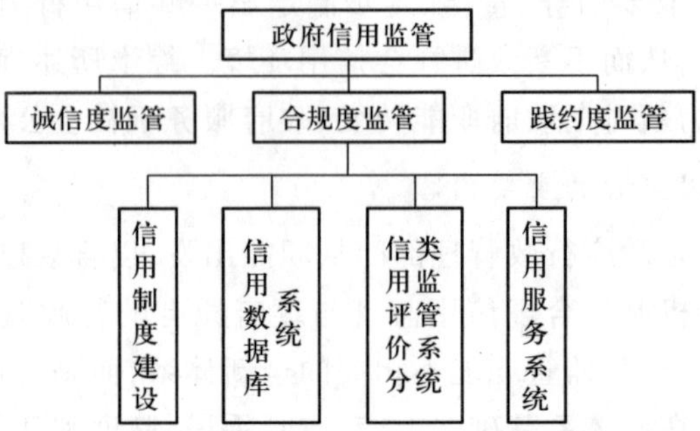

图 6-1　政府合规信用监管的主要内容

同的监管。要能对一些失信的、给社会造成负面影响的人，向全社会公开其信用信息，并采取必要的行政处罚手段。对于失信特别严重、触犯法律的人，就要进入法律程序。

第三节　政府专业监管部门对信用的监管

政府对信用的监管主要是通过专业监管部门对行业的监管来实现的。本节将介绍中国人民银行、中国银行保险监督管理委员会、证券监督管理委员会、财政部等政府专业监管部门对信用的监管。

一、央行/银保监会对商业银行的监管

中国人民银行作为我国的中央银行，一直行使着制定和执行货币政策，对金融机构实施监管的职能。然而，直到 1983 年与国有商业银行分离，它才成为真正意义上的中央银行。中国人民银行作为中央银行，传统上包揽的监管中国金融体系的职责涵盖了证券监管、保险业监管和对银行业的监管。随着我国金融市场的进一步发展，央行的职责越来越专业化，即它已不再像以前那样负责金融业的方方面面，而是将监管职责逐步剥离开来，使其更专注于货币政策的制定与执行。1992 年证监会成立，对证券市场的监管职责从中国人民银行中剥离；1998 年保监会成立，对保险市场的监管职责也从其中剥离；及至 2003 年银监会成立，其职责再次得以细化。2003 年 3 月，我国十届全国人大一次会议通过了关于国务院机构改革方案的决定，将中国人民银行对银行金融资产管理公司、信托投资公司及其他存款类金融机构的监管职能分离出来，并和中央金融工委的相关职能进行整合，成立中国银行业监督管理委员会。银监会成立后，开始履行对银行业的监管职能，由此我国的银行业监管开创了新格局。

央行/国家银监会的监管内容可以做如下分类：

第一种分类是：按监管范畴可划分为行政监管和业务监管。前者是对商业银行的设立、撤并、更名、迁址、业务范围界定等的监管；后者是对商业银行的经营范围、存贷款利率、结算、信贷规模、资产负债比例、经营风险、账户、存款准备金等的管理、监测和检查。

第二种分类是：按照监管性质可划分为合规性监管与风险性监管，前者指对商业银行设立的审批、信贷资金的管理、中央银行基础货币监管、结算纪律监管、账户管理监管、外

汇外债监管、金融市场监管、社会信用监控、金融创新规范化监管等;后者指监测商业银行的资本充足性、资产流动性、资产风险性、经营效益等风险指标。

第三种分类是:从监管的主要内容或范围看,一般包括市场准入监管、业务营运监管和市场退出监管。

1. 市场准入监管

商业银行作为特殊行业,通过聚集社会闲置资金,再运用于社会之中,具有巨额债务主体和债权主体双重身份,特别是作为债权主体在资金运营的过程中,稍有不慎就会引发巨大的金融风险,进而引发金融危机,造成社会动荡。市场准入监管就是通过在金融机构审批环节上对整个金融体系实施有效的控制,保证银行数量、结构、规模和分布符合国家经济金融发展规划和市场需要,并与当局的监管能力相适应。

商业银行监管要求设立商业银行应当具备的条件有:必须有符合法律规定的章程;有符合规定的注册资本最低限额;有具备任职专业知识和业务工作经验的董事、高级管理人员;有健全的组织机构和管理制度,有符合要求的营业场所、安全防范措施和与业务有关的其他设施。

2. 业务营运监管

实践表明,金融风险大多发生在金融机构的经营活动中。商业银行业务经营面临着各种各样的风险,并且贯穿于日常业务运营过程的每个环节。因此,商业银行经批准开业后,还要对其业务经营过程进行有效监管,以便更好地实现监控目标的要求。虽然对商业银行业务营运监管的具体内容在各国之间并不完全相同,但一般都将监督检查的重点放在商业银行业务经营的合法合规性、资本充足率、资产质量、流动性、盈利能力、内部管理水平和内部控制等几个方面。近几年来,随着各种金融创新的发展,监管要求越来越高,监管内容也越来越复杂,监管方式也在不断地修订和完善。

巴塞尔委员会1997年发布的《有效银行监管的核心原则》指出:“监管程序的一个重要部分是监管者制定和利用审慎法规的要求来控制风险,其中包括资本充足率、呆账准备金、资产集中、流动性、风险管理和内部控制等方面。”各国基本上都参照它来制定本国的监管政策。目前,我国中央银行或金融监管当局对商业银行日常经营的监管主要包括:制定并发布审慎监管政策和实施稽核与检查监督。

银行业的审慎监管是通过两方面内容实现的:一是通过银行等金融机构执行监管当局制定的审慎经营规则,加强内部风险管理;二是通过监管当局检查金融机构的审慎经营规则的执行情况,进行审慎评估并及时进行风险预警和控制。

根据《银行业监督管理法》第21条第1款的规定,银行业金融机构的审慎经营规则由法律、行政法规规定,也可以由中国银监会依照法律、行政法规制定。银行业金融机构应当严格遵守审慎经营规则。[①] 目前,中国银监会及其他有关部门已制定了一系列审慎经营规则,包括风险管理、内部控制、资本充足率、资产质量、损失准备金、风险集中、关联交

① 银监会与保监会合并后,将银监会和保监会拟订银行业、保险业重要法律法规草案和审慎监管基本制度的职责划入中国人民银行。

易、资产流动性等方面的内容。

对金融机构的营运监管主要是通过非现场监控和现场稽核检查方式实现的。非现场监控是监管当局通过对银行财务报表、报告和其他相关资料的分析,检查银行执行审慎监管政策的情况,评估银行的经营管理水平,发现银行的潜在问题并督促解决,确定需优先考虑进行现场稽核与检查的银行,了解整个银行业的发展趋势。检查的主要内容是合规性和风险性。

现场稽核检查,指中央银行派专人进驻金融机构,对其业务经营情况实施全面或专项的检查、评价和处理。通过检查人员亲临现场,检验银行财务报表数据的准确性和可靠性,评估银行管理和内部控制的质量,检查银行遵守法律法规的情况,考察银行的整体经营管理水平。

3. 市场退出监管

市场退出监管是指监管当局对金融机构退出金融业、破产倒闭或合(兼)并、变更的管理。金融机构退出市场,表明该金融机构已经停止经营金融业务。依法处理其债权债务,分配剩余财产,注销工商登记,其最终结果是该金融机构法人资格的灭失。市场退出监管主要包括四个方面,即问题银行的处理、纠正性监管、救助性监管和市场退出。

(1) 问题银行的处理。对问题银行处理的措施主要有贷款挽救、担保、并购、设立过渡银行和设立专门的问题银行处理机构。我国对问题银行的处理方式主要有接管、重组、撤销和依法宣告破产。

(2) 纠正性监管。对正常或基本正常的金融机构,应采取保护性措施,包括进一步加强和完善某一业务领域的风险控制,进一步改善和优化业务结构和资产负债结构,保持资本充足率和流动性等,同时加强对风险的预警和监控。对于关注机构,针对所存在的风险种类和性质,采取相应的纠正性措施。根据风险的严重程度,纠正性措施分为建议性或参考性措施、带有一定强制性或监控性的措施两类。纠正性监管使得银行能及时弥补经营中出现的问题,确保银行的稳健经营以及整个银行体系的稳定。

(3) 救助性监管。对已经或者可能发生信用危机,严重影响存款人和其他客户合法权益的银行业金融机构实行接管或者促成机构重组,包括调整决策层和管理层,实施资产和债务重组、外部注资、变现注资、股东增资、冻结大额开支和股息红利分配、停止部分业务,以及实施兼并、合并等。

(4) 市场退出。金融机构的退出形式多种多样,一般分为自愿退出和强制退出两种。对有违法经营、经营管理不善等情形银行业金融机构予以撤销;对擅自设立银行业金融机构或非法从事银行业金融机构业务活动予以取缔。对符合《破产法》第2条规定的情形的银行业金融机构,银监会向人民法院提出对该金融机构进行重整或者破产清算的申请后,由人民法院依法宣告破产。

4. 其他监督管理措施

(1) 对与涉嫌违法事项相关的单位和个人进行调查。

(2) 审慎性监督管理谈话。监管部门有权根据监管需要和银行业金融机构经营状况,随时向银行业金融机构提出谈话要求。要求对银行的业务活动和风险管理的重大事项做出说明。

(3) 强制风险披露。《巴塞尔新资本协议》将市场约束与最低监管资本要求和资本充足率监督检查并列为资本监管的新三大支柱,世界很多国家和地区据此加强信息披露要求。

(4) 查询涉嫌违法账户和申请司法机关冻结有关涉嫌违法资金。

拓展阅读 6-1

对大型银行实行"腕骨"监管指标体系

次贷危机后,银监会结合 BCBS 和 FSB 等国际机构的金融监管改革措施,创新监管工具,引入杠杆率、流动性覆盖率、净稳定资金比率等指标,于 2010 年年初,针对大型银行探索创立了名为"腕骨"(CARPALs)的监管指标体系。腕骨是指人的手腕所有的八块骨头,这八块骨头是拳头和手掌的原动力,寓意着"铁腕监管"。"腕骨"监管指标体系包括"CARPALs+监管自由裁量权"。CARPALs 的每一个英文字母代表着一个监管指标,包括七大类指标,即资本充足指标(Capital Adequacy)、贷款质量(Asset Quality)、风险集中度(Risk Concentration)、拨备覆盖率(Provisioning Coverage)、附属机构(Affiliated Institutions)、流动性(Liquidity)、案件防控(Swindle Prevention & Control)。七大类指标辅之以银行监管者的有限自由裁量权,构成了"腕骨"监管模型。

这样,资本充足指标(资本充足率、杠杆率)、贷款质量(不良贷款容忍度、不良贷款偏离度)、拨备(不良贷款拨备覆盖率)、大额风险集中度(单一客户风险集中度、单一集团客户风险集中度)、流动性(流动性覆盖率、净稳定资金比率、存贷比)、案件风险率、并表机构监管(附属机构资本回报率、母行负债依存度)七大类十三项腕骨动态风险监管指标,与三大类七项指标、风险核心监管指标、早期风险预警指标等构成了银监会的监管工具箱。这个工具箱涵盖了巴塞尔银行监管委员会第二版和第三版协议规定,根植于中国银行业实践,有所侧重、有所差别,对增强系统重要性银行监管具有现实借鉴意义。

"腕骨"监管指标体系的七大类涵盖十三项指标,突破了自 2006 年股改以后大型银行一直沿用的"三大类七项指标"。目前,美国的金融监管体系为 CAMELS,英国为 ARROW 体系。"腕骨"监管指标体系属于动态风险监管指标,该指标体系既规定了法定值、触发值、目标值,实行"三道防线",又明确了监管调整值及其区间,把定量测算与定性分析、监管指标标准化与监管自由裁量权有效结合起来。银监会推广的"腕骨"体系较"骆驼"体系,指标更为量化,对集中度风险、操作风险均有所体现。为应对"大而不能倒"问题,银监会对这十三项监管工具寄予厚望。

作为新资本协议下中国式银行监管制度的创新,"腕骨"体系无异于一场银行监管革命,监管当局对这种差别化、动态化的监管思路亦是势在必行。

二、证监会对证券市场的监管

证券市场是一个高风险市场,证券市场出现危机或崩溃时,会影响其他相关行业,使这些行业相继出现危机,从而引发系统性连锁反应。改革开放以来,随着中国证券市场的发展,建立集中统一的市场监管体制势在必行。1992 年 10 月,国务院证券委员会(简称国务院证券委)和中国证券监督管理委员会(简称中国证监会)宣告成立,标志着中国证券市场统一监管体制开始形成。国务院证券委是国家对证券市场进行统一宏观管理的主管机构。中国证监会是国务院证券委的监管执行机构,依照法律法规对证券市场进行监管。目前,中国证监会主要从以下四个方面对证券业进行监管:

(一)对证券发行及上市的监管

其内容包括:证券发行核准制度、证券发行与上市信息公开制度、证券发行上市保荐制度。

1. 证券发行核准制度

证券发行核准制度是指在规定证券发行的基本条件的同时,要求证券发行人将每笔证券发行报请主管机关批准。这种制度以维护公共利益和社会安全为本位,不重视行为个体的自由权,因此在很大程度上带有国家干预的特征。1997 年 7 月 1 日正式实施的《证券法》中规定,我国股票发行实行核准制。这开创了我国股票发行史上由计划分配向市场运作转变的新时代。在我国,证券发行核准制是指证券发行人提出发行申请,保荐机构(主承销商)向中国证监会推荐,中国证监会进行合规性初审后,提交发行审核委员会审核,最终经中国证监会核准后发行,股票发行核准制取消了政府对上市指标和额度的管理,使得证券监管机构的职能得以重新定位,证券公司被赋予更大的权力和责任,但同时承担了更大的风险。这有利于提高上市公司的质量,促进市场稳定发展。

2. 证券发行与上市信息公开制度

以维护公司股东或者债权人合法利益为宗旨的证券发行与上市信息公开制度,是通过将公司信息完全、准确、及时地公开,提供证券投资价值判断的法律制度,它也是公司信息披露制度的重要组成部分。在信息披露方面,《证券法》要求上市公司发行证券,应当按照中国证监会规定的程序、内容和格式,编制公开募集证券说明书或者其他信息披露文件,依法履行信息披露义务。同时,上市公司应当保证投资者及时、充分、公平地获得法定披露的信息,信息披露文件使用的文字应当简洁、平实、易懂。中国证监会规定的内容是信息披露的最低要求,凡对投资者投资决策有重大影响的信息,上市公司均应充分披露。

3. 证券发行上市保荐制度

证券发行上市保荐制度是指由保荐机构及其保荐代表人负责发行人证券发行上市的推荐和辅导,经尽职调查核实公司发行文件资料的真实、准确和完整性,协助发行人建立严格的信息披露制度。主要包括以下内容:① 发行人申请首次公开发行股票并上市,上市公司发行新股、可转换公司债券或公开发行法律、行政法规实行保荐制度的其他证券的,应当聘请具有保荐资格的机构担任保荐机构,中国证监会或证券交易所只接受由保荐机构推荐的发行或上市申请文件。② 保荐机构及保荐代表人应当尽职调查,对发行人申请文件、信息披露资料进行审慎核查,向中国证监会、证券交易所出具保荐意见,并对相关文件的真实性、准确性和完整性负连带责任。③ 保荐机构及其保荐代表人对其所推荐的公司上市后的一个期间负有持续督导义务,并对公司在督导期间的不规范行为承担责任。

④ 保荐机构要建立完备的内部管理制度。⑤ 中国证监会对保荐机构实行持续监管。

（二）对交易市场的监督

对交易市场的监督主要包括对内幕交易行为的监管、对欺诈客户行为的监管、对操纵市场行为的监管。

1. 对内幕交易行为的监管

内幕交易是指证券交易内幕信息的知情人和非法获取内幕信息的人利用内幕信息从事证券交易活动。1990 年 11 月 27 日由上海市人民政府发布的《上海市证券交易管理办法》第 39 条及 1991 年 6 月 15 日实施的《深圳市股票发行与交易管理暂行办法》第 34 条明文禁止内幕交易，1993 年颁布施行的《股票发行与交易管理暂行条例》及《禁止证券欺诈行为暂行办法》中也有禁止内幕交易的明文规定。《证券法》针对我国证券市场存在的屡禁不止的内幕交易问题，规定了“禁止证券交易内幕信息的知情人员利用内幕信息进行证券交易活动”。为了配合《证券法》的立法宗旨，《刑法》中也增加了“证券内幕交易罪”“泄露内幕消息罪”的罪名及相关内容。

2. 对欺诈客户行为的监管

证券欺诈是指以获取非法利益为目的，违反证券管理法规，在证券发行、交易及相关活动中从事欺诈客户、虚假陈述等行为。我国《证券法》第 210 条规定，证券公司违背客户的委托买卖证券、办理交易事项，或者违背客户真实意思表示，办理交易以外的其他事项的，责令改正，处以 1 万元以上 10 万元以下的罚款。给客户造成损失的，依法承担赔偿责任。《证券法》第 211 条规定，证券公司、证券登记结算机构挪用客户的资金或者证券，或者未经客户的委托，擅自为客户买卖证券的，责令改正，没收违法所得，并处以违法所得 1 倍以上 5 倍以下的罚款；没有违法所得或者违法所得不足 10 万元的，处以 10 万元以上 60 万元以下的罚款；情节严重的，责令关闭或者撤销相关业务许可。对直接负责的主管人员和其他直接责任人员给予警告，撤销任职资格或者证券从业资格，并处以 3 万元以上 30 万元以下的罚款。

3. 对操纵市场行为的监管

操纵市场是指个人或机构背离市场自由竞争和供求关系原则，人为操纵证券价格，以引诱他人参与证券交易，为自己牟取私利的行为。对市场操纵的监管主要分为事前监管和事后救济。事前监管是指在发生操纵行为前，证券管理机构采取必要手段以防止损害发生。事后救济指证券管理机构对市场操纵行为者的处理及操纵者对受损当事人的损害赔偿。根据我国《证券法》第 203 条的规定，违反本法规定，操纵证券市场的，责令依法处理非法持有的证券，没收违法所得，并处以违法所得 1 倍以上 5 倍以下的罚款；没有违法所得或者违法所得不足 30 万元的，处以 30 万元以上 300 万元以下的罚款。单位操纵证券市场的，还应当对直接负责的主管人员和其他直接责任人员给予警告，并处以 10 万元以上 60 万元以下的罚款。另外，操纵行为受害者可以通过民事诉讼获得损害赔偿。

（三）对上市公司的监管

对上市公司的监管是指证券交易所的信息公开制度、公司治理。

证券交易所应对上市公司及相关信息披露义务人披露信息进行监督，督促其依法及时、准确地披露信息。《证券法》第113条第1款规定,证券交易所应当为组织公平的集中交易提供保障,公布证券交易即时行情,并按交易日制作证券市场行情表,予以公布。第115条第1款规定,证券交易所对证券交易实行实时监控,并按照国务院证券监督管理机构的要求,对异常的交易情况提出报告。

目前我国已经初步形成了以《证券法》《公司法》《企业会计制度》《上市公司治理准则》等基本法律法规为核心的较完善的法律体系,对上市公司进行监督。

(四)对证券经营机构[①]的监管

其中包括:证券经营机构准入监管、对证券公司业务的核准、对证券公司的日常监管。

设立证券公司必须经国务院证券监督管理机构审查批准,任何单位和个人未经国务院证券监督管理机构审查批准,均不得经营证券业务。证券监管部门可以根据实际情况的变化,依照法定条件和法定程序,并根据审慎监管的原则对证券公司设立的条件做出补充规定。证券公司设立、收购或者撤销分支机构,变更业务范围或者注册资本,变更公司章程中的重要条款,变更持有5%以上股权的股东、实际控制人等,需要经证券监管部门批准。证券公司在境外设立、收购或者参股证券经营机构,也必须经证券监管部门批准。

对证券公司从事的创新业务,监管部门依据审慎监管的原则予以核准。

证券监管机构对证券公司的日常监管,分为现场监管和非现场监管两种方式。

拓展阅读6-2

机构和个人操纵证券市场案

2009年11月,证监会对广东中恒信传媒投资有限公司(以下简称中恒信公司)、薛书荣、郑宏中、杨晓鸿、黎睿咨等涉嫌操纵市场行为立案稽查。

经查,自2007年4月至2009年10月,薛书荣、郑宏中、杨晓鸿、黎睿咨等人以70个自然人名义在44家证券营业部开立112个资金账户,使用148个证券账户,动用超过20亿元资金预先买入他们选定的股票。与此同时,黎睿咨、张宏、欧阳宏、桑旭、何森、梅养和等人安排人员制作上述股票的荐股PPT,并将PPT传送至薛书荣、郑宏中等人控制的荐股节目主要制作单位——中恒信公司。同时,薛书荣、郑宏中等人先后私下联络10家证券公司和8家投资咨询机构的30名证券分析师,完全按PPT内容录制荐股节目。

薛书荣、郑宏中等人通过广州登立广告有限公司等7家公司,以4 483万元购买了9家电视台的早、午、晚证券栏目时段,播放前述荐股节目,吸引投资者入市,并在节目播出当日或第二个交易日,将预先买入的股票迅速卖出获利,以"抢帽子"交易方式操纵股票价格。证监会经过调查、审理认定,郑宏中等人以"抢帽子"交易方式操纵股票价格,违反了《证券法》第77条第1款第4项的规定,同时涉嫌构成《刑法》第182条第1款第4项规定的情形,于2010年3月将该案移送公安机关追究刑事责任。

---

① 证券经营机构是由证券主管机关依法批准设立的在证券市场上经营证券业务的金融机构。

证监会有关部门负责人表示，本案是一起典型的“抢帽子”操纵案件，即“先行买入证券，后向公众推荐，再卖出证券”。一是涉案金额十分巨大，操纵股票数量史无前例，涉案人员数量众多。二是通过多家卫视媒体荐股，影响力巨大，受害股民数量众多。三是涉案团伙组织周密且公司化运作，反侦查能力极强。针对该案中暴露出的证券分析师严重违规问题，证监会迅速出台了关于加强证券分析师监管的相关文件，广电总局于2010年7月下发了《关于切实加强广播电视证券节目管理的通知》，进一步规范了广播电视证券节目。

三、银保监会对保险市场的监管

保险业是社会信用链条的重要环节，影响面大，涉及面广。由于保险业承担着风险集中和损失分担的功能，为社会全体公众服务，保险业的经营风险具有长期性、动态性、隐蔽性。一旦风险爆发难以救助，所以保险业经营直接影响着广大公众的利益和社会稳定。保险业经营是以大数法则为数理依据，需要专门的寿险精算技术与非寿险精算技术计算合理的保险费率。技术的特殊性导致大多数投保人不了解这些技术，难以判断保费的合理与否。另外，保险业承担未来损害赔偿或给付保险金的责任，而它能否真正承担保险责任，取决于它是否有足够的偿付能力。如果没有足够的偿付能力作为后盾，投保人的利益将无法保障。为实现金融宏观调控与金融微观监管的分离，为适应金融监管与调控的对象——金融业、金融市场日益复杂化、专业化、技术化的趋势，我国于1998年11月18日成立保监会，根据国务院授权履行行政管理职能，依照法律、法规监督管理全国保险市场，维护保险业的合法、稳健运行。银保监会对保险市场监管的主要内容是：

（一）保险组织的监管

保险组织的监管是对保险组织市场准入与退出的监管。它包括对保险机构设立、整顿、接管、分立、合并以及破产清算等方面的监管。保险监管部门对保险组织设立进行监管的目的在于：一是规定和落实保险机构开业资本金；二是限制和选择保险机构的组织形式；三是规定保险机构营业范围；四是保证保险机构高级管理人员的水平。具体包括：① 对保险业组织形式的监管；② 对保险企业设立的审批；③ 对保险企业停业清算的监管；④ 对保险从业人员资格的监管；⑤ 对外资保险企业的监管。

（二）保险经营的监管

1. 核定保险条款和费率

保险条款是保险合同的核心内容，是保险人与投保人关于各自权利与义务的有效约定。银保监会主要制定商业保险的主要险种的基本条款，而其他险种的保险条款由银保监会委托保险行业协会或保险公司拟订，并报银保监会备案。我国保险费率的监管权限与保险条款的监管权限基本一致。银保监会制定商业保险的主要险种的费率，而其他险种的费率由银保监会委托保险行业协会或保险公司拟订，并报银保监会备案。

2. 再保险业务的监管

国家对再保险公司进行监管的核心是偿付能力管理，保证赔偿义务的履行。主要集中在以下四个方面：① 审批再保险公司的设立和变更事项。再保险公司设立、变更时都必须向监管当局提出申请并提供有关情况,如开业资本金、承保风险的性质、每种业务的费率条款、普通保单和特殊保单的条件、再保险和转分保的原则等。② 检查和监督再保险公司的经营。再保险公司营业之后,监管当局要对公司的偿付能力以及公司是否遵守有关法规进行检查和监督,再保险公司要按时递交年度报告。③ 干预再保险公司活动。在例行检查过程中一旦发现再保险公司经营处于困境,不符合有关规定的要求,监管当局可以干预其经营活动,对问题较大的再保险公司则收回营业执照。④ 清算再保险公司。当再保险公司不能履行其应负的责任,或者其财务状况变坏,或已经出现损害公众利益的情况,监管当局有权做出清算决定。

3. 对保险中介人的监管

我国《保险法》《保险代理机构管理规定》《保险经纪公司管理规定》《保险公估机构监管规定》等法律和规定分别对保险代理机构、保险经纪机构和保险公估机构的定义、职责、设立、变更和终止、从业资格、经营管理、监督检查、处罚等做了详尽规定,是对保险中介人实施监管的主要法律依据。其监管包括保险中介人执业资格的监管、执业监管、财务监管。

(三) 保险财务监管

1. 监管资本金与公积金

对资本金的监管侧重于对筹集资本金的方式、期限、责任和资本金真实性、有无抽逃资本金现象、增资扩股,以及资本金运营进行监管。我国《保险法》第69条规定:"设立保险公司,其注册资本的最低限额为人民币二亿元。国务院保险监督管理机构根据保险公司的业务范围、经营规模,可以调整其注册资本的最低限额,但不得低于本条第一款规定的限额。保险公司的注册资本必须为实缴货币资本。"

保险公司提取公积金是为了用于弥补公司亏损和增加公司资本金。我国《公司法》和《金融保险企业财务制度》规定:保险公司应在税后利润中提取10%的法定盈余公积金;当法定盈余公积金累计达到注册资本的50%以上时,可不再提取。

2. 监管保险公司负债

保险公司的负债主要体现在保险责任准备金,包括未到期责任准备金、未决赔款责任准备金、人身险长期责任准备金、保险保障基金等。

保险保障基金是指为保护保单持有人的合法权益,弥补被保险人因保险公司破产而遭受的经济损失,维护经济发展与促进社会稳定而依法建立的专门保护基金。从各国保险实践看,保险保障基金主要来源于整个保险行业,可以按保险费收入提取,也可以按保险公司资产或债务提取。我国《保险保障基金管理办法》第5条规定,保险保障基金以保障保单持有人利益、维护保险业稳健经营为使用原则,依法集中管理,统筹使用。

3. 监管保险公司资产

保险公司资产是指保险公司拥有或能够控制的、能以货币计量的经济资源。包括各种财产、债权和其他权利,也包括固定资产、流动资产、长期投资、无形资产、递延资产和其他资产。保险资产是保险公司可运用的资金,是保险公司收入的主要来源。对于不同形式和性质的资产,监管方法各不相同。我国《保险法》规定:"保险公司的资金运用限于:

① 银行存款;② 买卖债券、股票、证券投资基金份额等有价证券;③ 投资不动产;④ 国务院规定的其他资金运用形式”,“国务院保险监督管理机构有权要求保险公司股东、实际控制人在指定的期限内提供有关信息和资料”,“国务院保险监督管理机构应当与中国人民银行、国务院其他金融监督管理机构建立监督管理信息共享机制”。

(四) 保险偿付能力的监管

保险公司认可资产减去认可负债的差额必须大于保险法规规定的金额,否则保险公司即被认定为偿付能力不足。由于保险合同双方权利和义务在时间上的不对称性,例如保险人先收保险费后支付保险赔款或给付,而投保人是先交纳保险费,保险事故发生后再享受获得赔款或保险金的权利,所以,一旦保险人在经营过程中失去偿付能力,而大部分保险合同又尚未到期,被保险人将失去经济保障。因此,各国都把偿付能力监管作为保险监管的核心内容。

我国《保险法》第 137 条规定:“国务院保险监督管理机构应当建立健全保险公司偿付能力监管体系,对保险公司的偿付能力实施监控。”

偿付能力监管的手段主要有保险公司资本充足率监管、现场检查与非现场检查。

为了科学准确地计量风险并提高对风险的敏感度,推动行业不断提升风险管理能力,原保监会在 2012 年年初发布《中国第二代偿付能力监管制度体系建设规划》(简称偿二代),提出要用 3 ~5 年时间,形成一套既与国际接轨又与我国保险业发展阶段相适应的偿付能力监管制度体系。

该体系用来监控保险公司的偿付能力。这是银保监会对保险公司监管的核心指标,类似银保监会对银行资本充足率的监管。因此,“偿二代”也经常被类比为保险业的“巴塞尔协议Ⅲ”。相比于以规模为导向的“偿一代”,“偿二代”则以风险为导向,这使得不同风险的业务对资本金的要求出现了显著的变化,从而显著影响保险公司的资产和负债策略。

“偿二代”建设于 2012 年启动,经过三年努力,2015 年 2 月,“偿二代”正式发布并进入实施过渡期。2016 年一季度起,“偿二代”监管体系正式实施,保险公司只向保监会报送“偿二代”报告,停止报送“偿一代”报告。这意味着我国保险监管将全面实行“风险导向”新制度,实现质变。

保监会数据显示,2017 年一季度末,保险业综合偿付能力充足率 238%,核心偿付能力充足率 221%,均高于 100% 和 50% 的偿付能力达标线。其中,财产险公司、人身险公司、再保险公司的综合偿付能力充足率分别为 269%、230% 和 330%。同期,保险业实际资本 3.4 万亿元,相较上季度末增加 1 899 亿元,综合偿付能力溢额达到 2 万亿元,相较上季度末增加 794 亿元。保险公司风险综合评级结果显示,2017 年一季度末,在参加评估的 170 家保险公司中,A 类公司 94 家,B 类公司 71 家,C 类公司 3 家,D 类公司 2 家。仅有 2 家人身险公司出现偿付能力严重不足的状况,分别为新光海航人寿、中法人寿。

“偿二代”二期工程将进一步完善偿付能力监管规定,对创新资产、新兴保险业务、新型保险组织形式等问题的解决进一步明确,将继续推动保险业的健康发展以及全面风险管理能力的提升。

拓展阅读 6-3

银监会与保监会合并,强化金融监管同一性

2018 年 3 月 13 日,国务院机构改革方案提请十三届全国人大一次会议审议。根据方案,将组建中国银行保险监督管理委员会,不再保留银监会、保监会。此次改革有三个方面的特点值得关注。

第一,增强了央行在金融法律法规拟订和宏观审慎监管方面的作用,意味着金融领域实现了统一的法律法规体系和宏观审慎监管体系,货币政策、宏观审慎监管和金融监管的协调性显著加强。

第二,在剥离行业发展规划、拟订监管法律法规和宏观审慎职能后,新成立的银行保险监督管理委员会聚焦于履行监管职责,有利于进一步贯彻监管姓监的精神,从功能和行为监管角度持续强化从严监管力度,确保金融领域监管法律法规有效执行。

第三,我国大型系统重要性金融机构主要集中于银行和保险领域,且银行已经成为保险资金的重要投资标的。银监会与保监会合并为一个监督机构,有利于充分发挥银行业和保险业监管合力的作用,去除多头监管提升监管效率,消除监管空白,从微观监管着手实施行为监管,统筹处置银行业和保险业一批风险点,促进金融机构管理有效性的提升,增强银行业和保险业体系运行的合规性和稳健性,有助于控制系统性金融风险。

新的监管架构将围绕统一宏观审慎监管和强化行为监管持续优化,将主要金融业务纳入统一监管体系,进一步增强金融监管的统一性,提升防范系统性金融风险的能力。

四、国家财政部对企业和金融机构的监管

(一)财政部对企业的财务监管

1. 企业消费性资金使用监督

监督的内容有:项目预算和费用开支计划与各项消费资金的使用;企业职工代表大会或董事会审批的情况和据实向职工代表大会报告执行情况;企业工资总额的增长不得超过效益挂钩方案提取的工资总额;企业购置小轿车要与企业的规模和盈利水平相适应,按有关规定执行的情况;企业建造职工活动中心等娱乐场所,购建宾馆、招待所等非生产性设施,按基本建设程序立项情况;企业修建职工住宅以及其他非生产性设施是否挤占生产经营资金,是否高标准修建和高档装修;是否建立业务招待费预决算制度和财务审核制度,在财务制度规定的控制比例内据实列支。

2. 企业生产经营资金使用监督

企业必须在优先满足生产经营资金需要的基础上进行固定资产投资,并按照国家规定足额安排铺底生产经营资金;企业重大固定资产投资项目应报职工代表大会或董事会审定。凡生产经营资金严重不足,简单再生产难以维持的,一般不得新上固定资产投资

项目。

3. 企业对外投资监督

对外投资要做好可行性研究，坚持集体讨论，建立严格的审查和决策程序。除国家有特殊规定外，企业对外投资不得超过本企业净资产的50%。技术改造任务重或生产经营资金不足，以及对外投资报酬率预计达不到银行存款利率的，不得对外投资；企业对外投资必须编制投资损益明细表，详细反映企业各项对外投资取得的收益或发生的损失。连续3年没有达到预期效益或低于本企业资金利润率的，主要决策者必须向职工代表大会或董事会做出书面汇报。

4. 关联企业业务往来监督

企业与关联企业[①]之间进行原材料供应、商品销售活动时，应当按照独立企业之间的业务往来收取或支付价款、费用，不得自行提高原材料进价、压低商品销售价格；企业与关联企业之间的资金占用，要坚持有偿使用原则，资金占用费率不得低于银行同期存款利率；要坚持分账管理，独立核算，并建立必要的报表报告制度。

5. 企业资产购销活动监督

企业应建立产品（商品）、原材料、设备等资产购销活动的内部控制制度；企业主要原材料、设备的购进价格以及主要产品（商品）的销售价格，与市场同类产品（商品）或企业以往购进及销售的同类产品（商品）价格差异较大的，应及时查明原因，并在企业财务报告中予以说明；企业在经济活动中，应坚持往来货款结算制度。对符合规定采取“以物抵款”“以货抵款”的，企业应作为销售处理，依法纳税，并据此进行财务核算。对采用“以物易物”的，买卖双方应按国家规定进行财务处理，其中易出物按同类货物的市场价格转作销售收入，依法纳税；易进物作为企业购入有关资产处理。

6. 企业资金调度监督

建立必要的资金调度内部控制制度，确保资金调度的安全；企业要分类按月（季、年）编制资金运营预算，企业开设银行账户以及重大资金使用计划，必须报主管财政机关备案；对无有效合同、无合法凭证、无合规手续的，不得对外支付现金（包括支票、汇票等）。

此外，企业应严格执行国家规定的成本开支范围和费用开支标准，正确核算成本费用，严禁少计少摊成本或乱挤乱进成本，并建立科学严密的内部成本控制制度。企业各项资产损失的处置，必须按照财政部有关规定建立严格的鉴定和审批制度。企业依法缴纳所得税后，应按国家规定的税后利润分配秩序进行利润分配。企业年度财务报告必须按照国家规定的要求编制，并在规定的时间内上报主管财政机关审批。

---

① 关联企业是指与其他企业之间存在直接或间接控制关系或重大影响关系的企业。相互之间具有联系的各企业互为关联企业。关联企业在法律上可表现为由控制公司和从属公司构成。而控制公司与从属公司的形成主要在于关联公司之间的统一管理关系的存在。这种关系往往借助控制公司对从属公司实质上的控制而形成。在控制公司的指挥控制之下，从属公司虽然在法律上是独立的主体，但在经济上却部分或全部地丧失了其自主性。因此，从属公司的经营往往不是为了其自身的利益，而是为了控制企业或关联企业整体利益。从属公司的营业计划也常常是整体关联企业营业计划中的一部分或者一个环节而已。从属公司的人力、财力、物力常常被利用来作为追求整体关联企业或控制企业的利益的资源和工具。在某些极端的情形下，从属公司的设立往往只是为了增进另一家“模范公司”的经营或营业利润而已。

（二）财政部对金融机构的财务监管

为切实加强金融企业的财务管理工作，提高金融企业经营管理水平和经济效益，防范和化解金融风险，财务部必须对金融企业进行监管。监管的主要内容是：

（1）金融企业要严格遵守国家有关财务制度、规定和财经纪律，认真组织实施《金融企业财务规则》(财政部令第42号)、《金融企业财务规则——实施指南》(财金〔2007〕23号)及国家有关财务会计规定，建立健全内部财务管理制度，设置财务管理职能部门，配备专业财务管理人员，综合运用规划、预测、计划、预算、控制、监督、考核、评价和分析等方法，筹集资金，营运资产，控制成本，分配收益，配置资源，反映经营状况，防范和化解财务风险，实现持续经营和价值最大化；要严格按照《金融企业费用专户管理办法》(财债字〔1998〕69号)的规定，切实建立费用支出专户管理制度，制定科学合理的费用指标，加强支出管理；要严格遵守国家有关财务制度、规定和财经纪律，接受各级财政主管部门的财务监督和管理。国有独资商业银行要严格按照《关于国有独资商业银行财务管理的规定》(财商字〔1997〕43号)的要求，按时向主管财政部门报送财务计划和财务决算。国有独资商业银行分支机构要接受财政部驻各省、自治区、直辖市和计划单列市财政监察专员办事处的财务监管。

（2）要求金融企业建立规范有效的资本补充机制。从事商业银行业务的金融企业，资本充足率不得低于8%，核心资本充足率不得低于4%；从事保险业务的金融企业，偿付能力充足率不得低于规定的数额；从事证券业务的金融企业，净资本负债率应满足规定的数额要求。

（3）严格利润分配制度。资本充足率、偿付能力充足率、净资本负债率未达到有关法律、行政法规规定标准的，不得向投资者分配利润。

（4）严格按规定核算应收息和应付息。金融企业要严格按照权责发生制的核算原则和财务制度规定，核算和计提应收利息和应付利息。各项贷款利率必须严格按照中国人民银行规定的标准执行。逾期半年以上的贷款的应收利息可以不计入损益，在表外核算，实际收回时再计入损益。对已计入损益的应收利息连续三年不能收回的部分，可以做坏账核销。

（5）严格按规定提取和使用各项准备金。金融企业要严格按照有关财务制度和规定提取呆账准备金、坏账准备金和投资风险准备金。

（6）加强金融企业工资性支出的监督和管理。金融企业要按照国家现行的工资制度管理规定，制定内部统一的工资和津贴管理办法。企业所有工作人员(包括正式工和临时工)以奖金、津贴、实物等形式发放的一切工资性支出都必须列入工资总额，纳入工资科目核算。中央金融企业不得执行地方政府出台的工资和各类津贴政策。国家对金融企业统一实行计税工资办法，严禁企业为个人代交个人所得税。

（7）加强固定资产经营性租赁收入的管理。经中国人民银行批准从事固定资产经营性租赁业务的，取得的租赁收入要计入当期损益，列营业外收入，严禁冲减费用和滞留账外。

（8）加强贷款抵债资产的管理。金融企业要健全抵债资产管理制度，控制接收抵债资产的范围，严格接收标准。企业接收的抵债资产原则上不准自用，必须组织拍卖变现。特殊情况需要自用的，应专项申报，并视同于新购固定资产，必须有固定资产购建指标，办理相应的固定资产购建审批手续。同时等额冲减贷款本金和应收利息。

(9) 建立大宗采购项目招标投标制度。金融企业凡购建固定资产和采购单批价值100万元以上的低值易耗品及其他货物和服务必须进行招标。对分支机构的采购项目，必须经总行或总公司授权；对单批价值较大的采购项目，原则上应由总行或总公司统一采购。

(10) 建立健全企业内部账户管理制度。金融企业要建立集中统一的财务管理体系，将所属一切业务部门的财务均归口财务部门管理。除资金计划部门和财会部门外，其他部门不得开立资金账户。金融企业只能设立一个费用存款专户，所有财务开支必须从费用专户中开支，并实行一支笔审批。

(11) 建立健全企业内部分配激励和约束机制。金融企业要建立公平的个人收入分配制度，打破平均主义，拉开收入差距，使个人工资水平与企业经济效益挂钩，体现"按劳分配"的原则。

(12) 加大对违纪违规行为的处罚力度，处理人与处理事相结合。金融企业要严格遵守财政财务法规，防止出现违反财务纪律和法规的现象。对违反财务纪律和法规的行为，有关部门要加大处罚力度。对企业要及时调账补税，并依照财税法规予以罚款；对有关责任人员，企业要视情节轻重，给予必要的行政处分；对参与做假账的会计人员，要吊销其会计资格证书；对典型案例要在企业内部或金融系统内部予以通报批评；情节严重触犯刑律的，要追究刑事责任。

(13) 规范职工福利支出和职工奖励支出的管理。金融企业以前提取的职工福利基金、职工奖励基金等按规定应分别用于职工的集体福利支出和奖励支出，应当将其投资及其收益全部并账，归属金融企业所有，投资收益确认为营业外收入；对于职工福利支出结余，金融企业应当遵循职工福利费用于职工集体福利的基本规定，逐步消化，可用于支付补充医疗保险和补充养老保险费用，或支付为职工购买商业保险等其他职工福利方面的支出；对于职工工资支出结余，金融企业应当执行国家规定的工资政策，在工资总额增长幅度不超过本金融企业经济效益增长幅度、职工实际平均工资增长幅度不超过本金融企业劳动生产率增长幅度的前提下，金融企业可以自主决定内部工资分配办法。

(14) 规范年金制度。金融企业要遵守《财政部关于国有金融企业试行企业年金制度有关问题的通知》(财金〔2006〕18号)的相关规定，按照国家有关规定制定年金方案，经金融企业职工代表大会或职工大会审议通过后，分别履行审核程序。

第四节 消费者信用监管

在信用监管体系中，对消费者信用的监管具有特别的重要性。消费者处于市场链条的终端，消费信用对于经济稳定增长具有重要意义，然而在各种消费信用关系中，消费者却总是处于弱势地位，容易受到不公正的对待或受到利益的侵害。为了提高信用授受机构的安全性和合理性，保护消费者的权益，各国都对消费者信用进行严格监管。

一、消费者信用监管的定义

消费者信用监管,就是对消费者信用的规模和结构、消费者信用授信机构、消费者信用服务中介机构的运作进行控制、监督和管理的总称。消费者信用的监管,是整个信用监管体系的重要组成部分和基础。实施消费者信用监管,可以实现以下目标:

一是保持经济的稳定。[①] 各国都通过法律来保障稳定的货币供给,调整物价,并防止发生金融危机而带来的经济波动;通过法规、条例等调节银行贷款的种类和向消费者发放贷款的数量;采取各种监督手段,保障金融机构的安全性;在需求过旺及通货膨胀时,中央银行可以对消费者信用采取一些必要的管理措施,比如对各种耐用消费品规定付现的最低额,并对用于购买这些商品的贷款规定最长期限,使社会用于购买耐用品的支出减少,缓解通货膨胀压力。

二是保护消费者。各国制定法律、法规来保护消费者,以免受金融机构的不合理行为的侵害,保障消费者的权益;要求金融机构必须以明确的格式、内容、语言,对其所提供的金融产品或者金融服务,向消费者进行充分的信息披露和风险揭示,确保金融消费者在购买金融产品或者接受金融服务前知晓并了解相关产品或者服务及其所包含的风险等。

三是促进社会进步目标的实现。通过一些信用监管方面的法律,来实现社会进步、和谐等其他的社会目标。例如,保障一些特殊的经济部门——小微企业、农业贷款等法律的制定,还有国家为了贫困的学生能够完成学业通过各种方式提供的助学贷款。

二、消费者信用监管的特殊性

消费者信用与其他信用相比,在范围、作用、规模等方面有很大的差异,因而监管的主体、方式,使用的法律等方面也有很大的差异。

(一)个人信息披露与保护个人隐私权要协调一致

社会信用体系运转的一个基本前提是消费者信用信息的开放。只有保持个人征信数据的完整性、准确性和连续性,才能反映消费者信用的全貌,才能对消费者信用做出真实、客观的评价。但在开放的个人信息中,包含着不易公开的信息,因而不能像公共产品一样无条件共享。只强调信息公开透明,可能伤害到当事人的合法权益。对个人征信进行监管的目的之一,就是在信息披露和保护隐私,以及信息披露和便于个人从商业银行获得贷款之间保持一种平衡,保证征信机构“有条件”地采集、保存、使用征信数据,尽可能地保护个人的利益。因此,消费者信用信息的公开和个人隐私的保护是一对矛盾,需要协调好两者的关系。在信息披露的过程中,要严格限定消费者信用信息使用的范围、目的与主体,还要严格限定消费者信用信息使用的方法,以最大限度地保护个人隐私。

---

① 随着消费信贷的发展,这种选择性货币工具通过广泛的消费信贷参与者的参与,传导效果得以改善,特别是扩大了中央银行货币政策作用的基础面,最终有利于央行通过选择性的货币政策影响特定市场。具体来说,在消费信贷领域,可以通过调整贷款利率和首付比例→影响居民借款总额→调节社会信贷总量→影响社会消费总量→作用于国民经济总供给和总需求的均衡。另外,可以通过调整不同种类消费信贷贷款利率或首付比例→调整货币信贷使用结构→调整社会消费结构。

（二）实现消费者信用记录的强制性

实现消费者信用记录的连续性、准确性和完整性，是建立消费者信用制度的基本前提，这需要以消费者信用记录的强制性做保障。在征信国家，消费者信用是一种主动式的征信，几乎每个人都必须建立信用记录，而不论被记录人是否愿意，也不管是否有委托。

（三）确定消费者信用信息的格式和相关内容

消费者信用信息的具体项目、内容等共性较强，具有相对固定的格式和标准，要求具有客观性。其内容涉及可能影响个人信用状况的相关信息，至少包括四个方面：① 个人身份信息。姓名、性别、身份证号码、出生日期、地址、婚姻状况、家庭成员状况、收入状况、工作单位、职业、学历等。② 商业信息。个人贷款记录、信用卡使用记录。③ 社会公共信息记录。个人纳税、参加社保、个人财产变动的记录。④ 特别记录。民事、刑事、行政诉讼和行政处罚等记录。

（四）消费信用是消费者信用监管的侧重点

消费作为社会再生产循环的基本归宿和新起点，是决定投资需求和拉动经济增长的最终需求，其乘数作用靠提高边际消费倾向来实现，而通过提供个人消费信贷的模式可以起到有效刺激消费需求增长的直接效果。对美国国家信用总规模的研究表明：美国信用规模年增长量与 GDP 年增长量的相关系数接近 1，二者呈强正相关关系。美国消费者信用对 GDP 拉动最强，消费者信用规模增长 1 亿美元，平均拉动 GDP 增长 5 619 万美元。市场及政策制定者都把消费者信用余额的变化看成预兆商业周期发生转变的变量，从而使得对消费者信用的监管成为个人信用监管的重点所在。

三、消费者信用监管机构

按照法律法规，对消费者信用进行监管和执法的政府部门，称为消费者信用监管机构。一个国家的消费者信用监管机构可以是一个也可以是多个，这要视国家的大小、社会制度、法律法规、政府机构规模、经济化水平、有无开放征信数据、文化传统等多种因素而定。

美国是世界上最发达的征信国家，其信用管理技术和教育水平堪称世界第一，北美的征信市场规模也是世界最大的。美国的信用管理行业经历了 160 多年的发展，在北美的 4 家巨型征信公司中，有 3 家始建于 19 世纪。美国有许多专门从事征信、信用评级、商账追收、信用管理等业务的信用中介服务机构。在个人资信服务领域，全国有 1 000 多家当地或地区的信用局（Credit Bureau）为消费者服务，但这些信用局中的绝大多数附属于艾克飞、益博睿和环联这 3 家全国最主要的信用报告服务机构，这 3 家公司都建有覆盖全国范围的数据库，包含超过 1.7 亿消费者的信用记录，每年会提供 5 亿份以上的信用报告。在企业征信领域，邓白氏是全世界最大、历史最悠久和最有影响的公司，在很多国家建立了办事处或附属机构。邓白氏建有自己的数据库，该数据库涵盖了超过全球 5 700 万家企业的信息。在资信评级行业，目前美国国内主要有穆迪投资者服务公司、标准普尔公司和惠誉公司，它们基本上主宰了美国的资信评级市场。美国的法律注重可执行性，每一项法律会明确指出该法律的政府执法机关和其责任、相应行使监督管理的权限等。美国联邦政府并没有设立一个专门的信用管理机构对其信用行业进行监管,其信用管理功能是随着市场的发展及其相关立法的确立同步赋予相关部门,或自然分配给有关部门的。

在美国,与信用管理有关的法律体系比较完备,信用产品的加工、生产、销售、使用的全过程都被纳入法律范畴。20 世纪 60 年代末至 80 年代期间,美国在原有信用管理法律法规的基础上,进一步制定与信用管理相关的法律,目前已形成了比较完整的框架体系。在美国生效的信用管理相关的基本法律中,直接规范的目标主要集中在规范授信、平等授信、保护个人隐私等方面。美国政府对信用管理法案的主要监督和执法机构分两类:一类是银行系统的机构,包括财政部货币管理局、联邦储备体系和联邦存款保险公司;另一类是非银行系统的机构,包括联邦贸易委员会、国家信用合作社管理局和存款机构监督局。

发展中国家信用制度不健全,对消费者信用监管没有统一、明确的机构,监管职能分散在各个政府部门,如我国的信用监管职能分散在中国人民银行、银保监会、证监会、市场监督管理总局等部门。

拓展阅读 6-4

美国对消费者信用的监管

美国政府对消费者信用的监管始于第二次世界大战期间。20 世纪 60—80 年代,通过了许多新的信用法规。随着消费者信用使用范围的不断扩大,其复杂性也日益增加。美国已经形成了监管网络,通过该网络,监管者已经能对金融机构和其他的信用提供者进行大范围的监管。目前,主要有以下信用监管机构。

1. 货币监理局

根据 1863 年的《国家货币法》建立的货币监理局,是美国最古老的信用监管机构。其最原始的监管是货币供给,后来这一监管职能转移给了联邦储备体系。如今,货币监理局的职能是制定国民银行宪章、批准银行兼并和分支机构的设立及监管国民银行。

2. 联邦储备体系

美国联邦储备体系为美国的中央银行。根据 1913 年的《联邦储备条例》于 1914 年成立,旨在促进货币稳定和保证金融系统健康发展的独立机构。联邦储备体系通过公开市场操作、规定银行准备金比率、批准各联邦储备银行要求的贴现率三种主要的手段来保持价格稳定、促进经济发展。此外,联邦储备体系还负责保护消费信贷的相关法律的实施。

3. 联邦存款保险公司

联邦存款保险公司是美国国会建立的独立的联邦政府机构。联邦存款保险公司成立于 1933 年,1934 年 1 月 1 日起提供存款保险。联邦存款保险公司通过为银行和储蓄机构的存款提供保险、识别和监控存款保险基金中的风险、限制银行和储蓄机构倒闭时对经济和金融体系造成的影响,来维持和提高公众对国家金融体系的信心。目前,联邦存款保险公司的保险基金总额超过 500 亿美元,为美国银行和储蓄机构中超过 4 万亿美元的存款提供保险。不同种类的存款(如单一或联合账户)可以分别保险。此外,联邦存款保险公司通常为退休金账户提供单独的保险,如个人退休账户和基奥计划

(Keogh,指自由职业者为退休而存款)。联邦存款保险公司的电子存款保险评估系统可以帮助存款人确认其账户是否有足够的存款保险。值得注意的是,联邦存款保险公司只为存款提供保险,而不为证券、共同基金或类似的银行和储蓄机构提供的投资进行保险。联邦存款保险公司直接检查和监督约 5 250 家银行和储蓄机构,占美国银行体系机构数量的一半以上。这些银行是由州或联邦政府特许经营的。由州特许经营的银行有权利选择是否加入联邦储备体系。联邦存款保险公司是那些由州特许经营又没有加入联邦储备体系的银行的主要监管者。联邦存款保险公司的监管计划提高了存款机构的安全性和合理性,保护了消费者的权益。

4. 其他的联邦监管机构

其他的联邦监管机构主要对商业银行以外的其他信用提供机构进行监管。例如,存款机构监督局主要监管储蓄和贷款协会;国家信用合作社管理局主要监管联邦一级的信用合作社;司法部主要关注包括金融服务公司在内的商业兼并机构;联邦贸易委员会通常关注消费者保护措施和各种信用提供机构广告宣传活动的真实性。

5. 州监管机构

以上的监管机构主要监管的是银行和一般金融机构,其他的信用提供机构,如消费者金融公司、州一级的信用合作社和零售信用提供者,主要由州信用监管机构进行监管。其他的与信用有关的公司(如收账代理)也由州信用监管者(如州银行监管专员)进行监管。

四、消费者信用监管内容

虽然各国消费者信用监管制度不完全相同,但就一般情形而言,消费者信用监管的主要内容包括以下几个方面:

(1) 根据国家宏观经济状况,就个人授信机构的信用投放总量进行监测、度量、预警和控制,促进或抑制信用支付工具的投放。

(2) 建立并监管消费者信用信息征信系统,强制政府部门和社会相关企业、机构将征信数据以有偿或无偿的方式交给有资质的专业征信机构。

(3) 监督和规范消费者信用信息和征信数据的取得、使用和披露程序。

(4) 促进信用管理相关法律的出台和实施,技术性解释相关法律的具体条款。

(5) 确定征信机构的行业标准,包括信用评级标准、信用报告标准、数据库技术标准等;监督信用服务机构,使其合法合理地利用征信数据和传播数据。

(6) 建立和实施失信惩罚机制。要通过市场和法律的运作,实施对失信行为的打击。例如,法律对消费者个人的不良记录允许保留时间做出规定,那么在不良记录保留期内,失信的个人将不能顺利地借到钱、找到工作,甚至不能顺利地租到房子,不得不为自己的失信行为付出代价。

(7) 实施诚信教育。诚信教育应该从孩子做起,少年儿童的头脑就像一块白纸,从小接受什么样的信息和思想,其言行处事就会受到什么信息和思想的影响。要建立诚信教育的系统格局。在诚信教育的同时,要辅之以诚信管理,建立相应的诚信制度、诚信机制和诚信措施。

(8) 建立和监督政府守信机制。应研究建立非营利性质的政府守信监督机制,制定一套可操作的制度并尽快实施,以约束政府管理部门及工作人员的失信行为,提升政府信用,维护政府权威,示范社会。

本章小结

1. 信用监管是信用监管机构依据相关的信用法律、法规或信用信息,对信用市场参与人的行为、信用产品或信用关系,进行监督、规定、控制、调节等一系列活动的总称。信用监管主体主要有政府相关专业监管部门、民间机构和国际金融监督组织。

2. 信用监管的内容主要有以下几个方面:建立征信数据环境;构建信用监管法规体系;政府和相关行业协会对信用市场的监管,以及实施信用管理教育。

3. 政府在信用监管中扮演着最重要的监管主体角色,政府信用监管就是政府对监管对象的诚信度、合规度、践约度实施的综合监管。诚信度是指信用主体的基本诚信素质;合规度是指信用主体在社会活动中遵守社会行政管理规定、行业规则、民间惯例的水平和能力;践约度是指企业和个人的经济践约情况。其中合规信用监管是重点。

4. 政府专业监管机构对信用的监管主要有:中央银行/银保监会对商业银行的监管,证监会对证券市场的监管,银保监会对保险市场的监管,财政部对企业和金融机构的财务监管。

5. 为了提高信用授受机构的安全性和合理性,保护消费者的权益,各国都对消费者信用进行严格监管。消费者信用监管,就是对消费者信用的规模和结构、消费者信用授信机构、消费者信用服务中介机构的运作进行控制、监督和管理的总称。消费者信用监管,是整个信用监管体系的重要组成部分和基础。

关键术语

信用监管　政府信用监管　合规性监管　风险性监管　纠正性监管　救助性监管　证券发行核准制　证券发行上市保荐制度　操纵市场行为　欺诈客户行为　内幕交易行为　保险偿付能力　消费者信用监管

复习思考题

1. 信用监管的目的是什么?
2. 政府信用监管的内容包括哪些? 重点是什么?
3. 银保监会对商业银行监管的主要内容包括哪些方面?
4. 证监会对证券市场监管的主要职能和内容是什么?
5. 银保监会对保险市场监管的主要内容是什么?
6. 我国的信用监管体系是什么?
7. 如何发展我国的消费者信用监管?

本章实训

一、实训目的

1. 掌握金融信用监管的内容。

2. 训练学生案例学习和分析能力。

二、实训内容

1. 案例资料

广东国际信托投资公司(简称广东国投),于1980年7月经广东省政府批准成立,系全民所有制企业法人。1983年经中国人民银行批准为非银行金融机构并享有外汇经营权。1984年3月经广东省工商行政管理局注册登记更改名称为广东国际信托投资公司(以下简称广东国投公司),注册资金为12亿元。1989年被国家主管部门确定为全国对外借款窗口。20世纪80年代末期,广东国投公司从单一经营信托业务发展成为以金融和实业投资为主的企业集团。公司的主要高层领导有董事长邱长云、总经理麦智南等。破产前,广东国投公司是我国仅次于中信的第二大信托投资公司,也是中国在海外最活跃的融资窗口之一。1992年以来,广东国投公司由于经营管理混乱,存在大量高息揽存、账外经营、乱拆借资金、乱投资等违规经营活动,导致不能支付到期巨额境内外债务,严重资不抵债。1998年10月6日,中国人民银行决定关闭广东国投公司,并组织关闭清算组对其进行关闭清算。关闭清算期间,广东国投公司的金融业务和相关的债权债务由中国银行托管,广东国投公司属下的证券交易营业部由广东证券有限责任公司托管,其业务经营活动照常进行。自1998年10月6日至1999年1月6日为期三个月的关闭清算查明,广东国投公司的总资产为214.71亿元,负债361.65亿元,总资产负债率168.44%,资不抵债146.94亿元。1999年1月11日,中国银行发布《关于清偿原省国投自然人债权的公告》,鉴于广东国投公司已严重资不抵债、无力偿还巨额债务,对自然人债权的清偿,只支付本金,不支付利息;中国银行清偿广东国投公司自然人债权后,中国银行广东省分行代广东省财政厅依法申报债权,以普通债权人的身份按破产清偿顺序受偿。当时这一事件在国内外引起高度关注,被称为“广信事件”,亦被法律界人士称为“世纪大案”。

2. 实训要求

要求学生以小组为单位,学习上述案例并收集相关资料,在了解金融监管相关知识的基础上,回答如下问题。

(1) 金融监管主要包括哪些方面?

(2) 分析广东国投公司破产的原因。

(3) 广信事件带给我国金融监管的启示是什么?

三、实训组织

1. 指导教师布置案例分析作业,提示相关要求。

2. 采取学生自由组合的方式,将班级学生划分为若干小组,并指定组长进行负责。

3. 要求学生以小组为单位,认真学习并收集相关资料。

延伸阅读

1. 中国金融监管报告(2013)[M]. 北京:社会科学文献出版社,2013.

2. 郭田勇. 金融监管学[M]. 北京:中国金融出版社,2009.

3. 朱毅峰,吴晶妹. 信用管理学[M]. 北京:中国人民大学出版社,2005.

4. 罗伯特·科尔,朗·米什勒. 消费者与商业信用管理[M]. 北京:中国人民大学出版社,2004.

相关网站

1. 中国银行业监督管理委员会官网。
2. 中国证券监督管理委员会官网。
3. 中国银行保险监督管理委员会官网。
4. 中华人民共和国财政部官网。

下篇　微观信用管理

第七章

政府信用管理

本章导言

政府信用管理是社会信用体系的重要组成部分，对其他社会主体信用管理具有示范和表率作用。改革开放以来，我国政府信用管理能力得到提升，但是社会结构和社会体制的变革所带来的矛盾和冲突以及法制建设的滞后仍然阻碍了政府信用体系的建立，少数地方政府并未将提高政府信用作为行政工作的首要目标，而是只专注于经济的发展和实现自身的利益，使得政府信用面临着极大的挑战。因而，建立高效的政府信用管理、构建完善的政府信用管理体系显得非常重要。

本章将在深刻剖析政府信用、政府信用管理概念的基础上，对政府信用的功能及其管理框架的设计、公债信用风险、公债信用管理等方面内容展开系统阐述。

本章知识结构图

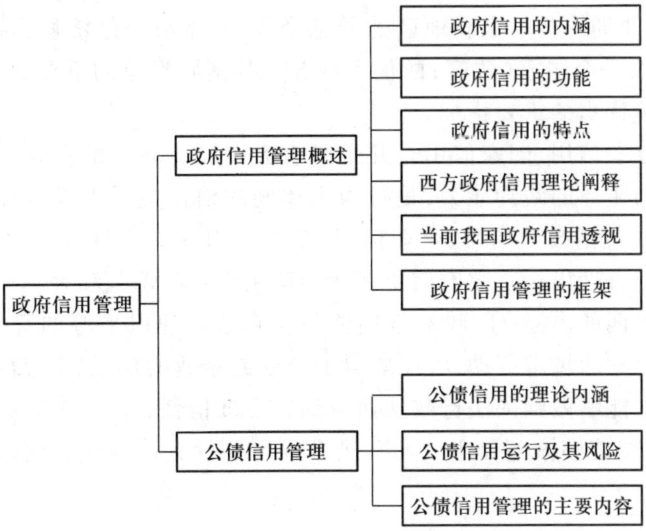

第一节　政府信用管理概述

人无信不立,业无信难兴,政无信必颓。毫无疑义,信用是市场经济条件下包括个人、组织和政府机构在内的任何社会主体均须遵循的道德规则与行为规范。因此,在构建我国社会信用的系统工程中,每一主体都应责无旁贷地加强自身信用建设。在建设我国社会信用体系这一宏大工程中,政府信用乃为关键的一环。

一、政府信用的内涵

政府信用从广义上讲,是指政府履行对公众承诺(包括法定的政府职责、政府所制定的公共政策所包含的信用责任等)的状况,或者是指各级国家行政机关在经济社会管理和服务活动中能够履行契约而取得的信任,是社会组织、民众对政府行政行为所产生的信誉和形象的一种主观评价或价值判断。政府信用源于公众与政府之间的政治委托代理关系,其核心部分就是公众对政府的信任和政府对公众的信用。因此,政府信用是整个社会信用体系的核心,居主导地位,良好的政府信用是市场经济体制建立和运行的基本保证。

政府信用从狭义上讲,主要是指政府经济信用,又称国家信用或财政信用,是指政府与其他经济主体(包括企业、个人、政府)之间以契约为基础的资金借贷、承诺、履约行为,其实质是政府以国家宏观经济目标为目的,通过信用活动进行社会资金再分配,以促进金融活动与物价稳定,保障国民经济可持续发展,为社会经济运行创造良好的宏观环境。一般而言,国家信用是以国家为需求主体的一种信用形式,但国家信用的实际主体为政府,即政府为债权人。国家信用对内形成国债,即国家以债务人的身份向国内居民、企业团体取得的信用,表现为政府与本国的企业与居民之间的借贷关系;国家信用对外形成外债,包括对外国政府、企业和个人投资者的关系,其中首先是国家和国家之间的借贷关系,即主权债务,如著名的布雷迪债券(Brady Bonds)、美国 20 世纪 80 年代对拉丁美洲国家的贷款、中国对亚洲和非洲一些国家和地区的低息贷款、日本海外经济协力基金贷款、世界银行贷款等。[①] 因此,一个国家(政府)的信用状况是其国际形象的重要组成部分,也是衡量一个国家投资环境优劣的重要指标。

政府信用与社会信用、国家信用是几个既有区别又有联系的概念。社会信用是指经济社会交往中行为主体的践约能力,是行为主体间的信任关系组成的社会整体的信用状态。社会信用主要包括政府信用、企业信用、个人信用三个方面,它是综合评定社会成员信用情况的一项综合性指标。政府信用在社会信用中具有示范和表率作用。政府信用主要包括以下三个方面的内涵:① 政府部门要与公众或企业以平等的身份签订契约,并能够做到认真按照合约的规定行动,进而取得了公众或企业的信任;② 政府部门在法律、法规、政策的执行中,能够做到依法行政从而得到社会的信任;③ 在没有相应的法律法规具体约束下,政府依然能够做到公平、公正、公开而得到社会的信任。前两个方面主要是指

① 毛道维. 中国社会信用体系中信用结构和信用链研究[M]. 上海:上海三联书店,2011.

政府部门在法律、法规或政策面前的诚意,如果政府失信,就可以依法追究当事人的法律责任,现实操作性比较强。第三方面体现的是道德层面的诚信,这就需要政府部门以及工作人员的自我约束意识和社会公众的监督。

国家信用是指以国家(政府)为债务人或债权人利用信用形式筹集和运用财政资金的一种再分配形式,国家以债务人身份通过发行政府债券和其他借款形式筹集资金所形成的信用,也称为国家筹资信用。由定义可知,国家信用与债券发行相关,是国家借以干预经济进行再分配的信用,而政府信用则主要体现为政府对民众的信用和民众对政府信任判断的价值观。

二、政府信用的功能

(一) 政府信用是政府职能顺利实现的保障

一般认为政府的职能可从两个层面来界定:一是从静态角度,将政府职能分为政治职能、经济职能、文化职能及社会管理职能;二是从动态角度即从政府行政行为的整个运动过程,将政府职能分为计划职能、组织职能、执行职能、调控职能及监督职能等。不论是政府的静态职能还是动态职能,其能否顺利实现,既需要从人、财、物等有形方面提供保障,也需要从制度、规则、信用等无形方面提供精神支持与动力。如果政府信用存在缺失,政府职能的实现就必然遇到阻碍,政府信用度低,其法令、决策就不可能得到很好的贯彻落实,就必然出现“有令不行、有禁不止”的现象。失信于民,政府行为就得不到社会和民众的支持与配合,甚至还会引起民众与政府的对抗,危及政府自身的生存与发展。

(二) 良好的政府信用能促进社会主义市场经济发展

我国的经济体制改革最重要的是不断提高市场化程度,市场经济发展的最高阶段便是信用经济。如果政府失信并且严重到一定程度会导致整个社会信用体系的崩溃,没有信用支撑的市场经济必然停滞不前。因此,良好的政府信用的建立,可以为经济发展创造一个良好的环境,是市场经济发展的必然要求,也是我国经济持续、健康发展的基础。

(三) 良好的政府信用有利于维护社会的稳定

政府信用代表了公众对政府的评价,在一定层面上代表公众对政府的认可度,政府守信,民众就会支持政府。否则,会导致社会局势的动荡不安。因此,良好的政府信用的建设,可以树立政府美好形象,对促进社会的稳定有重大的现实意义。

(四) 良好的政府信用有助于提高我国国际影响力

中国进入世界贸易组织后,人们对于中国经济的印象,首先是企业产品的质量,其次是政府信用,然后是一个良好的法律保障。如果政府失去信用,首先受到影响的是本国的经济,会导致本国经济的停滞不前,进而影响国家在国际体系中的地位及影响力。因此,政府失信会减少与其他国家的经济来往,同时大大减弱国家在国际中的影响力。良好的政府信用的建设是提高我国国际影响力的必然要求。

三、政府信用的特点

政府信用具有公共意识、规则意识、责任意识、示范意识,这些意识反映了政府信用具有公共性、规则性、责任性和示范性的特点。

一是公共性。政府作为公共权力的代理者,必须为公众着想、为公众服务,必须体现公正、维护公平、服务公开,必须立足于公共领域基础之上反映公意、“公而忘私”。政府信用体现在公共事务管理当中就要求抛开政府官员的自利动机,一心一意为公众服务,制定公共政策、提供公共产品、维护公共利益,因此,政府信用体现的就是一种公共意识。

二是规则性。政府作为公共规则的制定者和维护者,它首先必须身体力行,遵守法律规则和道德规则,恪守规则的愿望和意志,因为规则对于所有的社会成员都一视同仁。政府信用要求公共行为规则制定明确,特别是合乎规则的行为与违背规则的行为之间的界限必须明确,同时必须明确外在的道德制裁机制,使得诚信道德产生约束力,因此,政府信用意识就是一种规则意识。

三是责任性。政府作为公共权力机构,要勇于承担责任、要善于维护责任,一个不负责任的政府是懦弱的政府、是无所作为的政府。政府信用要求有能力、有责任为公众谋求福祉,兑现承诺,敢于对公共决策失误负责,因此,政府信用意识就是一种责任意识。

四是示范性。政府作为社会公众观念与行为的指导者,作为国家管理的实体存在,其言行对于全社会来说有着重要的指导意义和符号意义。政府守信程度影响公众的守信程度,政府信用是社会信用的主要量标,因此,政府信用意识就是一种示范意识。

四、西方政府信用理论阐释

本部分主要对西方现代主要的政府信用理论进行简单描述,以廓清现代政府信用理论之基本框架,为解决当前政府信用管理问题提供理论借鉴。

(一)政府信用思想的来源:社会契约论

十七八世纪英国资产阶级思想家霍布斯、卢梭提出的社会契约论,着重说明国家是人们由于理性驱使,为摆脱无序争夺状态而寻求有组织和平生活而相互订立的一种社会契约。

根据社会契约论,政府产生的首要条件是人们各自让渡出自己的一部分权力形成公共权力,人们将公共权力交予政府并与政府形成一种契约关系,这个契约缔结的前提就是人们对政府的信任。一旦政府不能履行自己的诺言,或公共权力的行使偏离了当初缔约时的目标,人们就有权废除它并建立新的政府,因为政府的权力起源于契约和协议,以及构成社会的人们的同意。因此,政府是人们之间、人们与政府之间缔约的产物,信用是契约的派生价值,没有信用,契约也就失去了实际的意义;政府没有信用,政府就没有了价值支撑,它的存在也就失去了意义。由此可见,政府信用是政府的内在规定性之一。

(二)政府信用问题的产生:委托-代理理论

政府信用问题之所以产生,很大程度上是因为政府拥有巨大的公共权力,并且这种权力随着社会的发展有着越发扩张的趋势。本适用于因企业所有权与经营权分离引起问题的委托-代理理论存在于一切组织之中。人们将权力委托给政府行使,期望获得能维持其利益的公共产品,这也形成了政府的职责和义务,政府行使权力、履行职责获得相应的利益。这种委托代理关系的成立首先基于人们对政府的信任,即认为政府有诚意、有责任感、有能力履行职责或义务,实现人们的最大利益。它的存续以作为代理人的政府依据人们的意愿和期待忠实且成功履行职责,获得人们的信任为基础。然而,现实中政府代理人与选民委托人之间的利益难免会发生冲突,或者选择只维护社会中一小部分委托人的利益而与普遍选民及整个国家的利益背道而驰。这就是理论上政府信用缺失问题产生的必然性。

(三)政府信用行为的归属:政治合法性问题

政治合法性是一个古老和永恒的话题,也是政府信用行为的最终归属。根据民主理论,政府行为的合法性来源于它们对人民意志的体现。如果政府要维护公共权力的合法性,它就不得不信守承诺,保护人们的天赋权利;无信用或信用低下的政府,难以得到民众的认可,政治合法性也就处于危险的状况。政府强力往往与政治合法性呈反比例关系;政府信用与政治合法性呈正比例关系,此升则彼升,此降则彼降。追求政治合法性是政府信用行为的最终目的。因此,提高政府自身的信用能力,提升公众对政府的信任度,确立政府运营在公众心中的合法地位,成为各国行政改革的重要动力及目标。

五、当前我国政府信用透视

(一)我国政府信用总体良好,但缺失现象不容乐观

目前,我国社会正遭受着诚信缺失的严重困扰。中国人民银行引用的调查资料显示,全国每年因为信用缺失造成企业间接直接损失 5 855 亿元人民币。国家工商管理总局的调查报告显示,在全国的合同交易中,正常履约率只有 60%。国家审计署披露,有 67% 的大型国有企业做假账。有关部门的调查还显示,偷税漏税、骗汇现象屡禁不止;假文凭、假证书、假公证、假账目泛滥成灾。舆论界普遍认为,信用危机继腐败之后成为阻碍中国经济发展的第二大因素,信用危机导致企业生产经营成本增加 15% 左右。面对如此严重的诚信缺失和信用危机,各级政府有不可推卸的责任。

从总体上讲,我国当前政府信用行为的主流是好的,特别是改革开放以来,我国物质文明建设、政治文明建设和精神文明建设取得了举世瞩目的成就,政府的信用度在国际国内都在逐步提高。但是由于社会发展阶段的限制、传统官僚体制的惯性和思想认识上的偏差,政府信用缺失的现象仍以各种各样的形式存在,政府的信用度受到怀疑和挑战。

检验政府信用是否缺失有以下三个衡量标准:

一是名实是否一致,即政府职能的设置、政府权力的配置和政府责任的承担是否一致,也就是政府行政权限的范围、行政机构的大小、利益获取的多少应该与维护和增进公众利益的程度深浅及提供公共产品的质量好坏一致,同时应包括公众的社会信用评价与政府的自我信用评价相一致,这是衡量政府信用的政治标准。

二是言行是否一致,即理论与实践是否一致。即政策制定是否与政策执行一致,也就是政府应把对公众的承诺与对承诺的落实相结合,言必信,行必果,不能出尔反尔、朝令夕改,应自觉接受公众监督,防止权力滥用。这是衡量政府信用的管理标准。

三是“信民”与“民信”是否一致,即政府取信于民的政策制定是否与公众对政府的理性预期及信任期待一致,也就是政府的行为输出必须最大限度地与社会公众的输入意愿

一致。可见,“信民”与“民信”一致构成政府信用的行为标准。因此,当政府行为与三个标准中的任何一个不符时,我们都可以认定政府信用处在缺失状态。

(二) 我国政府信用缺失的表现

目前我国政府信用缺失具体表现为:内部活动缺乏信用与外部活动缺乏信用。

1. 政府内部活动缺乏信用的表现

政府内部活动缺乏信用指的是政府内部各层级之间、各部门之间及与行政人员之间弄虚作假、信用缺失。政府内部活动信用缺失显然违背了名实一致的衡量标准,分别表现在以下三个方面:

第一,欺上瞒下、数字注水。这种现象经常出现的有统属关系的上下级行政机关之间。有的上级行政机关为显示政绩,有意给下级行政机关下达一些其力所不能及的任务指标,这实际上是变相鼓励下级行政机关造假;有的下级行政机关及其工作人员为得到提拔与奖励,故意做表面文章,虚报、瞒报各种统计数据,搞虚假的政绩工程和面子工程。

第二,多头管理、权责不明。这是具有利益冲突的政府部门之间具有戏剧性的极端现象。由于权责不明确,一些行政权力往往被多个行政部门把持,号令不一、各行其是。遇到有益的事抢着执法、重复管理;遇到问题和事情则互相观望、相互推诿。多头管理的后果就是既消耗了国家行政资源,也降低了行政效率,成本却由社会公众承担。在这种现象之下,没有单纯的管理,只有被支配的利益,产生的是管理的扭曲和责任的弱化,而不是信用的积累和财富的创造。

第三,权力寻租、滥用职权。这种现象是行政人员辜负政府信任、违背政府信用的典型表现。行政人员本应是政府职能的执行者、政府形象的维护者和政府信用的表率者,然而其中不乏意志薄弱者经不起金钱的诱惑,对国家的法律制度、方针政策阳奉阴违,把手中的权力当作交易的筹码,进行权钱交易,“不给钱不办事,给了钱也难办事”的不正常现象随处可见。除了权钱交易之外,权权交易、权色交易、权学交易等也大量存在。同时,在一些行政人员特别是领导干部的头脑中,往往把其掌握的职权作为自己“既得利益”来看待。

2. 政府外部活动缺乏信用的表现

政府外部活动缺乏信用指的是政府在与行政相对人的交往中反复多变、出尔反尔、滥用权力现象严重。用检验政府信用行为是否缺失的标准来衡量,言行不一致以及“信民”与“民信”不一致是政府外部活动经常出现的状况。具体表现在以下三个方面:

第一,政策制定及信息公布缺乏信用。比较普遍的就是一届政府一朝政策,政策的出台缺乏连续性,反复无常,令行政当事人无所适从。还有的地方政府公然发布虚假信息或隐瞒和公众利益密切相关的信息,在恶性事故发生后,竭力封锁消息、推卸责任。

第二,经济活动缺乏信用。有的行政机关在饭店吃饭签单,答应定期付款却总是拖欠不付;有的行政机关在无财政资金保障的情况下大兴土木,结果引发施工方与政府的矛盾;有的地方政府在招商引资时许诺许多优惠条件,但等投资者资金到位后却迟迟不兑现。

第三,执法活动缺乏信用。有的行政机关明知自己的收费项目属于中央明令禁止或取消的范围,只要收取对象不提出异议就照收不误;有的行政机关为谋求自身经济利益,增加收费总额,给自己部门的每个行政执法人员规定罚款最低数量,并将每年罚款、收费数额与每个人的绩效工资、岗位升迁相结合,其结果造成这个部门的行政执法人员为完成规定任务,有意乱收费,甚至人为制造事端违法进行行政处罚;有的行政部门对群众多次举报的个别行政人员的违法行为有意偏袒,不仅不依法处理,甚至对举报人打击报复。

(三) 我国政府信用缺失的危害

政府的强势性、官员的自利性、信息的不对称性、地方利益的可保护性、道德资源的短缺性、制度供给的不足性等方面原因是导致政府信用缺失的主要根源。一个政府信用失范的社会,不可能建立起诚信的市场经济,不可能实现政府的有效职能,不可能树立良好的政府形象,不可能建构政府文明和政治文明。政府失信行为将加速信用体系的崩溃,加大信用制度建设的难度。

1. 毁掉了政府机构公信力

政府信用危机对政府与公众之间良好的互动关系造成了严重的影响,损害了政府的权威,使得政府的行政行为往往难以得到公众的理解和配合,造成政府无力提供最基本的公共服务。

2. 影响地方经济发展

政府信用危机引发的行政效率低下、乱收费、乱罚款、黑恶势力猖獗等行为恶化了投资环境,导致地方经济发展受阻。

3. 影响政府的公众形象和国际形象

政府信用危机造成政策执行走样,行政效率低下,客观上使政府的公正性和权威性受到质疑,动摇了公众对政府的信任。如果一国的信用危机长期持续,得不到根本遏制,信用危机后果就会蔓延至全球,影响一国的国际形象。

4. 影响执政地位的巩固和提高

如果政府信用危机持续恶化,就会影响人民对政府的信赖,影响执政地位的巩固,甚至最终会丧失人民的信任,丧失执政地位。

六、政府信用管理的框架

(一) 政府信用管理的定义

政府信用管理是指政府为了实现信用活动、维持公众与政府之间的信用关系的正常运行、防范或降低失信风险而进行的收集分析环境要素、制定信用政策、提高公共服务质量、配置信用资源、增强政府能力建设等管理活动。

(二) 政府信用管理的内容

当前国际局势发生新的深刻变化,经济全球化、世界多极化、文化多元化势不可挡,综合国力竞争日趋激烈,这对政府信用相应地提出了更高的要求。良好的政府信用的建立和提升并不是一个自发的过程,而只有通过系统有效的信用建设方可实现。政府信用建设是一项复杂的系统工程,必须从现阶段我国行政生态环境的实际情况出发,采取切实有效的措施进一步改善政府治理状况,推进政府与公众的良性互动,增强政府对公众的责任感和回应力,不断提升政府信用。因此,需要在道德和制度两个方面加强政府信用建设。

1. 政府信用道德建设

培养政府官员的诚信意识。政府要把"恪守信用""诚信为本"作为社会道德建设的基础工程来抓,把讲信用作为公共伦理的底线。要使公民做到诚实守信,政府首先要做到诚信。政府行政的宗旨是全心全意为人民服务,没有良好的政府信用道德就不可能形成良好的行政作风,也不可能出现良好的政府行为。

政府信用道德要求强调服务的理念、绩效的理念、伦理的自主性、公共精神、责任意识,要求行政机关和政府官员处理好权力与权位的关系,要求在思想、言论、行动、决策上对公众高度负责,忠实履行岗位职责,遵守行政伦理,不要让"自利性"淹没了"公共性",树立良好的公仆形象和良好的政府信用形象,从而建构"道德型政府"。

政府的诚信是由政府中各个具体官员的诚信行为构建而成的,要营造舆论环境,有计划、有组织地进行诚信教育,反复训练,形成诚信习惯;树立诚信文化,弘扬正气;加强诚实守信的相关法制建设,规范诚信行为。

2. 政府信用制度建设

(1) 外部制度建设。

以信用为基点,严格依法行政,建立公开的社会信用信息网络,优化"信用生态",建立信用管理制度,强化政府信用,完善政府信用管理体系。

首先,政府必须充分运用行政行为推动社会诚信体系建设。政府应当制定并组织实施贯彻信用原则的法律法规,如《社会信用法》《公正信用报告法》等,规范企业、个人的行为,引导市场主体诚信交易、守法经营、有序竞争。

其次,政府要强化信用需求。引导、推进建立信用的记录、评价、公开制度,为社会提供信用信息,使诚信者获得更多的交易机会,使失信者无机可乘;信用状况必须纳入政府工作的诸环节,将信用状况列入干部提拔的主要标准。

再次,政府要确立诚信规则。建立监督机制和惩戒机制,对失信的行为要追究行政及经济责任,给予受损方一定的补偿,对严重的政府失信行为要采取行政、经济、法律等综合惩治措施,特别恶劣的,要坚决追究失信者法律责任。形成守信者受益、失信者守法的良好社会氛围。

最后,政府要大力扶植和监督信用中介服务行业的发展。引导信用中介服务企业加强行业自律,推动企业内部的信用管理制度建设,完善个人信用制度。

(2) 内部制度建设。

根据诚信建设的总要求,政府应本着诚信在先的原则,打造信用政府。严厉惩治政府官员的腐败行为,建立相应的权力监督体系,对政府在改变制度和政策方面的权力做出严格限定,严格执行行政执法责任制和行政过错责任追究制等。

一是建构有公信力的政府。由"任性"政府走向守信政府,实施善政——依法履约,有效承担代理责任,良性回应公众期待;推进法治行政、责任行政和回应行政。

二是建构服务型政府。判断服务型政府要以人民是否满意为标尺,任何行政行为都要以人民满意不满意、人民拥护不拥护、人民赞成不赞成、人民高兴不高兴作为价值评判标准。要从管理人民转变到服务人民,从政府愿望出发转变到从服务对象的需求出发。

各级政府要大力整顿机关作风,推行服务承诺制、办理限时制。政府要严守承诺,凡是向群众承诺的事情,必须坚决落实到位。严格按承诺办事,是各级政府机关取信于民的重要保证。

三是建构责任型政府。承担责任是政府的第一要义,也是服务于民、取信于民的基本要求,为此,要完善政府官员的政绩考核机制,建立失信追究和赔偿制度。这是建立政府信用体系的主要链条。构建责任明确的政府,明确权力与利益的边界,明确政府及工作部门职责、权限,依法、科学、合理地设置行政审批权,精减行政审批事项,解决交叉审批、重复审批等问题;对政府进行"限权",有效制止行政的随意性,克服政府权力部门化、政府权力地方化、地方权力利益化、部门利益法制化等不良现象。增强责任意识,切实转变作风,本着对人民负责的精神,努力做到廉洁、勤政、务实、高效,以实实在在的政绩取信于民。

四是建构法治型政府。强调依法行政,实施政府行为法定化。要加强政府信用建设,必须实施政府行为法定化,按照法定职权和程序,依法管理国家事务、社会事务、经济和文化事务;改进行政执法作风、建立行政执法责任制,规范行政执法行为,努力实现依法行政,杜绝多头执法、重复处罚、执法扰民等现象。要对在工作中出现重大违法、失职、滥用权力的行政首长给予罢免或责令辞职;对公务员违法失职、滥用职权、贪污受贿等行为给予行政处分和刑事处罚;行政机关和公务员轻微违法失职或官僚主义等行为,应向公民、法人代表赔礼道歉。建立相应的权力监督体系,一切以人民利益为中心,把人民赋予的权力交给人民去监督,约束某些政府官员的决策和行为,防止腐败行为的发生,防止失信行为发生;严厉惩治政府官员的腐败行为,恢复人民对政府的信心;建立行政责任追究制度,要按照《国家赔偿法》的规定,对政府机关及公务员违法行使职权侵犯公民、法人和其他组织的合法权益的,依法予以行政赔偿。

五是建构有限政府。变全能政府为有限政府,深化行政体制改革,进一步转变政府职能,建立公正、廉洁、高效、精干的行政管理体制。要精简机构和人员,改革行政审批体制,推行电子政务,建立行政听证制度,实现行政程序公开。要按照建立"有限政府"的要求,本着"政府创造环境,民间创造财富"的市场经济一般原则,合理界定政府与企业、政府与市场、政府与社会、政府与中介关系,将本属于市场、社会中介组织、企业和个人的权利还本复位,充分发挥市场机制在资源配置中的基础性作用,最大限度地减少对经济行为的直接介入。政府的角色须转变为市场经济和社会公众的裁判员和服务员,做到不越位、不缺位、不错位,该由自己管的要管住管好,不该管的坚决不管,该放的放下去,该转移的转移出去,放权于基层,还权于社会和企业,以更好地承担起指导、协调、监督、服务的职能。只有这样,才能保证政府充当好制定规则、营造环境、提供服务、维护公平公正的角色。

六是建构透明政府。实现"阳光行政""透明行政",推行政务公开,要公开政府的行政内容和行政程序。行政内容的公开包括政府的职权范围、资格条件、办事标准、办事规范、危机处理、救济措施及其途径;行政程序的公开就是建立政府立法、执法的公开运行机制,消除暗箱操作。只要不涉及国家机密,国家法令、公共政策、行政行为、行政程序、行政结果都应通过传播媒介或者汇编文件及时告示或发布,使政府行为有效地接受群众监督,显示政府的信用,以诚信去赢得群众。

要从根本上改变政府的公共服务,就必须推行电子政务。把发展整合性的电子化取用信息服务作为重点,按民众的方便来组织政府信息的提供,以帮助公民"一站式"访问现有的政府信息和服务,节约公众的时间成本、费用成本和其他一些无法预料的成本,提高政府行政的透明度,增强政府的行政效率。

七是建构以人为本的政府。以服务对象为本,解决宗旨、感情问题;以工作队伍为本,解决服务能力、水平问题;政府在处理经济活动中发生在各种行为主体之间的利益冲突时应该采取公正、公平、公开的原则,兼顾向弱势群体倾斜。政府只有真正成为一个合格的"裁判员"才能得到社会各阶层的认可。

拓展阅读 7-1

政府诚信是社会诚信的标杆

政府诚信是社会诚信的标杆,更是国家治理的重要资源。近年来,我们党全面深化改革、推进依法治国,大力打造责任政府,优化办事流程,严格执法,政府决策广泛吸纳群众意见,坚持让权力在阳光下运行,保障群众的知情权、参与权、表达权、监督权,政府公信力不断提升。同时,随着我国经济社会快速发展,社会价值观念日益多元、利益关系日益复杂、传播手段日益多样,社会治理等领域面临着越来越复杂的挑战,给政府公信力带来更多考验。习近平同志在党的十九大报告中指出,要坚持以人民为中心,践行全心全意为人民服务的根本宗旨;转变政府职能,深化简政放权,创新监管方式,增强政府公信力和执行力,建设人民满意的服务型政府。

既然政府公信力问题涉及政府与民众两方面的原因,那么,解决方案自然也要双管齐下。一方面,各级政府要牢固树立以人民为中心的发展思想,全心全意为人民服务,持续深化改革,特别是要在继续推动经济发展的基础上保障和改善民生。另一方面,要消除西方话语带来的思想混乱,用中国特色社会主义理论来统一思想、凝聚共识。

坚持马克思主义指导地位。许多现代西方理论在很大程度上是以马克思主义为参照系和假想敌建立起来的。反诸其道,马克思主义显然也是破解西方话语的有效思想武器。对于政府公信力问题,应坚持用马克思主义唯物史观、群众观来思考。在中国这个社会主义国家,政府是为人民服务的,政府依法履行公共事务治理职能,依法行政,决不允许政府工作人员打着"公共利益"的招牌追求私利。

吸收中国优秀传统文化精华。在中国传统文化中,官是"父母官",兵是"子弟兵",国家是"天下为公"。当然,这是一种理想化的设计,但是至少体现了家国一体、官民一体和中华民族共同体的价值追求。这一点与西方很不相同。今天我们强调文化自信,就应从中国优秀传统文化中提炼出进步的、积极的观念,经过现代转化,使之既能实事求是、名实相符地反映中国的现实状况,又能有效凝聚共识,助推人们对更美好生活、更完善制度的追求。

系统辨析清理西方话语。改革开放以来,政治学领域引进大量西方学术思想和理论。类似竞选执政等这样的概念,看起来很美,实际上有着复杂的内涵,需要加以深入辨析。政府公信力是社会成员对政府的信任程度,这种信任依赖于政府所拥有的信用资源。中国的政治制度和体制机制在社会组织和动员、政策顶层设计和执行方面具有独特优势,切不可盲目照搬西方模式。

认真回应群众诉求。政府只有不断为人民提供高效优质的公共服务,人民才会对政府更满意。应增强政府为发展服务、为基层服务、为群众服务的意识和本领,运用现代科学技术提高治理水平、改进服务质量。政府、媒体、群众应真诚互动和良性对话,切实保障人民群众的知情权、参与权、表达权、监督权。通过这些努力,以中国人的政治智慧,提高和维护政府公信力不是难事,我们一定能够营造出更加和谐互信的积极氛围。

资料来源:范勇鹏. 政府诚信是社会诚信的标杆. 人民日报,2017-12-19.

第二节　公债信用管理

第一节主要从信用的法律、社会道德层面,探讨了政府信用管理的相关内容。本节主要从信用经济学层面来探讨政府信用的重要表现形式——公债信用及其管理的相关内容。

一、公债信用的理论内涵

(一) 公债信用的概念

公债信用也称财政信用,是以国家(中央和地方政府)为主体,按照信用原则筹集和运用财政资金的一种再分配形式。它包括两个方面的内容:一是国家运用信用手段筹集资金,如发行国库券、地方政府债券、财政统借统还外债等;二是国家运用信用手段供应资金,如以有偿的方式安排的某些财政支出。

(二) 公债信用的存在条件

公债是指国家为了筹措资金而向投资者出具的,承诺在一定时期支付利息和到期还本的债务凭证。广义的公债是指公共部门债务,狭义的公债是指政府部门债务。在现实生活中,所指的公债大多是狭义的,即政府举借的债。一般把中央政府发行的债券称为中央政府债券或国家债券,简称国债;把地方政府发行的债券称为地方政府债券,简称地方债。

1. 公债信用存在和发展的必要性

公债总是与国家的职能紧密联系在一起。早期的公债主要是财政困难的产物。随着社会经济的发展和国家职能的不断扩大,国家对经济的干预已成为各国经济发展不可或缺的内容,而要实现国家干预经济、调节经济的职能,就有必要借助公债这个重要工具。

2. 公债信用存在和发展的基础

一是充裕的闲置资金。只有在商品货币经济发展到一定水平时,社会上才会有充足和稳定的闲置资金。这是发行公债的物质条件。二是金融机构的发展和信用制度的完善是发行公债必需的技术条件,否则公债发行便缺乏有效的手段和工具。三是公债的存在和发展必须与商品货币经济下的社会意识观念相适应。

（三）公债信用的性质

(1) 公债体现了债权人(公债认购者)与债务人(政府)之间的债权债务关系。公债在发行期间是由认购者提供其闲置资金,在偿付阶段是由政府主要以税收收入进行还本付息。公债资本与其他资本存在的区别在于公债资本(用于非生产性开支)并不是现实资本,而只是一种虚拟的资本。用于生产性开支的公债则表现为不能提取的公共设施等国家的现实资本。

(2) 公债体现一定的分配关系,是一种"延期的税收"。公债的发行,是政府运用信用方式将一部分已做分配并已有归宿的国民收入集中起来;公债资金的运用,是政府将集中起来的资金,通过财政支出的形式进行再分配;公债的还本付息,则主要是由国家的经常收入——税收来承担。因此,从一定意义上讲,公债是对国民收入的再分配。

（四）公债信用的作用

1. 两种截然不同的认识

长期以来,理论界存在两种不同的认识。一种是反对公债存在和发展的观点。古典经济学派大多如此。在他们看来,公债的消极作用包括:公债减少了生产资本,妨碍工商业的正当投资;以公债弥补财政赤字会助长为所欲为、不负责任之风;举债会增加未来财政困难;公债常以高利吸引购买者,会使富者坐享其利,使财富分配不均,公债不断地膨胀,使市场增多信用,促使物价上涨等。

另一种是主张大力发展公债的观点。现代凯恩斯学派是这方面的典型代表,他们把公债和赤字以及补偿性财政政策联系在一起,对公债大加赞扬。萨缪尔森认为:公债不是一个值得忧虑的问题,而是一件有益的事,会增加净收入;公债不是妨碍经济增长的因素,而是使经济稳定发展的因素;公债的数额不应受限制,公债的发行不但不应视作国家的债务,而且应视为国家的资产;公债不会增加人民负担。因此,大量发行公债有利于经济繁荣和充分就业。

2. 公债在我国经济发展中的作用

从财政角度看,公债是财政收入的补充形式,是弥补赤字、解决财政困难的有效手段。当国家财政一时支出大于收入、遇有临时急需时,发行公债比较简捷,可济急需。从长远看,公债还是筹集建设资金的较好形式。一些投资大、建设周期长、见效慢的项目,如能源、交通等重点建设,往往需要政府积极介入。

从经济的角度看,公债是政府调控经济的重要政策工具。一是调节积累与消费,促进两者比例关系合理化。公债采用信用的方式,只是获得了一定时期内资金的使用权,没有改变资金的所有权,适当发行公债,可以使二者的比例关系趋于正常。二是调节投资结构、促进产业结构优化。三是调节金融市场、维持经济稳定。公债是一种金融资产、一种有价证券,公债市场可以成为间接调节金融市场的政策工具。四是调节社会总需求,促进社会总供给与总需求在总量和结构上的平衡。

（五）公债信用的基本形式

1. 公债

(1) 按发行期,公债可分为短期公债、中期公债和长期公债。

短期公债是指发行期限在一年之内的公债,又称为流动公债。短期公债流动性大,因而成为资金市场主要的买卖对象,是执行货币政策、调节市场货币供应量的重要政策工具。

中期公债是指发行期限在 1～10 年的公债,政府可以在较长时间内使用这笔资金,因此在许多国家占有重要地位。

长期公债是发行期限在 10 年以上的公债,其中还包括永久公债或无期公债。发行长期公债,政府长期使用资金,但由于发行期限过长,持券人的利益会受到币值和物价波动影响,因此长期公债的推销往往比较困难。

(2) 按发行地域,公债可分为国内公债和国外公债。

政府在本国的借款和发行的债券为国内公债,简称内债。发行对象是本国的公司、企业、社会团体或组织以及个人。发行和偿还用本国货币结算支付,一般不会影响国际收支。

政府向其他国家的政府、银行或国际金融组织的借款,以及在国外发行的债券等,为国外公债,简称外债。

(3) 按可否自由流通,公债可分为上市公债和不上市公债。

可以在债券市场上出售,并且可以转让的公债,称为上市公债。上市公债增强了公债的流动性,在推销时比较顺利。多数的公债都是可以进入证券市场自由买卖的。

不可以转让的公债,称为不上市公债。之所以限定某些债券不可出售,往往具有政治、经济方面的特定原因和目的。为了保证发行,政府通常必须在利率和偿还方法上给予某些优惠。

(4) 按举债形式,公债可分为政府契约性借款和发行公债券。

政府契约性借款,是政府和债权人按照一定的程序和形式共同协商,签订协议或合同,形成债权债务关系。

发行公债券,即向社会各单位、企业、个人的借债采用发行债券的形式。发行债券具有普遍性,应用范围广。

(5) 其他分类方法。如按发行主体,可分为中央公债和地方公债;按公债计量单位,可分为实物公债和货币公债;按利息状况,可分为有息公债和有奖公债;按公债用途,可分为生产性公债和非生产性公债。

2. 国债

国债是一国中央政府作为债务人,按照法律的规定或合同的约定,向其他经济主体承担一定行为的义务所形成的债权债务关系。在法律不允许地方政府借债的国家,公债就可以称为国债,此时公债与国债这两个概念是一致的,即都是指中央政府的借债。但在允许地方政府借债的国家,一般只把中央政府的借债称为国债,而地方政府的借债只能称为公债或地方债。所以,用公式简单表示公债与国债的关系为:公债=国债+地方债(法律允许前提下,见图 7-1)。

国债可以按照如下几种方式加以分类:

(1) 按契约形式,分为债券型国债和非债券型国债(政府间借款、财政透支等)。

(2) 按发行地域,分为国内国债和国外国债。

(3) 按购债意愿,分为强制国债和自由国债。

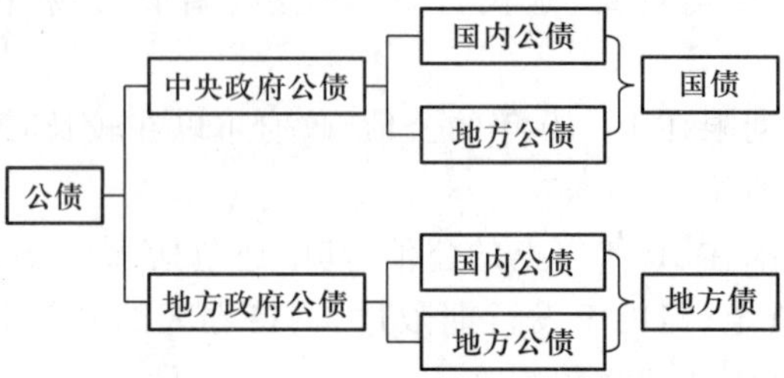

图 7-1　公债与国债的区别和联系

(4) 按计量单位,分为实物国债和货币国债。
(5) 按利率决定,分为固定利率国债和浮动利率国债。
(6) 按流通条件,分为流通国债和非流通国债。
(7) 按使用方向,分为一般国债和专项国债。

拓展阅读 7-2

我国国债的发行与交易

国债市场一般由一级发行市场、二级交易市场和相应的风险管理市场组成。在我国债券市场,债券可以通过以下三种方式发行:公开招标发行、簿记建档发行、商业银行柜台发行。其中,记账式国债、政策性金融债主要通过公开招标发行,信用债主要通过簿记建档发行,储蓄式国债则通过商业银行柜台发行。

那么,都是些什么主体参与国债的发行呢?以记账式国债为例,其发行方式是面向国债承销团成员公开招标,承销团成员包括从事国债承销业务的商业银行、证券公司、保险公司和信托投资公司等金融机构。根据财政部在 2014 年年底的公告,2015—2017 年记账式国债承销团成员为 50 家。从机构类型看,主要包括了中资商业银行、证券公司、外资银行等机构。

国债二级交易市场根据交易场所不同又可分为场外市场和场内市场。当前,我国国债场内市场包括上海证券交易所和深圳证券交易所,场外市场主要是指银行间债券市场,风险管理市场主要是指利率衍生品市场。

从交易主体看,国债场内市场的参与者主要为证券公司、证券投资基金和保险公司等非银行金融机构、已在证券交易所上市的商业银行、企业与个人投资者等。场外市场的参与者主要包括商业银行、保险公司、证券公司、证券投资基金等金融机构及其他非金融机构投资者。

随着我国债券市场的逐步发展,债券市场参与主体的类型逐渐增多,国债的投资者逐步多元化。以银行间债券市场为例,截至 2015 年年末,市场交易主体从启动之初的 16 家商业银行,增加到包括各类金融机构和其他机构投资者在内的上万家。其中,商业银行持有国债最多,占比 67.21%,特殊结算成员持有国债占比 17.21%,保险机构持有国债占比 3.73%,各类基金持有国债占比 1.89%,证券公司持有国债占比 0.45%。

从交易方式看，交易所债券市场和银行间债券市场采用不同的交易机制。交易所债券市场采用“竞价交易、撮合成交”方式进行交易，也可通过交易所的固定收益平台进行交易。银行间债券市场采用了报价驱动的交易方式，报价驱动机制是指交易者以自主报价、一对一谈判的方式进行交易。报价驱动机制又可以分为询价交易制度和做市商制度，机构投资者之间的大宗交易多采用询价交易制度，而中小机构投资者多采用做市商制度进行交易。

资料来源：中华人民共和国财政部官网。

3. 国库券

国库券是一种可转让公债，是短期国债的最主要形式，期限有3个月、6个月、9个月，最长不超过1年。其面额多样，可大可小。国库券一般不记名，不按期付息，债券上只有票面金额，而不载明利率，但出售时按票面金额打一定折扣发行，到期按票面金额足额还本。

二、公债信用运行及其风险

（一）公债信用运行的基本环节

公债信用运行包括发行、流通、使用、偿还四个环节，如图7-2所示。其运行主要由两个部分组成。公债的发行、公债的流通、公债的偿还属于第一部分，它构成债券运动过程，也是人们在经济生活中较关注的环节。对于国家的宏观经济层面或者政府的宏观经济政策而言，这一过程直接涉及财政政策与货币政策。公债如何发行、数量多少、还本付息是否有保障等，就是制定财政政策时要考虑的内容；公债发行对象是谁、公债流通状况如何等，也是影响货币政策制定的因素。因此，公债运行的好坏，影响财政，也影响金融。另外，通过公债发行，公债流向社会，而政府得到公债资金，于是就进入公债过程的第二个部分，即资金使用过程。事实上，公债资金使用是公债政策很重要的方面，因为公债资金的使用效果如何，直接关系政府运用公债这一工具对国民经济的效应。公债信用风险可以按照公债运行的环节划分为公债发行风险、公债流通风险、公债使用风险、公债偿还风险。

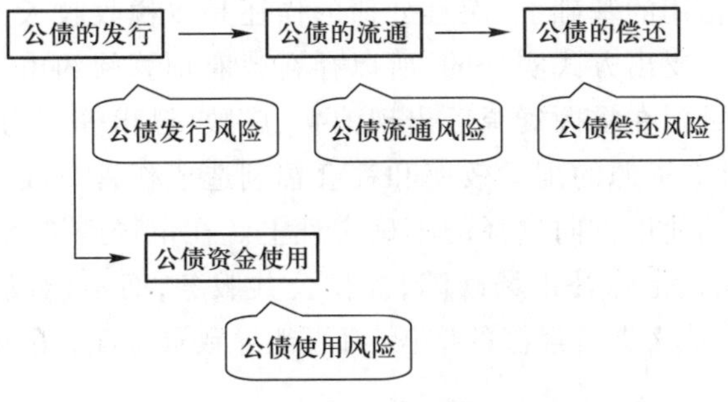

图7-2　公债信用运行及风险

（二）公债信用运行风险

1. 公债发行风险

公债发行数额,表明国家当年吸纳公债的程度,属于存量范畴。公债发行风险是指公债发行数量引起损失的可能性。公债发行风险包括两个方面的内容:一是公债发行的“挤出效应”;二是公债增发的融资风险。

第一,公债发行中存在“挤出效应”。政府通过发行公债筹集资金时,购买公债的资金一部分是社会闲置资金,另一部分是流通过程中可以利用的资金。社会暂时闲置的资金购买公债无疑有助于提高资金使用效率,但某一时期内社会闲置资金是一定的,如果对公债投资势必挤占部分私人部门的可利用资金,进而引起私人部门投资和消费的减少,即发生国债的“挤出效应”。另外,社会闲置资金大多是存入银行的,购买公债支出会使银行的存款减少,相应地,银行的可贷资金会减少,企业的融资成本就会增加,最终导致私人部门投资被挤出。

第二,公债增发存在融资风险。融资风险是指在公债发行过程中,公债不能足额销售的可能性,即政府因债券销售困难所导致的财政资金募集不足的可能性。政府盲目扩大发债规模,甚至提高新发国债中用于偿还旧债的比例,很可能造成发行成本增加,投资者购买意愿降低。公债的发行量一旦超过个人和机构的应债能力,必然使国债无法足额售出,政府信用随之下降,进而影响整个经济的健康发展。

2. 公债流通风险

公债流通风险是指由于金融市场波动和结构设计缺陷,而导致的公债到期偿还实际数额、国债价格和收益率等的重大变化,对公债管理所产生的负面影响。公债流通风险具有不确定性,这是由市场上的利率、汇率等因素变动所造成的。对于在国内金融市场上流通的国债,其筹资成本的水平高低和波动幅度受到国内金融市场利率水平的直接影响;对于经济高度开放的国家,其公债所面临的风险不仅与国际利率水平密切相关,而且其到期偿还的负担在相当程度上受到汇率变动的影响,汇率的剧烈波动将对一国国债和外债偿还造成直接冲击。

3. 公债使用风险

公债使用风险是指由于公债资金管理使用不当而导致的资源配置无效的损失。公债的举借是建立在政府信用的基础上,而且公债的偿还是以税收收入为保障的。公债的使用一般都是以安排财政支出方式实现的,所以存在政府预算软约束。这种软约束造成公债资金的使用和管理部门在掌握资源后出现浪费、腐败、寻租等行为,不仅会降低资源使用效率,而且对整个社会资源的配置效率和社会福利造成伤害。故公债资金的使用风险主要隐含于公债资金的使用方向选择的不确定性上。在市场经济条件下,市场是配置资源的主体,政府的职能只是弥补市场缺陷,提供公共服务,而不能成为配置资源的主体。因此,大规模地发行公债来支持经济的增长,有可能导致资源配置的效率损失。

4. 公债偿还风险

公债偿还风险一般定义为债务人无法如约足额偿还到期债务的可能性。公债是以信用方式运作财政收支,偿债所暗含的风险自然存在于公债之中。但同时,由于公债是以国家为主体的信用,公债偿还风险的性质和影响较之于一般信用又有很大差别。国家作为债务人与公债的债权人处于不平等的状态,政府可以通过发行货币或强制征税等手段避免违约。因此,公债很少出现一般意义上的偿还风险。但这并不意味着公债不存在偿债风险。对政府而言,风险是对社会福利造成损害的可能性,或者说是对整个社会经济发展造成阻碍的可能性。如果政府只能通过货币发行权和强制增加不合理税收来偿还债务,则必然损害到各微观经济主体的利益,不利于社会经济的稳定发展。

所以,公债偿还风险应定义为:国家不能利用正常财政收入如约按期偿还公债本息的可能性,或者说形成政府偿债危机的可能性。该含义包括三种情况:第一,在保证其他正常支出的条件下政府不能按期偿付债务的可能性;第二,挪用其他的支出资金来偿付到期债务的可能性;第三,开发非正常的资金渠道来偿付到期债务的可能性,如增加货币发行量、提高税收等。一般来说,由于政府的特殊职能和权力,不可能出现第一种情况,因此需要重视的公债偿还风险是后两种情况。

综观政府作为债权人所面临的各种公债风险,我们最需要重视的是偿还风险。尽管发行风险、流通风险和使用风险等都客观存在,但其对政府信用、经济发展和社会稳定的影响并不严重,主要影响还是体现在公债偿还风险。一旦国债还本付息压力超过财政所能承受的范围,会使财政正常的债务清偿机制紊乱,陷入支付困境,进而导致政府信用降低,甚至扩散性地致使经济、金融和社会动荡。

(三)公债信用风险的特征

公债信用风险具有以下两个典型的特征:

1. 公债信用风险具有隐蔽性

只要公债能获得市场认同,就能持续发行,公债风险就可以推迟爆发,因而公债信用风险具有隐蔽性。

2. 公债信用风险具有累积性

公债只有规模达到一定的程度,才会对经济运行带来全局性、系统性的损伤。在此之前,公债风险是可控的,其负面影响不易为公众所觉察。

拓展阅读 7-3

美国地方政府债券市场建设经验

市政债券在美国又称为州和地方政府债券,是由州和地方政府以及地方公共机构为筹措学校、道路和其他大项目的开支而发行的长期债务工具。市政债券可以分为两类,分别是一般责任债券和收益债券。一般责任债券是由州和地方政府发行,以发行者的征税能力做保证的一种市政债券,税收收入是其主要偿还来源。收益债券是由州和地方政府或相应授权机构发行,以投资项目收益作为偿债资金来源的市政债券。

最近 10 年,美国市政债券的年发行量为 3 000 亿 ~4 500 亿美元,市政债券占全部债券发行量的比例为 5% ~8%。一般责任债券占市政债券的发行比例为 30% ~40%,而收益债券的发行量占市政债券的比例为 60% ~70%。经过多年的发展和完善,美国市政债券的发行已形成了一套相对完善的市场化发行机制。

一是募集资金用途依时而变,运用较为灵活。最近10年内,美国发行的市政债券中募集资金用于项目建设和偿还借款的比例均为35%~65%。近年来,募集资金用于偿还借款的比例约为60%,高于用于项目建设的比例。

二是风险控制机制较为完善。为了控制市政债券的风险,各州和地方政府均在各自范围内对市政债券的发债规模进行了限制,尤其是针对一般责任债券。常见的限制举债规模的指标包括偿债率、人均债务等。

三是形成了以市场自律监管为主、监管机构监管为辅的监管机制。美国市政债券的发行和交易同时受到联邦证券法律和各州法律的制约。经过多年的发展,以信息披露、反欺诈为监管重点,以市场自律监管为主、监管机构监管为辅的市政债券监管体系已经建立。

四是具有完善的信用评级制度及市场化增信机制。根据美国监管机构的规定,公募债券必须接受两家评级机构的评级,主流的评级机构包括穆迪、标准普尔、惠誉。市政债券可以通过信用增进来提高评级,包括银行发行信用证、政府担保和债券保险等措施。

五是建立了完善的破产保护机制。美国《破产法》第九章《地方政府债务调整法》规定,无力偿还债务的地方政府可以申请破产保护程序。该法案适用于州以下地方政府、学区和公共区域,以及发行收益债券的桥梁、高速公路等收费运营主体,但不适用于州政府。

六是发行方式比较多元。市政债券的发行方式包括公开发行和私募发行。其中,公开发行的债券通常由一家或多家承销商承销,根据承销方式不同又分为协议承销和竞争性承销,即议价发行和竞拍发行。议价发行由发行人选择承销团,与其协商发行利率后,由该承销团包销债券。竞拍发行由发行人根据参与投标的几个承销团的投标利率确定中标人,由中标的承销团负责债券包销。从历史数据来看,美国市政债券的承销方式以议价为主。最近10年,议价发行的市政债券占市政债券的比例在70%~85%,竞拍的方式较少,占比在10%~20%,私募发行的市政债占比在8%以下。

七是投资银行等金融机构的证券承销部门承担承销商角色。美国市政债券市场建立了"承销商-经纪商"合作的承销模式。承销商的角色是负责整个发行流程,通常亦需要承担发行失败的风险。承销商先与发行人商定债券发行的价格并将其分配给经纪商,经纪商再销售给具体的投资者。美国市政债券的承销商通常由投资银行承担。2017年,美国市政债券的前十大承销商主要由证券公司及金融集团下辖的证券承销部门组成。

八是投资者比较多元化,个人投资者为主体。美国市政债券的投资者群体覆盖了个人与机构,结构比较均衡。其中,个人投资者是美国市政债券市场中的主要投资者。以2016年为例,个人投资者及共同基金合计持有市政债券的比例为67.10%,是市政债券投资者的重要组成部分。

资料来源:新浪财经。

三、公债信用管理的主要内容

（一）公债发行管理

1. 内债发行规模风险管理

内债发行规模可用以下指标衡量：

（1）内债发行规模与国债投资者投资能力的适应程度。用国债应债率指标衡量，即国债累计余额占当年居民储蓄存款余额的比例。

（2）内债发行规模与社会经济承受能力的适应程度。用国债负担率指标衡量，即一定时期的国债累计余额占 GDP 的比例。国债累计余额相当于当年的财政收入总额，也被国际上公认为国债规模的最高警戒线。

（3）内债发行规模与财政偿债能力的适应程度。用财政收入偿债率指标衡量，即国家用于偿还内债债务支出占财政收入的比例。

（4）内债发行规模与财政支出之间的适应程度。用债务依存度指标衡量，即指当年的国债发行规模与财政支出的比例。

2. 外债发行规模风险管理

外债和外资是发展中国家特别需要的经济资源，它提供了一种发展的机遇。但外债过多也能引发债务危机。因此，对待外债规模，应该始终持谨慎的态度。

可用下列指标衡量外债发行规模风险状况：

（1）偿债率。指当年的外债本金和利息偿还额占当年贸易和非贸易外汇收入之比。国际上一般认为这一指标保持在 20% 为宜，最高不要超过 25% 。

（2）债务率。指外债余额与当年贸易与非贸易外汇收入之比。

（3）负债率。指一国对外债务的负担程度。可用下列指标来衡量负债率：外债余额占同期商品及劳务出口外汇收入额的比重，一般应保持在 100% 左右；外债余额与同期国民生产总值的比率，一般不应超过 20% ；外债还本付息额占同期国民生产总值的比率，一般应控制在 5% 以内；年末利息支付额占同期国民生产总值之比，一般应控制在 3% 以内。

3. 国债发行结构风险管理

国债发行结构风险管理是指国债发行人通过合理确定发行条件的不同组合和量的比例，达到降低风险的目的。国债发行结构风险主要体现为国债品种单一、利率偏低、期限比较集中、币种不够对称等因素。国债发行结构风险管理要注重推进品种结构多样化、利率结构基准化、期限分布平缓化、币种结构相关化。

4. 国债发行风险综合管理

投标竞争不足、利率定价偏高、投资主体弱小、市场准入较严、政策告示不强，是形成国债综合管理风险的潜在因素。稳步推进发行方式竞争化、利率水平市场化、投资主体机构化、市场准入宽松化、公开操作告示化、债务管理规范化，是降低国债发行风险的可行办法。多重价格竞争、二次加权定价、基数均衡曲线、充分预示信息，均为化解发行风险提供了综合分析的技术手段。

（二）公债流通管理

1. 国债流通规模管理

（1）国债流通规模的衡量指标。

① 绝对指标。

国债流通规模＝国债自营买卖交易额＋国债代理买卖交易额

国债自营买卖交易额＝国债自营买入额＋国债自营卖出额

国债自营库存＝国债自营买入额－国债自营卖出额

② 相对指标。

国债流通率＝国债流通规模/国债累计发行规模×100%

国债余额流通率＝国债流通规模/国债余额×100%

证券国债流通率＝国债流通规模/全社会证券流通规模×100%

（2）国债流通规模对货币流量的影响。

处于准货币地位的流通国债的换手对货币流通量将产生两方面影响：一是弥补货币流通量的不足，帮助物质商品实现其社会价值；二是排挤信用货币量，引发通货膨胀。国债流通规模的临界值通常考虑四个关键性指标：国债流通率、国债余额流通率、证券国债流通率、流通国债需要的货币量。这些指标反映了国债流通的过程和主要方面，又具有简洁、便于业务部门进行实际操作的基本特点。

2. 国债流通结构管理

（1）国债流通期限结构管理。一个国家政府债券的流通期限结构的特点是由很多因素形成的。如国民储蓄的特点、投资者的构成、居民消费结构的特点、金融体系的特点、国债二级市场的流动性等。合理的国债流通期限结构的特点是长期、短期、中期国债相结合，品种丰富，各期限国债相互搭配、相互补充，形成一体化的流通品种系列。

（2）国债收益率曲线和流通结构管理。国债收益率曲线是描述在某一点上一组上市交易的国债收益率和它们剩余期限之间相互关系的数学曲线。通过二级市场的流动性所形成的国债收益率，反映市场利率的期限结构，揭示市场利率的总体水平，推动流通市场发展，并为中央银行制定货币政策、进行利率调控和市场风险监管提供了重要的依据。

3. 国债流通品种结构管理

从债券形式来看，发行的国债可分为凭证式、无记名式和记账式三种。其中凭证式国债为非流通国债，后两种为可流通国债。可流通国债与非流通国债的结构关系可以总结为：可流通国债是国债的主要品种，非流通国债是国债的重要补充和组成部分。可流通国债规模过小以及可流通国债与非流通国债的比例失调，会对市场交易规模、市场流动性等产生不利影响。

4. 国债投资者结构管理

国债投资者，即国债持有人，指在国债二级市场上买卖政府债券的个人、各种养老保险基金、银行和外国投资者。从世界各国的实际情况来看，政府债券的主要投资者是各种机构投资者，如养老保险基金、基金管理人、银行。这样的国债投资者结构是健全的国债市场的重要标志。其优点为：一是基金长期持有国债，有利于市场稳定；二是银行持有国债可以为中央银行实行公开市场操作创造条件；三是有利于实行招标或承购包销等市场发行方式，降低国债发行成本。

5. 国债流通风险综合管理

除了关注对流通规模、流通结构的管理外，还必须综合考虑国债市场交易技术、交易方式、市场体系的布局与构建以及市场机制等诸多方面的风险管理，以建立完整、全面的国债流通市场风险管理机制；在合理控制市场风险的基础上，进一步扩大国债流通市场的交易规模，增进市场容量，促进国债流通市场在广度、深度上的提高，充分发挥国债流通在整个宏观经济中的作用。就实践而言，做市报价、库存头寸、非对称信息、市场分割、监管缺陷，构成了当前国债流通综合管理风险的可能性因素。

（三）公债使用管理

1. 国债资金使用状况

发行长期建设国债，筹措建设资金，主要投放到以下领域：基础设施项目、水利和生态项目、产业结构调整项目、教育设施、城市环保项目。国债项目投资成为拉动经济增长的重要力量。

2. 公债资金运行中的问题

公债资金运行中的问题主要有：一是国债资金使用分散，影响了资金的使用效益，增加了资金管理的难度；二是挪用或不按规定用途使用国债项目资金；三是国债项目前期准备不足，工程预算严重超支；四是建设项目单位财务管理弱化现象普遍存在。

3. 加强国债资金管理，控制国债资金流向，提高国债使用效益的具体途径

具体途径主要有：一是严格国债资金的使用管理和监督；二是完善国债建设项目管理；三是全面提高建设单位财务管理水平。

（四）公债偿还风险管理

1. 国债偿还规模风险管理

国债偿还规模包括两个概念，即当年的国债还本付息额和国债余额。

国债偿还规模风险指标主要有：国债偿还规模增幅与中央财政支出增幅的比较；国债偿债率；国债依存度；国债负担率和国债应债率。

国债偿还规模风险管理的重点为：中央财政集中度偏低、税制无弹性、进口额增长速度较快，是影响偿还规模风险的潜在因素。提高中央财政的集中比重，增强税制弹性，保持较高的出口增长率，是消除潜在隐患的基本对策。

2. 国债偿还结构管理

（1）国债偿还利率结构管理。国债偿还利率结构主要是指不同期限国债的利率结构。良好的利率结构不仅能保障国债发行成功，还能降低国债的发行成本。

（2）国债偿还期限结构管理。国债偿还期限结构优化关键在于调整好国债发行期限结构，即扩大短期国债的发行，重视长期国债的发行，适当调整中期国债的期限设计。

3. 国债偿还风险综合管理

加强偿还风险的综合管理，重点应消除隐性赤字和结构性赤字的压力，坚持财政周期性平衡与结构性平衡并举的方针，强化债务余额管理，实现债务经济的稳定性。建立偿债

基金,赋予偿付、减债、调节、增值和担保功能,完善基金的提取、存储、管理和运用管理,形成以债养债的机制也是各国的成功经验。

(五)公债风险的转移与处置

1. 公债风险转移

公债风险可通过保险转移、非保险转移等方式转移。保险转移是最基本的风险管理技术。国际上有很多保险机构开展对主权国家债务的保险业务,对主权国家发行国家债券予以承保。非保险转移,主要是通过第三国银行对主权国家发行债券提供担保。

2. 公债风险处置

对于存在偿还困难的债务国,可通过对债务的重新安排,改善债务国状况。贷款重新安排,通常做法是债权银行通过与债务国协商,采取延长贷款限期、延长贷款偿还期限、降低贷款利率、豁免部分到期贷款本息、提供部分新增贷款、债转股等方式来缓解债务国的严重流动性危机。其中,官方或官方担保的贷款重新安排通常在国际清算银行、国际货币基金组织或巴黎俱乐部的主持下进行。

本章小结

1. 政府信用是整个社会信用体系的核心和支柱,良好的政府信用是市场经济体制建立和运行的基本保证。政府信用具有公共性、规则性、责任性和示范性等特点。

2. 西方政府信用理论众多。政府信用的思想来源于近代西方出现的社会契约理论,政府信用问题的产生可以用委托-代理理论来解释。政治合法性是一个古老和永恒的话题,也是政府信用行为的最终归属。

3. 我国政府信用总体良好,但缺失现象不容乐观。因此,需要在道德和制度两个方面加强政府信用建设。

4. 公债信用也称财政信用,是以国家(中央和地方政府)为主体,按照信用原则筹集和运用财政资金的一种再分配形式。适宜的公债规模和合理的公债结构会促进经济增长,反之,会阻碍经济的增长。

5. 公债的运行包括发行、流通、使用、偿还四个环节。公债信用风险按照公债运行的环节可以划分为公债发行风险、公债流通风险、公债使用风险、公债偿还风险。

6. 强化公债发行、流通、使用、偿还四个环节的管理是降低公债信用风险的有效途径,加强公债信用管理要特别关注信用风险的转移与处置。

关键术语

政府信用　国家信用　社会信用　公债信用　国债　公债发行风险　公债流通风险　公债偿还风险　公债信用管理

复习思考题

1. 什么是政府信用?如何分类?

2. 如何评价目前我国政府信用现状?具体对策有哪些?

3. 试述公债和国债的区别和联系。
4. 公债在调节货币供应量中的作用如何?
5. 公债运行的四个环节及其相应的风险有哪些?
6. 我国公债信用的现状如何?
7. 如何加强国债资金的使用效率?

本章实训

一、实训目的

1. 了解我国地方政府负债的现状与问题。
2. 运用相关资料分析我国地方政府负债风险形成的原因。
3. 培养学生运用相关理论分析、解决实际问题的能力。

二、实训内容

1. 案例资料

客观认识地方政府债务问题,首先需要厘清其统计口径及范围。我国曾于2014年按照负有偿还责任的债务、负有担保责任的债务和可能承担一定救助责任的债务三个口径,对地方政府债务存量进行清理甄别。清理甄别之后的数据显示,截至2014年年末,地方政府负有偿还责任的债务余额为15.4万亿元,负有担保责任的债务和可能承担一定救助责任的债务余额为8.6万亿元。此后,我国进一步规范了地方政府举债行为,明确规定地方政府举债应采取发行政府债券方式,各级政府及其所属部门不得直接或者间接通过企业、事业单位等其他任何主体举借政府债务,也不得为任何单位和个人的债务以任何方式提供担保。通过PPP模式转化为企业债务的,以及自2015年起融资平台公司新增债务,均不再纳入地方政府债务。这也意味着自2015年开始,不能再将融资平台的债务增加等同于地方政府债务的增加,并且地方政府将不再产生新的负有担保责任的债务。一些人没有注意到这些统计口径的变化,甚至将一些国有企业的债务也计入统计范围,从而夸大了地方政府债务的规模。

从实际情况看,我国地方政府债务规模在风险可控范围之内。截至2016年年末,我国地方政府债务余额为15.32万亿元,控制在年度地方政府债务限额17.19万亿元以内,地方政府债务率(债务余额/综合财力)为80.5%,低于国际货币基金组织90%~150%的控制标准参考值。如果加上纳入预算管理的中央政府债务12.01万亿元,我国政府债务为27.33万亿元,占国内生产总值的比重为36.7%,不仅低于国际公认的政府债务负担率60%的警戒线,而且低于主要市场经济国家和新兴市场国家的平均水平。

进一步分析债务成因可以发现,西方国家的政府债务主要源于行政消耗、刺激消费以及迎合选民需求,具有"消耗性"特质。而我国地方政府债务主要是因地方基本建设投资而产生,具有"建设性""生产性"特质,不仅可以提高生产生活水平,而且能够增强未来经济发展潜力。因此,我国地方政府债务安全和风险控制状况要远优于西方国家。

在大力规范和强化地方政府债务管理方面,我国采取了许多行之有效的措施。比如,允许地方政府适度举债,同时对举债主体、举债方式、规模控制、预算管理、举债用途、风险控制、责任追究等方面做出明确规定。实施债务置换、限额管理等措施,建立地方政府债务风险评估和预警机制、应急处置机制以及责任追究制度,提升地方政府债务管理能力,挤压违规举债空间。2017 年 7 月,全国金融工作会议提出要严控地方政府债务增量,实行终身问责、倒查责任,进一步增强了对地方政府债务的约束力。

由此可见,我国地方政府债务风险总体可控。当然,我们也不能忽视其中隐藏的风险,尤其需要重视地方政府债务对供给侧结构性改革和高质量发展的不利影响。进一步强化地方政府债务管理,既要强化流量管理,切实把债务风险关进笼子里,又应着眼于存量调整,加快财政体制和地方融资机制改革,从深层次上解决这一问题。

2. 实训要求

要求学生查阅并收集相关资料,在了解我国地方政府负债风险的基础上,回答如下问题。

(1) 结合相关指标分析我国地方政府负债风险的具体表现。

(2) 如何防范我国地方政府负债风险?

(3) 你认为我国地方政府债务会引起即将爆发的危机吗?请阐明自己的观点,并分析之。

(4) 阅读国外资料,分析美国、日本地方政府负债风险防范措施对我国的启示有哪些。

三、实训组织

1. 要求学生在阅读背景资料的前提下,大量阅读相关材料。

2. 要求学生自由组合成小组,指定发言代表就相关问题进行课堂汇报,要求言之有理、逻辑性强、语言流畅。

延伸阅读

1.《中华人民共和国预算法》,1994 年 3 月 22 日第八届全国人民代表大会第二次会议通过.

2. 中国就业培训技术指导中心. 信用管理师:基础知识[M]. 北京:中国劳动社会保障出版社,2006.

3. 李士梅. 公债经济学[M]. 北京:经济科学出版社,2006.

4. 孙森,翟淑萍. 信用管理[M]. 北京:中国金融出版社,2012.

5.《社会信用体系建设规划纲要(2014—2020 年)》,国办发〔2014〕21 号.

6.《征信业管理条例》,2012 年 12 月 26 日国务院第 228 次常务会议通过.

相关网站

1. 标准普尔公司官网。

2. 信用中国官网。

第八章

企业信用管理

本章导言

随着我国市场经济的发展，企业之间的交易方式从以现金交易为主导转变为以信用交易为主导。经济信用化在促进企业销售额增加的同时，带来了赊销账款到期不能收回的信用风险，企业信用管理由此应运而生。企业通过制定信用管理政策，对信用交易的各个环节进行全面监督和跟踪管理，在实现销售最大化的同时，将信用风险特别是坏账损失降到最低，从而使企业的利润和价值得到最大限度的提高。

本章从信用销售的概念出发，介绍企业信用管理的内涵、目标、功能、类型、流程和组织等基本内容，并对企业信用政策、客户的分类及其评价、企业应收账款管理等方面进行系统阐述。

本章知识结构图

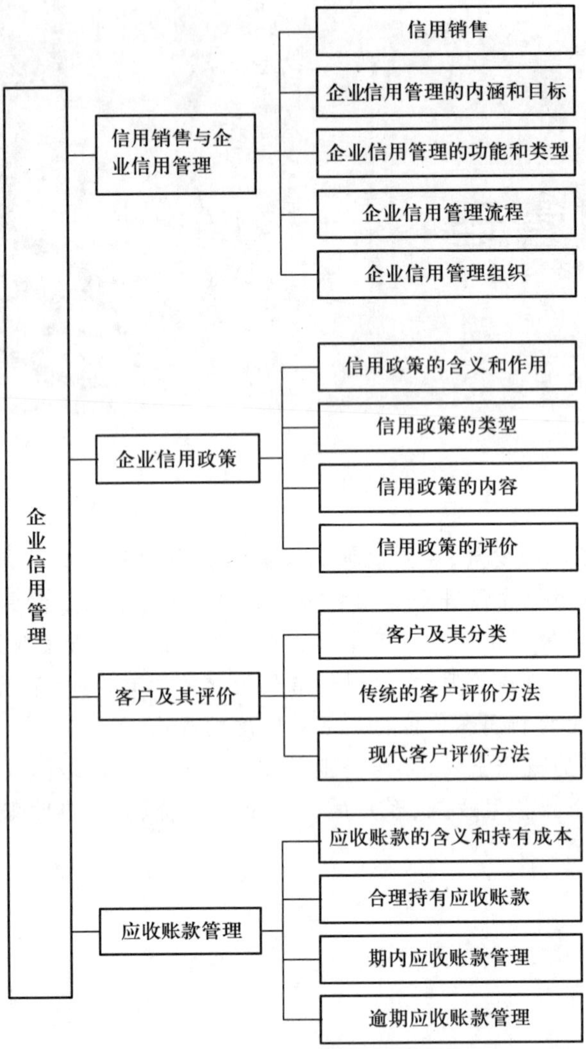

第一节　信用销售与企业信用管理

一、信用销售

信用销售是企业信用管理产生和发展的前提和基础。国外信用销售的高度发达促使企业信用管理达到了很高的水平,而我国由于长期实行计划经济,商品经济不发达,信用销售很落后,导致企业信用管理水平普遍低下,甚至许多企业处于空白状态。

狭义的信用销售,指的是企业赊销,是一种企业对企业、商场对消费者、生产厂家对消费者的先提货后付款的销售方式。尽管金融机构也是企业,但狭义的信用销售通常不包括金融机构对企业或消费者个人的授信。广义的信用销售是指一切合法的授信形式。信用交易是比信用销售更广义的概念,是市场销售发展的最高阶段形式,是现代商业发展的润滑剂,它一般包括国内信用销售、进出口信用和金融机构的信贷。信用交易规模扩大是一国市场经济成熟标志的一种表现,如果一国或地区的经济进入信用经济阶段,市场上的信用交易就会成为主要交易形式,信用销售就会成为最常用的销售手段。

信用销售的实质是客户占用了企业的资金,等价于企业为客户提供短期资金融通。在现行经济制度下,实施信用销售的主体都是企业法人,它们是一种或多种信用的授信人,在某些场合下称授信机构。信用销售的对象是赊购方,也称受信人,即接受信用的一方。受信人可以是企业法人,也可以是自然人性质的消费者。

企业采用信用销售手段的客观原因在于买方市场的形成,在供大于求的买方市场经济条件下,企业为了生存和发展,就必须努力增加销售量,减少产成品库存,想尽办法扩大市场占有率。所以,改变客户付款方式即提供赊销便成了吸引客户与增加竞争力的重要手段之一。

企业采用信用销售方式是有条件的,可以简单归纳如下:一是买方市场的存在;二是赊销企业或授信人掌握控制客户信用风险的技术;三是合理回报率情况下的商业银行或厂商的融资支持;四是强制受信人履行赊销合同的社会机制和法律保障,包括全社会范围的失信惩戒机制。

二、企业信用管理的内涵和目标

(一)企业信用管理的内涵

企业信用管理又称赊销管理,国外机构也称之为风险管理。企业信用管理有广义与狭义之分。

广义的企业信用管理是指企业为获得他人提供的信用或授予他人信用而进行的管理活动,其主要目的是为筹资或投资服务,为企业发展信用交易和获取信用资源服务。企业通过全面的信用管理活动,完善企业在赊销、赊购、投资、担保等各项经济活动中的信用管理流程和技术手段,保持应收账款和应付账款的最合理持有、保障应收账款及时足额回收,以及投资、担保业务的安全性,达到企业价值最大化,并保持企业良好的信用形象,以达到企业长期可持续发展的目标。

狭义的企业信用管理即传统的企业信用管理,是以信用销售为主要管理内容的管理活动,其主要目的是提高竞争力、扩大市场占有份额。企业通过制定信用管理政策,指导和协调企业内部各部门的业务活动,通过资信调查收集客户的各种信用信息与数据,再进行综合处理,对客户的信用做出评价并制定恰当的授信决策,对债权保障、应收账款回收等交易环节进行全面监督和跟踪管理。① 本章所说的企业信用管理主要是狭义的企业信用管理。

① 关伟. 企业信用管理[M]. 北京:中国人民大学出版社,2010.

（二）企业信用管理的目标

企业信用管理是一个动态的发展过程,其目标也是不断变化和发展的。在企业不同的发展阶段,企业信用管理目标有不同的要求和内容。通过信用销售,企业可以扩大销量,企业信用管理最初的目标是保证信用交易的安全完成。随着竞争的不断加剧,企业面临着一个两难选择:一方面是赊销带来的销量扩大和盈利水平提高;另一方面是赊销产生的应收账款每天都在消耗着企业的利润,若企业的现金流被众多应收账款侵蚀,企业将面临巨大亏损。所以,现代企业信用管理的总体目标是力求企业在实现销售最大化的同时,将信用风险特别是坏账损失降到最低,使企业的利润和价值得到最大限度的提高。

成功的企业信用管理在企业销售额很大的情况下仍然能保证应收账款的及时回收,能使企业坏账比率控制在很低水平,从而为企业带来最大的利润。成功的企业信用管理目标可以用以下等式来表达:

最大销售(包括大量的赊销)+及时回款+最小坏账=最大利润

三、企业信用管理的功能和类型

（一）企业信用管理的功能

企业信用管理的基本功能包括以下几个方面:客户信用档案管理、客户授信管理、应收账款管理、商账追收以及利用征信数据库开拓市场等,如图8-1所示。

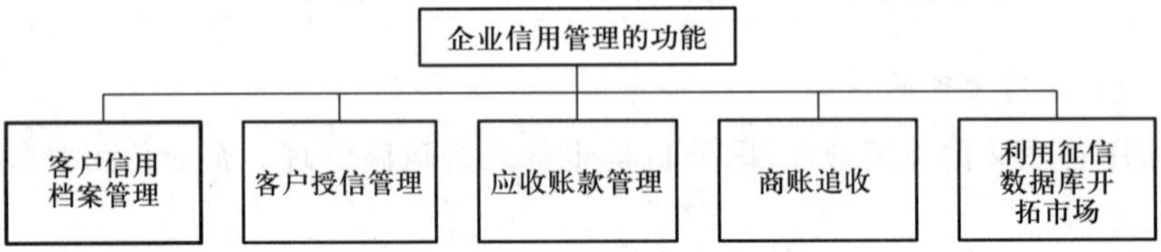

图8-1 企业信用管理的功能

1. 客户信用档案管理功能

客户信用档案管理功能以事前防范为主,其内容主要包括在企业与客户签订赊销合同之前,对赊销客户进行资信调查、收集客户信用信息、建立和动态管理客户信用档案、对客户交易有关的风险进行量化分析的本企业内部服务等。

2. 客户授信管理功能

客户授信管理功能要求企业根据调查的客户信息,对其信用状况做出正确评价,再决定授予客户多少信用额度以及采用怎样的结算方式。客户授信管理功能的主要内容包括接受客户信用申请、分析客户信用、确定授信额度、给客户复信、受理客户投诉等。客户授信工作的技术性和政策性非常强。

3. 应收账款管理功能

企业信用管理属于风险管理范畴,而信用销售产生的信用风险主要来自应收账款。应收账款管理功能是进行全面的欠款分析和决策,主要内容包括多角度分析财务欠款情况,跟踪客户动态欠款状况,控制企业应收账款的规模(包括总体规模和个体规模),对合同期内的应收账款做技术处理,防范逾期应收账款的发生,转让债权等。

4. 商账追收功能

商账追收功能指的是企业对逾期应收账款进行处理,主要内容包括对逾期账款的诊断、标准内勤催收程序的设立和执行、委托专业追账公司进行追账、逾期应收账款的转让、申报注销坏账等。

5. 利用征信数据库开拓市场功能

这是指信用管理人员利用征信机构的企业征信数据库资源,向本企业的销售和供应部门提供开拓市场的咨询服务,特别是开拓国际市场的服务。通过这项服务,企业能够大大降低企业开拓市场的成本,提高效率,尤其在开拓国际市场时,可以减少员工出国次数,大幅度压缩国际通信费用。

(二)企业信用管理的类型

在企业信用管理实践中,对企业间的信用销售进行风险控制的是企业信用管理技术,而对消费者个人的信用销售进行风险控制的则是消费者信用管理技术。在技术上,企业信用管理和消费者信用管理是不同的,因而出现了针对不同企业采用对应信用管理方法的情况,即企业信用管理的类型。

根据赊销对象不同,可以分为两大基本类型:一是生产制造型企业针对企业法人的产品赊销管理,管理的目标是控制企业之间的原材料、半成品、产成品等产品赊销的信用风险;二是商业企业针对自然人的商品赊销管理,管理目标是对消费者进行赊销或授信时所产生的信用风险进行控制。也就是说,如果企业的客户群主要由企事业单位法人组成,这个企业应该采用企业信用管理方法控制信用风险;如果企业的客户群主要由自然人性质的消费者构成,这个企业应该采用消费者信用管理方法控制信用风险。

另外,根据信用政策松紧程度,可以分为销售型信用管理和财务型信用管理。采用销售型信用管理模式的企业,更注重信用销售的规模和效果,通常由负责销售的副总经理分管信用管理部门的工作。采用财务型信用管理模式的企业则相反,它们非常谨慎地审查客户信用申请,注重收账环节的工作,通常由负责财务的副总经理分管信用管理部门的工作。

四、企业信用管理流程

企业信用管理是一个动态的过程,具备明确的流程目标、完善的规章制度和相应的组织机构。工作的起点是对客户的授信决策及其前期的准备,终点是货款收回或形成坏账,以及后期客户信用额度的调整和客户关系维护,体现全程信用管理的基本概念。企业信用管理流程是企业信用管理工作标准化的体现。工作流程主要包括以下几个环节:

(1)收集客户信用资料。业务部接触客户并达成销售意向之后,将赊销业务转给企业信用管理部门处理,信用管理部门对客户开展资信调查。

(2)对客户进行信用评价。信用管理部门负责对企业信用进行评价,内容包括公司基本情况、公司信用状况、盈利能力、资产运营能力和偿债能力等,信用管理部门根据企业信用评定结果,授予企业相应的信用级别。

(3)客户授信。信用管理部门根据客户的信用级别,确定信用条款,内容包括信用额度、优惠折扣百分数、优惠时间期限和信用期限等。

(4) 签订合同。完成信用条款确定环节后,双方签订购销合同。

(5) 应收账款管理。对应收账款进行动态监控和管理,促使应收账款按期足额回收。

(6) 商账追收。如果客户没有按时足额付款,信用管理部门将利用各种可能的手段对逾期账款进行催收,包括内部催收和委托专业机构追讨。

(7) 定期审查客户,调整对客户的授信额度。

在企业信用管理工作流程中,客户授信决策是技术性最强的部分,它集中体现了信用管理的核心理念和技术水平。

五、企业信用管理组织

(一) 企业信用管理部门的设置

1. 企业信用管理部门的设置原则

设置信用管理部门的组织结构必须按照一定的原则来进行,在一定的原则指导下,才能使设置的部门组织结构合理高效。信用管理部门的设置原则包括下面四个方面:

(1) 任务目标原则。这是总的指导原则,即信用管理部门的组织结构设计必须以一定的任务目标作为出发点。

(2) 分工协作原则。即信用管理部门内部要实行专业分工,按工作职能设立多个岗位,以利于提高管理工作的质量和效率。

(3) 权、责、利相结合原则。即要求信用管理部门各岗位人员的权力、责任和利益紧密协调,不能有所偏颇。

(4) 行业分析原则。即企业设置信用管理部门不能局限于企业内部进行,必须根据企业外部环境(主要是指企业所在的行业)的要求来进行设计。

2. 企业信用管理部门的规模

信用管理部门设置岗位数和人员数必须建立在分工协作、精简高效的原则基础上,信用管理部门的规模越大,设置成本就越大,而且容易造成冗员,每个人承担的任务和责任较小,人员的工作积极性会降低,人浮于事;规模过小,则每个人的工作量太大,责任也太大,很难按时有效地完成任务。决定信用管理部门规模主要有下面四个因素:

(1) 企业规模。一般而言,企业规模越大,信用管理部门的规模也越大。

(2) 信用销售额和客户数量。一般来说,企业的信用销售额越大,客户数量越多,信用管理部门的规模也越大,尤其当企业面对的客户主要是消费者时。

(3) 工作人员素质。工作人员的经验越丰富,工作效率越高,这个岗位上的人员数可以越少。

(4) 信用管理技术水平。若工作设施越先进,效率就会越高,信用管理部门的规模就可以小些。

3. 企业信用管理部门的组织结构

企业信用管理部门是与采购、生产、营销、财务等部门并列的职能部门,不论多大的企业,其信用管理部门都不应该是一个庞大的机构。大多数企业是依据信用管理的基本功能来设计信用管理部门组织结构的，一般包括商情科、授信科和商账科，各科室下面可以根据具体任务设立相应的任务小组。其中，商情科负责客户档案管理与服务，并利用征信数据库开拓市场服务，授信科的核心工作是科学地做好客户授信工作，商账科主要负责应收账款管理和控制，包括期内应收账款管理、逾期账款追收和坏账处理。企业信用管理部门的组织结构如图 8-2 所示。

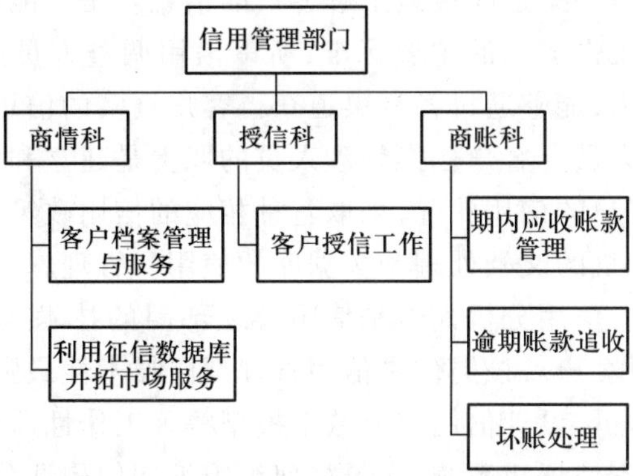

图 8-2　企业信用管理部门的组织结构

（二）企业信用管理部门的岗位设置

1. 岗位设置原则

企业信用管理部门的岗位设置原则包括以下几点：

（1）最低数量原则。岗位不要设置太多，数量要尽可能少，这样做的目的是使所有的工作尽可能集中，不要太分散。

（2）有效配置原则。在岗位设置的时候，对各岗位所承担的责任应该进行明确的划分。

（3）积极效应原则。每个岗位要在整个企业组织中都能发挥最积极的作用，使岗位发挥最大作用。

（4）岗位间协调原则。岗位之间的责任不交叉、没有空白，工作中既有负主责的人员，又有配合的人员，还需要有做支持性工作的人员。

（5）系统化原则。岗位设置要和组织机构设计、职能分解吻合，要符合系统化原则。同时，岗位设置还要为岗位描述、岗位评价、薪酬福利体系设计提供支持，从而构成一个整体。

2. 岗位类别

信用管理部门是与营销、采购等部门并列的一级职能部门，在信用管理部门下面可以分成很多二级甚至三级职能岗位，主要包括以下几种岗位：

（1）信用经理。信用经理是信用管理部门的最高领导，属于企业的中层领导，负责信用管理部门的日常管理工作。担任这个职位的人应该拥有该领域各种专业知识和技能，具有娴熟的公关技巧以及很强的说服力，熟悉本企业所处行业状况和本企业产品生产、品质、性能、价格、销售等业务情况。

(2)信用监理/主办。信用监理/主办是企业信用管理部门的骨干,在信用经理不在时可以代理信用经理的一些职能。在客户比较多的情况下,信用监理/主办之下还要设立客户信用管理专管员职位,他们分别负责联系一定数量的客户。信用监理/主办应该具备与信用经理类似的教育和工作经验背景。

(3)信用调查人员。信用调查人员可以通过与客户直接交流沟通来获取第一手资料,也可以通过政府、媒体等渠道间接地了解客户的信息。是否能获得真实有效的信用信息是判断信用调查人员工作成果的主要标准,所以信用调查人员必须具备良好的社交能力和一定的信息检索能力,能够通过各种渠道获得客户真实的信用资料。

(4)客户档案管理人员。客户档案管理人员的职责是建立和维护客户信用资料的数据库,以便使企业了解客户的信用状况,采取各种相应的信用政策。他们应该具备财务管理的专业知识,精通计算机的文档处理和数据库的使用和管理。

(5)信用分析人员。信用分析人员是信用管理部门的技术人员,属于信用管理内勤人员,一般不会直接面对客户。该岗位是信用管理部门技术性最强的岗位,主要任务是评审客户信用、处理客户申诉、设计信用评分数学模型等。工作性质要求信用分析人员熟悉不同征信市场上的客户资信评级系统、懂得如何组织编制信用评分软件,并熟练使用相关统计软件。

(6)逾期账款催收人员。为了减少逾期应收账款,信用部门需要有专门的人员对客户进行货款到期前的提醒以及逾期后的催收。根据工作性质划分为内勤和外勤两个岗位。内勤的工作就是进行电话催账,是直接面对客户进行的,俗称电话收款员。如果内勤经过多次催账未能奏效,企业信用管理的催账人员就应该上门对欠款客户进行催账拜访,这就是催账外勤工作的主要任务之一。催账外勤人员往往需要与企业销售人员沟通,特别是对拖欠客户进行销售的销售业务员。

拓展阅读 8-1

从企业管理职能上看企业信用管理

从企业的管理职能上讲,企业信用管理是指通过制定信用管理政策,指导和协调内部各部门的业务活动,对客户信息收集和评估、信用额度的授予、债权保障、应收账款回收等各交易环节进行全面监督,以保障应收账款安全和及时回收的管理。从企业管理的目的上说,企业信用管理就是对各种规模的企业,力求达到企业销售最大化的同时,将信用风险(坏账或逾期账款)降至最低和应收账款快速回收的管理措施。

企业信用管理是市场营销、财务管理和信息管理相互交叉的一个管理领域。发达国家中信用管理常被认为是企业的生命,没有一个完善、有效的信用管理体系和政策,企业将缺失足够的市场竞争力,失去防范风险的能力,最终会被市场无情地淘汰。从这个意义上讲,信用管理是现代企业管理的核心内容之一。传统的企业信用管理内容中,不可缺少的重要内容有以下几点。

首先,要制定信用管理政策。没有规矩不成方圆,制定合理规范的信用管理政策能够保障信用管理工作有序地实施。传统的信用管理内容正是因为没有足够重视这点,才显得凌乱。

其次，协调信用管理部门和交叉业务部门的关系。这其中至少包括协调与客户部、财务部、销售部之间的关系，因为企业信用管理部门是一个责任大于权力的部门，协调多方关系，有时比简单的书面文件更能发挥作用。

最后也是最重要的一点，传统的企业信用管理内容只重实施，不重评价。事实上，实施过程和效果评价结合起来相得益彰。举例来说，11315 全国企业征信系统就很好地将两者结合在一起，用户通过 11315 的网站可以查询到企业的整体信用信息，包括政府行政、公司运营、用户反馈、行业评价等相关信息，这些企业信用资源完整地汇集到一起，全面地反映了企业的品牌形象及面貌。11315 突破了将企业信用管理的内容局限在企业内部的保守的、传统的观点。随着社会信用体系的不断健全，将企业内部的信用管理资源整合到社会信用体系的大资源当中，是与时俱进的做法，应该纳入企业信用管理的内容。

从企业管理的职能上来看，将企业信用管理实施过程和效果评价两者有效地结合在一起并发挥其应有的作用，是当前征信工作中最重要的组成部分。我们要建立良好完善的企业信用管理制度，在市场经济逐步转型信用经济的同时，改善信用大环境，让企业更好地发展。

资料来源：绿盾企业征信系统网。

第二节 企业信用政策

一、信用政策的含义和作用

（一）信用政策的含义

企业信用政策简称信用政策，是指导企业信用管理工作和有关活动的根本依据，制定适当的信用政策是信用管理部门最重要的工作。广义的信用政策描述了企业经营所处的状态和目标，确定了企业信用管理部门的使命，包括企业信用管理部门的工作目标、信用管理部门的建立、信用额度的确定、各个有关部门之间利益的协调、收账政策的制定、对信用管理部门工作绩效的评价等。狭义的信用政策专指应收账款管理政策，即在特定的市场环境下，企业权衡与应收账款有关的效益与成本，为指导企业信用管理部门处理应收账款所制定的一系列配套措施。①

（二）信用政策的作用

首先，从企业内部来看，科学的信用政策有利于信用管理部门指导或协调企业销售部门、采购部门、财务部门、仓储部门等部门之间的工作，又能赋予信用管理部门一定的政策空间，让经验丰富的企业信用管理人员能够通过掌握政策的松紧程度，在扩大销售额和增

① 关伟．企业信用管理[M]．北京：中国人民大学出版社，2010.

加现金流量两者之间取得动态最佳值。

其次,从企业外部来看,信用政策将书面的文件向客户公开,以显示企业对所有客户在授信方面的公平对待,这样既能取信于客户,又从一个侧面树立了企业的形象。

最后,信用政策是解决关于客户授信方面纠纷的依据。在信用管理相关法律比较健全的国家,特别是对授信有"平等信用机会"要求的法律情况下,信用政策有显示企业赊销是以合法方式进行的意义。

二、信用政策的类型

根据信用政策的松紧程度,可以分为以下三种类型:

(一)激进型(宽松型)信用政策

这是一种销售型信用政策,也是风险最大的信用政策,那些谋求迅速成长和占领市场的企业最有可能采取这种信用政策。公司以扩大销售额和提高占领市场率为导向,把销售额放在首位,把应收账款的质量放在次要位置。所以,加强应收账款管理是这种信用政策成功的关键。

(二)保守型(紧缩型)信用政策

这是一种财务型信用政策,适应有较强市场地位的企业,公司的现金主要来自公司的货款,依靠正常的货款收回保证现金流量。这样的公司不会冒险,信用标准较高,公司偏向于与那些按时付款的信用好的企业进行信用交易,这样的企业通常追求稳健的成长策略。

(三)中庸型(适度型)信用政策

这种信用政策介于宽松型和紧缩型之间,又称均衡型信用政策,企业愿意承担一定的风险,同时采取适度的追收政策。中庸型信用政策的公司通常允许存在一定数量的购买商进行延期付款,企业愿意承担一定的风险,同时采取适度的追收政策。中庸型信用政策的公司通常公司现流主要依靠银行贷款和企业每月收回的应收款。

企业信用政策并非一成不变,而是随着企业内外部环境的变化而变化的,不同企业在选择适合自身发展的信用政策时,必须结合宏观经济环境、市场竞争状况、与企业发展相匹配的政策、企业的生产规模和所处阶段、企业本身财务状况等因素,找准自身的市场定位,选择特定时期最适合企业发展的信用政策,并随内外部环境和自身状况的变化不断进行调整。

三、信用政策的内容

企业信用政策的内容主要包括信用标准、信用额度、信用期限、现金折扣、收账政策五个方面,如图 8-3 所示。

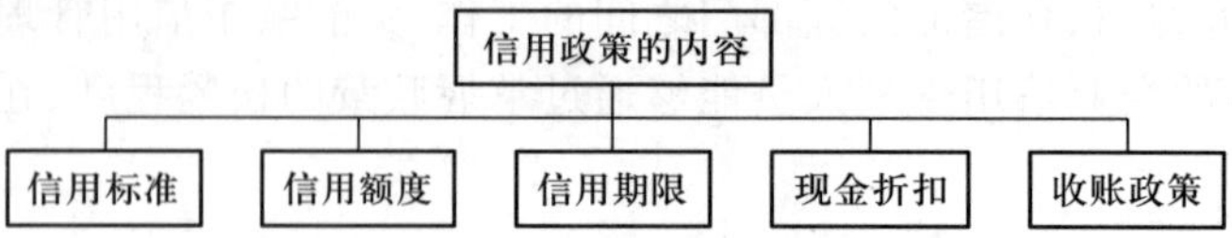

图 8-3 信用政策的内容

（一）信用标准

信用标准也称授信标准，指对客户授信时，对客户的资信情况必须达到的要求所设定的最低标准，即为审批客户信用申请设置的门槛。信用标准是企业制定信用管理政策的重要一环，直接影响对客户信用申请的批准与否。信用标准与企业销售部门的工作密切相关，信用管理部门据此标准来替销售部门筛选销售对象，信用标准在很大程度上决定了企业的客户群规模。另外，信用标准也与企业的应收账款持有水平间接相关，同时影响企业的应收账款持有规模与持有成本。如果企业信用管理部门执行比较严格的授信标准，一些客户的信用申请可能通不过企业的信用标准，企业就会失掉这部分客户，有可能将一些有潜力的客户排除在企业客户群之外，从而可能影响企业的总体销售水平。反之，如果企业信用管理部门执行的是较宽松的信用标准，将有助于使更多信用申请者变为最终客户，从而实现较高的账面销售收入，但企业持有应收账款的机会成本和坏账风险将明显增加。

企业应该在充分考虑竞争对手的情况、客户的情况、自己的市场战略和库存情况以及历史经验等实际情况的基础上制定科学的授信标准，并且要根据行业、市场和企业自身情况的变化而不断修订企业的信用标准。

（二）信用额度

信用额度也称授信额度，是在信用条件下企业授予客户的信用销售限额，代表企业对客户承担的可容忍的赊销和坏账风险，一定程度上反映了企业的资金实力和承担风险的能力。企业信用销售的额度分两种：一种是总体额度，即企业对整个客户群的总体授信额度；一种是个体额度，即企业对单个客户的授信额度。

信用额度过低将影响企业的销售规模，增加交易频率及交易费用，而信用额度过高又将会加大企业的收账费用和坏账风险，一般来说，企业不能持有超出自身实力水平的应收账款，同时应对信用销售产生的应收账款总体水平进行科学的控制和管理。信用管理人员应该根据企业自身的资金实力、生产规模、库存状况、竞争压力等实际情况，合理地确定企业当前的最佳信用额度。

（三）信用期限

信用期限是企业允许客户从购货到付款之间的时间，或者说是企业给予客户的付款期间。确定合适的信用期限是企业制定信用政策首先要解决的问题，它是通过对不同赊销方案进行分析和计算所得出的结果。

信用期限对企业来说是一把双刃剑，一方面增加企业的销量和市场竞争力，另一方面增加企业的运营成本和风险。信用期限越长，意味着给客户的信用条件越优惠，吸引的客户越多，实现的销售额和扩大市场份额越多，但同时给企业带来更多的成本和风险，应收账款占用企业资金的机会成本越大，坏账损失和收账费用越多。而较短的信用期限，虽然减少了持有应收账款相关的成本，但直接影响了企业的赊销规模，增加了库存压力。合理的信用期限应当着眼于使企业的总收益达到最大，企业在确定信用期限时应该充分考虑行业惯例、市场特征、竞争压力和客户的财务状况等重要因素。

（四）现金折扣

现金折扣又称销售折扣，是为敦促客户尽早付清货款而提供的一种价格优惠，是指在赊销方式下为鼓励买方在信用期限之前及早付清货款，卖方将在应付的全部货款的基础上，允许买方少付的金额或者向买方提供的债务扣除。建立现金折扣政策的主要目的是吸引客户为享受优惠而提前付款，缩短平均收现期，减少坏账损失。

现金折扣会对企业的收益和费用同时产生影响：一方面能鼓励客户尽早付清货款；另一方面会加大企业的成本即价格折扣所造成的损失，减少现金流量。所以企业应该根据折扣带来的收益和成本孰高孰低的原则，仔细分析，权衡利弊以做出正确的决策。如果制定方法不当，反而使企业得不偿失。

（五）收账政策

收账政策又称收账方针，是指客户违反信用条件，拖欠甚至拒付时企业所采取的收账策略和措施。收账政策用于指导企业信用管理部门的日常催账活动，它的实质在于规范信用管理部门处理失信违约客户时的尺度。收账政策对账款管理和催收的各个环节进行详细规范，如合同期的应收账款管理、商账诊断、商账追收、商账成本控制、法律诉讼和申报坏账等实际操作。

企业如果采用严格的收账政策，可以降低企业应收账款的机会成本与坏账率，但是会增加收账费用，影响企业与客户的合作关系，甚至遭到企业销售部门的反对。如果采用宽松的收账政策，则可能令企业逾期账款的催收工作举步维艰，增加企业应收账款的机会成本，提高坏账比率。所以，收账政策的松紧程度应该设置在比较适中的范围内。

四、信用政策的评价

（一）评价原则

评价企业信用政策的优劣，可以采取以下几个方面的原则。

1. 成本效益原则

成本效益原则就是通过比较该项信用政策给企业带来的收益和给企业增加的成本来判断。如果采纳以后给企业增加的收益超过增加的成本，则采纳该信用政策是行得通的，否则，说明该信用政策不宜采纳。

2. 全面客观原则

全面客观原则就是既要求企业信用政策的制定考虑影响客户信用的所有因素，也强调制定信用政策依据的资料来源真实客观，以及制定信用政策的人员立场应该公正公平、不偏不倚。

3. 谨慎性原则

谨慎性原则要求企业在制定信用政策时多关注影响客户履约的不利因素，对客户还款能力和还款意愿的分析坚持“宁紧勿松”。

4. 稳定性原则

稳定性原则是指企业的信用政策要具有相对稳定性。信用政策的稳定能显示企业的实力和信誉度，信用条款在一定时间和区间基本保持不变，使赊销规模能在信用政策指导下稳定增长。

5. 时效性原则

信用政策也要讲究时效性,客户的信用状况并不是一成不变的,企业应该动态跟踪客户的信用变化,及时变更对客户的信用评价和授信额度。

（二）评价方法

评价信用政策是否有效有多种办法,包括收益成本比较法、DSO 法、账龄分析法、坏账水平测试法。

1. 收益成本比较法

收益成本比较法就是指比较企业持有应收账款的成本和收益,使企业的净收益达到最大的信用政策就是最好的信用政策。这里的收益就是指信用销售能给企业带来的收入扣除信用销售成本之后的收益增加额。而成本具体包括下面五方面的成本:一是机会成本,指企业的资金如果不用于应收账款而用于做其他投资所应获得的收益;二是管理成本,主要包括调查客户的费用、收集各种信息的费用、账簿记录费用、收账费用和其他费用;三是坏账成本,即应收账款无法收回带来的损失,该项成本一般与应收账款发生额成正比;四是收账成本,包括对应收账款的正常收账费用和对逾期账款的催收费用;五是短缺成本,即企业持有应收账款水平过低造成的损失。

2. DSO 法

DSO(Days Sales Outstanding)又称销售未清账期、平均变现期,指未清偿账款的平均周转天数(平均收款期),即把赊销转化为现金所需要的时间。通过 DSO 的测算,可以了解客户群体的实际付款速度,DSO 指标直接关系到企业现金流量充足与否,以及应收账款管理水平的高低。DSO 越小,表示应收账款流通速度越快。通过对这个指标的分析,企业可以判断应收账款数量变化的原因(销售额变动、授信政策的松紧等),同时集中反映了企业信用管理和应收账款管理的效率,是信用管理绩效评价中应用最广泛的指标。

DSO 的计算方法有三种:

(1) 期间平均法。这是最普遍的方法,但也是误差最大的方法,计算的期间可以是一个季度、半年或一年。计算公式如下:

$$DSO = 期末应收账款余额/这一时期赊销总额 \times 这一时期销售天数$$

(2) 倒推法。倒推法是以最近一个月开始,用应收账款总额减去逐月的销售额,直到应收账款总额为 0,再查看减去的天数,总天数即为 DSO。这种计算方法注重最近的应收账款回收业绩,而非全年或半年的业绩,这种方法是使用效率最高也是最准确的一种方法。

(3) 账龄分类法。这种方法综合考虑赊销和账龄的关系,对一个期间内不同账龄的应收账款分析计算 DSO,最后将其相加,得出总赊销额的 DSO。账龄分类法可使每一笔应收账款的账龄一目了然,并通过计算每个阶段应收账款的比例,发现拖欠原因和解决方法,但有时数据也会存在一定的误差。

3. 账龄分析法

账龄分析法就是把应收账款按照账龄的长短分为不同的账龄组,在考察信用政策时,通常是仅把逾期账款按照账龄分成不同账龄组,然后计算各组账龄的比重,编制应收账款账龄分析表。比重偏大的应收账款账龄组应该引起信用管理人员的重点关注,通过分析原因并加强管理,进一步调整对相关客户的信用政策。

4. 坏账水平测试法

企业的坏账水平可以通过坏账率、逾期账款率、回收成功率和信用批准率四个指标来评价。

(1) 坏账率。坏账率是某一时期企业注销的坏账占销售总额的比率,该指标反映某一时期信用管理降低坏账的能力。

(2) 逾期账款率。该指标是指某一时期期末逾期应收账款占总应收账款的比率。该指标是一个相对稳定的数值。

(3) 回收成功率。该指标考察某一时期应收账款的回收情况,比率越高表明企业信用管理的效率越高,可以较早反映和预见企业在回收账款方面的困难,并尽早纠正追讨方法。

(4) 信用批准率。该指标是评价企业在信用申请方面采取的态度过松还是过紧、申请的质量和信用部门的效率等。该项指标一般和坏账率、逾期账款率等指标参照使用,以对企业信用政策进行全面客观的评价。

拓展阅读 8-2

ABC 公司的信用政策决策

1. 背景情况的介绍

ABC 公司的主要经营范围是生产和销售家用电器。公司的财务总监 F 先生属于风险的厌恶者,对于风险一般采取规避的态度,因而公司的信用政策制定得非常严格,对于客户信用要求的标准很高,对所提供的信用优惠政策范围做了严格限制,以此来防止坏账等损失的发生。随着市场经济的发展,家电企业不断涌现,ABC 公司的竞争对手不断增加,家电行业的竞争逐渐加剧,此时 ABC 公司的销售开始出现下滑的态势。公司管理当局为此召开会议,分析产生这种情况的原因。与会人员包括总经理 G 先生、财务总监 F 先生、技术总监 W 先生、销售部门经理 Y 先生等。经过调研取证、讨论分析,与会人员发表了各自意见。

技术总监 W 先生通过充分的证据论证认为公司产品在质量、功能、品种、特性等方面是处于行业前列的,公司的生产技术亦在不断地更新,已经采用了 FMS(弹性制造系统),可以依据市场需求的变化来调整生产,因而销售下滑的原因不是出于技术问题。

销售部门经理 Y 先生通过在销售过程中客户对产品的反馈意见证实了 W 先生所说的确属实,并且 Y 先生依据销售部对市场进行的调研,提出公司售后服务工作周到,得到现有客户认可;公司销售环节采取了例如有奖销售、商业折扣等促销手段,然而成效不大,客户数量有减无增,其主要原因是公司信用政策制定过于严格,信用期间短,对于客户信用要求的标准太高,提供的信用优惠政策范围限制较大。销售部门经理 Y 先生分析认为家电行业的主要客户是家电销售超市和销售公司,由于家电产品的单位价格都比较高,因而这些客户为了避免占用大量资金,在管理上倾向于先赊购商品,待商品销售后再结算货款。但是由于ABC公司信用政策之严格,使得部分客户望而生畏,把一些客户拒之门外。因而Y先生建议适当调整现有信用政策,适当放宽优惠政策的范围,降低标准,吸引更多客户。

Y先生的建议将矛头指向了财务总监F先生,F先生对此陈述了自己的观点。F先生认为,放宽信用政策、延长信用期间、降低标准虽然可以加大销售量,但也会将一些信用度较低的客户引入企业,使客户群鱼龙混杂,不利于公司管理,而且会加大发生坏账的可能性,增加公司占用的资金,增加公司的机会成本、呆账损失和后期的收账费用,因而这样做有可能得不偿失。

当双方僵持不下时,总经理G先生做出决定,由财务总监F先生、销售部门经理Y先生牵头组成工作小组,对放宽信用政策后公司收益变化的情况做出调研分析,并在三个月内提交分析报告,届时将依据该报告做出相应决策。

2. 数据的采集与分析

会议后,财务总监F先生、销售部门经理Y先生立即商讨并研究成立了工作小组,该小组成员由财务部门、销售部门、市场调研等部门的工作人员组成。工作小组成立后,F先生、Y先生召集会议商榷工作方案,分配工作任务,最后制定出工作计划。该计划的简要内容为:① 首先由市场调研部门对现在市场状况进行调查分析,收集同行业企业信用政策信息,并进行归类总结以供参考;② 由销售部门依据市场调研部门的调查结果及销售情况的历史资料,对不同信用政策情况下本公司的销售状况进行市场分析预测,估算出赊销收入金额;③ 以销售部门的预测为基础,由财务部门会同信用管理等相关部门对不同信用政策情况下本公司的收益、成本费用等相关资料进行预测收集,并进行计算分析;④ 依据财务部门的计算分析结果,形成分析报告提交管理当局决策。

按照工作计划,小组成员开始分头行动。经过了两个多月的辛勤劳作,小组成员的数据采集工作结束了。其数据的基本情况为:

(1) 公司目前执行的信用政策是:

① 信用期间为30天;

② 不提供现金折扣;

③ 对信用等级评价为A^+、A的客户提供赊销。公司目前的年赊销收入额为2 000万元,坏账损失率为3%,年收账费用为50万元。公司的变动成本率为40%,资金成本率为15%。

(2) 公司可选择的信用政策有三种方案:

A. 将信用期间延长至60天,将客户的信用标准放宽为A^+、A、A^-三个等级,仍然不提供现金折扣。在这种信用政策条件下,公司的年赊销收入额将增至3 500万元,坏账损失率为5%,年收账费用为80万元。

B. 将信用期间延长至90天,将客户的信用标准放宽为A^+、A、A^-、B^+四个等级,为在30天内付款的客户提供2%的折扣。在这种信用政策条件下,公司的年赊销收入额将增至5 500万元,约有40%的客户享受现金折扣优惠,此时的坏账损失率为10%,年收账费用为120万元。

C. 将信用期间延长至120天,将客户的信用标准放宽为A^+、A、A^-、B^+四个等级,为在30天内付款的客户提供5%的折扣,为在60天内付款的客户提供2%的折扣。在这种信用政策条件下,公司的年赊销收入额将增至6 500万元,约有20%的客户享受5%的现金折扣优惠,约有30%的客户享受2%的现金折扣优惠,此时的坏账损失率为15%,年收账费用为250万元。

依据工作小组提供的数据,财务部门分别计算出了现有信用政策、A方案、B方案、C方案四种情况下公司的收益和成本,发现B方案下公司利润最大。

3. 结论与总结

依据公司财务部门的计算结果,工作小组进行了商讨、总结,认为公司应调整现有信用政策,采用B方案,因为该方案可以使公司的收益最大化。最终工作小组将资料汇总、整理后形成了一份分析报告提交给了总经理G先生,待其做出决定。

通过ABC公司信用政策决策,我们得出如下启示:

(1) 竞争诱发了商业信用的产生。在社会主义市场经济条件下,企业之间竞争激烈,竞争机制的作用迫使企业以各种手段扩大销售。除了依靠产品质量、价格、售后服务、广告等方式以外,赊销也是扩大销售的手段之一。对于同等质量、价格的商品,实行赊销往往会加大销售额度。

(2) 应收账款是企业的一项资金投放,是为了扩大销售和盈利而进行的投资。投资必然发生成本,这就需要企业对应收账款进行管理,而管理的最终目的是使企业获得最大利润。应收账款管理,其效果的好坏依赖于企业的信用政策。

(3) 企业信用政策的内容包括信用期间、信用标准、现金折扣政策。企业在制定信用政策时,应同时考虑其给企业带来的收益与成本,权衡利弊、抉择决断。最终决策的标准应是选择使企业利润最大化的信用政策。

资料来源:天津财经大学教务管理系统。

第三节 客户及其评价

一、客户及其分类

凡是购买本企业产品或服务的其他企业或者消费者个人都是本企业的客户。客户是企业生存和发展的前提与基础,客户是企业的衣食父母,为企业带来利润和竞争力。企业只有通过赢得客户,才能最终赢得市场,获得发展的持续动力。

根据不同的分类依据可以将企业客户进行不同的分类:

(1) 根据客户的属性不同,可将客户分为企业客户和个人客户。其中,企业客户包括所有的企业和事业单位,个人客户包括个体工商户和消费者个人。

(2) 根据交易结算方式不同,可将客户分为赊销客户和现金客户。企业的信用管理人员主要对赊销客户进行管理,防范赊销交易给企业带来的风险。

(3) 根据交易额度或客户贡献能力的大小,可将客户分为关键客户和普通客户。划分这两类客户的依据是“二八原则”:20%的客户购买了公司80%的产品,贡献了公司80%的利润,被称为关键客户或核心客户;80%的客户购买了公司20%的产品,贡献了公司20%的利润,被称为普通客户。

(4) 根据客户所在地不同,可将客户分为国内客户和国外客户。

(5) 根据与客户交往的性质不同,可将客户分为交易类客户和公关类客户。

(6) 根据交易时间的长短不同,可将客户分为老客户、新客户和潜在客户。

(7) 从对企业价值的角度来看,可将客户分为最有价值客户、最具增长性客户和负值客户。

(8) 根据企业内部管理制度不同,可将客户分为主动接触类客户和被动接触类客户。

在对企业客户按照内部管理要求进行有序分类的基础上,企业信用管理人员将按照一定的程序和方法对客户进行信用评价。

二、传统的客户评价方法

客户评价是由特定的机构或部门根据公正、客观、科学的原则,按照一定的方法和程序,对评价对象进行考察调研和系统分析后做出关于其信用能力的可靠性、安全性的评价,并以专用符号或简单文字加以表达的一种管理活动。客户评价结果直接影响企业信用政策运用和授信管理行为,是建立科学授信管理制度的基础。客户评价的方法有两大类,即传统的客户评价方法和现代客户评价方法。

传统的客户评价方法也称专家打分制度,是指专家设计表格,依据自己的经验,通过对企业的信用要素状况进行分析和打分,从而对客户的信用风险进行判断的管理制度。长期以来,西方经济学家就信用要素发表了许多学说,这些学说从不同角度分析信用要素的特点,各自侧重不同,但总体来说,其基础要素是一致的。其中,以C学说最为基本,随后又陆续发展出F学说、6A学说、5P学说、10M学说等各类演进学说。

(一) C学说

C学说是传统的客户评价方法的核心,评价的主要依据是C要素状况。C要素经历了从3C、4C、5C到6C的发展历程。

1. 3C学说

衡量企业的信用要素,最早出现的学说是3C学说,3C是英文单词Character(品质)、Capacity(能力)、Capital(资本)的简写形式。传统思想认为,3C将企业的特质基本反映出来,是信用要素的基本形式。

Character(品质)指客户履约的意愿,是影响客户信用的首要因素。客户履约意愿如何直接影响应收账款的回收速度、额度和收账成本。客户品质好坏,一般可以从客户的信用记录、企业管理人员的素质品德方面来衡量。在企业资信调查报告中,调查对象过去的付款记录、违约记录和征信机构对其进行的信用评级能够说明客户的品质好坏。

Capacity(能力)指客户的支付能力,即偿还欠款的能力,是仅次于品质的信用要素。通常可以通过对客户经营的财务分析和非财务分析,根据客户的经营状况和资产状况来判断。一般而言,具有较好的经营业绩、较强的资本实力和合理现金流量的客户,会表现出良好的支付能力。经营状况走上坡路的企业,一般偿还能力较强。

Capital(资本)考察企业的资本,更准确地说是考察企业的财务状况,其中包括全部净资产和无形资产净值。资本状况可以通过企业的财务报表和比率分析得出。资信调查报告中一般提供企业的上期财务报表和重要的比率。对于核心客户的监控,企业资信调查报告的财务分析内容可能不够,可以通过征信机构的深层次的客户资信调查,取得包括资产历史遗留问题、资产情况在内的资产分析。

2. 4C 学说

1910 年,美国费城中央国民银行(The Central National Bank of Philadephia)的银行家维席·波士特将 3C 学说加以改进,增加了一个 C 要素——担保品(Collateral)。他认为,如果受信者能够提供出足以偿还授予信用价值的担保品,即使其他三项要素不佳,授信者也可以不用太担心款项收不回来。实际中也确实有许多信用交易都是在担保品作为信用媒介的情况下顺利完成的,担保品成为这些交易的首要考虑因素。

3. 5C 学说

美国弗吉尼亚州开拓移民商业银行(Stateplauter Bank of Commerce & Trusts)的银行家爱德华于 1943 年在 4C 要素的基础上引入了第 5 个 C 要素——环境状况(Condition),形成了 5C 学说。凡是一切可能影响客户经营活动的因素,大至政治、经济、环境、地理位置、市场变化、季节更替、战乱等,小到行业趋势、工作方法、竞争等都体现在这一要素之中。作为 5C 中唯一的一个外部因素,环境对其他内部因素的变化有着重要的作用。

4. 6C 学说

6C 学说又是在 5C 的基础上演变而来的,又加了一个 C 要素——保险(Coverage Insurance)。同担保品一样,保险的目的也是减少信用销售中的风险。但和担保品不同的是,担保品一般是客户自己提供的,而保险却是通过第三方保证取得信用,所以,保险比担保品的运用更加广泛。保险有广义和狭义之分。狭义的保险只表示保险机构提供的传统保险业务,广义的保险含义则广泛得多,凡是涉及债权保障方面的作业方式和业务,都统称为保险,比如信用保险、保理、福费廷、信用证等众多具有保障作用的业务都属于保险业务。

(二) F 学说

美国人米尔顿·德里克根据 6C 要素的不同性质,又将 6C 要素重新分类归纳,把品质、能力归为管理要素(Management Factor),把资本、担保品归为财务要素(Financial Factor),把环境状况、保险归为经济要素(Economic Factor),于是产生了 3F 学说。F 学说简化了要素的数量,但是评价程序没有简化,评价内容没有减少。C 要素与 F 要素关系如图 8-4 所示。

(三) 6A 学说

美国国际复兴开发银行将企业信用管理要素归纳为经济因素、技术因素、管理因素、组织因素、商业因素和财务因素六项,即 6A 学说。

经济因素(Economic Aspects):主要考察市场经济大环境是否有利于受信企业的经营

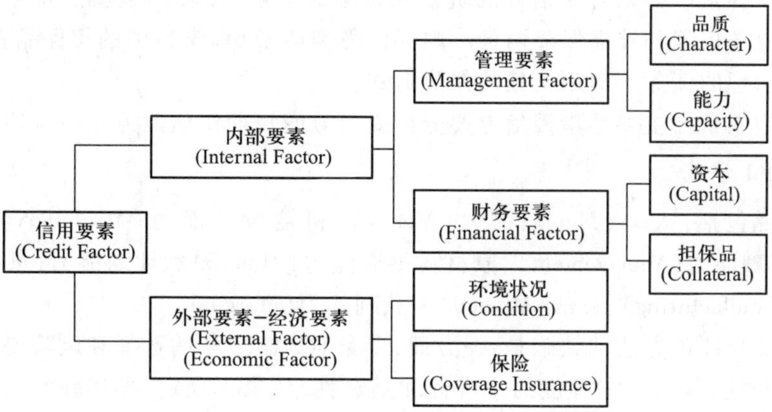

图 8-4　6C 要素与 3F 要素之间的关系

和发展。

技术因素(Technical Aspects):主要考察受信企业在技术先进程度、生产能力、获利能力上是否有利于还款。

管理因素(Management Aspects):主要考察受信企业内部各项管理措施是否完善,管理者经营作风和信誉状况的优劣。

组织因素(Organization Aspects):主要考察受信企业内部组织、结构是否健全。

商业因素(Commercial Aspects):主要考察受信企业原材料、动力、劳动、设备是否充分,产品销售市场和价格竞争力等方面是否占优势。

财务因素(Financial Aspects):主要从财务角度考察受信企业资金运用、资本结构、偿债能力、流动性、获利能力等水平高低。

(四) 5P 学说

5P 学说是现代企业信用管理中较现代的学说。5P 学说从不同的角度将信用各要素重新划分,更清晰、明确地描述了信用要素的各项特点。5P 学说是指人的因素(Personal Factor)、目的因素(Purpose Factor)、还款因素(Payment Factor)、保障因素(Protection Factor)、展望因素(Perspective Factor)。

(1) 人的因素。人包括法人和自然人,是企业和经营者的统称。人的因素包含了"意愿"和"能力"两个方面的要素。意愿主要指受信企业偿还债务的诚意和愿望;能力既包含企业能力也包含经营者能力,前者主要从营运趋势、净资产回报率、资产获利能力等方面判断,后者主要包括经营能力、管理能力、组织能力、领导能力、计划能力、判断力、表达能力等。

(2) 目的因素。主要从受信企业申请信用的动机是否单纯、是否确属业务需要、信用资金计划用途是否妥当、信用额度是否合适、信用期限是否合理等角度探求受信者申请信用的目的。

(3) 还款因素。受信方能否按期还款,如果不考虑其他因素,将取决于信用额度到期时受信方的财务状况。因此,有必要认真分析受信方的资金来源。

（4）保障因素。如果对受信方的资信状况不甚了解，保障因素就变得至关重要。保障因素分为内部保障和外部保障两种。内部保障类似于6C学说中的担保品要素；外部保障是第三方承担的债务人信用责任的保障形式。

（5）展望因素。主要是指授信方要分析受信方的短期偿债能力和中长期获利能力。

（五）10M学说

10M学说包括：人力（Man）、财力（Money）、机器设备能力（Machinery）、销售能力（Market）、管理能力（Management）、原材料供应能力（Material）、计划能力（Making Plan）、制造能力（Manufacturing）、方法（Method）和获利能力（Margin）。

传统的客户评价方法的缺陷是：一方面，专家对风险要素的选择和风险要素权重的确定都是凭借经验，具有一定程度的主观性和随意性，效果不稳定，操作弹性较大。另一方面，在具体业务操作当中程序相当烦琐，经常需要填表格和评语等。

三、现代客户评价方法

传统的客户评价方法是建立在经验基础上的，信用评价结果会因人而异。而现代客户评价方法以信用要素为基础，以数理统计为核心手段，结合经验、量化指标、比较权重，最终形成评价标准，是建立在关键因素基础上的较客观的信用评级模型。

以目标和效能为标准，企业信用评价模型分为两类，即预测模型和管理模型。预测模型具有预测性，可以衡量客户破产的可能性，如Z值模型、A值模型和巴萨利模型。管理模型不能预测企业前景，而是偏重于均衡地解释客户信息，衡量客户实力，具有很大的灵活性。管理模型通过适当调整可适用于各种场合，因而在信用决策中广泛应用，营运资产分析模型和特征分析模型属于此类。

（一）Z值模型

Z值模型通过关键的财务比率来预测机构破产的可能性，由美国著名财务学教授爱德华·奥特曼（Edward Altman）创建。Z值是通过几个财务比率计算出来的，计算所需数据都可以从企业公开报表中获得，可分为第一代模型和第二代模型。

1. 第一代模型

（1）Z_1模型，该模型主要适合上市公司。

$$Z_1=1.2X_1+1.4X_2+3.3X_3+0.36X_4+0.999X_5$$

式中：X_1=（流动资产-流动负债）÷资产总额；

X_2=未分配利润÷资产总额；

X_3=（利润总额+利息支出）÷资产总额；

X_4=权益市场值÷负债总额；

X_5=销售收入÷资产。

若Z小于1.8，表示风险很大；若Z大于2.99，表示风险很小。

（2）Z_2模型，该模型主要适合非上市公司。

$$Z_2=0.717X_1+0.847X_2+3.107X_3+0.420X_4+0.998X_5$$

式中：X_4=权益÷负债总额，X_1、X_2、X_3、X_5含义同上。

若 Z 小于 1.23，表示风险很大；若 Z 大于 2.9，则风险很小。

(3) Z_3 模型，该模型主要适用于非制造企业。

$$Z_3 = 6.56X_1 + 3.26X_2 + 6.72X_3 + 1.05X_4$$

若 Z 小于 1.23，风险很大；若 Z 大于 2.9，风险很小。

2. 第二代模型

第二代模型也称 ZETA 信用风险模型。主要变量有 7 个，分别是资产报酬率、收入稳定性、利息倍数、负债比率、流动比率、资本化比率、规模。

与传统信用评价方法相比，量化的过程使得评价人员的主观性降低了。但是，模型的难度在于系数的测算，表现为：一则权数很难确定；二则模型所依赖的数据难以获得。

（二）A 值模型

在 Z 值模型中，财务比率都是通过企业公开报表提供的数据计算得来的，但实际上很多财务状况不好的企业往往会想方设法粉饰会计报表，故仅根据财务报表数据计算的结果往往不能真实地反映企业的经营情况。A 值模型最早由约翰·阿根廷（John Argenti）于《企业破产》一书中提出，是以更客观的判断为基础的企业破产预测模型。

A 值模型不仅计算财务比率，还考虑了管理不善可能导致企业破产的因素。阿根廷将管理不善划分为很多明细的因素，譬如独裁管理、首席执行官和董事长由同一个人担任、董事会不起积极作用、董事会成员构成不平衡、会计系统不完善、没有预算约束、没有成本系统、企业无法应对市场变化等。同时，A 值模型还要分析企业出现的一系列恶化征兆，如财务比率恶化、管理层开始使用“寻机性会计”的方法修饰报表、非财务指标恶化、企业在最后几个月进入衰退“典型期”。

通过分析管理不善的所有现象，给每一个现象制定最高分值，根据企业表现打出相应的分数。如果企业得分超过 25 分（总分是 100 分），那么该企业就有潜在的破产风险。

（三）巴萨利模型

巴萨利模型由亚历山大·巴萨利（Alexander Bathory）创建。该模型是 Z 值模型更普遍的应用，准确率可达到 95%，广泛适用于各种行业。其最大的优点是易于计算，在预测公司破产概率的同时能衡量企业的实力大小。其主要比率有下面五个：

(1)（税前利润+折旧+递延税款）/流动负债（银行借款、应付税金、租赁费用），用于衡量公司业绩。

(2) 税前利润/营运资本，用于衡量营运资本回报率。

(3) 股东权益/流动负债，用于衡量股东权益对流动负债的保障程度。

(4) 有形资产净值/负债总额，用于衡量扣除无形资产后的净资产对债务的保障程度。

(5) 营运资本/总资产，用于衡量流动性。

以上五项比率总和便是该模型的最终得分，模型得分高说明公司实力强，得分很低或出现负数，均表明机构前景不妙。

（四）营运资产分析模型

营运资产分析模型是 20 世纪 80 年代在国外提出并被广泛使用的。与前三类预测模型不同,营运资产分析模型是一种管理模型,不能用来预测企业破产的可能性,而是用来评估客户的资金和信用实力,并据此核定客户的具体信用限额。该模型的计算过程分为以下四个步骤:

第一步是计算营运资产衡量企业偿债能力。营运资产=(营运资本+净资产)/2。其中,营运资本=流动资产-流动负债;净资产即为企业自有资本或股东权益。

从公式中可以看出,此模型在营运资产的计算上,不仅考虑了客户资产的流动性即企业当前的偿债能力,而且考虑了客户的净资产实力即企业的最后清偿能力。用这两个方面的综合平均值来衡量客户风险具有重要意义。

第二步是计算资产负债比率衡量营运资产质量。营运资产规模反映了企业的偿债能力,但不能反映资产的质量,所以,此模型还引入了四个常用的资产负债比率来衡量资产质量:

(1) 流动比率=流动资产/流动负债。

(2) 速动比率=(流动资产-存货)/流动负债。

(3) 短期债务净资产比率=流动负债/净资产。

(4) 债务净资产比率=负债总额/净资产。

其中,(1)、(2)衡量客户的资产流动性;(3)、(4)衡量客户的资本结构。流动比率越高,表明客户的短期偿债能力越高,对债权人来讲越安全,反之风险越大;资本结构比率越高,说明客户的净资本相对越少,对债权人来讲风险越大,反之越安全。

第三步是计算评估值。评估值=(1)+(2)-(3)-(4)。评估值综合考虑了资产流动性和负债水平这两个最能反映客户偿债能力的因素。评估值越大,表示客户的财务状况越好,风险越小。

第四步是计算信用限额。将前面的营运资产和评估值加以综合考虑,即可计算客户的信用限额。计算公式为:信用限额=营运资产×经验性百分比率。计算的关键是经验性百分比率的确定,依据评估值得出,这是专家在大量经验基础上得出的结论。表 8-1 给出了一般性经验值供参考。

表 8-1　评估值、经验性百分比率和风险程度之间的关系

评估值	经验性百分比率/%	风险程度
≤-4.6	0	高
-4.6 ~ -3.9	2.5	高
-3.89 ~ -3.2	5.0	高
-3.19 ~ -2.5	7.5	高
-2.49 ~ -1.8	10.0	高
-1.79 ~ -1.1	12.5	中
-1.09 ~ -0.4	15.0	中
-0.39 ~ 0.3	17.5	中
0.29 ~ 0.9	20.0	中
≥1	25.0	低

需要注意的是,由于营运资产分析模型没有全面考虑影响信用风险的因素,此模型计

算出来的信用额度只能作为企业进行赊销的参考。在实际操作中,还要结合行业特点和企业自身的具体情况进行分析确定。

(五)特征分析模型

特征分析模型就是采用特征分析技术对客户所有的财务和非财务因素进行归纳分析,是一种对客户方面的特征进行区分和描述的方法。具体的做法是从客户的种种特征中选择出意义最大的若干因素,把它们分为几组,分别对这些因素评分并综合分析,最后得到一个较全面客观的分析结果。特征分析模型将客户信用信息分为三大类特征共18个项目,如图8-5所示。

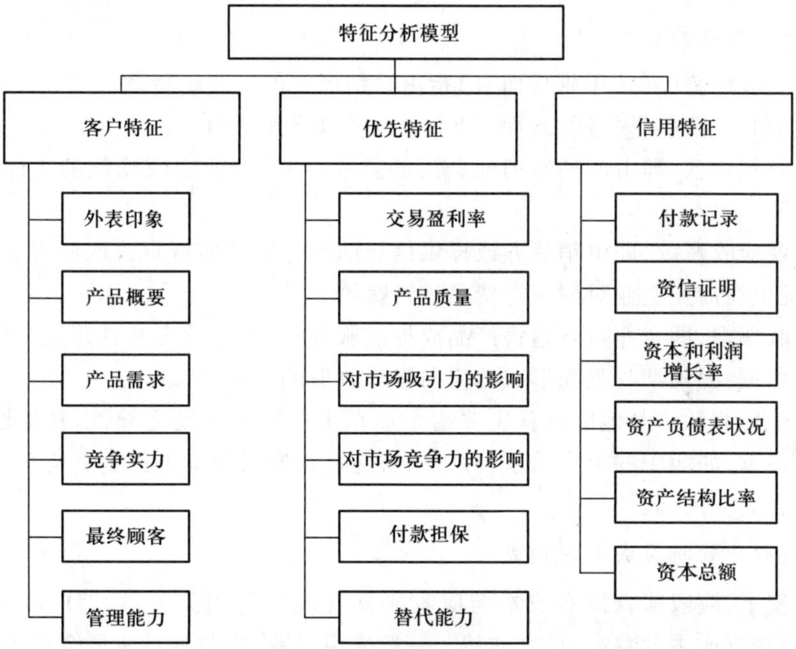

图8-5 影响客户信用的18个因素

此模型的分析计算比较简便,共分为下面四个步骤。

第一步,在1~10分范围内对每一特征进行打分,客户企业的某项指标情况越好,分数就应打得越高。具体做法是:对每一个项目制定一个衡量标准,分为好、中、差三个层次,每个层次对应不同的分值。例如,对应"产品质量"一项,衡量标准层次为:"好"即产品质量好、富有特色,"中"即质量中等、属大众消费商品,"差"即质量很差、属劣等品。不同层次对应的分值为:"好"为8~10分,"中"为4~7分,"差"为1~3分。若无资料信息分值为0分。

第二步,用每项的权数乘以10得出每一项的最大可能评分值并加总得到全部最大可能评分值。

第三步,用每一项的实际评分乘以该项权数并加总得到全部加权评分值。

第四步,用全部加权评分值除以全部最大可能评分值得出比率。

特征分析模型涉及权数的选择问题,公司的政策取向不同则权数的重心倾向也不一样。但是,有一些重要的项目如付款担保、付款历史记录、资本结构比率、管理能力、产品概要等总是具有较高的权数。

第四节 应收账款管理

随着赊销和应收账款的产生,应收账款管理也应运而生。应收账款管理是企业信用管理的重要组成部分,是信用管理部门的一项重要工作内容。

一、应收账款的含义和持有成本

(一) 应收账款的含义

狭义的应收账款(对信用管理而言)指由赊销产生的应收销货款。

广义的应收账款(对财务管理而言)主要包括以下几个内容:

一是应收销货款,即由产品赊销而产生的款项,构成企业应收账款的主体,多由生产类企业产生。

二是分期应收账款,即由销货方或提供信贷的银行定期向客户收取所欠款项,一般按月收取,多发生在商业企业对耐用消费品进行赊销。

三是应收票据,即企业对外销售产品或提供服务时,由付款人开具并经由付款人的开户行承兑的票据,因延期收款而形成的应向客户收取的款项。

四是其他应收款。其他应收款主要指企业在生产经营活动之外,由其他原因导致的暂付款或预借款,如职工的个人借款、对外出售包装物暂时收取的押金。特征是金额一般较小且发生在企业内部。

(二) 应收账款持有成本的构成

一般情况下,应收账款持有成本与应收账款规模呈正相关关系,即应收账款规模越大,应收账款持有成本就越高,反之亦然。一般来说,持有应收账款主要会产生四种成本,即机会成本、管理成本、短缺成本和坏账成本。除了短缺成本与信用销售规模呈反比例变化外,其他三项成本都与信用销售规模呈正比例变化。

1. 机会成本

持有应收账款意味着企业有一笔资金被其客户占有,企业也就丧失了这笔资金投资于其他项目所取得的收益,这是企业在做出一项决策时放弃可供选择的机会所产生的成本,从而产生了应收账款的机会成本。持有应收账款规模越大,则机会成本越高,反之亦然。

2. 管理成本

它是指所有与应收账款系统运行有关的费用,包括对客户的资信调查费用、邮寄差旅费用、收账费用和其他费用等。其特点是相对固定,具有阶跃性。企业维持应收账款系统总会有管理费用发生,这是一项必须发生的费用。一般来说,管理成本与应收账款规模呈正相关关系。

3. 短缺成本

它是指没有取得尽可能大的销售规模而产生的销售损失,从而导致的利润损失。当企业放弃信用销售手段时,企业的短缺成本最大,随着企业信用销售规模的加大,短缺成本逐渐降低,即企业持有应收账款的规模越大,短缺成本越小。

4. 坏账成本

它是指客户欠款无法收回导致的损失。坏账成本属于变动成本类,与应收账款规模呈正相关关系,即应收账款规模越大,坏账损失的可能性也就越大,反之越小。但坏账发生规模具有弹性,企业信用管理水平高,坏账损失的比例越小,直至接近为0。

应收账款的各种持有成本和应收账款规模之间的关系如图8-6所示。

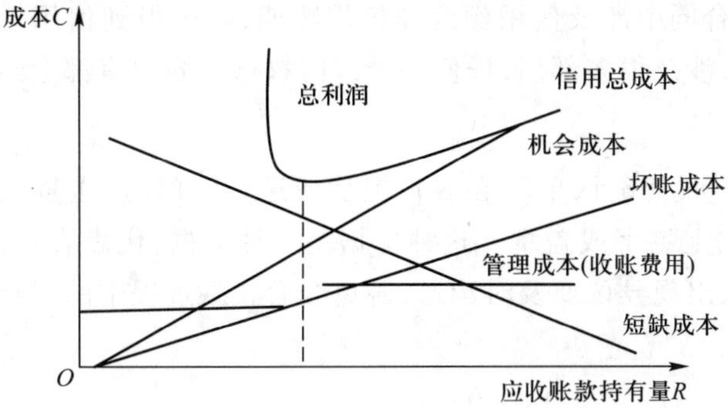

图8-6　应收账款的各种持有成本和应收账款规模之间的关系

二、合理持有应收账款

应收账款会同时给企业带来正反两个方面的影响:一方面,推行信用销售有利于扩大企业的销售规模,带来较高的销售收入;另一方面,持有应收账款会发生一系列持有成本。因此,对应收账款的持有成本分析,就是要确定企业最佳的应收账款持有水平,主要是基于企业资金、生产和库存的实际情况,采用最小成本法或最大净收益法来测算企业当前最佳的应收账款持有水平。

(一)最小成本法

最小成本法主要是利用企业进行信用销售产生的应收账款短缺成本与其他成本呈反比例变化的关系,找出总成本曲线上的最低点,与这一点相对应的应收账款持有水平就是企业当前最佳的应收账款持有水平,企业可在该点取得最佳收益。一般来说,可以通过求函数极值的数学方法找到相应答案,并测算出信用额度的最小成本。将企业持有应收账款的四种成本与对应的应收账款持有规模相对应,可以发现总成本曲线存在一个最低点,而利用最小成本法就是要找到这个最低点,并以此来确定应收账款最佳持有水平。

(二)最大净收益法

最大净收益法是将信用销售产生的销售收入,减去被占用资金的机会成本、管理成本、坏账成本等之后得到信用销售的净收益,然后比较多个信用销售的净收益,找出取得净收益最大的方案,即可确定企业的最佳应收账款持有水平。该法与最小成本法考虑问题的出发点刚好相反,它通过找出与企业持有应收账款呈正比例关系的销售收入以及与销售收入中减去被占用资金的机会成本、管理成本、坏账损失等得出的净收益来解决问题，从数学的角度讲，是求最大值。

三、期内应收账款管理

期内应收账款管理是指在合同规定的账期内，对产生的应收账款及其债务人进行监控统计、分析的管理过程和方法。期内应收账款管理包括以下环节：

（一）合同和订单管理

合同和订单管理是监控客户信用风险的重要环节，信用管理人员要参与形成合同订单文本的全过程。合同中涉及信用额度和信用账期，必须得到信用管理部门的确认。合同评审的内容很多，涉及很多部门，任何一个部门忽略合同评审都会给公司带来损失。

（二）收货确认

企业应该备有"收货确认单"，在客户提货或送货上门时，送货人员必须要求确认收货单内容，并在单据上签字或盖章。这种单据是一种证据，代表客户已经初步验货，这对未来的收款很重要，出现异议要及时沟通，避免今后收款过程中的货物数量、品种、发货期等出现差错或纠纷。

（三）发票确认

发票是债权凭证，表示债权确认。发票在传递中千万不要丢失，开好的发票通过快递或其他方式交到客户处，客户对发票的数量及内容进行确认并签核发票签收单或发票确认函。

（四）尽早发现客户经营或产权发生重大变化的征兆

企业要通过各种信息渠道动态跟踪客户，及时了解客户企业的经营状况和产权状况发生的变化。例如，客户发生了经济纠纷、大规模的销售活动失败、进行并购谈判等，上述情况的发生都会影响应收账款回收的可能性。一旦发生上述情况，企业要及早采取信用风险转移手段来减少坏账损失。

（五）培养客户正常付款的习惯

企业要设计一个适合自身的工作程序，有步骤地与客户沟通，培养客户正常付款的良好习惯。一般来说，债务人总是优先将货款支付给管理严格的债权人。

（六）应收账款到期前的提示

在应收账款到期前的5个工作日通知客户相关部门，提示信用销售合同的到期时间和额度，让客户的财务人员做好按时付款工作。具体可以通过电话形式通知客户的财务或者有关负责人，这样既节省成本又具有时效性，但通话时要注意措辞的礼貌、严谨和资料准确，一般进行电话通知的人员要经过专业的培训。

（七）调整应收账款的账龄结构

由于应收账款的发生是持续不断的，所以其时间分布是不同的，有些账龄长些，有些账龄短，企业所持应收账款的不同时间分布，意味着不同的应收账款质量、坏账风险和管理费用。按照账龄对应收账款进行分级，包括合同期内的应收账款、预警期内应收账款、到期应收账款、逾期应收账款、最后通牒期的逾期应收账款、交付专业追账的逾期应收账款、付诸法律的逾期应收账款和坏账。

（八）不断完善收账政策

当企业应收账款遭到客户拖欠或拒付时，企业应当首先分析现行的信用标准及信用审批制度是否存在漏洞，然后对违约客户的资信等级重新调查，进行再次审批确认。对于恶意拖欠、信用品质差的客户应当从信用清单中除名，不再对其授信，并加紧追收欠款。如果催收没有结果，可与其他经常被该客户拖欠付款项的同类企业联合向法院起诉，以收集更多的有力证据。对于信用记录一向正常甚至良好的客户，在去电发函的基础上，再派人与其面对面地沟通、协商一致，争取在延续、增进相互业务关系的情况下妥善解决账款拖欠的问题。

四、逾期应收账款管理

在赊销合同到期后，客户仍然没有还款，则应收账款被划入逾期应收账款的范围，企业对其进行监督和管理的水平就相应发生了变化。企业对逾期应收账款应该时刻保持警惕，严格控制和处理。

（一）逾期应收账款的管理流程

对逾期应收账款的管理，企业要制定一系列的程序和方法，进行流程管理。

首先，收集信息。调查债权人目前的状况，把有关资料整理归类，然后出具详细的分析报告，列示出月分析结果、预测回收成功率、将要采取的收账步骤、收账费用预算等。

其次，对欠款原因进行分析。对逾期应收账款形成的原因进行分析，包括外部原因和内部原因、客户自身的原因与企业自身的原因，确定主要原因及其他相关原因。

再次，进行特征分析。根据收集的信息仔细分析、研究逾期应收账款的特征，及时、准确地了解债务发生的全过程和具体详细的拖欠情况，为商账追收提供有效的建议。

最后，追讨货款。根据不同的具体情况，企业可以选择自行追讨，如首先发出追讨函，然后上门追讨，也可以委托专业公司追讨，甚至采取法律诉讼方式来追讨。

（二）逾期应收账款的催收方法

逾期应收账款的催收方法常见的有以下三种：一是企业自行催收（包括内勤催收和外勤催收）；二是委托专业机构催收（如律师事务所、会计师事务所、商账追收公司）；三是法律诉讼催收，如图 8-7 所示。其中，企业自行催收是最主要也是最值得鼓励的方法，只有这样才能充分发挥企业信用管理部门的职能，促进企业信用管理水平的不断提高。

1. 企业自行催收

企业自行催收适合拖欠时间不长的款项，包括内勤催收和外勤催收两种方式。内勤催收是指企业对逾期应收账款通过信函、电话、电报、传真、电子邮件等方式进行催收，其中以信函催收和电话催收最为常用，效果也最为显著。如果内勤催收仍然没有效果，这时需派收账人员上门追讨，向客户施加进一步的压力，进行外勤催收。外勤催收就是通过上门拜访，与违约客户面对面协商还款事宜。企业自行催收简便、易行，追账成本最小，利于维护双方良好的业务关系。但追讨力度不大，对恶意拖欠的客户作用不太明显。

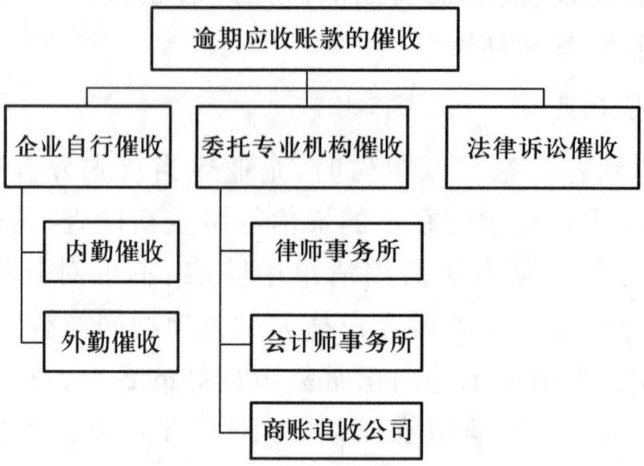

图 8-7　逾期应收账款的催收方法

对于很多已经逾期的账款,企业完全可以通过自身信用管理部门的收账努力(内勤催收和外勤催收)而将欠款收回。因为很多逾期未还款企业并不是恶意拖欠,有可能是一时的大意疏忽所致,这种非恶意拖欠的客户在得到收款企业的催款通知时会及时将欠款付清。

2. 委托专业机构催收

1998 年,美国商业法律协会公布的一份调查数据显示,应收账款的逾期账龄越长,追账的成功率就会越低,如表 8-2 所示。

表 8-2　账龄与追账成功率之间的关系

逾期时间	立即追收	2 个月	4 个月	6 个月	9 个月	12 个月	18 个月	24 个月
成功率(%)	98.2	86.2	73.6	57.8	42.8	31.2	26.6	13.6

所以,当企业信用管理部门通过自身内勤和外勤的追讨努力完成各项追账程序后,仍不能收回客户所欠逾期账款时,在经过对进一步收账成本和回收欠款数额的深入分析后,委托专业机构催收无疑是最好的选择。专业机构包括律师事务所、会计师事务所以及商账追收公司,其中最主要的是商账追收公司。市场上有很多能经济、有效地提供追收逾期应收账款帮助的第三方,习惯上被称为商账追收公司或追账服务公司。这些公司接受客户的委托,从事合法的催账和追收工作,这些机构根据所追回的逾期账款数量,按照一定比例提取佣金费用。

对企业来说,委托专业机构催收虽然额外支付了一笔委托费用,但可以获得专业追账机构追讨逾期账款所带来的节约信用管理的时间、促进应收账款的周转、改进现金流等好处。同时,因为由中介机构出面而企业和客户并没有直接接触,故也有利于维护双方的关系。对那些尚未建立信用管理部门的企业来说,通过委托商账追收公司进行逾期应收账款管理和追讨是很有必要的。

3. 法律诉讼催收

对于那些恶意拖欠且额度巨大、在追账过程中发生了重大纠纷的客户,企业信用管理部门可以采用法律诉讼催收,有时需要商账追收公司协助或是直接委托商账追收公司代为进行法律诉讼催收。

法律诉讼催收具有强制性的特点，但效率很低，冲突性最强，双方关系完全破裂，再无合作机会，而且企业需要支付高昂的诉讼费用。所以，企业做出法律诉讼催收的决定应该慎之又慎。法律诉讼催收一般是针对这样的情况：逾期应收账款数额相当大、企业自行催收没能成功、委托专业机构催收也没效果，但对该账款分析诊断后发现欠款方仍然有还款能力。

拓展阅读 8-3

"3+1"企业信用管理模式

"3+1"企业信用管理模式是我国著名企业信用管理专家韩家平和蒲小雷针对我国企业信用管理的现状，经过多年研究和实践后于2002年提出的科学信用管理模式。该模式以客户为中心，根据企业信用交易的前期、中期、后期的不同特点设计出相应的管理模块，由独立的信用管理机构（人员）全面管理企业信用赊销的各个环节。

使用"3+1"企业信用管理模式的步骤如下：

（1）建立前期信用管理阶段的资信调查和评估机制，在交易前调查和评估客户的信用状况，需要收集的资料包括业务部门掌管的信用获取方基础信息、原始文件、法律文件，也包括信用获取方每一次交易的情况、付款情况、DSO分析、坏账情况等。

（2）建立中期信用管理阶段的债权保障机制。企业采用的债权保障技术包括抵押（包括质押和物权抵押）、担保（包括法人担保和自然人担保）、信用保险、出口信贷、信用证、承兑汇票和其他保障手段。

（3）建立后期信用管理的应收账款管理和追收机制。包括三个阶段的工作：在应收账款发生后，通过一系列管理措施监控账款，保障账款按时回收；当货物销售出去后，应该对销售的货物和客户实时监控，保证货物和销售的安全；在账款过期后，要根据程序不断施加压力，争取早日回收账款。

（4）在企业内部应建立一个独立的信用管理机构（人员），全面管理企业信用赊销的各个环节。

商务部在全国范围内对"3+1"企业信用管理模式进行了推广，许多企业运用此模式取得了非常好的效果。例如，联想集团就是使用"3+1"企业信用管理模式的受益企业之一。通过企业信用管理，联想培养了一批合作良好、非常重视在联想的信誉状况的客户，公司内部形成一套运行良好、适合联想业务特点的信用管理机制，应收账款和坏账等信用管理指标非常良性，提升了公司的竞争力。用联想创始人柳传志的话来说，联想的赊销和信用管理对联想的二次腾飞起到了居功至伟的作用。可见，拥有一个科学的信用管理制度对在买方市场中竞争的企业具有多么大的作用。

资料来源：中国中小企业信用网。

（三）坏账管理

如果企业的应收账款经过上述催收途径还是不能回收，则进入相应的坏账处理程序。

《企业会计准则》规定,企业应当在期末分析各项应收账款的可收回性,并预测可能产生的坏账损失,计提坏账准备。

1. 设立坏账准备金

在实际操作中,企业实行坏账准备制度,明确计提坏账准备的范围、方法、账龄的划分和提取比例。企业可以根据以往的经验、债务人的实际财务状况和现金流量等相关信息合理估计坏账准备的计提比例,而企业坏账准备计提方法一经确定就不得随意更改。如需变更,需要在会计报表附件中予以说明。

计提坏账准备金的方法有三种:

(1) 信用销售净额百分比法。企业根据过去的经验,并针对当前的营业情况,确定坏账损失占信用销售净额的百分比,然后以期末实际的信用销售净额估计坏账损失的方法。该办法注重利润表上收入与费用配合。其计算公式为:

估计坏账损失=信用销售净额×坏账损失占信用销售净额的估计百分比

(2) 应收账款余额百分比法。企业根据过去的经验估计确定坏账损失占应收账款的百分比。其计算公式为:

估计坏账损失=应收账款余额×坏账损失占应收账款余额的百分比

(3) 应收账款账龄分析法。应收账款账龄分析法是根据应收账款拖欠时间越长收回的可能性越小进行推理,估计企业坏账损失的一种方法。该办法先对应收账款明确划分账龄段,然后编制账龄分析表,再确定不同账龄段应收账款的准备金计提比例。

2. 坏账的确认

根据目前会计准则的规定,符合下面这些条件的应收账款可以确认为坏账:

(1) 债务企业已撤销、破产。

(2) 债务企业资不抵债、现金流严重不足。

(3) 债务企业因发生严重的自然灾害导致停产而在短时期内无法偿还债务。

(4) 三年以上应收款项。

下列几种情况不能全额确认:

(1) 当年发生的应收账款。

(2) 计划对应收账款进行重组。

(3) 与关联方发生的应收账款。

(4) 其他逾期但无确凿证据表明不能收回的应收账款。

本章小结

1. 信用销售有广义和狭义之分。企业信用管理的目标是实现销售最大化的同时将信用风险降到最低,其基本功能表现为客户档案管理等五个方面,其工作流程主要包括七大环节。

2. 信用管理部门设置及岗位设置要遵循一定的原则,其规模也是受多种因素影响,信用管理部门包括商情科、授信科和商账科,其岗位包括信用经理等六类。

3. 企业信用政策分为激进型、保守型和中庸型,其构成要素包括信用标准、信用额度、信用期限、现金折扣、收账政策,评价原则有成本效益原则、全面客观原则、谨慎性原则、稳定性原则和时效性原则，评价方法包括收益成本比较法、DSO 法、账龄分析法、坏账水平测试法。

4. 凡是购买本企业产品或服务的其他企业或者消费者个人都是本企业的客户，根据不同的分类依据可以将企业客户进行不同的分类。传统的客户评价方法也称专家打分制度，其核心是 C 学说。现代客户评价方法是建立在关键因素基础上的较客观的信用评级模型，分预测类和管理类，预测模型包括 Z 值模型、A 值模型和巴萨利模型，典型的管理模型有营运资产分析模型和特征分析模型。

5. 持有应收账款会产生机会成本、管理成本、短缺成本和坏账成本。企业可以采用最小成本法或最大净收益法来测算企业当前最佳的应收账款持有水平。应收账款的管理包括期内和逾期两个阶段的管理。

关键术语

信用销售　企业信用管理　信用政策　信用标准　信用额度　信用期限　现金折扣　收账政策　5C 理论　Z 值模型　机会成本　管理成本　短缺成本　坏账成本　DSO 法

复习思考题

1. 什么是企业信用管理？企业信用管理的目标是什么？
2. 企业信用管理的功能有哪些？
3. 简述企业信用管理的流程。
4. 企业信用管理部门的设置原则有哪些？
5. 企业信用管理部门的岗位设置原则是什么？
6. 什么是信用政策？它的类型有哪些？
7. 客户信用评价的常用模型有哪些？
8. 期内应收账款管理的内容有哪些方面？
9. 企业逾期应收账款催收的方法有哪些？

本章实训

一、实训目的

1. 掌握应收账款和坏账损失等基本概念。
2. 训练学生收集、阅读和梳理文献的能力。
3. 运用相关资料说明企业应收账款的风险控制问题。
4. 训练学生理论联系实际解决问题的能力。

二、实训内容

1. 案例资料

中国最大 10 家光伏企业债务高达 1 100 亿元

2012 年 12 月 27 日，市场传出超日太阳创始人兼董事长倪开禄失踪的消息，称其很可能已跑到国外。此后，倪开禄现身媒体回应跑路质疑，称自己正在国外筹集现金应对困境,并承认超日太阳确实已陷入财务危机。

多位业内人士指出,应收账款和银行债务高企导致的资金链紧绷,确实是光伏业面临的共同难题,大量应收账款很可能变成坏账,从而导致光伏企业破产。光伏产业要熬过冬天,不但需要内需市场的及时启动,也需要政策层面出台扶持措施,让银行放缓对光伏企业的催债。

超日太阳2012年第三季度财报显示,超日太阳第三季度应收账款为7.56亿元,而公司第三季度营业收入为10.36亿元,当期应收账款占营业收入的比重近73%。截至2012年第三季度末,公司应收账款余额为33.42亿元,比期初增长了51%,应收账款占总资产的42.3%。而同为光伏上市公司的向日葵、海润光伏及阳光电源等公司的应收账款,占总资产比重15%~20%,要比超日太阳健康得多。

除了应收账款之外,超日太阳还欠着银行大笔的贷款。公开资料显示,超日太阳目前的带息债务就有30亿元左右,该企业的经营现金流净额在2012年第三季度末为-5.93亿元,同比增长39%。

超过30亿元的应收账款和30亿元左右的债务,成为压在超日太阳身上的沉重负担。与此同时,倪开禄所持股权的99.9%都已被质押用于融资,而第二股东倪娜(倪开禄之女)手中所持有股份也已经全部抵押。而超日太阳第四大股东苏维利向媒体透露,倪开禄在个人项目投资上出现失误,已导致其用全部超日太阳股权抵押的信托出现危机。

中国整个光伏制造业在2012年遭遇大劫,是不争的事实。不但倪开禄在为解决企业资金链危机而四处奔波,江西赛维董事长彭小峰等业界大佬也都在为债务危机而犯愁。统计数据显示,中国最大的10家光伏企业债务累计已高达约1 100亿元。如果再算上数目庞大的应收账款(统计显示,2012年前三季度,41家光伏上市公司应收账款高达316亿元),光伏业的财务危机更显严峻。

中国有色金属工业协会硅业分会分析师马海天表示,在光伏产业如此不景气的情况下,光伏企业高应收账款变成坏账的可能性很高。一旦这些应收款项收不回来,资金链就会断裂,企业就会面临破产。马海天指出,面对现在的情况,一些实力相对薄弱或经营稳健的光伏企业,都采用现货先付的方式,以保障资金流的稳定。不过他还指出,一些资金相对雄厚的企业,仍然在以高应支付账款为代价运营。

"他们盲目地认为自己有优质的客户资源、雄厚的资金等各方面的优势条件,从而对应收账款成为坏账导致资金链断裂的风险估计不足。对于目前的光伏企业来说,只要能生存下去就是一个胜利,现在大家都在等行业回暖的那一天。而在光伏企业的春天来临之前,谁都不想早早地死去,为了维持自己的市场占有率,培养自己的客户,就算欠款还是要生产。"

在财经评论员郭信麟看来,造成光伏企业高应收账款运营、资金链紧张的罪魁祸首在于产能拓展太快,而不是行业本身出现了问题。"就目前来看,每一年的装机容量是在增加的,就说明这个行业本身是在发展的。而也正是大家都看好这个行业的发展,所以大家才在这么高应收账款额度的情况下还敢继续生产。可是有一个问题就出现了,他们的钱来自哪里?一个很重要的资金来源就是地方政府的资金支持,而也正是地方政府的支持,让原本该市场淘汰市场整合的速度变慢了,产能畸形过剩。这就陷入到了一个恶性循环当中。”

资料来源:比特网。

2. 实训要求

要求学生以小组为单位,查阅并收集相关资料,了解我国当前企业应收账款率,并回答下列问题:

(1) 超日太阳为什么会出现这种情况? 如何预防并解决?

(2) 根据你的了解,我国还有哪些出现过应收账款过高而且变成坏账而破产的企业? 应如何避免?

(3) 联系实际,谈谈企业信用管理把控的风险主要体现在哪些方面。

三、实训组织

1. 指导教师布置实训项目,提示相关要求。

2. 采取学生自由组合的方式,将班级学生划分为若干小组,并指定组长进行负责。

3. 要求学生以小组为单位,认真查阅并收集相关资料,就相关问题以 PPT 形式进行课堂汇报。

延伸阅读

1. 中国就业培训技术指导中心. 信用管理师:基础知识[M]. 北京:中国劳动社会保障出版社,2006.

2. 朱荣恩,丁豪樑. 企业信用管理[M]. 北京:中国时代经济出版社,2005.

3. 叶陈毅. 企业信用管理[M]. 北京:高等教育出版社,2008.

4. 关伟. 企业信用管理[M]. 北京:中国人民大学出版社,2009.

5. 高秀屏. 企业信用管理[M]. 上海:上海财经大学出版社,2013.

6.《商务部办公厅关于开展商务诚信建设试点工作的通知》,商办秩函〔2012〕776 号.

7.《商务部关于“十二五”期间加强商务领域信用建设的指导意见》,商秩发〔2011〕422 号.

相关网站

1. 信用中国网。

2. 外贸法律服务网。

3. 中国企业信用评价网。

第九章

消费者信用管理

本章导言

消费信用是市场经济发展到一定阶段的产物，在买方市场形成、消费结构升级以及人们的收入提高到一定水平等一系列条件下，自然就会出现对消费信用的需求和供给。消费信用的发展给个人和家庭带来了生活质量的提高和各种生活便利，给企业带来了销售和利润的扩大，也非常有利于一国经济产出水平的增长。但是，和其他信用交易一样，消费信用交易也会产生到期收不回账款的风险。授信机构需要通过一系列的消费者信用管理活动，来对消费信用交易过程中产生的风险进行有效的控制和管理。

本章在阐述消费者信用的概念、分类以及个人信用记录的建立和维护等基本知识的基础上，具体介绍消费者信用管理的基本程序，以及消费者信用评估的理论、方法和模型。

本章知识结构图

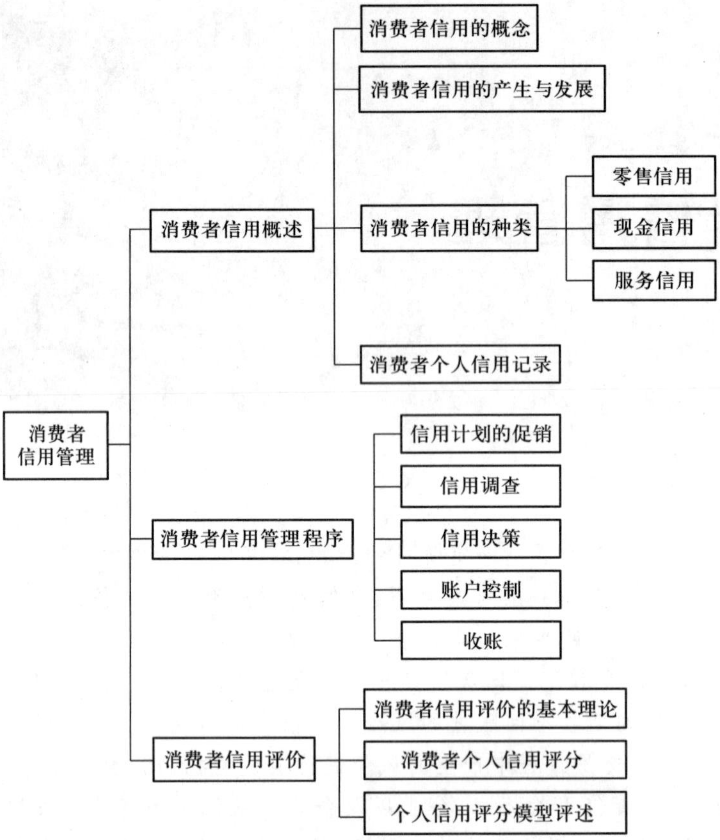

第一节　消费者信用概述

一、消费者信用的概念

在获得授信机构信用支持的情况下，消费者可以不用立即支付现金就获得交易商品或服务，实现信用消费。授信机构为满足个人的消费需求而提供给消费者使用的信用即消费者信用，又称消费信用。需要指出的是，这里消费者是以自然人身份获得消费者信用的，并且消费者信用仅支持个人或家庭消费目的的借款而不支持投资目的的借款。消费者通过使用消费者信用，可以达到提高个人或家庭生活水平、解决临时资金周转不灵问题和生活便利等目的。

在消费者信用中，消费者以未来收入为还款保证，承诺在未来按约定偿付价款；授信机构则以消费者的收入、负债以及他过去在信用活动中所显示出来的偿付意愿决定是否授信以及授信的多少。给消费者提供信用的机构主要包括商业银行、信用卡公司、信用合作社等金融机构,也包括规模比较大且资金较雄厚的商业企业、大件耐用消费品生产厂家、房地产开发商等。消费者信用的主要形式包括耐用品分期付款贷款、信用卡、汽车贷款、个人住房抵押贷款、助学贷款等。

二、消费者信用的产生与发展

信用消费由来已久,早在3 000多年以前,各大文明古国就已出现挂账形式的信用消费。19世纪初期,为了提高居民对家具、缝纫机等大件耐用消费品的购买能力,美国出现了零售分期付款形式的消费信用。20世纪初,在汽车这个单位价值很高的耐用品出现以后,分期付款方式更是被大量运用于汽车销售。正是在那个时期,主要资本主义国家的生产规模迅速扩大,买方市场的条件全面形成,具有较规范的个人征信服务的现代消费信用开始出现。在美国,1910年出现了金融机构支持的分期付款式的赊销,1915年出现了规模发行的信用卡雏形。20世纪30年代大危机之后,在刺激消费以解决有效需求不足的背景之下,美国的消费信贷迅速扩大,经历了发展的第一个高峰期。第二次世界大战之后,伴随着经济的巨大增长,美国以及其他西方国家的消费信贷业务再次进入发展的高峰期,并在法律规范之下进入了健康的发展轨道。如今,消费信贷已成为西方发达国家经济生活的重要组成部分。在美国,消费信贷占银行贷款比重为20%~30%,汽车销售中消费信贷占比为70%~80%。在加拿大,银行普通贷款中的1/3是向个人提供的。在法国,有50%的家庭是靠银行贷款买房。

消费信用可以有三种不同的提供形式:第一种是商家或生产厂商为购买商品和服务的消费者直接提供消费信用;第二种是金融机构向消费者提供不针对特定消费的消费信贷;第三种是金融机构在企业和消费者之间进行资金融通,如金融机构通过向企业购买企业和消费者之间签订的分期付款合同来提供信用交易的资金。第一种方式是一种比较原始的消费信用提供方式,而在后两种方式中,消费信用的提供者是金融机构。不论在哪个国家,商业银行都是消费信用最主要的提供者。对于消费者,商业银行积极推行各种个人信贷,并形成了以分期付款贷款和信用卡为主的信贷形式。

消费信用是市场经济发展到一定阶段的产物,在买方市场形成、消费结构升级以及人们的收入提高到一定水平等一系列条件下,自然就会出现对消费信用的需求和供给。消费信用为提高个人和家庭的生活水平做出了积极的贡献,人们可以使用信用方式来购买住房、汽车和其他耐用品,也可以使用信用方式来进行便捷理财、处理紧急事务以及支付教育费用等。消费信用对于经济发展也做出了积极贡献,政府可以通过对消费信贷总量和结构的控制与调节来促进经济增长,稳定经济运行。而在信用风险可以控制和转移的情况下,消费信用对于商业企业和制造企业扩大销售规模、增加企业利润的益处也是不言而喻的。

我国市场经济在20世纪90年代中期进入买方市场格局,逐步迈向信用经济时代,消费信用从原来的零星使用开始迅速扩大。但是,和西方发达国家相比,我国金融机构给消费者提供的信贷总体规模还比较小,且结构不太合理,主要是住房抵押贷款,其他消费信贷规模很小。根据发达国家的经验,消费信贷在银行信贷总额中的比例应可达到30%以上,因此,我国消费信贷尚处于发展的初级阶段,还有很大的发展空间。目前,我国消费信用的发展主要受制于居民收入水平偏低、社会保障制度不健全、社会信用体系尚未有效建立起来和人们保守的消费观念等。

三、消费者信用的种类

根据使用信用的目的,消费者信用可以分为零售信用、现金信用和服务信用。如图 9-1 所示。

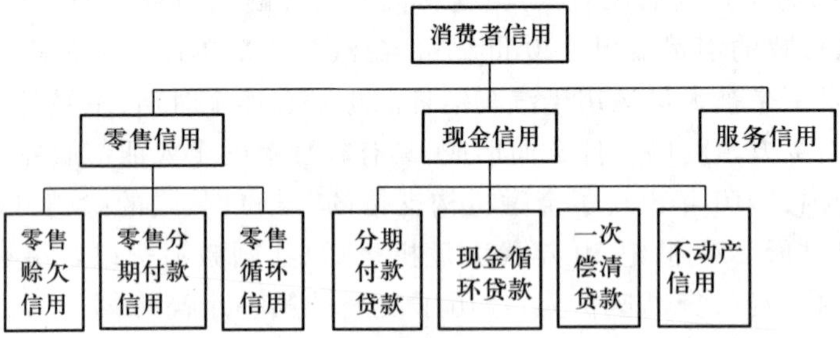

图 9-1 消费者信用的种类

(一) 零售信用

零售信用(Retail Credit)是指商业企业或商品制造企业向消费者以赊销的方式提供产品与服务,是消费者直接用来向零售商购买最终产品的一种交易媒介。零售信用的提供者主要包括汽车制造商、石油公司或大型百货连锁商店等,他们使用自有资金给消费者提供信用。通过提供零售信用,制造企业或商业企业增加了销售,争取了更多的消费者。在现代市场经济条件下,零售信用已经成为市场竞争的一种手段。根据支付价款的方式,零售信用可以划分为零售赊欠信用、零售分期付款信用和零售循环信用。①

1. 零售赊欠信用(Retail Charge Credit)

零售赊欠信用是传统的零售信用方式,表现为零售赊欠账户形式或挂账方式。零售赊欠信用方式虽然正在减少,但曾经非常盛行。比如,你到附近一个经常去的和老板相熟的餐馆吃饭,可以不必每次结账,而只需要在餐馆里你的账户名下为你的当次消费签字确认即可离去,到月末餐馆出示账单时,你再把一个月的欠款结清。又比如,你到小区里的便利店去买了些小东西,却忘了带钱,店主会让你把东西先拿回家,记下你的欠款,让你下次去购物时再一起结账。在前面的那个例子里,餐馆对于结账有规范的管理,为顾客开立了赊销账户,在预定的 1 个月期限的期末,发出账单向顾客收取账款,客户在见到账单时必须全额还清欠款,是典型的 30 天零售赊欠账户(Retail 30-day Charge Account)。而在后面的例子中,结账管理不那么规范,虽然店主为顾客提供了零售赊欠信用,但不存在零售赊欠账户管理。

零售商提供零售赊欠信用可以扩大销售,但主要目的还是方便顾客。一般来说,零售

① 零售信用和后面要介绍的服务信用在我国并不发达,所占比例比较小,此部分内容较多参见:罗伯特·科尔,朗·米什勒. 消费者与商业信用管理[M]. 北京:中国人民大学出版社,2004.

赊欠信用所涉及的金额不会太大，通常没有正式合同。如果顾客未按期付款，一般也不会收取利息费用。这一方面是迫于竞争的压力无法实施，另一方面是一旦要收取利息费用，就要考虑遵守相关的法律规定。零售赊欠信用适用于在邻里社区小区域范围内提供服务的中小型餐馆、娱乐企业、便利店等，赊销物品一般是价值比较低的非耐用消费品。由于客户群限制在一个较小的范围之内，且是熟悉的顾客，零售赊欠信用的风险并不大，但如果出现顾客搬迁或顾客经济困难等情况，也会带来坏账损失和延期付款的问题。

2. 零售分期付款信用(Retail Installment Credit)

零售分期付款信用指零售商允许消费者以定期定额的支付形式在未来分期支付货款，主要用于大件耐用消费品和贵重物品的赊销。零售分期付款信用具有以下特点：

(1) 通常要求支付一定的首期付款。首期付款额度一般定在商品售价的0~30%，其大小主要与商品种类、授信方能够承担风险的大小、同行业竞争激烈程度、消费者的平均支付能力等因素有关。要求消费者支付首期付款的目的是降低销售商的风险，同时培养起消费者的责任心。此外，首期付款还经常和特殊利率与销售折扣一道，作为重要的营销工具。

(2) 还款期限和每次固定还款的金额事先设定。还款期限一般为1~5年，主要是依所购物品的平均半期寿命和当地居民家庭的平均收入水平以及一些约定俗成的因素确定的。固定还款额通常包括本金、利息和其他费用(如信用保险费等)。

(3) 授信方与消费者之间要签订一份赊销合同或有条件的销售协议。有条件的销售协议(Conditional Sales Agreement)会注明，在合同或协议期间，所购物品的所有权仍属于卖方，直到所有欠款支付完毕，所有权才属于购买者。

(4) 在最后一期付款完成之后，信用交易自动终止，消费者在授信方的账户也随之结清归档。因此，零售分期付款信用又称封闭性信用(Enclosed Credit)。

此外，在零售分期付款合同中一般还会包含加速条款(Acceleration Clause)。该条款规定，如果消费者有连续数次不按期支付，则全部未付款余额视同到期，消费者必须一次性付清合同余额，所欠利息将按照所拖欠的天数计算。

对于希望增加销售量的零售商来说，分期付款信用是一种非常有效的工具；对于消费者来说，它能带来更多的享受和满足。但是，使用分期付款信用的消费者很容易出现承担债务过多的情况，需要对消费者进行教育。提供分期付款信用的零售商在风险控制问题上，要注意消费者信用是比拥有商品留置权更关键的因素，应对消费者进行适当的信用调查，把授信建立在消费者信用的基础之上。

3. 零售循环信用(Retail Revolving Credit)

零售循环信用是30天零售赊欠信用和零售分期付款信用的结合体，是一种开放性循环使用的账户，它允许消费者在两种还款方案中选择其一：一种方案是每月支付由于前期购买而产生的全部欠款；另一种方案是支付欠款的最低额，将余下的未付欠款分散至未来一段时间内支付。授信方的通常做法是发给消费者一种商业信用卡，规定其可以在发卡公司属下的商场、超市和分店赊购商品。美国的一些大的百货连锁店和石油公司会发行商业信用卡来提供零售循环信用，我国由于零售商的实力不够强大和信用传统的原因，几乎不存在零售循环信用形式。目前在我国出现的各种各样的购物卡，大多是借记卡的形

式,并不属于商业信用卡。零售循环信用的特点是:

(1) 消费者须向发卡商家提出书面申请才能建立这种信用账户,并被授予一个信用额度。

(2) 消费者在信用限额内使用,无须首期付款,一般也不需要支付年费或会员费,还能享受购物折扣。

(3) 顾客每月会收到一张载明赊购商品的明细账单,如果消费者按时偿清全部余额,则无须支付利息;如果推迟偿还,则须支付利息费用。

(4) 零售循环信用是一种可选择偿还日期的循环信用方案,在推迟偿还时,每月还款要求达到最低月付款额,还款明细表因商家而异。

对于零售商来说,提供零售循环信用的好处是:可以帮助其扩大销售增加利润,并可能从利息费用中获得额外收入。但是,提供这种信用需要较多的资金投入,在风险控制不当的情况下也可能带来坏账损失。对于消费者来说,享受零售循环信用的好处是:可以享受随时随意购买;可选择无息全额还款或者加收利息的分期偿还。但可能带来的问题是:由于购买便利,容易形成对商家的持续负债;如果选择延期偿还,利息费用将是很高的,一般年息会超过18%;合同中关于利息费用如何计算以及真实的利息成本,一般消费者也是不容易弄清楚的。

零售商在为寻找信用购买的消费者提供信用方案时,需要投入额外资金并自己进行信用管理。如果零售商不想自己提供信用方案,可以考虑为他们所要提供的零售信用业务融资,从商业银行或其他金融机构那里获得贷款。如今的金融机构已经发展了许多独特的产品或方法,来为消费者规模不等的购买提供便利。为零售信用业务融资的方法分为信用卡方案[①]和间接融资方案两种类型,前者是鼓励消费者在购买商品或服务时使用信用卡或赊账卡,后者则是向金融机构出售买卖双方签订的分期付款合同。现在的零售商越来越懂得借力于金融机构提供的资金、管理和服务来帮助自己拓展信用交易市场。

(二) 现金信用

现金信用(Cash Credit)即现金贷款,是金融机构以现金形式提供给消费者使用的信用。与零售信用不同的是,现金信用不针对特定消费,可以帮助消费者实现多种目的。现金信用既可以用来购买任意的商品,也可以用来支付旅游、教育等费用,还可以用来合并债务,并且利息费用会更低。相对于商业企业和制造企业来说,金融机构在资金方面具有绝对优势,其信用风险控制技术水平更成熟,总体信用管理水平更高,可以为消费者提供更专业化的消费信用服务。

1. 分期付款贷款(Installment Loans)

分期付款贷款是一种贷款的协定,它约定借款人在将来的一段时间内,以定期定额的付款方式偿还贷款。分期付款贷款是一种封闭性信用,在合同到期,全部贷款被确认偿清后,通常会将合同返还给借款者。分期付款贷款又可细分为传统的分期付款贷款、住宅权

① 信用卡有广义和狭义之分。广义信用卡包括借记卡、贷记卡、赊账卡等类型的卡,狭义信用卡则指不需预先存款就可以消费、允许现金透支的贷记卡。这里的信用卡方案是指广义信用卡。

益贷款和助学贷款。

商业银行通常会为汽车、电视、冰箱等耐用消费品提供分期付款贷款,也会为假期、婚礼、医疗和教育等提供分期付款贷款,这些都属于传统的分期付款贷款。如果贷款资金被用于购买有形的耐用消费品,银行通常会将该物品作为抵押品并要求购买保险;在没有有形物品可做担保的情况下,银行则要审查申请人的信用状况以判断其签字的可靠性。

住宅权益贷款(Home Equity Loan)是指由不动产产权或净值做担保的分期付款贷款,通常商业银行提供的贷款余额为房屋评估价值的 75% ~80% 减去未偿还的首次抵押贷款余额。例如,一套房屋评估价值为 20 万美元,银行按房屋评估价值的 75% 算出房屋比率价值为 15 万美元,减去未偿还的首次抵押余额 7 万美元,就可以得到分期付款贷款的最大额度为 8 万美元。这种贷款在美国比较受欢迎,因为根据美国法律,以住房做抵押的贷款可以享受税收抵扣的好处,而且利率更为优惠。

助学贷款(Student Loan)也是一种分期付款贷款,用于帮助经济困难的学生支付在校期间的学费和其他费用。助学贷款一般包含政府津贴,借款学生在求学期间不需要偿还贷款,利息由政府部门补贴给提供贷款的银行,学生毕业后才开始偿还贷款。

2. 现金循环贷款(Open End Loans)

现金循环贷款又称开放式循环贷款,是指银行预先批准一个信用额度,在额度范围内,允许客户通过填写支票或使用信用卡的方式来借用所需金额,只要客户按协议定期偿还贷款,信用关系就会继续,特定的贷款终止点就不存在。

基于银行信用卡的现金支取(Cash Advance)就属于开放式循环贷款。现金支取是银行信用卡的附加功能,它允许借款人在现有的信用额度内提取现金,同时遵守信用卡发行时的相关条款的规定。在信用卡的现金支取功能中,银行没有给消费者免费期,从现金支取之日起,银行就要加收利息费用。信用卡可以为消费者处理紧急事务提供方便,还可以方便消费者出行,免去携带大量现金和用现金进行支付的麻烦,也可以帮助消费者整理账单和理财,是最常见的开放式循环信用工具。

在美国,还有支票透支和住宅权益信用额度两种开放式循环贷款方式。支票透支(Overdraft Plan)是指银行为借款人提供预先批准额度的贷款准备金,只要客户填写不超过预先批准信用额度的任意金额的支票,银行就会将要求的透支金额存入支票账户给借款人使用。支票透支独立于银行信用卡发展,使用起来很容易也很方便,不会像银行信用卡那样受限于特定的商家。住宅权益信用额度(Home Equity Line of Credit)是基于借款者拥有的不动产产权来建立贷款准备金的一种开放式循环贷款。住宅权益信用额度和住宅权益贷款都属于以住宅做抵押的贷款,它们的区别是:前者属于开放式循环信用形式,后者属于分期付款信用形式;前者采用浮动利率来计算利息费用,每月的还款数额由公式决定,而后者使用固定利率计算利息费用。

3. 一次偿清贷款(Single-payment Loans)

一次偿清贷款是一种短期贷款,贷款期限通常短于 1 年,并规定在期限终了时,借款人应将全部贷款一次偿清。一次偿清贷款可以建立在有担保或者无担保的基础之上,取决于该笔贷款信用风险的综合状况。如果要求担保,则贷款的担保品通常是政府债券、储蓄账户、寿险合同的现金价值、汽车以及其他容易变现的个人财产。

4. 不动产信用(Real Estate Credit)

不动产信用是金融机构以消费者所购房产为抵押提供的贷款。在住房抵押贷款被批准后,消费者要和金融机构签订一份抵押贷款合同,同意在约定的期限内,连本带利,以分期付款方式逐渐还清购房贷款和利息费用。合同还规定,一旦消费者不能按约定支付,就将丧失抵押品赎回权(Foreclosure),发放贷款的金融机构就有权要求拍卖房子,以偿还债务余额。

不动产抵押贷款和一般贷款相比,在信用目的、贷款期限、抵押担保等许多方面都是不同的。很多情况下,住房被看作投资品,因此居民购买住房的目的不仅是消费,更是投资。作为投资品的住房可能取得如租金等投资收益,这与其他消费品不同。在贷款期限方面,不动产贷款远长于一般贷款,最长期限可达30年。在抵押担保方面,同一房产可以进行多次抵押,可以获得不止一次的抵押贷款,其中首次抵押在借款者拒绝偿还贷款或无力清偿时可以获得不动产价值的第一要求权。

在美国,为帮助居民拥有住房,政府采取了几个有效的措施来促进不动产信用的发展。首先,通过提供购房保险或担保降低了住房贷款的首期付款比例和贷款利率。例如,固定利率抵押贷款通常要求首付购买价格的20%,消费者在使用联邦购房管理局(Federal Housing Administration)的保险方案后,首期付款可以降至购买价格的3% ~5%,并享受更低的贷款利率。其次,通过联邦代理机构在二次抵押贷款市场购买抵押贷款并进一步将其证券化的行为,为住房贷款市场提供了充足的资金。例如,房地美和房利美就是两家专门从事购入和售出住房抵押贷款的二级贷款提供者。最后,各州成立了专门从事住房抵押贷款业务的储蓄和贷款协会,它们和商业银行一起,共同成为最主要的住房抵押贷款提供机构。除此之外,还有存款银行、专业房贷公司、人寿保险公司、信用合作社、联邦支持的代理机构等提供住房抵押贷款。美国政府对于不动产信用的支持,不仅促进了国民生活水平的提高,也极大促进了房地产市场的发展、就业和经济增长。

(三) 服务信用(Service Credit)

服务信用是指服务提供者提供给消费者使用的信用。例如,内科医生、牙医、会计师、律师、汽车修理商、管道工、木工、园艺师等专业服务者在给消费者提供专业服务后,往往并不马上向消费者收取费用,而是经过一段时间后,把累积账单寄送给消费者,要求消费者按账单付款。

服务者提供服务信用可能是由于市场竞争的压力,但主要原因是可以方便客户以及联络与客户的感情,因为专业服务有连续需求的特点,客户都是熟人。除此之外,服务者提供服务的有形成本相对比较低,成本支出压力没有那么大,因而较愿意提供服务信用方式。在西方国家,某些服务行业如内科医疗、牙齿保健、律师、会计师、园艺、修理等已约定俗成地提供服务信用。我国由于文化传统不同,尚没有出现真正意义上的服务信用。

服务信用类似于30天零售赊欠账户式信用,但其收款时间没有那么固定。有些时候服务者也允许服务对象以分期付款形式偿还欠款,如一些医生会允许需要长期治疗和服务的患者分期付款,因为费用比较高,患者可能无法在30天内偿清全部费用。

服务信用主要向邻里社区提供,范围不大,期限不长,不付款的风险不是太大,但仍然存在。服务信用面临的两个突出问题是:一是没有有形商品介入信用交易中,在发生不能付款的情况时,服务却又不能撤回;二是服务提供者处理信用业务的条件较差,他们在信用方面接受的培训较少或者几乎没有,也不可能雇用专业信用经理。

四、消费者个人信用记录

(一) 个人信用记录制作的意义

在征信社会里,几乎人人都有个人信用档案,个人信用档案记录着评价个人信用价值的信用信息,由各种个人信用记录集合构成。个人信用档案由个人征信局类的征信机构制作,个人征信局是专门收集、整理和分析消费者信用信息资料,为客户提供消费者信用报告和相关信息增值服务的机构。个人信用档案是他们提供各种“当事人信用报告”的原料,因此,他们会主动为它所服务区域范围内的每个人制作信用档案,而不管被记录的个人是否愿意。个人征信局制作个人信用档案的业务操作受到严格的法律限制,必须在法律规定的范围内收集和传播信用信息,不得侵害个人隐私。

个人征信局大规模制作个人信用记录对发展信用经济意义重大。首先,广泛覆盖的个人信用记录可以最大限度地消除信用交易中的信息不对称,维护市场的公平竞争。其次,个人信用记录有助于提高授信机构的工作效率,提高赊销和授信的成功率。授信机构在决定对一个人的授信时,主要看他在个人征信局的信用记录,从信用记录可以看出申请者的偿债意愿,而偿债意愿是决定授信成功的最重要的因素。最后,个人信用记录是建立失信惩戒机制以打击市场上的经济失信行为的重要依据。在发达国家,如果一个人有过一次失信的过失,就会被个人征信局记录在案,那么他就可能在好多年内租不到房子,没有办法申请安装电话,不能开立银行账户,造成生活的极大不便。

(二) 个人信用记录的建立与维护

个人信用记录在个人的经济生活中发挥着重要作用,如何建立个人信用记录是大家关心的事。个人信用记录的具体内容,就是对当事人名下所有的付费户头下的活动进行记录。当事人作为付费户头的签约人需要对履约承担法律和经济责任。承担户头责任的当事人对每个付费户头上应付额度的按时付费行为,构造出当事人的信用记录。信用记录是建立在个人户头上的,因此,要建立个人信用记录,首先必须拥有可以识别个人经济活动的户头。个人户头,是指与消费者个人家庭生活有关的各种付费和信用消费账户,如登记在户主名下的电话、住房租约合同的签约人、水电和煤气费缴费户头、信用卡户头、购房按揭贷款的申请人等。其中,信用卡透支户头和消费信贷户头是最有价值的户头,最能反映消费者个人的信用价值。电话费、房租、水电费、煤气费等个人的公用事业付费记录也属于信用记录,有一定的参考价值,但由于所涉及的信用额度非常低,重要性远比不上消费信贷和信用卡账户。也就是说,和银行打交道,使用银行的信用工具,向银行举债,是效率最高的建立个人信用记录的方法。

由个人征信局提供的个人信用报告将作为授信机构授予信用和雇主雇用的参考信息,因此,每个人都要有维护个人信用记录的意识,定期地去查询自己的信用档案。为保护当事人权益,法律允许当事人随时查阅自己的信用档案,内容包括用于形成调查报告的真实和全面的个人信息。通过查询自己的信用档案,可以做到对自己的信用状况心中有数。如果发现自己的信用状况不佳,千万不要贸然申请消费信贷、赊购物品或申请敏感性工作。因为,一旦你的申请被拒绝,在个人征信局的信用记录上就会有一条被拒绝的记录,也会增加一条被查询的记录,这会增加你下次信用申请被拒绝的可能性。一次拒绝授信或者多次被查询记录都会使授信机构和雇主对你的信用评价产生负面影响。个人在查询信用档案时要仔细看是否存在错误的信息,尤其是把别人的坏记录记到自己头上的情况,一旦发现,要立即通过正当手续将其纠正过来。个人也要明白,除了明显不守约和不及时付款的记录是不良记录,还有许多符号和标志也是有害的,应设法消除,保持自己的信用档案是干净的。

在个人的信用记录中,如果产生了不良记录,且是真实的,那么就需要进行个人信用记录的修复工作。在这种情况下,一般法律会允许产生不良信用记录的消费者做“有限字数”的注释,消费者应利用好这个机会,解释不良信用记录产生的客观理由,或者用简洁语言说明争议的情况。消费者的解释是否有用,不同授信机构的看法可能不同,但比不解释好,总还是有被接受的可能。在发达国家,有一类叫作“信用修复”的公司,它们的业务是针对已经有不良信用记录的消费者,帮助他们消除不实的记录,或者对不良信用记录做一些技术性处理,以降低不良信用记录对消费者带来负面影响的程度。它们的业务还包括辅导没有信用记录的个人和家庭建立信用记录,帮助已有不良信用记录的消费者重建个人信用。有不良信用记录的消费者在没有时间或无法处理好问题时,可以考虑聘请信用修复公司为其提供更专业的服务。

（三）个人信用记录的使用

个人信用记录集合构成个人信用档案,并以消费者信用报告的形式提供给用户使用。个人征信局只向合法用户提供各类消费者信用报告服务。这里的合法用户是由法律定义的,法律只允许信用交易的合法交易对方订购个人信用报告。如美国 1996 年的《公平信用报告法革新法》就明确规定,当事人有权取得自身的信用调查报告和复本,其他合法使用消费者信用报告的机构或人必须符合列出的 8 个条件之一,否则即使取得当事人的同意,也属违法行为。

对于消费者信用报告的合法用户,在使用报告时也必须注意报告的使用目的,不得任意扩散报告内容,否则要被课以高额的罚款,甚至被课以刑事处罚。一些国家对于消费者信用报告向外国传播也做出了严格的限制。如欧盟的有关法律规定,欧盟国家当事人的消费者信用报告不得向欧盟以外的国家传播,至少不能向比欧盟征信水平还低的国家和地区传播,即使是欧盟国家当事人的交易对方。

拓展阅读 9-1

中国人民银行征信中心的个人信用报告介绍

个人信用报告是个人征信系统提供的最基础产品。它记录了客户与银行之间发生的信贷交易的历史信息。只要客户在银行办理过信用卡、贷款、为他人贷款担保等信贷业务,他在银行登记过的基本信息和账户信息就会通过商业银行的数据报送而进入个人征信系统,从而形成了客户的信用报告。

个人信用报告中的信息主要有六个方面:公安部身份信息核查结果、个人基本信息、银行信贷交易信息、非银行信用信息、本人声明及异议标注和查询历史信息。

(1) 公安部身份信息核查结果实时来自公安部公民信息共享平台的信息。

(2) 个人基本信息表示客户本人的一些基本信息,包括身份信息、婚姻信息、居住信息、职业信息等内容。

(3) 银行信贷交易信息是客户在各商业银行或者其他授信机构办理的贷款或信用卡账户的明细和汇总信息。

(4) 非银行信用信息是个人征信系统从其他部门采集的、可以反映客户收入和缴欠费或其他资产状况的信息。

(5) 本人声明是客户本人对信用报告中某些无法核实的异议所做的说明。异议标注是征信中心异议处理人员针对信用报告中异议信息所做的标注或因技术原因无法及时对异议事项进行更正时所做的特别说明。

(6) 查询历史信息展示何机构或何人在何时以何种理由查询过该人的信用报告。

个人信用报告的使用目前仅限于商业银行、依法办理信贷的金融机构(主要是住房公积金管理中心、财务公司、汽车金融公司、小额信贷公司等)和中国人民银行,消费者也可以在中国人民银行获取到自己的信用报告。根据使用对象不同,个人征信系统提供不同版式的个人信用报告,包括银行版、个人查询版和征信中心内部版三种版式,分别服务于商业银行类金融机构、消费者和中国人民银行。

不管是商业银行、消费者还是中国人民银行,查询者查询个人信用报告时都必须取得被查询人的书面授权,且留存被查询人的身份证复印件。

个人征信系统已实现了在全国所有商业银行分支机构都能接入并查询任何个人在全国范围内的信用信息。根据《个人信用信息基础数据库暂行管理办法》的规定,商业银行仅在办理如下业务时,可以向个人征信系统查询个人信用报告:

(1) 审核个人贷款、贷记卡、准贷记卡申请的。

(2) 审核个人作为担保人的。

(3) 对已发放的个人信贷进行贷后风险管理的。

(4) 受理法人或其他组织的贷款申请或其作为担保人,需要查询其法定代表人及出资人的信用状况。

消费者可以向征信中心、征信分中心以及当地的中国人民银行分支行征信管理部门等查询机构提出查询本人信用报告的书面申请。只需填写《个人信用报告本人查询申请表》,同时提供有效身份证件供查验,并留身份证复印件备查。

资料来源:中国人民银行征信中心 . http://www. pbccrc. org. cn.

第二节　消费者信用管理程序

消费者信用管理是授信机构对以消费者为授信对象的信用交易进行科学管理以控制

信用风险的专门技术。消费者个人信用消费的特点是:单笔交易金额小,但交易数量庞大;交易方式非常灵活,处理交易结算记录和信贷记录的数据量巨大。这些特点决定了消费者信用管理和企业信用管理在信用管理的技术和手段上有很大的不同。

对于需要建立信用管理职能的企业来说,要保证消费者信用管理工作正常、有序进行,首先要制定一个可执行的信用政策。信用政策定义了企业所提供信用工具的类型,以及与可以接受风险程度相对应的信用标准。消费者信用管理的信用政策通常包括信用管理理念、部门职责、工作目标、岗位职责等,具体体现在信用调查政策、授信政策、收账政策、工作程序、规则(客户争议解决办法)等。信用调查政策定义了信用管理部门的业务操作,包括对客户信用信息资料收集、审查、处理、保存和内部使用的方法。授信政策给出客户授信标准,包括授信门槛、授信额度、授信期限、更新授信、回复客户信用申请的速度、如何参考征信局的消费者信用报告、调整授信额度的授权等。收账政策包括授给信用管理部门处理失信客户的权力、确定本公司的标准催账程序、所遵守的法律法规和各级政府的有关规定、各有关部门对收账工作的配合、客户失信证据的保管方法、是否接受拖延客户的解释、参加征信局的供应商网等。工作程序是对信用管理部门的作业过程的各主要步骤逐一说明。规则由一些声明和守则组成,声明强调应遵守的原则和法律,守则主要是信用管理人员的岗位守则,包括职业道德方面的规范。

在正确可行的信用政策指导之下,消费者信用管理工作就可以有序地展开了。消费者信用管理程序包括信用计划的促销、客户申请初步甄别、信用调查、信用决策、账户控制和收账(见图 9-2)。下面按照信用管理程序来择要介绍消费者信用管理的具体内容。

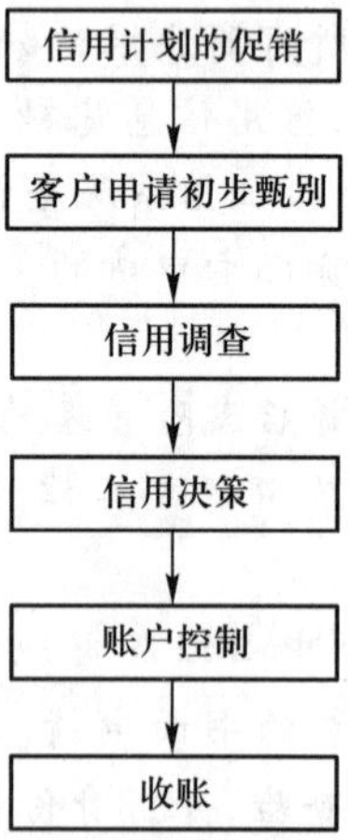

图 9-2　消费者信用管理程序

一、信用计划的促销

(一) 信用计划促销的意义

促销(Promotion)是指为扩大销售额或增加使用信用工具的顾客数量而采取的各种有

效方法和手段。企业提供信用购买选择会吸引更多的人来购买产品,因此企业经常采用信用计划来促销产品,而一旦企业提供了信用计划,就需要通过促销来吸引合适的顾客。如果一个商业银行在市场调查的基础上,选择特定客户群,有针对性地设计了适合他们的信用工具,那么也需要通过促销吸引目标客户来申请信用。信用项目或信用工具与其他任何商品和服务一样,一旦建立,企业或金融机构就会希望增加使用信用的客户数量。使用信用的客户数量越多,公司的平均信用成本就会越低,利润就会越高。提供信用相当于提供融资,如果公司征收融资费用,那么客户数量的增加将更有利于扩大企业信用经营的利润。

对于商业银行或者信用卡公司来说,必须不断努力推出有吸引力的信用工具来吸引新的借款者和信用卡用户,因为拓展信用业务是它们的基本目标。大型的商业或服务类企业很多时候也会希望推出信用服务项目,以吸引可能给它们带来更多利润的信用消费者。提供信用项目给它们带来诸多好处:

一是可以增加销售收入。信用项目会吸引手头缺少现金的消费者通过预支未来收入来购买商品,也会吸引那些原来只是使用现金的消费者更多地花费。

二是可以卖出质量更高的商品。如果能够支付,消费者总是倾向于购买质量更高的商品,这样商家不但可以增加利润,还可以减少质量纠纷,增加顾客的满意度。

三是可以提高消费者的忠诚度。消费者一般更愿意光顾那些提供了信用方案的商家,并在那里大量购买。

四是减少运营成本。信用消费者数量的增加通常会降低运营成本,因为信用工作人员工资和收账成本的增长经常会比消费者数量的增加慢。

(二)信用计划促销策略

制定信用项目或信用工具的营销计划时,要考虑针对新老消费者采取不同的营销策略。

新消费者包括以前未使用过信用而是使用现金的消费者、社区内潜在的消费者和新的住户。在信用计划已经广泛应用的情况下,想要增加新的消费者意味着要使他们相信你的信用方案比他们正在使用的方案更优越。比如,对于一位已经拥有 3 张其他信用卡的消费者,你必须想办法让他相信你的信用卡更好、更值得拥有。信用营销人员还必须想办法去识别那些社区中的新住户、刚结婚的夫妻和寻求首次尝试使用信用的人。近些年,许多信用卡机构针对在校大学生群体进行营销。发卡机构认为,虽然在校大学生暂时还没有固定收入,但他们会是一群品质优良的潜在客户群体。因此,发卡机构设立了最低的信用额度,希望冒些风险来换一个机会,与他们建立终身的客户关系。

老客户已经开立信用账户,挖掘老客户的潜力总是被作为营销工作的重点。老客户分为积极的消费者和消极的消费者两类。消极的消费者可能是已被其他公司的信用方案吸引,已从你的信用项目中退出,对此需要加强客户服务,提供更有吸引力的产品,重新赢得消费者的信任和忠诚。积极的消费者正在使用你的信用工具,但他们可能同时在使用其他的信用工具。对于积极的消费者,要努力让他们相信你的信用方案能够让他们的利益达到最大,他们就会增加对你的信用工具的使用,这可能需要使用激励方式向客户提供服务。

(三) 信用计划营销组合

在考虑信用项目营销所面临的复杂因素时,可借用商品和服务营销所采用的4P框架来进行分析。产品(Product)、价格(Price)、渠道(Place)及促销(Promotion)构成信用产品的营销组合。

产品的核心是质量,免于烦琐手续、费用更少、速度更快、额外的税收扣减、附加的友好服务、公司关心客户的信念等都能提高信用产品的质量。每个产品都是特征、服务与优点的综合体。一方面,应了解不同消费群的需求,向他们促销合适的产品系列;另一方面,同样的产品也许可以通过强调不同的特征销售给不同的细分市场。

价格是消费者比较敏感的因素,不同信用机构提供的同类信用产品的价格会有些差别,但在激烈的竞争之下,许多信用产品的价格已非常接近。

渠道主要是考虑分销商品和提供服务的渠道,如信用卡发行者要使信用申请表在许多地方随手可得,要允许电话申请以简化程序等。

促销是要说服消费者购买或使用你的信用计划,在产品、价格、渠道都接近的情况下,促销活动尤其重要。促销包括广告、直销、激励和公共关系4个方面。广告将产品信息传递给消费者,兼具教育功能;直销意味着公司的每一个雇员必须建立销售导向型的工作方式,努力寻找机会将公司的产品和服务销售给消费者;激励用来增加额外的销售和信用,额外的价格折扣和小商品礼物等都是吸引客户增加消费的手段;良好的公共关系也是一种有效的促销手段,在公益事业和有价值的社区活动中投入时间和金钱将有助于提升公司的形象。

二、信用调查

(一) 信用调查的内容

信用调查(Credit Investigation)指采取一系列步骤,来核对消费者信用申请表中所填信息的真实性,确定消费者是如何处理以前的债务的,从而帮助制定合理的信用决策。在信用调查工作开展之前,信用管理部门必须弄清楚这几个问题,即需要调查什么、所要收集信息的来源、调查到何种程度以及调查的方式等,这样调查起来才能做到有的放矢,并在额外信息可能带来的收益和获得信息的成本之间做出正确的权衡。

信用调查的目的是对消费者的信用进行评价,从而辅助信用决策。一般认为,消费者信用评价包括品质、能力、资本、抵押品和环境5因素(具体分析见本章第三节)。在信用评价5因素的框架之下,确定一些更具体的信用资质项目用来调查,这些具体项目包括偿付记录、收入、债务和支出、工作、住宅、婚姻状况、年龄、储备资产、抵押品、信用目的等。其中,偿付记录被认为是信用调查中最重要的因素,它表明了消费者偿还欠款的方式和过去的支付习惯,反映出消费者的偿付意愿,最能用来预测消费者的未来行为。信用调查应找出有关所欠款项的种类、当前所欠款项金额、逾期账款的金额、最近贷款的最高额以及支付方式,并明确列出偿付方式,如在30~60天内偿付、在60~90天内偿付等,同时记下事件发生的日期。其次重要的是收入和工作。应调查收入额以及收入的稳定性,工作一般来说是最重要的收入来源,所以通常和收入一同被调查。

（二）信用信息的来源

需要调查的信用信息应该用信用申请表来尽可能详尽地收集,因此,信用申请表的设计就显得非常重要了。一般来说,信用申请表设计应考虑的因素包括:采集方便核实的信息、采集可以用作客户密码的信息、采集制作信用评分模型需要的信息、采集可以被用作追账证据和线索的信息、取得允许调查消费者的签字。

除了信用申请表,消费者的信用信息来源还包括来自个人征信局的消费者信用报告、企业内部档案和直接调查。在征信社会,个人征信局会主动收集消费者的信用信息,并给授信机构提供各种消费者信用报告。个人征信局的信用报告信息真实、全面,收费也不高,它们是重要的消费者信用信息来源。授信机构在信用调查时,一般都会从个人征信局取得消费者的信用报告,然后把信用申请表上的信息和信用报告上的信息进行核对,并为申请信用的消费者建立个人信用档案。

申请信用的消费者可能是授信机构的新客户,也可能是老客户。新客户申请信用是为了开立新账户,老客户申请信用一般是为了增加信用额度。如果是老客户,授信机构就可以从企业内部的档案记录中获得消费者的信用信息。对于新客户,如果授信机构不打算从个人征信局购买个人信用报告,而是自己核实信用申请表上内容的真实性,那么就要采用直接调查的方式获得信息了。有些情况下,即使取得了消费者的个人信用报告,也需要调查其他项目才能做出授信决策。

拓展阅读 9-2

消费者信用报告与消费者信用调查报告的区别

消费者信用调查报告又称“经调查的消费者信用报告”,它和消费者信用报告的内容有根本的不同,需加以区分。可以从以下几个方面对它们进行区分。

（1）产生的方式不同。消费者信用报告是征信机构将商业银行、政府部门等掌握的消费者个人信用信息汇总整合起来形成的一种文件。消费者信用调查报告是专业信用调查机构接受客户委托,依法通过信息查询、访谈和实地考察等方式获取调查对象的相关信息从而形成的一种调查报告。

（2）内容不同。消费者信用报告的核心部分是消费者与商业银行等金融机构之间的信贷交易信息。而消费者信用调查报告主要记载消费者在信贷领域之外的信用信息。

（3）用途不同。消费者信用报告主要用于信贷市场,帮助商业银行等机构全面了解消费者的信用状况。而消费者信用调查报告主要为委托人在为他人提供信用、处理逾期账款和经济纠纷、选择贸易伙伴、签约等方面提供决策参考。

（4）出具的机构不同。如在我国,中国人民银行征信中心在全国范围内出具消费者信用报告,专业信用调查公司出具消费者信用调查报告。

(三) 直接调查

直接调查(Direct Inquiry)通过联系信用提供者、雇主及其他个人来证实申请者的信用情况。直接调查在时间和人力上都要有所花费,有时候可能比直接购买资料更贵。直接调查的好处是:通过询问具体问题,可以限定调查对象对相关信息的反应,收集到所需的额外信息。

直接调查的具体方式包括通过信件方式调查、通过电话调查、通过代理调查、通过信用群体会议调查以及寻找申请者未提及的其他资料。信件方式调查是比较正式的调查方式,要求仔细地设计询问信来请求可能拥有资料的人提供信息。电话调查可代替信件调查,具有快速地得到答复的优点,但是有些情况下不允许使用。通过代理调查包括通过公司雇员和公司外的代理人进行调查,这种调查方式比较有利于扩展调查的广度和深度。通过信用群体会议调查是指消费者信用的债权人在群体会议上交换分类账资料和其他有价值的信息。寻找申请者未提及的其他资料的原因是申请者可能在申请中不提任何缺点,为防止偏见,需要增加资料来源,可调查消费者的公共部门记录、纳税记录和警务部门记录等。

(四) 调查的程度

调查到何种程度是信用分析人员必须面对的问题。为更好地辅助信用决策,收集到的信息必须是全面而准确的。信息不充分可能导致判断中的失误,一些未被掌握的事实可能导致不同决策的产生。而大量的调查既花钱又花时间,还可能失去消费者的信任,要仔细衡量是否值得。对于信用决策来说,信息资料并不是越多越好,有时候大量真实的资料反而会妨碍分析和决策,相关的证据会被许多不相关的细节淹没。在客户属于首次申请信用并且授信机构要从申请表那里收集信息的情况下,决定调查的程度显得更为重要。如果申请者提供的信息非常完整,情况也合理,调查也许局限于偿付记录、工作情况及住房状况上。如果从申请者那里获得的信息有限,调查会更深入。如果信息显而易见,未经过调查就给申请者开立信用账户也是有可能的。

三、信用决策

(一) 信用决策的重要性

信用决策(Credit Decision)是消费者信用管理的关键所在,直接决定了信用运营成功与否。信用管理部门的信用控制和收账工作可能使其运营更加成功或者更加不成功,但它们不能取代信用决策。某些借款者生活中可能发生一些未能预料的事件,如残疾、死亡、经济危机等,使得他们无法继续偿还借款,但大多数未能偿还的欠款都是错误决策的结果。信息不充分、误导或虚假的信息、对事实不合理的解释、不合适的信用标准等都可能带来不良的信用决策。

(二) 信用决策工具

1. 信用评分系统

很多公司都会利用信用评分系统来对信用申请进行初步甄选,拒绝向那些未能达到最低分数的信用申请者提供信用。信用评分系统(Credit Scoring System)是一种基于统计方法的系统,它给信用申请表和信用报告机构的报告中写明的各种特性打分。信用评分系统中的每一个信用资质项目都会被赋予一定的权重,并视情况分为若干级来打分,所有信用资质项目上的得分加总起来就得到信用申请者的最终分数。如果没有达到一定的分数,信用申请者就会被拒绝,同时不再对其进行进一步调查。

一些信用卡公司已将信用评分系统纳入计算机系统,整个授信过程由计算机来完成。负责数据录入工作的职员将申请人资料输入计算机系统,计算机就会算出信用分数。如果分数足够高,那么无须信用分析人员进一步干预,计算机就可以批准新账户、确定信用额度、发放信用卡并建立用于保存信用的档案。

使用信用评分系统的优点是可以比较容易地建立一个统一的标准,排除信用决策人员的个人偏见和不合适的价值标准。但完全根据信用分数由计算机来决定授信,可能让消费者觉得太冷冰了,而且,如果信用评分系统设计得不是那么合理,将严重影响授信效果。在授信决策过程中,如果想结合运用经验判断的优势,可以由经验丰富的信用经理来决定是否给那些处于临界分数的信用申请者授信。

2. 信用分级表格

有些企业并没有建立起自己的信用评分系统,它们一般会采用一种叫作信用分级表格的工具来做出授信决策。信用分级表格(Credit Grading Form)是一种预先打印出来的表格,用以记录信用经理对信用申请中各种信用资质项目做出的评估。信用分级表格中会列出几个比较重要的必须审查的信用资质项目,如收入、工作、储备资产、偿债记录、声誉、抵押品、贷款目的、债务比率、现金流量等,其中债务比率和现金流量需要通过计算来估计。

信用经理完成了信用调查并分析了申请中的项目后,列出的信用资质项目会逐个地被评为优秀、良好、一般或很差。信用经理要根据自己的经验来定义各个等级,并判断消费者所处的等级。在评价完每一个信用资质项目后,最后给整个信用申请定一个总的等级。信用经理根据总的等级来做出授信决策。

使用信用分级表格的优点是:可以综合考虑各个重要因素的影响,不至于因某一因素的过大影响而影响正确决策;可以充分利用信用经理的经验来扩展信息,这种能力非常有用。缺点是:需要信用经理拥有丰富的经验,他们必须在心中将申请者与自己见过的其他人相比较;对于一些额外事实,不同信用经理可能得出不同的结论。

(三) 消费者信用报告在信用决策中的使用

在授信过程中,个人征信局的消费者信用报告是重要的决策依据,但商业企业和商业银行对于它的依赖程度是不同的。

一些商业企业会在它的信用政策中规定授信过程对征信局提供的消费者信用报告的依赖程度。许多商业企业的授信决策完全以征信局提供的消费者信用报告作为依据,而也有一些商业企业要求其消费者信用管理部门在个人征信局提供的报告的基础上,再行做一些资料补充或核实。商业企业较大程度上依赖于个人征信局的信用报告做授信决策是不无道理的。首先,虽然个人征信局只是忠实记录消费者的信用行为,且声明对由于报告内容里出现的误差而使信用使用者产生授信失误不负责任,但是,个人征信局的信用报告出现误差的可能性比较小,而且它的内容全面。其次,商业企业发放的信用工具额度都比较低,直接调查核实的成本较高,因此,大多商业企业还是选择使用个人征信局的信用报告。

对于商业银行,其授信决策一般并不完全依赖于个人征信局的消费者信用报告。大型商业银行往往有独立的客户风险管理部门,并建立起特定金融工具对应潜在客户群的信用评分数学模型来辅助授信决策。

四、账户控制

(一) 账户控制的目的

账户控制(Account Control)是指对消费者账户余额进行监督,以确保每一位消费者的负债总额都是合适的。某些消费者的负债总额可能过高,而有些信誉好的消费者却有可能没有充分利用信用。控制活动包括查看账户以证实消费者按规定定期付款,并保证消费者和信用提供者之间的关系是有益的。如果消费者对信用工具的使用没有达到预定目标,那么要检查信用政策或信用推销是否合适,寻找执行过程中是否存在偏差,发现偏差时,立即纠正。控制活动的主要内容还包括给信用关系当事人提供信息、寻找逾期客户和信用额度调整。

(二) 送账单给客户

信用关系中的双方——债权人和债务人,需要保持一个良好的信息沟通,以保证信用账户能够按协议得到及时偿付。及时、定期地送账单给客户是信用交易中最基本的信息处理方式。比如,信用卡公司每个月都要定期地给客户寄送月结算表,以让客户明白并确认他们所欠的款项内容与金额,保证在协定时间及时偿付欠款。一般来说,信用卡的账单结算表应当写明当前所欠总金额、从上次结算以来账户业务的情况以及可供使用的信用余额的信息。信用卡公司一般都使用描述性的结算表,结算表中会列出每笔交易的具体情况,如交易日期、交易商家的参考编号和名称、交易金额等。如果顾客怀疑账单有错误,可以向信用卡公司提出,信用卡公司提供有真实签字的文件以供查看核对。

(三) 寻找逾期客户

对于信用管理部门来说,应当建立一套专门收集关于逾期账款信息的系统,发展一些方法来识别那些没有收到定期偿付款的账户。对于在特定期限内没有进行偿付的消费者,记账系统应能快速列出这些消费者的名单。一旦发现逾期或迟缓付款的账户,必须执行信用政策,一方面要让消费者意识到这个问题,另一方面要对特殊账户加以关注。例如,对于贷款逾期,金融机构可以制作有问题贷款列表,使相关工作人员关注这些账户;对于信用卡逾期,则可以暂停消费者对信用卡的使用,告知消费者只有还清欠款才能继续使用。在处理逾期账户方面,一些大型金融机构已经不局限于寻找逾期账户,它们还建立起了复杂的计算机模型,试图根据偿付记录来预测顾客破产的可能性,以应对未来可能面临的风险。

(四) 设置信用额度

信用额度(Credit Line)指允许消费者赊购的最高限额。信用提供机构根据消费者信用度不同,给予他们不同的信用额度。当消费者的信用状况发生变化时,信用提供机构会调整消费者的信用额度。

使用信用额度主要有两方面的好处:一是信用额度允许最大限度地放权。信用经理将单个客户的信用额度核定后,就可委托公司中的任何人来处理收费、赊购数额这样的日常决策事务,这样信用经理就可以集中精力去做难度更大的事情。二是信用额度可以在信用方面对顾客加以指导。消费者刚开立账户时的信用额度较低,当他们经常使用信用工具并能按期足额偿付时,就增加他们的信用额度;当他们有拖欠行为时,就停止他们的信用,将他们的信用额度取消。这样能让消费者了解自己的信用状况并引导他们的信用行为。

信用额度的缺点是:当总体信用额度一定时,由于发展的客户数量增加,个体的授信额度就会降低,信用状况好的大客户的信用额度会显得过低,他们有可能放弃这种信用工具而转向其他的信用提供机构;反之,如果将单个客户的授信额度定得太高,一些信用度不够高或支付能力不够强的客户可能取得不适当的信用额度,他们中的一些可能消费过度,从而带来拖欠或坏账风险。

至于设定信用额度的方法,不同信用计划之间可能有所不同,但大多数授信机构倾向于使用层次递增法,尤其是对于信用卡之类的小型信用工具。这种方法的具体操作是:在批准信用账户时,只是指定一个比较低的信用额度,然后根据消费者在使用中实际的偿付表现,每半年或一年做一次调整。这样做的好处是可以有时间观察消费者的付款行为,即使发生授信失误的事情,损失也不会太大。

五、收账

(一) 收账的含义

收账(Collection)是指为使消费者及时付款而采取的各种管理和技术措施。收账活动是消费者信用管理非常重要的组成部分。由于消费者信用面向范围广大的人群,难以避免会产生一定比例的拖欠和坏账。而由于消费者信用具有个体授信额度小但授予信用的消费者数量特别庞大的特点,在消费者信用管理部门的信用风险管理系统中一般不会设立预警环节。因此,消费者信用管理中收账活动的重点在于对逾期账款的催收。有一些消费者授信机构把信用当成一种促销工具,认为信用应该很容易地被消费者获得,所以会以非常宽松的条件授予消费者信用。这种情况下,账款催收工作就显得更加重要了。

(二) 收账的程序

为保证拖欠账款的有效回收,授信企业一般都会制定一套严格的收账程序。而出于保护消费者权益的目的,针对消费者的收账活动会受到严格的法律管制,如在美国催债活动必须遵守《公平债务催收作业法》。因此,在制定催债程序时,必须注意不能违反相关的法律规定。

收账程序会把每个时间节点需采取的具体措施列出来。一个典型的收账程序可能是这样的:拖欠时间达 15 天,发第一封提示函;拖欠时间超过 30 天,打电话,先给拖欠金额较大的消费者打电话,再给拖欠金额较小的消费者打电话;拖欠时间超过 45 天,发第二封催收信函;拖欠时间超过 50 天,信用管理部门高层考虑是否取消消费者继续使用或恢复使用信用工具的资格;拖欠时间达到 60 天,发第三封催收信函,信用经理审查金额较大的违约账户;拖欠时间达到 75 天,信用经理审查所有违约账户;拖欠时间超过 90 天,送外部追账机构进行追讨,同时将违约记录送个人征信局。

(三) 收账的手段

催账是一项非常讲究技巧的工作。对于自行催账的企业,收账人员必须掌握电话催收和撰写催收信两个技巧。电话催收是最主要的催收手段。一位企业的专门催账人员最多可能要同时负责 300 个消费者类型客户的收账工作,同时必须考虑电话催账发生的直接成本,因此,催账人员需要保持相当高的效率,争取用最少的电话和时间能够把账款催回来。第一次和债务人对话必须把握以下要点:

(1) 核对欠款人资料,包括姓名、身份证号码、联系电话、工作单位、工作单位地址、家庭地址等。

(2) 弄清楚消费者拖欠的真正原因所在。

(3) 要求违约消费者做出还款承诺和安排,立即还清所有欠款。

(4) 如果消费者对账单有争议,尽可能了解问题的细节,问清消费者的想法,告知争议解决程序是要立即写申诉材料,并要求其必须立即还清账单上没有争议的部分。

(5) 告知违约消费者拖欠的后果是信用记录被破坏,企业可能将案件送交追账机构。

电话催收人员只有经过培训才能上岗,以掌握基本的电话催收技能。最终催收的效果与工作态度和工作经验有很大关系。催收人员打电话前要先稳定一下情绪,要用庄重的语调表述需要得到付款的承诺。一位和形形色色违约消费者打过交道的经验丰富的催收人员,会在和违约消费者第一次打交道时就能迅速判断出他的类型,采用最合适的方法去和他沟通,从而取得最高的效率。在通过电话催账后,催收人员应该把每一次与客户的交流情况记下来,以作为证据,也方便不同收账人员之间进行业务交接。

催收信是比电话催收更有威慑力也更正式的催收手段。如果一个授信机构的信用管理部门给违约消费者寄送一封以上的催收信,各封信应该使用不同强硬程度的口气,以提示消费者所面临的对应的惩罚措施。第一封应该是“提示函”,使用的口气是善意的。后面发出的催收信应该是带威胁口气的了,尤其是第三封催收信,一般会有将案件送交追账机构和向个人征信局报送违约记录的威胁。催收信的措辞很重要,要努力做到既不特别冒犯违约客户的自尊心,又能让违约客户感受到大的压力,促使他们立即偿清欠款。一般授信企业或追账机构都很重视取得违约客户对催收信的签收记录,因为这是法律承认的证据形式。如果要取得违约客户对催收信的签收记录,可以以挂号信方式邮寄催收信。

(四) 自行催收与委外催收

授信机构在处理账款回收问题时,都会权衡自行催收和委外催收的成本和收益,然后做出最有利的选择。委外催收的好处是追账机构做收账工作更为专业,收账效率会比较高。不利之处是委外催收要支付佣金费用。对很多授信企业来说,选择追账机构收账更能提高效率、降低成本,也可以让自己更专注于主业经营。例如,很多发行信用卡的商业银行,更愿意把精力集中在它们擅长的货币经营上,而不想被催收账款这样的事情牵扯过多的精力,因此,它们会在拖欠刚产生的时候,就把所有拖欠的消费者案件委托给追账机构。如果要选择专业追账机构催收欠款,要注意它们的资质、追账覆盖范围以及是属于哪一种类型的追账机构。消费者欠款通常额度都比较低,一般只有达到一定数额的批量委托,追账机构才愿意接受。

第三节　消费者信用评价

一、消费者信用评价的基本理论

根据传统的信用管理理论,对消费者信用进行评价依据的是 5C 原则,即品质(Character)、能力(Capacity)、资本(Capital)、抵押品(Collateral)和环境(Condition)。5C 原则指出了评价消费者信用必须考虑五个方面的因素,为消费者信用评价提供了一般性构架和准则,也是定量化信用评分的基础。在 5C 原则的构架之下,进一步细化出具体的信用评价的深度指标,如工作、职务、收入、住房、现行地址居住时间、债务收入比例、银行开户情况、信用档案年限、信用记录、公用事业记录等。这些深度指标是对消费者信用进行评价的具体项目,对其进行量化分析就可以得到信用评价的分数。深度指标也是信用调查的具体信用资质项目,用来指导企业的信用调查工作。企业在做出授信决策之前,一般都要视申请人的具体情况,对一些特定项目进行调查,以取得翔实的数据。5C 原则所包含的具体内容如下:

(一) 品质

品质是无形的个人特征的综合,和个人的道德与正义感有关。品质可以从一个人的习惯和品行来判断,如果一个人喜欢酗酒、赌博等,那么大概可以判断其品质不会太好。品质也可以从一个人的职业或商业行为以及对待他人的行为态度来判断,如果一个人不讲职业道德、对待债务总是习惯拖欠或不还、购买商品无故退货、对待朋友不信守承诺、不尊重他人的权利,那么其品质也不会太好。这里所说的品质,准确地说是指信用品质,用信用消费者按协议偿付款项的意愿来描述较为恰当。品质是无形的,如何度量是个问题。品质作为一种内在的东西,即使是与当事人最亲近的人也未必能准确地度量出来,所以只能寻找能够比较接近地解释这种特性的一些细节,而这些细节又是能够被证实的。一般认为,申请者的偿付记录能够比较好地解释申请者按协议付款的意愿。因此,在信用调查时,应大量收集关于申请者偿付记录方面的真实证据,如当前账户是否偿清、账户的数量、账户开立的时间、目前拥有的账户余额、最近贷款的最高额度、账款逾期未付的次数等,这些证据通常能够最好地预测出申请者的信用品质。

(二) 能力

能力是指贷款到期时,信用申请者偿还一定数量欠款的能力。信用申请者的能力很重要,因为就算信用申请者是很讲信用的人,但如果财力有限,也会心有余而力不足,出现不能按时支付欠款的情况。对信用申请者的能力做出评价,一般是调查其收入和工作情况。对于一般的信用申请者来说,工作是其收入的主要来源,所以收入和工作情况会一起被调查。信用申请者的偿债能力除了取决于其收入高低之外,还与其消费支出水平和其他负债有关。一个信用申请者没有足够的资金来偿还欠款,可能是由于其收入水平太低,也可能是由于其他负债太多。有的时候,信用申请者的收入水平并不低,但由于信用申请者总是花钱大手大脚,负债消费,又缺乏一定的理财能力,这就可能影响其偿债能力。

(三) 资本

资本指信用申请者的财务状况,主要由其个人能够支配的储备资产的多少来决定。这些资本可能是有形的,如银行存款、房地产等;也可能是无形的,如消费者个人拥有的特殊的技能和知识,这是他能够迅速找到另一份工作的能力。在发生财务危机时,消费者能够依赖于这些资产生活。例如,如果他失业了,可以从他的银行存款账户提取现金来继续按协议偿还欠款,或者他可以迅速找到另一份工作。

(四) 抵押品

抵押品是指信用申请者不能偿付欠款时,其财产所有权将被转移给贷款提供者的物品。抵押品通常作为消费信贷的付款保证,可以是已拥有的财产,也可以是由贷款所购买的物品本身。例如,需要贷款购买汽车的消费者可以用购买的汽车作为抵押品,来申请银行的贷款。如果借款者不能偿还贷款,银行将拥有这辆汽车的所有权。作为抵押的物品要能够确认是由借款者所有,且没有作为以前贷款的抵押品。

(五) 环境

环境指信用申请者所处的市场条件。环境作为一种信用评价因素,关注的是信用申请者对经济体系的适应程度以及经济事件对其支付能力和支付意愿的影响程度。例如,生活在北方的建筑工人在冬天停止了大部分的野外作业,他们的收入将会减少,在申请信用时,他们会被要求解释在冬季的几个月里,他们将如何维持收入。被解雇的雇员,如果总是抱怨是社会造成了他们的不幸,那么他们偿还贷款的意愿就会降低。除了外部因素,年龄、工作单位所处行业、受教育程度以及其他因素也会影响信用申请者的偿债能力。

在消费者信用评价五因素中,信用评价人员更重视的是信用申请者的品质和能力,而不是资产或抵押品。信用提供者希望和一个愿意并有能力还款的借款者打交道,而不希望动用到他的储备资产或抵押品。收入始终是还款的首要和直接来源,储备资产是额外的保障,只有在少数几种情况下,债务人会依靠储备资产来偿付消费者信用的欠款。用抵押物作担保品,并不能增加消费者的信用,只是为贷款提供机构提供一种额外担保。通过抵押品的收回和变现来收回欠款,可能比较困难,成本也会很高,也许还会影响贷款提供者的形象。在信用环境比较好的发达国家,许多金融机构已经摈弃了使用抵押品来规避风险的措施。对于信用环境不太好的国家和地区,仍广泛使用抵押品作为消费者信用的额外担保。

大多数信用评价人员认为,品质是比能力更重要的因素。如果借款者有偿还欠款的意愿,那么他们一定会想办法走出没有能力偿还欠款的窘境,最终偿清全部欠款。如果借款者的品质不好,就算他们目前有足够的能力偿还欠款,他们也未必会及时偿还,甚至会想办法逃债。在信用评价中,应把借款者的信用品质放在最重要的位置。

二、消费者个人信用评分

(一) 个人信用评分的概念

个人信用评分指信用评估机构通过建立信用评分模型对消费者个人信用信息进行量化分析,并用一个分数来综合反映个人的信用状况。具体来说,就是在个人信用信息数据库系统的基础上,运用数理统计学的原理,找出可能影响消费者未来信用风险、价值等的各种因素,建立起特定的数学模型,并借助计算机信息技术对个人信用信息进行量化评估。消费者的个人信用分数越高,表明风险越低或信用越好;反之,则表明风险越高或信用越差。

信用评分具有预测风险事件发生概率的功能,对企业的消费者信用管理工作发挥重要作用。对于大多数企业的信用管理部门,信用评分为筛选合格客户设置了门槛,也为快速审批客户的信用申请提供了可能性。而且,个人信用评分不仅用于贷款的审批决策,还广泛应用于对现有账户的管理。在社会信用体系比较完善的国家,如美国和英国,信用评分的重点已由尽量减少客户违约风险转到授信机构如何尽可能从客户中获得最大利润。目前,个人信用评分技术在信用卡、个人贷款、住房贷款及中小企业贷款中都得到了广泛应用。

信用评分技术在消费者信用管理上的广泛运用,大大提高了消费者信用管理的效率和水平,相对于依靠信用分析人员主观判断的传统信用评估方法,其优势非常明显,主要体现在以下几个方面:

一是客观性。信用评分模型使得信用审批过程更为客观,信用评分模型是根据从大量数据中提炼出来的预测信息和行为模式制定的,反映了消费者信用表现的普遍性规律,在实施的过程中不会因业务人员的主观感受、个人偏见、个人好恶和情景、情绪等而改变,可以在一定程度上避免人为的不当干预。

二是一致性。信用评分模型在实施的过程中前后一致,任何分支机构、业务人员在任何时间、地点做出的决定,只要用的是同一个模型,其评估和决策的标准就应是一样的。

三是准确性。信用评分模型是依据概率学原理和统计技术科学地发展出来的,能够比较准确地预测消费者某种信用表现的概率。当然,模型的准确性高低与数据的质量、模型研发人员的技术水平和经验丰富程度密切相关。

四是全面性。在发展信用评分模型时,可以从数据中提炼出大量的具备一定预测能力的衍生变量,运用一定的统计技术对这些变量进行评估、比较、筛选,最后形成的模型往往由代表各个信息维度的多个预测变量组成,能比较全面地评估消费者的未来信用表现。

五是效率性。由于信用评分模型可以在计算机系统里自动实施,只要输入相关信息,可以在几秒钟内得到决策,适用于消费信贷,尤其是信用卡这种业务笔数大、单笔金额小的产品。如果依赖人工主观地进行成百万元、上千万元的申请审批和账户管理决策,仅就人工成本和处理速度来讲也是不可取的。

(二) 个人信用评分产品的开发

个人征信局是信用评分产品最主要的开发者,它提供的信用评分产品多种多样,包括预测消费者的违约率、信用潜力、个人破产、偿债能力和偿债意愿等类型。每个个人征信局使用和销售的信用评分产品可能是自己开发的,也可能是由专业公司提供或帮助开发的。例如,在美国,每个个人征信局都使用由 Fair & Isaac 公司开发的 FICO 评分产品。

在提供消费者信用风险管理的公司中,除了个人征信局,还有一类专业消费者信用风险管理公司,它们也提供信用评分产品。它们服务于特定的行业,对某个特定行业的信用风险进行管理。典型的专业消费者信用风险管理公司有移动通信欠费风险管理公司、助学贷款基金信用风险管理公司、汽车租赁客户信用风险管理公司等。为提供更专业的信用风险管理服务,专业消费者信用风险管理公司会基于数据项比较有限的数据库,为客户制作针对特殊信贷品种的信用评分模型,用以预测消费者的付款潜力。

信用评分模型是设计信用评分产品的基础。按照评分的数据来源,个人信用评分模型可以划分为通用化模型(Generic Models)和定制化模型(Custom Models)两种。通用化模型利用个人征信局的数据来建立评分系统,它的开发和使用并不是针对某个单一的信用产品。如美国的全联公司(Trans Union)、艾克飞公司(Equifax)和英国的益百利公司(Experian)三大信用局收集了大量消费者的历史信用信息,由 Fair & Isaac 公司利用其数据开发出 FICO 系列信用评分模型。在国内,中国银联自行开发了基于各会员银行消费数据的个人信用评分模型,上海市也推出了基于个人征信的个人信用评分模型。在全国范围内,中国人民银行组织的个人征信系统评分模型也正在开发之中。以行业内多家银行的集体数据为评分基础的行业共享评分模型也属于通用化模型。定制化模型是指针对某个信用产品开发的信用评分模型,其建模时用的数据信息既包括个人征信局的数据,也包括来自个人信用申请表等渠道的个人信息,还包括与该信用产品有关的某些特征变量。

通用化模型和定制化模型各有优点。通用化模型的优点是:所有授信机构均可使用,不论规模大小、业务历史长短;其数据量大而全面,反映了消费者全方位的信用信息;可以迅速购买获得,对于规模小的授信机构来说比较便宜。定制化模型的优点是:更加准确,因为模型反映了授信机构自己的客户群体特征;研发弹性大,可以自己制定模型流程和标准;对于大的商业银行来说,自己开发模型也可能比较节省成本。

(三)常见的个人信用评分模型

个人信用评分模型是消费者个人信用评分技术的基础。下面介绍两个常见的消费者个人信用评分模型。

1. FICO 个人信用评分模型

FICO 信用评分模型是目前运用最广泛的个人信用评分模型,由美国的 Fair & Isaac 机构开发。FICO 信用分计算的基本思想是:把借款人过去的信用历史资料与数据库中的全体借款人的信用习惯相比较,检查借款人的发展趋势是否跟经常违约、随意透支,甚至申请破产等各种陷入财务困境的借款人的发展趋势相似。FICO 信用分的打分范围是 325~900 分。一般地说,如果借款人的信用分达到 680 分以上,金融机构就可以认为借款人的信用卓著,可以毫不迟疑地同意发放贷款。如果借款人的信用分低于 620 分,金融机构或者要求借款人增加担保,或者干脆寻找各种理由拒绝贷款。如果借款人的信用分为 620~

680 分,金融机构就要做进一步的调查核实,采用其他的信用分析工具,做个案处理。

在美国的各种个人信用评分模型中,FICO 个人信用评分模型的正确性最高。不过,FICO 信用分计算方法至今未向社会完全公开,Fair & Isaac 机构只公布了其打分方法的一小部分,如表 9-1 所示。

表 9-1 FICO 个人信用评分表

住宅	自有	租赁	其他	无信息			
	25	15	10	17			
现址居住年限(年)	<0.5	0.5 ~ 2.49	2.5 ~ 6.49	6.5 ~ 10.49	>10.49	无信息		
	12	10	15	19	23	13		
职业	专业人员	半专业	管理人员	白领	蓝领	退休	其他	无信息
	50	40	31	28	25	31	22	27
工作年限(年)	<0.5	0.5 ~ 1.49	1.5 ~ 2.49	2.5 ~ 5.49	5.5 ~ 12.49	>12.5	退休	无信息
	2	8	19	25	30	39	43	20
信用卡	无	商户贷记卡	主流贷记卡	两者都有	无回答	无信息		
	0	11	16	27	10	12		
银行账户	个人支票	储蓄账户	两者都有	其他	无信息			
	5	10	20	11	9			
债务收入比率	<15%	15% ~ 20%	26% ~ 35%	36% ~ 49%	>50%	无信息		
	22	15	12	5	0	13		
一年内查询次数	0	1	2	3	4	5 ~ 9	无	
	3	11	3	-7	-7	-20	0	
信用档案年限(年)	<0.5	1 ~ 2	3 ~ 4	5 ~ 7	>8			
	0	5	15	30	40			
循环信用透支账户个数	0	1 ~ 2	3 ~ 5	6				
	5	12	8	-4				
信用额度使用率	0 ~ 15%	16% ~ 30%	31% ~ 40%	41% ~ 50%	>50%			
	15	5	-3	-10	-18			
毁誉记录	无记录	有记录	轻度毁誉	第一满意线	第二满意线	第三满意线		
	0	-29	-14	17	24	29		

2. 我国商业银行的个人信用评分模型

中国建设银行的个人信用评分模型,是比较有代表性的我国商业银行个人信用评分模型。中国建设银行在借鉴国外商业银行的信用评分体系的基础上,结合我国实际情况,在 2000 年设计了如表 9-2 所示的个人信用评分模型。后来,该模型又进行了一些改进和调整,但基本构架是一样的。该模型采用百分制,由自然情况、职业情况、家庭情况和与本行关系四部分内容组成。

表 9-2 中国建设银行个人信用评分模型

<table>
<tr><td></td><td>项目</td><td colspan="8">评分标准</td></tr>
<tr><td rowspan="14">自然情况</td><td>年龄</td><td colspan="2">25 岁以下</td><td colspan="2">26～35 岁</td><td colspan="2">36～50 岁</td><td colspan="2">50 岁以上</td></tr>
<tr><td>分数</td><td colspan="2">2</td><td colspan="2">4</td><td colspan="2">6</td><td colspan="2">4</td></tr>
<tr><td>性别</td><td colspan="2">男</td><td colspan="2">女</td><td colspan="2"></td><td colspan="2"></td></tr>
<tr><td>分数</td><td colspan="2">1</td><td colspan="2">2</td><td colspan="2"></td><td colspan="2"></td></tr>
<tr><td>婚姻状况</td><td colspan="2">已婚有子女</td><td colspan="2">已婚无子女</td><td colspan="2">未婚</td><td colspan="2">其他</td></tr>
<tr><td>分数</td><td colspan="2">5</td><td colspan="2">4</td><td colspan="2">3</td><td colspan="2">2</td></tr>
<tr><td>健康状况</td><td colspan="2">良好</td><td colspan="2">一般</td><td colspan="2">差</td><td colspan="2"></td></tr>
<tr><td>分数</td><td colspan="2">5</td><td colspan="2">3</td><td colspan="2">-1</td><td colspan="2"></td></tr>
<tr><td>文化程度</td><td colspan="2">研究生以上</td><td colspan="2">本科</td><td>大专</td><td>中专/高中</td><td colspan="2">其他</td></tr>
<tr><td>分数</td><td colspan="2">8</td><td colspan="2">6</td><td>4</td><td>2</td><td colspan="2">1</td></tr>
<tr><td>户口性质</td><td colspan="2">常住户口</td><td colspan="2">临时户口</td><td colspan="2"></td><td colspan="2"></td></tr>
<tr><td>分数</td><td colspan="2">6</td><td colspan="2">5</td><td colspan="2"></td><td colspan="2"></td></tr>
<tr><td rowspan="16">职业情况</td><td>单位类别</td><td>机关事业</td><td>国有企业</td><td>集体企业</td><td>军队</td><td>个人独资</td><td>个体经营户</td><td>三资企业</td><td>其他</td></tr>
<tr><td>分数</td><td>6</td><td>4</td><td>3</td><td>5</td><td>2</td><td>2</td><td>5</td><td>1</td></tr>
<tr><td>单位经济状况</td><td colspan="2">良好</td><td colspan="2">一般</td><td colspan="2">差</td><td colspan="2"></td></tr>
<tr><td>分数</td><td colspan="2">4</td><td colspan="2">2</td><td colspan="2">-1</td><td colspan="2"></td></tr>
<tr><td>从事行业发展前景</td><td colspan="2">良好</td><td colspan="2">一般</td><td colspan="2">较差</td><td colspan="2"></td></tr>
<tr><td>分数</td><td colspan="2">4</td><td colspan="2">2</td><td colspan="2">-1</td><td colspan="2"></td></tr>
<tr><td>岗位性质</td><td colspan="2">单位主管</td><td colspan="2">部门主管</td><td colspan="2">一般职员</td><td colspan="2"></td></tr>
<tr><td>分数</td><td colspan="2">6</td><td colspan="2">4</td><td colspan="2">2</td><td colspan="2"></td></tr>
<tr><td>岗位年限</td><td colspan="2">2 年以上</td><td colspan="2">1～2 年</td><td colspan="2">1 年以内</td><td colspan="2"></td></tr>
<tr><td>分数</td><td colspan="2">7</td><td colspan="2">5</td><td colspan="2">4</td><td colspan="2"></td></tr>
<tr><td>职称</td><td colspan="2">高级</td><td colspan="2">中级</td><td colspan="2">初级</td><td colspan="2">无职称</td></tr>
<tr><td>分数</td><td colspan="2">4</td><td colspan="2">2</td><td colspan="2">1</td><td colspan="2">0</td></tr>
<tr><td>月收入</td><td>10 000 元以上</td><td>8 000～10 000 元</td><td>5 000～8 000 元</td><td>4 000～5 000 元</td><td>3 000～4 000 元</td><td>2 000～3 000 元</td><td>1 000～2 000 元</td><td>1 000 元以下</td></tr>
<tr><td>分数</td><td>12</td><td>10</td><td>9</td><td>8</td><td>6</td><td>4</td><td>2</td><td>1</td></tr>
<tr><td rowspan="2">家庭情况</td><td>家庭平均月收入</td><td>5 000 元以上</td><td>4 000～5 000 元</td><td>3 000～4 000 元</td><td>2 000～3 000 元</td><td>1 000～2 000 元</td><td>1 000 元以下</td><td colspan="2"></td></tr>
<tr><td>分数</td><td>9</td><td>6</td><td>5</td><td>4</td><td>3</td><td>1</td><td colspan="2"></td></tr>
<tr><td rowspan="10">与本行关系</td><td>是否本行员工</td><td colspan="2">是</td><td colspan="2">否</td><td colspan="2"></td><td colspan="2"></td></tr>
<tr><td>分数</td><td colspan="2">2</td><td colspan="2">0</td><td colspan="2"></td><td colspan="2"></td></tr>
<tr><td>本行账户</td><td colspan="2">有信用卡用户</td><td colspan="2">有储蓄卡用户</td><td colspan="2">无</td><td colspan="2"></td></tr>
<tr><td>分数</td><td colspan="2">6</td><td colspan="2">4</td><td colspan="2">0</td><td colspan="2"></td></tr>
<tr><td>存款余额</td><td colspan="2">较高</td><td colspan="2">较低</td><td colspan="2">无</td><td colspan="2"></td></tr>
<tr><td>分数</td><td colspan="2">6</td><td colspan="2">4</td><td colspan="2">0</td><td colspan="2"></td></tr>
<tr><td>业务往来</td><td colspan="2">频繁</td><td colspan="2">一般</td><td colspan="2">较少</td><td colspan="2"></td></tr>
<tr><td>分数</td><td colspan="2">4</td><td colspan="2">2</td><td colspan="2">0</td><td colspan="2"></td></tr>
<tr><td>其他借款情况</td><td colspan="2">从未借款</td><td colspan="2">有借款但已还清</td><td colspan="2">有拖欠记录</td><td colspan="2"></td></tr>
<tr><td>分数</td><td colspan="2">4</td><td colspan="2">5</td><td colspan="2">-5</td><td colspan="2"></td></tr>
</table>

中国建设银行根据个人的信用总分来确定贷款的信用额度:90 分以上,贷款额度为 60 万元;80 ~ 89 分,贷款额度为 10 万元;70 ~ 79 分,贷款额度为 5 万元;60 ~ 69 分,贷款额度为 1 万元;50 ~ 59 分,贷款额度为 5 000 元;40 ~ 49 分,贷款额度为 3 000 元;40 分以下,贷款额度为 0 元。

拓展阅读 9-3

美国信用局评分的发展

美国的 Fair Isaac 公司从 20 世纪 50 年代末开始推广信用局评分的概念,它首先向 50 家公司发出了信用评分产品的介绍,然而只得到一家名为"American Investments"公司的回应,而后 Fair & Isaac 公司为其构建了它们的第一个信用评分模型。

第二次世界大战结束之后,随着美国经济的复苏,消费信贷需求不断增长,一些大型的零售商和金融机构开始尝试采用信用评分这种新的工具。20 世纪 50 年代末至 70 年代,Fair & Isaac 分别为美国曾经的零售商"Montgomery Wards"公司和一家欧洲的银行建立了信用评分模型,尽管应用规模较小,但应用范围逐步扩大,逐渐被应用在账户透支、汽车金融以及小企业贷款业务上。当时,信用评分应用的自动化程度不高,大多是采用手工操作。直到 1972 年,由 Fair & Isaac 公司开发的第一个完全自动化的评分系统才在 Wells Fargo 银行出现。

1980 年以后,金融机构开始尝试采用基于风险定价的浮动利率,这种定价方式让其再次重视了信用评分的风险识别能力。而信用局评分这个概念被广泛接受是在 20 世纪 80 年代末。1987 年,MDS 公司为美国三大征信机构开发了破产评分。为与 MDS 竞争,Fair & Isaac 公司在 1989 年开发了拖欠评分,这是真正意义上的 FICO 信用局个人信用评分,该评分被称为"Debuts—Beacon",在艾克飞公司推出后,Fair & Isaac 随后又分别为美国的另外两大征信机构——环联和益博睿分别构建了信用局评分。

1995 年"HSH Associates Financial Publishers"发行了一篇名为"The Scoring Game"的文章,该文章建议将 FICO 评分作为衡量抵押贷款业务的必要工具,用于告知投资者贷款违约的可能性。于是,FICO 信用局评分的影响力突然扩大,随后被大规模应用起来。同年,美国最大的两家提供住房抵押贷款的金融机构房利美以及房地美要求贷款人在售卖贷款产品的同时附带该产品的信用局评分。作为信用局评分的开发者,Fair & Isaac 公司成为了直接受益人。在此后的两年内,美国境内 40% 的抵押贷款申请都采用了信用局评分。

目前,FICO 评分仍然是美国最具代表性的信用局评分,比如益博睿的 Experian/Fair & Isaac、PLUS Score,艾克飞的 Beacon、Score Power,环联的 Empirica、Transrisk Score,都属于 FICO 体系的评分产品。虽然三家信用局对于信用评分的称谓不同,但评分的原理是相同的,只是由于各家信用局所掌握的个人信息可能有所差异,造成一个人在三家信用局的评分可能不一致。另外,美国三大征信局联合开发了信用局通用的评分模型,该模型的评分名为 Vantage Score,然而该评分在美国的市场占有率较低。

过去,FICO 评分只对贷方和需要信用分数的交易方公开,FICO 评分真正面向消费者是在2000年,最先是迫于美国加州的法律要求,然后是迫于美国国会、工业和消费者组织的压力,最后该评分完全向公众公开。Fair & Isaac公司于2001年与艾克飞公司合作推出Launch Score Power,这是美国第一个在线的信用评分查询服务系统。目前,消费者能通过www. myfico. com或者美国主要信用局的网站上查到完整的FICO信用局评分。当消费者申请贷款业务时,也可以向贷方咨询自己的分数。

资料来源:中国人民银行征信中心。

三、个人信用评分模型评述

在个人信用评分模型的研究方面,最先被采用并在今天仍非常流行的数量化信用评估模型是线性判别分析模型。20世纪30年代,Fisher提出了一种线性分类方法。它根据判别对象的不同类别,选择判别因子,利用判别因子与判别对象的关系建立不同类别的关系方程式,选择适当的判别规则,判别某一类观测样本所属的类别。1941年David Durand第一个将判别分析方法用于消费贷款的风险评定,此后,这一方法在学术界及金融界都得到了广泛的讨论与应用。William Fair和Earl Isaac利用判别分析法建立了一个信用评分系统,后来成就了著名的Fair & Isaac信用咨询公司;Altman于1968年运用多元判别分析方法建立了Z-Score信用分析模型;1977年和1978年Eisenbeis把判别分析作为一种信用评估方法加以推广,张仁哲(1982)、曾俊尧(1991)分别应用判别分析的方法对中国台湾地区信用卡客户风险进行了量化评估。

回归分析是另一种广泛应用的数量化信用评估方法,主要包括线性回归、Logistic回归和Probit回归。1970年,Orgler把线性回归分析应用于消费者贷款,随后Fitzpatrick(1976)、Lucas(1992)及Henley(1996)也用此方法进行了信用评估的研究。Logistic回归是作为预测二分类结果的选择技术而出现的,它不要求满足正态分布或等方差等假设条件,从而消除了线性模型的正态分布假定的局限性;Martin(1977)、Ohlson(1980)和Wiginton(1980)首次运用Logistic分析解决破产预测问题,Madalla采用该方法区别违约与非违约贷款申请人,此后有很多大量运用于信用评分的Logistic回归模型方面的研究文献陆续出台。Craig和West(1985)探讨了利用Logistic回归模型在建立商业银行早期预警系统的可能性。1989年Steenackers和Goovaerts将Logistic回归中的似然比对数函数改变为正态分布函数的反函数,构造出Probit模型,使回归分析模型的种类得到进一步扩展。

非参数统计和人工智能的方法也在客户信用评估中得到了普遍应用。分类树是一种挖掘数据中潜在的分类规则的非参数分析方法,其通过对总体样本进行连续的分割,预测一定目标变量的结果,也被称为递归分割法(RPA)。1973年Breiman和弗里德曼在一般的分类问题中提出这一方法,该方法很快被用于信用评分领域。1985年Makowski第一次把分类树方法应用于个人信用评估,取得了良好的预测效果。美联储曾在《平等贷款机会法案》(Equal Credit Opportunity Act)中称这种方法是在信用评估中经过实证检验并且在统计意义上完美的办法。遗传算法(Genetic Algorithms)是美国Michigan大学Holland教授于1975年正式提出来的一种随机搜索优化算法,Fogarty和Ireson(1993)是最先把这种方法应用于评分的学者之一。神经网络模型由于无严格的假设条件限制，且具有处理非线性问题的能力，除在欺诈风险辨识中应用外，也在信用风险评估中有所应用，Security Pacific Bank（SPB）同样在使用神经网络智能系统来为小额商业贷款进行信用评估，Loyds Bowmaker Motor Finance 也已经开发了一个神经网络信用评估系统。Garroa、Terracinab 与 Ursino（2004）提出基于人工智能的 MAS（多智能体）技术，尝试建立基于 MAS 的信用卡风险度量与控制体系，使系统能模仿人类专家在进行风险管理时的思维逻辑过程。许速群等（2007）运用层次分析法与 AHP－BP 神经网络模型建立了二段组合模型，用于信用卡申请审核的信用评级。

目前，最广泛使用的信用评分模型就是上述的判别分析、Logistic 模型、Probit 模型、分类树以及神经网络模型等。在模型选择基准方面，国外主要是以预测的精度、错分率作为评价模型好坏的基础。Galindo 和 Tamayo（2000）提出选择最优评分模型的五个必要的质量要求：精确度，模型中假设产生的误差率较低；变量少，不包含太多的解释变量；不琐碎，能够产生令人感兴趣的结果；可行性，运行的时间和其他占用的资源合理；透明度和解释性，能够高水平地反映数据之间的关系和趋势，可以解释模型结果的出处。由于这五项标准本身的重要程度及可度量性均有限，到目前为止，哪种模型最符合这种要求还没有定论。实践研究的结果表明，这五种信用评分模型可能适用于不同的信用类型的预测或不同事件发生可能性的预测，孰优孰劣难以做出确定的回答。

拓展阅读 9-4

互联网个人信用评分的优势与缺陷

在互联网交易中，信息不对称问题比实体市场交易更为严重，由此推动了互联网个人信用评分的发展。与传统个人信用评分相比，互联网个人信用评分具有明显的优势，但也有其缺陷。

1. 互联网个人信用评分的优势

（1）覆盖范围更广。在传统的信用评分模型中，当人们存在信用不良记录或者没有借贷经历等行为，其信用评分就比较低，将被视为高风险的人群，从金融机构贷款利率也会很高，甚至其贷款申请会被拒绝。美国 FICO 公司按照 FICO 分的高低，将美国公民分为四个区间，每个区间由不同的金融服务机构向评分人群提供金融服务。依据 FICO 评分模型，信用记录不完善或者不够完善的贷款申请人，多数金融机构难以向其提供金融服务，他们即使能够获得金融服务，也要付出较大的代价。互联网个人信用评分可以服务到被传统信用评分模型拒绝的人群，即没有征信记录的人群及征信记录不完善的人群，使其充分享受金融服务。

（2）评分模型信息维度丰富。传统信用评分模型信息维度单一，评分指标一般是 20 多个。然而，随着互联网金融的快速发展，个人信贷业务范围日益广泛，出现了较多能够反映个人信用的信息维度。互联网个人信用评分通过庞大的评估指标体系的分析，借助特殊模型的计算，使用多个信息维度，来评价申请人最终的信用分。

（3）评分模型更新较为及时。传统信用评估模型更新比较慢，难以涵盖正在发生的行为或事件。如尽管 FICO 分体现出了风险大小,然而,其预测绝对风险的能力较差。如 2005—2011 年,FICO 分在美国人口的分布上基本上没有什么变化,这与金融危机发生后出现大量坏账的现实明显矛盾。互联网个人信用评分更看重申请人现在的信息,致力于横向拓展,使用机器学习模型,并对模型不断更新完善。

2. 互联网个人信用评分的缺陷

(1) 应用范围有限。互联网个人信用评分只需要个人授权,就能够采用技术手段快速收集到其信用数据,其用途范围不同于传统个人信用,但也面临着多方面的限制。如 Zest Finance 信用分仅为 10 万美国人提供了服务,真实的效果还难以评价。以芝麻信用分为例,一个人的芝麻信用分可以作为他的品牌标志,用来在阿里巴巴旗下平台贷款、开店、租车、住酒店不用押金、网购时可以先试后买等。如果一个人的芝麻信用分较低,将明显影响其在阿里巴巴生态链中各环节的正常生活。但芝麻信用分的应用仅局限于阿里巴巴产业链,未在全社会普遍应用。

(2) 给信用风险管理带来了挑战。传统的个人信用评分,涉及的指标体系较少,处理的变量不多,能够对每一个变量进行详细处理并给出合理的解释;透明度较高的模型能够在银行不同的部门之间进行沟通,信贷申请人能够较容易理解个人信用分。互联网个人信用评分是基于大规模数据处理、指标分析及多模型运用得出的,变量和模型的解释比较复杂,对信用风险管理带来了挑战。

(3) 难以有效保护个人隐私。互联网个人信用评分在使用消费者的大数据进行信用评分时,会涉及个人隐私,如个人社交网络数据、个人网络交易数据等。在发达国家或地区,对个人隐私的保护是有明确界限的。而在我国,有关个人隐私保护的法律法规还不健全。

资料来源:武安华. 互联网个人信用评分研究[J]. 中国金融,2016(16). 有改动.

本章小结

1. 消费者信用由授信机构提供给个人或家庭使用,主要用于居家生活的目的。分零售信用、现金信用和服务信用三类。

2. 个人信用档案记录着评价个人信用价值的信息,由个人信用记录集合构成。建立个人信用记录的方法是拥有自己的付费户头,借钱还钱以构造个人的信用记录。个人征信局主动收集个人信用信息资料,为每个消费者建立个人信用档案,并在此基础上制作信用报告产品。个人应定期查看自己的信用档案,以维护自己的信用记录。

3. 消费者信用管理程序包括信用计划的促销、客户申请初步甄别、信用调查、信用决策、账户控制和收账。信用计划如同商品,需要通过促销来吸引目标客户群体。大部分企业使用信用评分系统进行客户申请初步甄别,然后进行信用调查。如果购买个人征信局的消费者信用报告,信用调查工作将大为减少。在信用决策时,商业企业会较大程度上依赖个人征信局的消费者信用报告,商业银行则一般会使用自己的风险控制系统。控制活动和收账活动将更好地保证信用运营的效果。

4. 对消费者信用进行评价的依据是5C原则，即品质、能力、资本、抵押品和环境。个人信用评分是对消费者信用的量化评估，个人征信局是信用评分产品的主要开发者。信用评分建立在评分模型的基础之上，目前最广泛使用的信用评分模型包括判别分析模型、logistic模型、Probit模型、分类树以及神经网络模型。

关键术语

消费者信用　零售信用　现金信用　服务信用　不动产信用　分期付款贷款　信用卡　一次偿清贷款　个人信用记录　信用调查　账户控制　个人征信局　个人信用评分　信用评分模型

复习思考题

1. 消费者信用种类是如何划分的？
2. 如何建立个人信用记录？
3. 消费者的信用信息的来源包括哪些？
4. 使用信用评分系统和信用分级表格进行授信决策各有什么优缺点？
5. 账户控制包括哪些内容？
6. 试述消费者信用评估的5C原则。
7. 什么是个人信用评分？其优势体现在哪些方面？

本章实训

一、实训目的

1. 掌握关于个人信用记录生成、保存、使用以及个人信用记录维护的相关知识。
2. 训练学生案例学习分析的能力。

二、实训内容

1. 案例资料

重庆一消费者（本案例中称赵亮）怎么也没有想到，他一下子在重庆个人信用信息基础数据库中留下了8次污点，成为了不受银行欢迎的客户。

赵亮到中国建设银行重庆分行申请办理信用卡的时候遭到拒绝，被告知他有不良个人信用记录——曾经8次没有按时还贷款。

据赵亮介绍，去年10月，他通过重庆市融众信用担保有限公司（以下简称融众公司）担保，向中兴实业银行重庆分行（以下简称实业银行）贷款购买了一款价值4 636元的手机。按照三方签订的《个人消费贷款借款合同》，赵亮每月10日前将221元贷款交给融众公司，融众公司则在每月20日前将该款转账至实业银行。

经调查，从去年10月至今年8月，赵亮有8个月未在约定的当月10日前将贷款交到融众公司，其中6次是在当月20日之前交的贷款，没有超过融众公司给实业银行交款的最后期限。有2次则拖到了20日之后。为此，他承担了给融众公司上缴滞纳金的代价。赵亮一直按月给融众公司交款。相反，融众公司却没有按约定的期限，每个月将款划到实业银行指定的账户上，而是累积几个月后，代理业务批量入账。从实业银行打印出来的还款记录单上看到，赵亮今年1～4月的还款，是在5月才划到实业银行账上的。

赵亮说,他去年大学毕业,分配到重庆机场做地勤工作,经常要到外地去学习、培训,无法在每月的10日前将还款交到融众公司。为此他根据《借款合同》的规定,向融众公司缴了滞纳金。本以为就此相安无事,万万没有想到的是,这成为了他个人信用的污点。

让赵亮纳闷的是,每次他在缴完滞纳金之后,融众公司和实业银行均未告知逾期还款的后果将是个人信用降低。他是到银行申请办理信用卡的时候,才知道其个人信用已经受污这一信息。

赵亮找到融众公司讨要说法。融众公司承认赵亮确实按月还款,之所以出现目前这种状况,融众公司有失误之处,愿承担一定的责任。为使赵亮能从建设银行申办信用卡,融众公司和实业银行表示可以为他出具证明,证明赵亮每月按时还款,信用良好。

2. 实训要求

要求学生以小组为单位,学习上述案例并收集相关资料,在了解个人信用记录生成、保存、使用以及个人信用记录维护的相关知识的基础上,回答如下问题。

(1) 按照中国人民银行《个人信用信息基础数据库管理暂行办法》的规定,赵亮的逾期还款记录可以更改吗?为什么?如果不能更改,赵亮可以采取怎样的信用修复措施?

(2) 根据《征信业管理条例》的规定,赵亮的信用污点将保持几年时间?对赵亮的生活会有什么影响?

(3) 结合案例,分析应如何维护个人信用记录。

三、实训组织

1. 指导教师布置案例分析作业,提示相关要求。

2. 采取学生自由组合的方式,将班级学生划分为若干小组,并指定组长进行负责。

3. 要求学生以小组为单位,认真学习并收集相关资料,就相关问题以PPT形式进行课堂汇报。

延伸阅读

1. 林钧跃. 企业与消费者信用管理[M]. 上海:上海财经大学出版社,2005.

2. 罗伯特·科尔,朗·米什勒. 消费者与商业信用管理[M]. 北京:中国人民大学出版社,2004.

3. 石庆焱,秦宛顺. 个人信用评分模型及应用[M]. 北京:中国方正出版社,2006.

4. 吴晶妹. 信用管理概论[M]. 2版. 上海:上海财经大学出版社,2011.

5. 谭中明,张静,文学舟. 信用管理学[M]. 镇江:江苏大学出版社,2012.

6. 孙森,翟淑萍. 信用管理[M]. 北京:中国金融出版社,2012.

相关网站

1. 中国人民银行征信中心官网。

2. 银联在线官网。

3. 上海资信有限公司官网。

4. 鹏元征信有限公司官网。

5. 中国互联网金融协会官网。

第十章 商业银行信用管理

本章导言

商业银行作为经营信用和风险的特殊企业，在信用管理中具有重要地位。信用管理对金融机构而言，虽然是最古老的业务管理活动，但仍然是亟待提高和发展的领域。近年来，随着我国市场经济的快速发展，信用交易的规模与范围不断扩大，商业银行作为最重要的信用中介机构，面临的信用风险也在逐步扩大。许多缺乏制度和管理保障的信用关系，一旦恶化，就必然影响金融活动的正常进行，严重的还会危害我国的金融安全。因此，商业银行必须加强信用风险管理，全面提高自身抵御风险的能力。

本章从商业银行信用、商业银行信用风险、商业银行信用管理，商业银行信用风险管理的基本内容，商业银行企业贷款信用管理，个人贷款信用管理四个方面展开系统阐述。

本章知识结构图

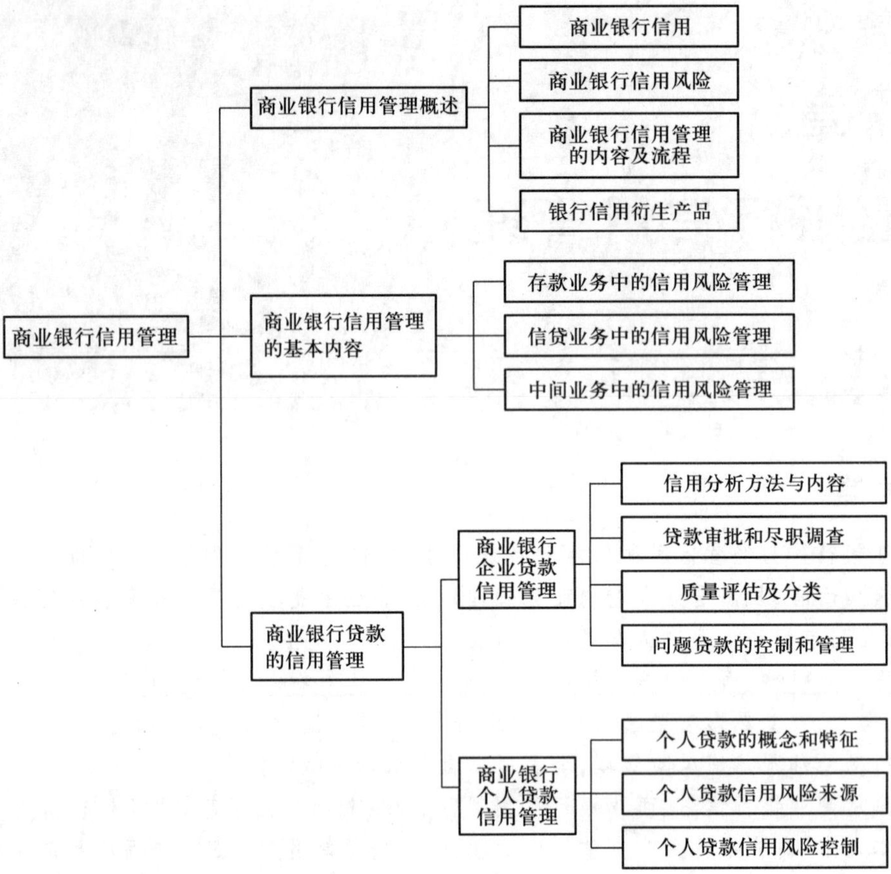

第一节　商业银行信用管理概述

一、商业银行信用

(一) 商业银行信用的概念

商业银行信用,是指以商业银行为中介,以存款等方式筹集货币资金,以贷款方式对市场经济中各经济主体提供资金的一种信用形式。它是在商业信用基础上发展起来的一种间接信用。银行信用产生以后,在规模、范围、期限上都大大超过商业信用,成为现代经济中最基本、占主导地位的信用形式。

(二) 商业银行信用的特征

1. 广泛性

作为流通和支付的一般手段,货币具有普遍接受的特性,它的来源与运用具有较广的范围。无论居民个人、企业还是政府都可以广泛地参与到银行信用之中。银行信用将社会上分散的小额货币资金积聚成巨额资金，从而满足经济发展对大额资金的需求。在银行信用下，银行或其他金融机构充分发挥其职能，把短期、分散的货币资金集中起来，并维持一个稳定的余额，形成长期资金来源，进而能够满足较长期的资金需求，当然短期资金需求更容易满足。银行信用的灵活性可以使货币资金得以充分利用，可以弥补商业信用的局限性，因此参与银行信用的主体具有广泛性。

2. 灵活性

现代信用制度中，商业信用和银行信用是两种最主要的信用形式。银行信用是在商业信用的基础上产生和发展起来的，但银行信用又使得商业信用得到进一步的完善，比商业信用更具优势和灵活性：银行信用不受个别资本数量和资本回流的限制，也不受商品使用价值和流转方向的限制；银行信用可以自上游企业到下游企业，也可以自下游企业到上游企业；可以聚小为大，也可以拆大为小；既可以续短为长，也可以截长为短，具有灵活调节资金的作用。

3. 间接性

金融市场上存在信息不对称现象，由此导致的道德风险和逆向选择问题制约了金融市场融资功能的有效发挥。银行作为金融中介机构，在一定程度上缓解了信息不对称的程度。在银行提供信用的过程中，对于资金提供者而言银行是债务人，对于资金需求者而言银行是债权人，而资金的供求双方并不直接发生债权债务关系，而是通过银行这一中介产生资金的融通，因此，通过银行进行资金融通的方式被称为间接融资。这是与经济主体在金融市场通过发行股票、债券等方式进行直接融资相对的概念。

4. 综合性

商业银行是一国金融体系中最重要的金融机构。银行信用是现代经济中最主要的信用之一。一方面，银行通过吸收存款汇集社会闲散资金，通过贷款等方式满足社会各方的资金需求，使得资金的配置效率大大提高，促进了社会经济的发展；另一方面，中央银行实施的多项货币政策都是通过商业银行系统乘数效应发挥其作用的，而且商业银行系统的信贷情况可以反映国民经济的运行状况。因此，银行信用具有综合性，这一特性使得银行系统可以对国民经济的运行起到促进、反映和调节的作用。

二、商业银行信用风险

（一）商业银行信用风险的概念

传统经济学观点认为，商业银行信用风险是指由于债务人未能按照与银行所签订的合约的条款履约或未按约定形式履约，而使商业银行借贷资产遭受损失的风险。传统意义上的损失被理解为只有当违约实际发生时才会产生，因此信用风险又被称为违约风险。然而，随着现代风险环境的变化和风险管理技术的发展，这一定义已经不能充分反映现代信用风险及其管理的性质与特点。主要原因是传统信用风险主要来自商业银行的贷款业务，而贷款的流动性差，缺乏如同一般有价证券那样活跃的二级市场，因而商业银行对贷款资产的价值通常按历史成本而不是按盯市[①]的方法衡量,只有当违约实际发生后才在其资产负债表上进行相应的调整,而在此之前,商业银行资产的价值与借款人的还款能力和可能性并无太大的关系。

而从当今组合管理的角度出发,投资者的投资组合不仅会因为交易对手的直接违约而发生损失,而且交易对手履约可能性的变化会给组合带来损失。一方面,一些影响交易对手信用水平的事件的发生,如信用等级被降低、投资失败、盈利下降、融资渠道枯竭等,其所发行的债券或股票就会跌价,从而给投资者带来损失;另一方面,现代风险衡量技术的发展使得贷款等流动性差的金融产品的价值能够得到更恰当和及时的衡量,上述信用事件的发生对资产价值的影响可以及时地在资产估价中得到反映。例如在信用衍生产品交易市场,这种纯粹信用产品的市场价值是随着借款人的还款能力不断变化的,而且采取盯市的方法,借款人的还款能力和信用状况也会随时影响贷款人资产的价值,而不仅仅是在违约实际发生的时刻。因此,现代意义上的信用风险应包括由交易对手直接违约和交易对手违约可能性变化而给投资组合造成损失的风险。

(二) 商业银行信用风险的表现

1. 商业银行资产信用活动及其风险表现

商业银行资产信用活动包括贷款、证券投资、现金资产、固定资产和其他资产。后三类资产不参与信用活动,因此一般不会产生信用风险;中央银行存款、同业存款具有高流动性和安全性,因此其信用风险很小,可以忽略不计;国库券、债券、股票等证券一般流动性也较高,风险的大小与证券的信用等级、利率、期限有关;贷款因为采用不同的方式(信用、抵押、第三方担保)而影响贷款损失的可能性,贷款的不同期限影响资金的流动性高低,不同种类、不同期限组合的贷款又产生了贷款组合风险,贷款风险是商业银行最大的信用风险因素。历史上也曾有过因巨大的贷款风险导致银行破产的案例(如日本长期信用银行和兵库银行的倒闭)。

2. 商业银行负债信用活动及其风险表现

商业银行负债信用活动包括存款、借入负债和结算负债。银行外部经营环境、存款条件、借入负债结构、自身资金实力等出现不利影响时,都可能导致商业银行无力承兑到期本息、无力清偿债务等风险。预期的物价变动、汇率波动也会使银行面临信用风险。墨西哥金融危机、东南亚金融危机中许多银行就因为受到提前挤兑冲击而导致信用风险。

3. 商业银行表外信用活动及其风险表现

商业银行表外业务主要包括承诺(贷款承诺、授信)、保证(各种信用证、保函、对外担保等)和金融衍生产品(远期利率协议、外汇远期等)投资,这些业务既是商业银行新的利润来源,也是其信用新风险滋生的温床,当银行疏于对其客户进行统一授信管理、交易额度限制时,巨大的风险可能导致银行倒闭。表外业务巨大风险导致银行倒闭的典型就是巴林银行的倒闭和2008年全球金融危机导致的多家银行陷入困境。

---

① 盯市盈亏是期货交易结算的概念之一,期货的结算制度是"每日无负债结算制度",又称"逐日盯市制度"。即每个交易日结束后,对所有客户的持仓根据结算价进行结算,有盈利的划入,有亏损的划出。

我国商业银行的主要信用活动是传统的资产与负债信用活动,表外业务较少,因此我国商业银行面临的主要风险便是各种贷款、授信、保证信用活动带来的风险,其中贷款业务信用风险最为突出。

(三)商业银行信用风险的基本特征

1. 损失与收益的不对称性

通常我们用正态分布描述市场风险的概率分布,因为市场价格的波动以及由此带来的投资收益和损失是以其期望为中心的,市场风险的收益分布是对称的。尽管严格来说现实中市场风险存在"厚尾"现象,但正态分布的假设在多数情况都反映了市场风险的基本特征。

然而,信用风险的出发点即信用事件是因受信方违背某种承诺而出现的,这种承诺通常是事先已安排好的,亦即对授信方来说,收益分布的正方向是事先确定了的价格,而不像市场价格一样在正方向也可能随机地波动。但在授信方收益分布的负方向则没有限制,亦即如果受信方违约,授信方损失的可能性很大。也就是说,信用风险带给授信方的收益是固定和有上限的,损失则是变化的和没有下限的,授信方不能从授信活动中获得对等的收益和损失。因此,信用风险具有损失与收益的不对称性,而且其收益分布的正方向比市场风险带来的收益"薄",而损失部分比市场风险带来的损失"厚"。这一特性可以用图 10-1 来描述。

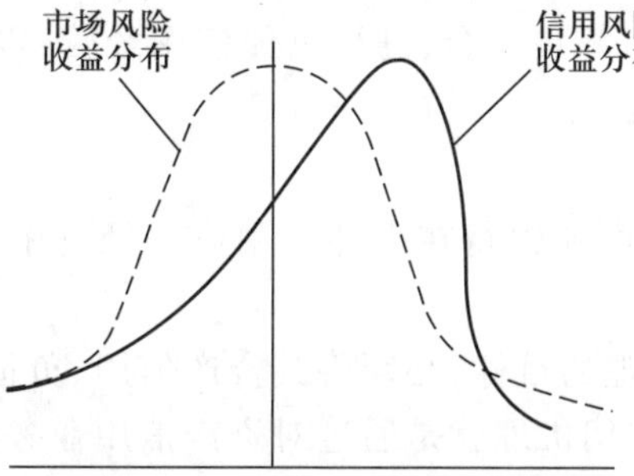

图 10-1 风险与收益分布图

2. 非系统性特征

借款人的财务状况、经营能力、还款意愿等非系统性因素在很大程度上决定了其信用风险的大小,因此信用风险的非系统性特征比较明显。

3. 信息不对称特征

信用风险有明显的信息不对称特征。在前面的论述中可以看到在信用交易中,授信者掌握的信息总是比受信者少,因而很容易出现逆向选择和道德风险问题,而且由于道德风险的存在,债务人的资产质量的变化很难在会计报表上反映出来,甚至还会出现相反的情况。这就使得计算一个公司的信用风险要比计算该公司资产组合价值所面临的市场风险困难得多。

4. 传染性特征

当信用风险是由于系统性因素产生的时候,如经济衰退、市场萧条导致企业信用危机,由于企业间欠款环环相扣,便会因为一家企业违约致使企业间互相拖欠,最终致使企业对银行的债务难以偿还,从而使得信用风险在整个经济系统中蔓延。银行作为整个信用链条(甚至网络)中的枢纽会受到信用风险蔓延的巨大影响,积累大量的不良资产,公众对银行的信用失去信心,从而发生挤兑→银行破产→更大规模挤兑→信用危机→经济危机。因此,一个或少数信用主体经营困难或破产就会导致信用链条的中断和整个信用秩序的紊乱,信用风险的发生不仅影响信用交易双方,还会产生滚雪球效应,在更广范围内进行蔓延和传播,因而信用风险具有很强的传染性。

三、商业银行信用管理的内容及流程

(一)商业银行信用管理的内容

按照商业银行信用业务的内容,商业银行信用管理可分为资产信用风险管理、负债信用风险管理和表外信用风险管理三部分。

1. 资产信用风险管理

资产信用风险管理是指商业银行在贷款和投资等资产业务经营中,进行有效的风险控制和管理,建立识别、控制和规避资产信用风险的技术、方法、政策、制度等,实现商业银行资产的安全性和盈利性。

2. 负债信用风险管理

负债信用风险管理是指商业银行依托银行的信誉,通过发行负债如存款、借入资金(同业拆借、向中央银行借款)筹集资金,进行负债信用经营,以满足商业银行发展和流动性需求,预防和控制流动性风险。

3. 表外信用风险管理

表外信用风险管理是指商业银行在表外信用业务经营中,建立有效的表外风险控制机制,从而增加银行收益。

商业银行要达到信用管理的目标,必须将其资产信用、负债信用和表外信用作为一个整体,进行系统管理。它的作用机理就是通过对资产信用业务的经营,控制由于不对称信息存在对信用决策的影响,从而建立一套科学的资产信用经营机制,规避信用风险;商业银行通过对负债信用业务的经营,建立有效的资金来源渠道,保证其资产信用业务增长所需充足、稳定的资金供给和满足其客户存款支付的流动性需求,树立商业银行良好的同业品质效应和公众形象;通过对其表外信用业务的经营,一方面进行业务创新将表内风险转移到表外(如互换业务),规避风险,另一方面扩大收入来源,提高盈利能力。这三种信用的管理是相互联系的。负债信用为资产信用的扩张提供了稳定的资金供给,资产信用通过银行的创造功能,又扩大了其负债信用的增长规模;资产信用与表外信用之间的转移,对银行风险的转嫁和资产的处置提供了创新思路。商业银行就是通过这三种信用的系统管理,从而实现其信用管理目标与银行管理“三性”目标相统一。

然而在实践中,由于我国商业银行资产业务的信用风险更为突出,因此,信用风险管理的重点便是对银行的资产业务进行风险管理。

(二)商业银行信用风险管理的流程

现代商业银行信用风险管理主要包括对风险的识别、衡量、监督、控制和调整五个部分。

1. 风险的识别

风险的识别是指通过统一的标准分析确定可能导致风险的因素的行为。识别风险的目的就是认识风险,在业务流程过程中找出可能产生风险的因素和产生风险的环节。商业银行主要通过客户的综合信息、财务信息、账户信息和授信信息等寻找和确定风险因素。

2. 风险的衡量

风险的衡量是指通过制定统一标准来测算和比较所有的授信风险,将风险的可能性进行量化,得到由于某些风险因素而导致在给定收益的情况下损失的数额或在给定损失的情况下收益的数额的行为过程。

风险的衡量是目前商业银行风险管理的难点之一,也是巴塞尔银行监管委员会研究的重点之一。自 20 世纪 90 年代以来,金融工具的发展使原本十分困难的信用风险的量化和创新问题成为可能,促使信用风险管理发生了革命性的变化和发展。信用风险衡量要解决的问题包括:制定什么样的标准和运用什么方法来量化风险,以及对风险因素和可能的损失及收益如何进行会计披露和财务分析等内容。《巴塞尔新资本协议》在原 1988 年版协议规定的运用标准法(Standardized Approach)衡量商业银行信贷资产风险的基础上,又增加了内部评级法(Internal Rating-Based Approach,IRB 法),作为自 2006 年起在全球范围内衡量商业银行信用风险的统一方法。

3. 风险的监督

风险的监督是指商业银行在授信业务的全流程中,对风险因素进行全方位的检查、反映的行为过程。及时、准确、全面地监督和反映商业银行在日常经营活动中各类情况,是风险防范的基本要求,也是及时发现风险和控制风险的必要手段。《巴塞尔新资本协议》较原协议最大的区别之一就是增加了三大支柱,其中第二支柱“监管检查”和第三支柱“市场约束”所规定的内容,实质上都是从市场监管的角度要求商业银行对日常经营活动中可能产生风险的环境加强监督,充分、及时、全面、有效地反映和披露可能造成损失的风险。商业银行对风险的监督,只有在各类统计分析上才能实现。

4. 风险的控制

风险的控制不仅仅指损失的控制。根据风险的双向性质,风险控制的目的是寻求风险的平衡,即损失和收益的平衡。商业银行要做到风险的平衡,就应当在完成巴塞尔银行监管委员会所要求的计量风险的可能性的基础上,不是被动地通过增加风险资本准备来防范风险,而是根据巴塞尔银行监管委员会资本充足比率的要求和商业银行自身有限的资本准备,主动调节和配置信贷资产组合,以求得风险资本的最佳配置。

风险资本的最佳配置就是要求商业银行根据董事会的风险偏好计算得到的风险资本和董事会要求的业务发展计划,针对银行现有信贷资产组合的收益、损失情况,找出风险资本在抵御损失和获得收益两个方向上的最佳合理配置方案。这实际上是要求商业银行的信贷资产组合管理兼顾两个标准:一是商业银行风险资本抵御损失的能力;二是商业银行的业务发展计划或称为利润计划要求。商业银行只有根据这两项标准将信贷资产配置在最佳位置上,也就是风险的最佳平衡点上,才称得上是风险资本的最佳配置。在组织结构层面,商业银行风险资本的最佳配置主要通过政策调整、业务流程管理和限额管制来完成。

5. 风险的调整

风险的调整全称为风险调整业绩,是指商业银行通过某种测量方法对银行不同部门、产品和客户间的收益情况和发生损失的可能性进行比较,以达到对银行经营情况进行科学的衡量。风险调整收益就是要科学地度量商业银行的经营收益。传统的商业银行对其经营情况的衡量都是用会计资料进行的,如利差或股权收益率等。然而,由于商业银行经营产品的特殊性,任何业绩的取得都需要为一定的风险付出代价。因此,将可能的损失与收益结合起来衡量银行的经营业绩才有意义。风险调整收益为商业银行提供了一种技术手段,使商业银行可以通过主观努力去寻求风险的平衡,达到最终控制风险的目的。

四、银行信用衍生产品

信用衍生产品是指通过一定的合约安排,把贷款、证券中的信用风险剥离出来,进行独立定价和交易,将其转嫁给愿意承担信用风险的市场投资者的一种金融创新产品。从实质上来讲,信用衍生产品在保留基础资产的前提下,将贷款或是债券的信用风险从其他市场或操作风险中剥离出来,在市场上被具体定价,并转移给那些愿意承担风险的投资者,使信用风险管理开始拥有了对冲手段,从根本上改变了信用风险管理的传统机制。信用衍生产品主要有信用违约期权、信用违约互换、总收益互换、信用联动票据等。

(一) 信用违约期权

信用违约期权是专门针对违约风险的信用衍生工具,其中期权购买者是信用风险的出售者,期权转让者是信用风险的购买者,这种期权在贷款违约事件发生时支付确定的金额给期权购买者,从而对其予以一定的补偿。

为转移违约风险,商业银行可以在发放贷款的同时购买一个与贷款的面值相对应的违约期权。当贷款违约事件发生时,期权出售者向银行支付违约贷款的面值;如果贷款按照贷款协议得以清偿,那么违约期权就自动终止。因此,银行的最大损失就是购买违约期权所支付的期权费。

这种方式的最早运用是美国中西部的农业贷款。例如,为了保证偿还贷款,小麦农场主被要求从芝加哥期权交易所购买看跌期权,以这一期权作为向银行贷款的抵押。如果小麦价格下降,那么小麦农场主偿还全部贷款的可能性也会下降,从而贷款的市场价值下降。与此同时,小麦看跌期权的市场价格上升,从而抵消贷款市场价值的下降。

(二) 信用违约互换

信用违约互换(Credit Default Swap,CDS)是国外债券市场中最常见的信用衍生产品。在信用违约互换交易中,违约互换购买者将定期向违约互换出售者支付一定费用(称为信用违约互换点差),而一旦出现信用类事件(主要指债券主体无法偿付),违约互换购买者有权利将债券以面值递送给违约互换出售者,从而有效规避信用风险。由于信用违约互换产品定义简单、容易实现标准化,交易简捷,自20世纪90年代以来,该金融产品在国外发达金融市场得到了迅速发展。

现实投资中，对于投资者，规避信用风险的方法一种是根据信用评级直接要求信用利差，另一种就是购买诸如信用违约互换等信用衍生品。如果投资组合中企业债券发债体较多、行业分布集中度低，则直接要求每只债券一定的信用利差即可有效降低组合整体信用风险损失。但如果组合中企业债券数目不多、行业集中度高，不能有效分散信用风险，购买信用违约互换即成为更现实的做法，产生与通过分散资产来降低组合风险的同等作用。

（三）总收益互换

总收益互换是指总收益卖方将特定参考资产的总收益支付给总收益买方，作为交换，买方支付以浮动利率为基础的总收益给卖方的一种信用衍生工具。

在总收益互换中，参考资产不仅可以是债券、贷款，还可以是特定的指数。对于买方来说，参考资产总收益不仅包括利息和红利收入，还包括其市场价值波动带来的资本利得，故总收益可能为负；对于卖方来说，参考资产的总收益为参考资产乘以浮动利率的收益。其中浮动利率是以同业拆借利率为基础上下浮动后确定的。

与一般互换不同的是：总收益互换的双方除了交换在互换期间的现金流之外，在贷款到期或者出现违约时，还要结算贷款或债券的价差，计算公式事先在签约时确定。如果到期时，贷款或债券的市场价格出现升值，买方将向保护出售者支付价差；反之，如果出现减值，则由保护出售者向买方支付价差。可见，总收益互换可以使对冲信用风险暴露，但也有一定的局限性：这种互换使银行面临着利率风险。即使参考资产的信用风险没有发生变化，只要浮动利率发生变化，那么整个总收益互换的现金流也要发生变化。

（四）信用联动票据

信用联动票据是嵌入信用违约互换的结构化票据。银行（保护买方）与信用联动票据发行人达成违约互换交易，发行人向投资者发行以单笔贷款或贷款组合为参考的信用联动票据，并对其支付利息，其中包括保护买方支付的保险费。若参考债务人没有违约，投资者在到期时收回票据面值，一旦发生信用事件，发行人即停止支付票据利息，并将票据面值扣除对保护买方的或有偿付后的余额（参考贷款残值）返还给投资者。

拓展阅读 10-1

2015 年中国银行业信用风险呈上升趋势

中国网财经 3 月 23 日讯　3 月 19 日，大公国际发布《2015 年全球商业银行信用风险展望》。报告显示，中国银行业信用风险呈上升趋势但程度基本可控，转型变革的大幕已拉开，未来信用风险管理难度增加。

中国银行业流动性风险将趋于下降

2015 年随着对影子银行的监管继续强化，中国银行业流动性风险将趋于下降。经过 2013 年和 2014 年连续整顿规范银行同业业务和理财产品，同业业务的增速显著回落，同业业务以往作为影子银行栖息地的问题得到了一定的解决，信托贷款和未贴现银行承兑汇票显著缩量，表外融资同比大幅少增，部分表外融资转至银行表内。

然而,委托贷款和银行理财产品仍继续快速增长。截至2014年6月底银行业理财资金账面余额12.7万亿元人民币,与国内生产总值之比达到20.8%,理财余额同比增长47.6%。不过,在监管部门对银行理财产品投资非标准化债权资产进行总量控制和提出规范化管理要求后,理财产品的规范化运作程度有所提高,对委托贷款的监管也在加强。随着2015年影子银行清理整顿工作继续深入和对系统性风险防范的逐渐升级,由影子银行业务导致的银行体系流动性风险上升问题能够得到缓解。但随着金融自由化的深入,新挑战还将不断涌现,中国银行业的流动性风险值得持续关注。

资产质量风险将继续呈恶化趋势

2015年随着企业进入去杠杆化进程,中国银行业的资产质量风险将继续呈恶化趋势。中国企业的去杠杆化进程刚刚启动,非金融企业负债目前仍停留在占国内生产总值128.3%的高位。在2008年年底以来的大规模信用扩张过程中,银行新增信贷主要流向了地方政府融资平台、房地产业和其他固定资产投资的上游企业。中国政府坚定推进的经济结构调整恰恰是要通过多种措施逐渐消化掉这些企业严重的产能过剩问题,重要措施就是控制这些行业的信贷需求,银行将不可避免地承受资产质量下降压力。

截至2014年第三季度,银行业不良贷款率已连续11个季度上升,从0.94%升至1.16%,银行不良贷款核销额和90天内逾期贷款额均出现了激增态势,这一问题在2015年会进一步暴露。而且由于存在有针对性的贷款宽限现象,实际不良水平可能高于官方数据。2015年经济结构调整转型任务仍然很重,中国人民银行的货币政策预计将以稳健为主,部分行业存量信贷信用风险将出现结构性释放,银行资产质量继续恶化。此外,虽然银行对本行发行的理财产品只是承担委托代理责任,但是如果出现风险事件,从维护社会稳定的角度出发,银行承担偿付责任的可能性也较大。

中国银行体系不会发生系统性危机

尽管中国银行体系信用风险水平上升不可避免,但程度基本可控,不会发生系统性危机。从银行体系自身来看,主要有四方面原因:

其一,监管部门对银行贷款集中领域实施了严格的宏观审慎监管措施,起到未雨绸缪作用。自2010年银行信贷大幅扩张问题暴露后,监管当局及时采取多种措施增大银行风险缓冲空间,如大幅提高拨备计提要求和资本充足率水平,执行首套房贷30%的严格首付比规定,要求银行逐步压缩地方政府融资平台和产能过剩行业信贷规模等。截至2014年第三季度银行业平均核心一级资本充足率和拨备覆盖率分别达到10.47%和247.15%,均处于较高水平,为银行业抵御资产质量下降风险奠定基础。

其二,占银行贷款规模20%的房地产按揭贷款风险可控。由于中国家庭部门财务稳健,负债率低,房地产按揭贷款的平均首付比达到40%~50%,对房价下行压力的承受力强,这部分贷款是中国银行体系最优质的贷款。

其三,对于大量的固定资产投资类贷款,监管部门一直强调保在建、控新建的信贷导向,使这类企业的资金链断裂风险得到了系统性控制。

其四,企业还款压力上升可控。在这轮信贷扩张中存贷款利率尚没有完全放开,银行的加权平均贷款利率在2008年年底以来仅大约上升2个百分点，中国经济的主体企业因多数通过银行体系融资所以借款成本上升幅度有限，有效控制了企业在资产负债率上升和利润下降情况下的还款压力。

此外，银行理财产品的风险也是基本可控的。大型银行是理财产品的主要发行者，它们的杠杆率普遍低于其他银行，资本缓冲空间较大，而且大银行发行的理财产品期限较长，降低了流动性风险。特别是由于大量理财产品投向了有政府隐性担保的资产，如债券市场产品、信托产品等，违约风险较小。

中国银行体系转型变革的大幕已经拉开，未来信用风险管理难度将不可避免地增大。继1998年以来银行体系大调整后，中国银行体系又一次处于转型调整的当口上。上一次以建立规范的现代法人治理结构为目标，这一次则是以促进金融竞争、满足经济结构转型需要为导向。随着在2013年放开银行贷款利率上限，下一步就是积极筹划银行存款利率全面放开；银行准入门槛在降低；信贷资产证券化也在2014年进入正常化发展阶段，以期盘活资金支持小微企业发展。

利率控制的取消使银行体系为满足竞争需要提高存款利率的动机不再有阻碍因素，但也迫使银行不得不将资产更多地投向高风险领域来消化负债成本压力，银行整体的信用风险水平将趋于上升。而作为控制银行体系信用风险的制度设计，资本充足率监管的加强和即将实行的存款保险制度构成了银行体系的额外负担，使银行体系与监管相对薄弱的影子银行体系相比继续处于竞争劣势。

银行体系很可能不得不更为依赖非核心负债，主要表现为增加来自金融市场的短期负债，而在资产端可能转向依赖资产证券化摆脱不利竞争地位，流动性管理的难度增加了，银行体系的资产质量风险有向整个金融体系扩散的可能。虽然由于中国银行体系的国有性质较强，加之存款保险制度可能实施，银行体系出现流动性危机的概率很小，但是信用风险管理的难度会增大，政府救助负担可能上升。

资料来源：中国财经网。

第二节　商业银行信用管理的基本内容

商业银行通过存款、贷款、汇兑等业务提供金融服务，承担相应的风险来获取收益。银行所面临的风险可以划分为系统性风险与非系统性风险。系统性风险指与系统整体因素相关的无法分散的资产价值变化的风险，系统性风险是市场参与者必须承担的风险。商业银行面临的系统性风险主要包括利率风险和购买力风险。非系统性风险是指可以通过分散投资来抵消的风险，又称可分散风险。非系统性风险主要包括信用风险、流动性风险、操作风险、法律风险等。

一、存款业务中的信用风险管理

银行在存款业务中面临的主要风险是挤兑风险，或称流动性风险。存款人对银行稳定性的怀疑而集体挤兑从而导致商业银行的流动性出现重大问题,即银行出现流动性风险。商业银行的流动性不仅要求银行能随时满足存款者提现的需求,还要求银行能随时满足借款者资金融通和正当的贷款需求。如果这两方面的需求不能随时得到满足,就会出现流动性风险。

(一)流动性风险的成因

流动性风险的成因可以通过以下几方面来分析:

1. 资产负债期限不匹配造成流动性缺口

商业银行在经营过程中,通过负债业务形成资金来源,主要包括存款和其他借入资金(其中大部分存款和借入资金是短期的)。在资产业务所进行的资金运用中,有相当一部分是中长期贷款。这种“借短贷长”所引起的资产与负债期限的不匹配,造成了流动性缺口,导致商业银行的资产负债结构具有内在的不稳定性。

2. 突发性因素导致存款大量流失

出现突发性存款大量流失的主要原因有:一是债权人突然担心该银行的偿付能力;二是其他银行或金融机构的支付危机引起的波及整个银行业的“传染效应”。表 10-1 为 2007 年以来几次重大的银行挤兑风波。

表 10-1 2007 年以来几次重大的银行挤兑风波

挤兑时间	银行名称	挤兑诱因	解决方案
2007. 1. 5	台湾中华银行	母公司力霸集团遭遇严重财务危机,一日被提 200 亿新台币	金融主管部门接管,100 亿新台币股东权益被清零
2007. 9. 14	英国北岩银行	英国第五大银行,主营房贷,宣布因次贷影响盈利比预计低 20%,两天被提款 20 亿英镑	抛售抵押贷款债权、呼吁收购,央行注资
2008. 9. 24	香港东亚银行	隐瞒衍生金融产品亏损、财务不稳定、面临倒闭	政府公开支持、李嘉诚购买股票
2011. 1	韩国 7 家银行	因资产流动性不足被暂停营业,引发挤兑风潮	注资、发放储蓄保险、促进金融机构收购兼并
2012. 5. 6	希腊多家银行	欧元区主权债务危机深化,银行资金持续外流,政党组阁谈判失败	

资料来源:根据金融界、中金在线、第一财经网等网站整理而成。

3. 其他原因

例如,银行之间竞争的加剧、客户提现的需求的叠加、客户投资偏好的变化。

(二)流动性风险的管理

银行保持流动性的途径主要有两种:一是银行持有流动性较高的资产,即保留一定数量的现金资产,持有信誉好、流动性强、易变现的证券,如短期国债等,当需要流动性时就出售这些证券。二是通过主动负债借入流动性,主要是指通过在金融市场拆借资金、发行票据、发行证券等来筹措资金,弥补流动性不足。一般而言,小银行或无法通过金融市场自由借入资金的银行大多通过第一种方式来保持流动性。而大银行一般倾向于通过主动负债来解决流动性问题。

二、信贷业务中的信用风险管理

商业银行信贷活动中,由于受不可预测因素的影响,贷款资金面临着因借款人违约而遭受损失的可能,这种风险就是信贷风险。

(一)信贷风险的成因

信贷风险的成因一般有两个方面:一是在发放贷款时,由于银行自身决策失误或受政府因素干扰,造成贷款发放不规范,使信贷资金的使用不尽合理,难以保证按期收回,从而面临着遭受损失的可能;二是在贷款的使用中,借款人因经济活动中的不确定性因素而无法偿还贷款,造成银行贷款资金的损失。

(二)信贷风险的管理

信贷风险的管理是指商业银行运用适当的方法和对策,对信贷管理活动中的各种贷款风险进行识别、衡量和分析,并在此基础上控制风险损失的发生,保证银行信贷资金的安全。控制信贷风险是信用风险管理的核心和目的。

商业银行信用风险管理的主要手段有:

1. 风险回避

风险回避是指商业银行因发现从事某种经营活动可能带来风险损失,有意识地采取回避措施。例如,商业银行考虑到某个开发项目风险太大,会得不偿失,则可以不予贷款。再如,某企业经营管理差,亏损严重,且没有转亏为盈的可能,商业银行对其提出的贷款申请可以不予受理。具体来说,如果风险可能引起的损失与冒这种风险可能获得的利益不能抵消,则设法避免,这是最简单易行的风险处理方法。

商业银行经营风险回避,带有消极防御的性质,并且有一定的限制。因为这种风险只有在风险可以回避的情况下方可利用。事实上,有很多风险是无法回避的。商业银行不能因噎废食而采取不论风险大小一概回避的保守方法。商业银行对经营风险采取回避策略,通常有以下几种方法:

(1)资产结构短期化的策略。即降低各种资产的平均期限和提高短期资产的比重。资产结构短期化既有利于增强流通以应付信用风险,又有利于利用利率敏感性来调整资产负债或利率定价来处理市场风险。短期化策略避免了长期性资产所特有的一系列风险。

(2)避重就轻的投资选择原则。即在对多种可供选择的技资项目进行权衡时,要注重变异系数所显示的风险大小,选择风险小的项目,避免风险过大的投资。

(3)“收硬付软”“借软贷硬”的币种选择原则。即对将要收入或构成债权的项目选用币值稳定趋升的“硬”货币,对将要支付或构成债务的项目选用币值明显趋跌的“软”货币。

(4)扬长避短、趋利避害的债务互换策略。即两个或多个债务人利用各自不同的相对优势,通过金融中介机构互相交换所需支付债务本息的币种和利率种类与水准,达到彼此取长补短、各得其所的避开风险的目的。

2. 风险分散

风险分散也称风险组合。它是指将许多类似的但不会同时发生的风险集中起来考虑,从而使这一组中发生风险损失部分能够得到其他未发生损失部分的补偿。

对于负债而言,分散风险的基本途径是扩大负债的品种,调整负债的结构,保持负债对象的多样化,避免挤提对银行的冲击。在负债品种方面,除了存款以外,应适当扩大金融债券、大额存单等主动型、约束型负债,使负债结构趋于合理。在负债对象的多样化方面,既要有企事业单位,也要有各级政府和广大居民;既要有大型企业,也要有中小型企业;既要有高收入阶层,也要有中低收入阶层,还要兼顾各行各业和各地区。

对于资产而言,分散风险的基本途径是实现资产结构的多样化,即尽可能选择多种多样、彼此相关系数极小的资产进行搭配,使高风险资产的风险向低风险资产扩散,以降低整个资产组合的风险程度。例如,对于贷款风险,银行可以通过调整贷款数量分布结构、贷款对象分布结构和贷款性质分布结构,将贷款风险进行内部分散。还可以通过与外部合作,一些高风险、大数额的贷款项目采取银团贷款,将贷款风险分摊到外部去,即进行外部分散,从而减少风险损失额。具体来讲,主要有以下几方面的措施。

(1) 扩大资产投放的对象。

扩大资产投放的对象就是指在资产总额一定的情况下,尽量把资产投向更多的债务人。对于贷款来说,主要是贷给更多的借款人。

扩大投放对象的另一层含义是在资产总额一定和债务人数一定的情况下,将资产投向多种行业的债务人和生产经营各种产品的债务人。在现实经济生活中,同一行业的不同债务人往往碰到相同的问题。例如,在基本建设规模紧缩的情况下,建材行业会出现普遍的销售困难和产品积压。还有一些行业与另一些行业有很强的相关性,例如纺织行业与服装行业,当服装行业不景气时,纺织行业马上就会受到影响。产品也是如此,存在相同产品和相关产品的问题。甚至有的还存在地区问题,即相同地区会碰到相同的问题。对于贷款而言,如果一家银行把贷款都集中投放在同一行业、同一产品、同一地区或相关行业、相关产品上,尽管它把贷款分散给了更多的借款人,但是由于这些借款人彼此之间并不独立,他们往往有着相同的命运。一旦有一个借款人归还不了贷款,其他借款人也很可能因为同样的原因归还不了贷款。表面上分散的贷款风险,又被相同的命运和相关的因素集中起来了。因此,银行为了有效地降低全部贷款的风险水平,在总额和借款人数目一定的情况下,应把贷款分散在众多的、独立的行业和产品上。

(2) 均衡资产分布的数量。

均衡资产分布的数量,就是指在资产总额和债务人数目一定的情况下,使银行资产在各债务人之间的分布均等化,避免银行资产过多地集中到少数债务人身上。为此,银行必须控制大额贷款的发放,增加小额贷款在总贷款中的比重,使银行在借款人数不变的情况下进一步降低大额贷款损失的风险。在贷款总额和借款人数都一定的情况下,贷款投放在借款人之间的分布均等化,可以有效地减少大额贷款损失的风险,从而使贷款风险总水平下降。

(3) 调整资产性质分布结构。

一般来说,资产的性质不同,其风险的大小程度也不同。短期性贷款和短期性投资的风险较小,长期性贷款和长期性投资的风险较大。银行根据自身一定时期内承担风险的能力,通过对短期性资产和长期性资产的合理搭配,即可调整一定时期内的资产风险损失率。银行可以根据一定时期内自身风险承受能力的大小来适当调整两类不同性质资产的比重,使资产收益最大的情况下,平均资产风险损失率尽可能最小。

(4)采取银团贷款的方式。

银团贷款是一种由一家或几家银行牵头,多家银行(包括其他金融机构)受理贷款,按照商定的条件向某一特定借款人提供大额贷款的贷款方式。对于银行来说,组织银团贷款的最大好处在于它能够分散银行贷款的风险。组织银团贷款,可以使贷款风险由几家银行(银团成员)共同承担,从而达到分散贷款风险的目的。

3. 风险转移

在承担风险的时候,用担保、期货、期权、新型交易工具等把风险转嫁给第三者的风险控制就是风险转移。如果没有将风险全部转移出去,银行仍要承担未转移部分的风险损益。

风险转移有全额转移和部分转移之分。全额转移就是将银行承担的某一项风险全部转嫁给第三人;部分转移则是银行将其承担的某一项风险部分自留,其余部分转嫁给第三人的做法。部分转移涉及银行如何确定风险自留额的问题。自留额的确定依据风险大小(风险造成的损益程度和概率),风险转移的费用,银行自身承担风险的能力,银行能够采取的风险分散、风险抑制等自担风险的风险控制方法的力度,可用风险决策的方法等来决定。

风险转移的具体方法有以下几种:

(1)担保。

有担保的放贷可以把由银行承担的客户信用风险转嫁给担保人。但银行转移风险的同时,承担了担保人信用风险。

(2)贷款证券化。

贷款证券化常用于抵押贷款。具体做法是:银行将一组贷款项目转让给某些专业金融机构,而这些机构则通过改造发行长期或短期证券(大多由政府背书支持)来获得接受这些贷款的资金。上述贷款基础上的证券称为"转让所有权"证券,它表示对抵押贷款的所有权。借款者按这笔抵押贷款的分散付款额、提前偿还利息和按期利息支付等款项付给新证券的持有人。通过贷款证券化,把原来缺乏流动性、非标准化、非市场化的,只能成为放款银行的一份资产记录的贷款变成了具有市场流动性的证券。放款银行原来要承担全部的信用风险,现在却可以通过这种新证券市场将其转移出去。

(3)贷款出售。

贷款市场是银团贷款的一种补充。它一方面使放款银行能通过市场转移信用风险和国家风险;另一方面为缺乏经验的外国银行提供与高质量、高信誉的借款者接触的捷径,为贷款出售票据的购买者提供高利息水平,更可以使银行通过贷款市场改善其贷款结构,达到分散风险的目的。

(4)浮动利率贷款和浮动利率票据。

浮动利率贷款把贷款期间市场利率上升的风险转嫁给借款人,但同时丧失了市场利率下降时仍获得原利率水平利息的机会。浮动利率票据是以浮动利率贷款为基础发行的有价证券,发行者一般是银行。此票据兼具贷款市场化和浮动利率转移信用风险和利率风险的好处。

4. 风险补偿

风险补偿,是指银行用资本、利润、抵押品拍卖收入等形式的资金补偿在某种风险上遭受的资产损失。风险补偿传统上用于银行放款的坏账、呆账的抵补,主要方法有抵押贷款、金融产品定价、各种准备金的提取等。随着银行业的国际化和证券化,风险的补偿也推广到金融市场交易等新业务领域。

(1) 抵押贷款。

抵押贷款是以借款客户的全部或部分资产作为抵押品的放款。当借款人不能按照抵押贷款合同如期履约偿付贷款本息时,银行有权接管、占有抵押品。并且在进一步的延期、催收均无效时,有权拍卖抵押品,以拍卖收益弥补银行的呆坏账损失。

(2) 金融产品定价。

以贷款为代表的金融产品定价贯彻风险与收益成正比的原则,使金融产品下银行的目标收益能够适当地反映和抵补银行所承担的风险程度。金融产品定价除了考虑其风险程度之外,还应考虑金融产品的市场营销以及客户关系等因素。

贷款定价主要是确定贷款利率水平,对于一些大公司,银行认为其信誉卓著而给予利率优惠,其他的中小型企业却因其信誉水平不甚可靠而必须负担较高的利息负担。贷款定价有优惠加数、优惠乘数、交易利率等方法。

(3) 提取准备金。

① 呆账准备金。银行从营业收入、利润、资本中提取一定数额的呆账准备金,用来抵补和冲销银行放款等呆坏账损失。呆账准备金是信用风险的补偿手段。呆账准备金提存过多会影响银行的利润水平,提取过少又不能满足风险损失的补偿需要。

② 法定准备金和超额储备金。法定准备金的提取依据中央银行规定的法定准备金率按期向中央银行缴存。超额储备金是银行在中央银行的头寸超过法定准备金的部分。超额储备金和法定准备金是银行资金流动性的保障,过多会影响银行的盈利水平,过低又可能使银行面临严重的流动性风险。

③ 资本准备。充足的资本不仅用来为贷款等授信业务的可能损失提供补偿和保障,而且可推广到其他所有金融业务的风险补偿。

拓展阅读 10-2

浦发银行成都分行惊爆 775 亿元大案!原行长被“双开”

1 月 19 日,银监会公布依法查处浦发银行成都分行违规发放贷款案件。四川银监局公布对浦发银行成都分行案做出处罚,共罚没 4.62 亿元,原浦发银行成都分行行长王兵被“双开”。

银监会方面对浦发银行成都分行的违规案件定性也极为严重。

“这是一起浦发银行成都分行主导的有组织的造假案件,涉案金额巨大,手段隐蔽,性质恶劣，教训深刻。"银监会相关负责人称。先来看看主要处罚有哪些：

（1）四川银监局依法对浦发银行成都分行罚款4.62亿元。

（2）对浦发银行成都分行原行长、2名副行长、1名部门负责人和1名支行行长分别给予禁止终身从事银行业工作、取消高级管理人员任职资格、警告及罚款。

（3）相关涉案人员已被依法移交司法机关处理。

（4）对195名分行中层及以下责任人员内部问责，并在全行启动大轮岗。

（5）银监会党委责成四川银监局党委深刻反省，吸取教训，并对四川银监局原主要负责人和其他相关责任人进行了严肃问责，给予党纪政纪处分。

案件回放：涉案金额高达775亿元

浦发银行成都分行案在2017年4月被曝光。媒体曝光后，银监会在现场检查中发现，浦发银行成都分行存在重大违规问题，立即要求浦发银行总行派出工作组对成都分行相关问题进行全面核查。

通过监管检查和按照监管要求进行的内部核查发现，浦发银行成都分行为掩盖不良贷款，通过编造虚假用途、分拆授信、越权审批等手法，违规办理信贷、同业、理财、信用证和保理等业务，向1 493个空壳企业授信775亿元，换取相关企业出资承担浦发银行成都分行不良贷款。

据了解，浦发银行成都分行实则利用超1 000个空壳企业承债式收购，以腾挪不良贷款，违规操作资金规模近千亿元。

承债式收购，是不良贷款腾挪的一种手段。比如甲企业由于欠息在银行的贷款即将成为关注类，这时银行找来乙企业（如空壳企业）以一笔资金收购甲企业的这部分债务。与此同时，银行给乙企业新发放一笔贷款，乙企业再用这笔贷款的资金偿还此前甲企业欠银行的利息。通过上述一番腾挪，原本要逾期的贷款就又变成了正常贷款。

通过这番不良资产腾挪，浦发银行成都分行出现了长期"零不良"的繁荣假象。银监会相关负责人表示，这是一起浦发银行成都分行主导的有组织的造假案件，涉案金额巨大，手段隐蔽，性质恶劣，教训深刻。

暴露问题：主要有三方面问题

处罚中提到，此案暴露出浦发银行成都分行存在诸多问题：

一是内控严重失效。该分行多年来采用违规手段发放贷款，银行内控体系未能及时发现并纠正。

二是片面追求业务规模的超高速发展。该分行采取弄虚作假、炮制业绩的不当手段，粉饰报表、虚增利润，过度追求分行业绩考核在总行的排名。

三是合规意识淡薄。为达到绕开总行授权限制、规避监管的目的，该分行化整为零，批量造假，以表面形式的合规掩盖重大违规。此外，该案也反映出浦发银行总行对分行长期不良贷款为零等异常情况失察、考核激励机制不当、轮岗制度执行不力、对监管部门提示的风险重视不够等问题。

资料来源：百度文库。

三、中间业务中的信用风险管理

(一)商业银行的中间业务

中间业务是指商业银行在资产业务和负债业务的基础上,利用技术、信息、服务网络、资金、信用等方面的优势,不运用或不直接运用自己的资产、负债,以中间人(代理人)的身份接受委托为客户办理收付、咨询、代理、担保和其他委托业务事项,提供各类金融服务并收取手续费的经营活动。商业银行在办理中间业务的过程中,不直接作为信用活动的一方出现,不涉及自己的资产与负债运用,发生的业务一般不在资产负债表中反映,商业银行的资产、负债总额不受影响。

按是否构成商业银行或有资产和或有负债,中间业务可以分为两大类。

1. 或有债权/债务类中间业务

或有债权/债务类中间业务在一定条件下会转化为现实资产和负债。这类业务主要包括贷款承诺、担保类和各种金融衍生类中间业务。

2. 金融服务类中间业务

它是指商业银行通过对客户提供金融服务,以收取手续费为目的,不承担任何风险,不构成商业银行或有债权/债务的业务。即只能为银行带来各种服务性收入,但不会影响银行表内业务质量的业务。这类业务主要包括支付结算、代理、咨询等业务。

(二)商业银行对中间业务信用风险的管理

商业银行要充分认识中间业务风险,从加强内部管理入手,筑起防范中间业务风险的第一道防线。

1. 更新观念,强化风险意识

商业银行管理人员,特别是高管人员要强化中间业务的风险意识,不断提高自身思想、业务素质和决策水平;把中间业务风险管理工作列入议事日程,经常关注中间业务的风险状况,发现问题及时处理;制定中间业务发展长远规划,经常听取中间业务开展情况和风险预测预警情况反映,定期对中间业务操作程序和风险管理决策进行评价;突破传统业务分工,以中间业务管理为主线,及时调整、科学布局职能部门,强调制定政策、操作执行和监督的相对独立;定期组织各职能部门对中间业务风险管理进行沟通和探讨,达到信息资源共享、事前防范风险的目的。商业银行要将研制中间业务新品种与宏观业务政策、资本实力、管理技能及承担风险有机结合起来,有效发挥商业银行防范风险的整体功能。

2. 建立完善规章制度,规避操作风险

商业银行要对中间业务制定一系列的实施细则、操作规程和风险防范制度,对中间业务管理和风险防范从制度上进行规范。商业银行管理中间业务要严格按照操作规范运作,尽量规避中间业务的操作风险。

3. 完善内部监控体系,有效防范风险

(1)履行稽核职责,健全稽核机制。商业银行要对中间业务操作、风险预警、风险限额、风险监管程序等内控体系进行有效监控,做到由事后稽核逐步向事中、事前稽核前移,把中间业务的风险敞口前移。

（2）实行“三权”分离。商业银行要将中间业务的经营权、风险监测权、风险管理权实行分离，明确各职能部门承担风险的额度及其责任、权利和义务。

（3）约束经营行为。商业银行要加强对中间业务经办人员业务行为的约束，按中间业务操作规程办事，防止经办人员随意的经营行为。

4. 建立风险监测管理制度

（1）建立风险定性、定量分析制度。商业银行要运用定性与定量分析相结合的办法，评估中间业务的风险，动态掌握中间业务风险程度。

（2）构建风险限额系统。商业银行要根据总体规划预定的中间业务风险限额，规定所能承担的限定风险的界限；对中间业务风险做到科学分配、限额管理，保证一旦超过限额，便能立即引起相关部门的关注，使风险及时得到控制。商业银行中间业务风险限额必须与整体风险限额保持一致。

（3）完善风险管理制度。商业银行要定期对辖内中间业务的风险计量指标、风险限额及其对经营状况的影响进行监督，定期或不定期地向相关部门和人员报告中间业务的风险情况。

第三节　商业银行贷款的信用管理

信贷客户是商业银行主要的利润来源，同时是银行最大的风险来源。借款客户经营不善、破产或倒闭，都会造成银行信贷资金部分或全部无法收回，增加银行的不良贷款，严重情况下甚至会使银行经营困难，陷入破产或倒闭。因而，商业银行对贷款的信用管理显得尤为重要。

一、商业银行企业贷款信用管理

（一）信用分析方法与内容

信用分析就是商业银行对借款人偿还债务的能力与意愿进行调查分析，借以了解借款人履约还款的可靠性，从而制定出正确的贷款政策，提高贷款决策的科学性，有针对性地加强贷款管理，防范信用风险。信用分析是商业银行贷款业务基本而主要的工作内容，信用分析的质量决定贷款的质量。信用分析离不开对借款人的信用调查研究，因此，信用分析也叫做信用调查或信用调查分析。

信用风险是普遍存在的。信用分析的目的并非只向没有风险的借款人提供贷款，而是通过信用分析预测贷款可能遭受的信用风险程度，也就是评价借款人未来偿还贷款的意愿和能力，从而采取有效的防范措施，减少或避免信用风险。

1. 信用分析的方法

（1）5C 分析法。

① 品质（Character），是对借款人声誉的衡量。主要指企业负责人的品德、经营管理水平、资金运用状况、经营稳健性以及偿还愿望等。信用记录对其品德的判断具有重要意义。

② 能力(Capacity),主要从两方面进行分析:一方面是借款人未来现金流量的变动趋势及波动性;另一方面是借款人的管理水平,银行不仅要对借款人的公司治理机制、日常经营策略、管理的整合度和深度进行分析评价,还要对其各部门主要管理人员进行分析评价。

③ 资本(Capital),是指借款人的财务杠杆状况及资本金情况。资本金是经济实力的重要标志,也是企业承担信用风险的最终资源。财务杠杆高就意味着资本金较少,债务负担和违约概率也较高。

④ 抵押品(Collateral),可以避免或减少借款人不能如约按期还贷的风险,是银行为补偿可能发生的贷款损失而采取的一种防御性措施。一般来说,银行要求借款人在贷款时提供抵押品主要是为了降低风险,给银行提供一种保护,使银行在借款人无法归还贷款的情况下通过出售担保品而挽回损失,保证贷款的安全。抵押品的价值应该稳定,在保险公司已投保,市场广泛,易于出售。

⑤ 环境(Condition),主要包括商业周期所处阶段、借款人所在行业状况、利率水平等因素。商业周期是决定信用风险水平的重要因素,尤其是在周期敏感性的产业;借款人处于行业周期的不同阶段以及行业的竞争激烈程度,对借款人的偿债能力也具有重大影响;利率水平是影响信用风险水平的重要环境因素。

随着金融市场的不断发展,最初的5C分析法扩展到6C、7C分析法。6C分析法在原有5C分析法的基础上,增加了现金流(Cash),7C分析法在6C分析法的基础上又增加了企业的持续性(Continuity)或控制能力(Control)。

(2) SWOT分析法。

SWOT分析法又称态势分析法。SWOT分析法是一种能够较客观而准确地分析和研究一个企业现实情况的方法。

S(Strength,优势),是组织机构的内部因素。具体包括:有利的竞争态势;充足的财政来源;良好的企业形象;技术力量;规模经济;产品质量;市场份额;成本优势;广告攻势等。

W(Weakness,弱势),是指在竞争中相对弱势的方面,也是组织机构的内部因素。具体包括:设备老化;管理混乱;缺少关键技术;研究开发落后;资金短缺;经营不善;产品积压;竞争力差等。

O(Opportunity,机会),是组织机构的外部因素。具体包括:新产品;新市场;新需求;市场壁垒解除;竞争对手失误等。

T(Threat,威胁),也是组织机构的外部因素。具体包括:新的竞争对手;替代产品增多;市场紧缩;行业政策变化;经济衰退;客户偏好改变;突发事件等。

SWOT分析法是把组织内外环境所形成的机会、风险、优势、劣势四个方面的情况,结合起来进行分析,以寻找制定适合组织实际情况的经营战略和策略的方法。

(3) 5W分析法。

5W分析法是西方商业银行通用的信用分析方法,即商业银行在每笔贷款发放之前都必须以五个方面进行审查。即借款人是谁(Who)、借款人为何要借款(Why)、借款人以何物作为抵押(What)、借款人何时能归还所借款项(When)、借款人如何归还借款(How)。

(4) 5P要素分析法。

这种方法主要分析以下五个方面因素,即个人因素(Personal Factor)、资金用途因素

(Purpose Factor)、还款财源因素(Payment Factor)、债权保障因素(Protection Factor)、企业前景因素(Perspective Factor)等。

2. 信用分析的内容

(1) 财务因素分析。

财务因素分析就是以客户财务报表和其他资料为依据和起点,采用专门方法,系统分析和评价企业的财务状况、经营成果和现金流量状况的过程。其目的是评价客户过去的经营业绩,衡量现在的财务状况,预测未来的发展趋势,从而为贷款决策提供依据。

财务因素分析包括财务指标分析和财务综合分析。其分析的主要内容体现在以下四个方面:

① 偿债能力分析。

偿债能力是指企业如期偿付债务的能力,它包括短期偿债能力和长期偿债能力。

短期偿债能力是指客户以流动资产偿还短期债务即流动负债的能力,它反映客户偿付日常到期债务的能力。影响短期偿债能力的因素很多,但流动资产与流动负债的关系以及资产的变现速度是其最主要的方面。因为大多数情况下,短期债务需要现金来偿还,因此,短期偿债能力应注意一定时期的流动资产变现能力的分析。反映客户短期偿债能力的比率主要有:流动比率、速动比率和现金比率。

长期偿债能力是指客户偿还长期债务的能力,它表明客户对债务的承受能力和偿还债务的保障能力。长期偿债能力的强弱是反映客户财务状况稳定与安全程度的重要标志。长期偿债能力分析常用的比率主要有:资产负债率、负债与所有者权益比率、负债与有形净资产比率、利息保障倍数等。

由于短期债务是企业日常经营活动中弥补营运资金不足的一个重要来源,通过分析有助于判断企业短期资金的营运能力以及营运资金的周转状况。通过对长期偿债能力的分析,不仅可以判断企业的经营状况,还可以促使企业提高融通资金的能力,因为长期负债是企业资本化资金的重要组成部分,也是企业的重要融资途径。而从债权人的角度看,通过偿债能力分析,有助于了解其贷款的安全性,以保其债务本息能够及时、足额地得以偿还。

② 营运能力分析。

营运能力是指通过借款人经营中各项资产周转速度所反映出来的借款人资产运用效率,它不仅能反映借款人资产管理水平和资产配置组合能力,而且影响着借款人的偿债能力和盈利能力。从一方面看,借款人资产周转速度越快,就表明其经营能力越强;从另一方面看,资产运用效率越高,资产周转速度就越快,借款人所取得的收入和盈利就越多,盈利能力就越强,那么借款人就会有足够的资金还本付息,因而其偿债能力就越强。因此,营运能力的大小对借款人偿债能力和盈利能力的提高有着重要影响。营运能力分析常用的比率主要有:总资产周转率、固定资产周转率、应收账款周转率、存货周转率、资产收益率和所有者权益收益率等。

③ 盈利能力分析。

盈利能力分析主要通过将资产、负债、所有者权益与经营成果相结合来分析企业的各项报酬率指标,从而从不同角度判断企业的获利能力。盈利是借款人偿还债务的重要资金来源,借款人盈利能力越强,还本付息的资金来源越有保障,债权的风险越小。反映借款人盈利能力的比率主要有:销售利润率、营业利润率、税前利润率和净利润率、成本费用利润率。

银行在分析借款人盈利能力时,应将上述各个指标结合起来,并运用损益表中各个项目的结构分析,综合评价客户盈利能力的高低和变动情况,引起变动的原因及其对借款人将来的盈利能力可能造成的影响。例如,销售利润率的上升总是与产品销售成本在产品销售收入中的比重下降相联系。而这种比重下降的原因又是由产品销售价格的上升和产品销售成本的下降两个因素造成的。销售利润率的上升一般情况下必然导致营业利润率的上升,除非营业费用、管理费用和财务费用在营业收入中所占的比重上升;营业利润率的上升一般总会引起税前利润率和净利润率的上升,除非营业外支出大幅度上升;产品销售成本、产品销售费用、管理费用和财务费用的增减最终又通过成本费用利润率反映出来。

④ 现金流量分析。

现金流量分析主要通过现金流量的结构分析、流动性分析、获取现金能力分析、财务弹性分析、收益质量分析五个方面来分析评价企业资金的来龙去脉、融投资能力和财务弹性。

以上四个方面的财务分析指标相辅相成,但如果单独分析任何一项财务指标,就如同盲人摸象一样,都难以全面评价企业的经营与财务状况,必须采取适当的方法,对企业财务进行综合分析与评价。

(2)非财务因素分析。

非财务因素是指企业财务因素变动以外的因素。非财务因素可能导致银行贷款的风险虽然不能直接通过财务指标加以量化,但是它对企业的影响乃至对银行贷款的影响至关重要。商业银行的贷前调查、贷时审查以及贷后检查都必须从关注企业财务因素逐步延伸到关注企业的非财务因素。

非财务因素分析包括对借款人的行业风险因素分析、经营风险因素分析、管理风险因素分析、自然和社会因素分析以及借款人还款意愿分析等内容。

① 行业风险因素分析。

行业是由具有共同特征的企业群体组成的。由于同一行业内的企业成员在生产经营上存在相同性或相似性,其产品或服务具有很强的替代性,行业内的企业成员彼此间处于一种更紧密联系的状态之中。行业的兴衰与国民经济发展的特定阶段有较强的相关性,在同一时期,一些行业的增长与经济同步增长,一些行业增长可能领先于经济增长,还有一些行业可能随着经济的增长而衰落甚至消失。行业的兴衰决定了行业内部企业生存的条件和发展状况,进而影响与行业相关银行信贷资金的安全。通过行业风险因素分析,帮助银行辨别最近和未来可能提供信贷进入机会的成长行业,并根据行业的生命运行周期,适时把握退出时机,以确保信贷资产质量。

行业风险因素分析主要包括对行业结构、行业的生命周期、行业与经济周期关联度、产业政策与法规、行业的技术进步、社会习惯、行业的依赖性和产品的替代性以及行业的成本结构等方面的分析。

② 经营风险因素分析。

通过对借款人行业风险的分析,我们已经能够对借款人所在的行业整体的共性风险有一定的认识,但行业中的每个企业又有其独特的自身特点,在信贷分析时,应对每个借款人的经营风险做具体的分析。主要包括对借款人总体特征、借款人产品与市场、借款人采购环节、借款人生产环节、借款人销售环节等方面进行分析。

③ 管理风险因素分析。

一般来说,对借款人管理风险的分析,主要从借款人的组织形式、管理层素质和稳定性、经营思想等几个方面进行。

④ 自然和社会因素分析。

战争、自然灾害和人口等各种自然和社会因素,均可能给借款人带来意外的风险,从而对借款人的还款能力产生不同程度的影响。如火灾、死亡、拆迁等意外事件。

⑤ 借款人还款意愿分析。

在实际工作中,有很多借款人不是无力还款,而是无还款意愿或还款意愿差,有钱不还。因此,银行必须认真分析借款人的还款意愿,这是影响还款的非常重要的非财务因素。借款人的还款意愿,可从借款人的还款记录、借款人的对外资信、借款人管理层的品格等方面反映出来。借款人的还款记录应在银行的信贷档案有详细记载,看借款人在历史上有无拖欠银行贷款或与银行不配合等事项;借款人的对外资信可以根据借款人在经营中有无偷漏税、有无采用虚假的报表和隐瞒事实等不正当手段骗取银行贷款,有无在销售过程中采用欺骗手段骗取客户的信任等进行判断;银行信贷人员还可以通过实地调查了解借款企业领导层的品格状况等。

(二) 贷款审批和尽职调查

1. 贷款审批制度

(1) 行长负责制。行长负责制是指各级行长应当在授权范围内对贷款的发放和收回负全部责任。行长负责制的主要内容包括:① 行长是贷款管理的责任人,即贷款的安全由行长负责,保证信贷资产安全是行长的主要职责;② 贷款实行分级经营管理,即行长对授权范围内的贷款的安全全权负责;③ 行长授权的主管人员应当对行长负责。

(2) 审贷分离制度。《中华人民共和国商业银行法》第 35 条第 2 款规定:“商业银行贷款,应当实行审贷分离、分级审批的制度。”审贷分离,是指商业银行在发放贷款时,要将贷款的审查与贷款的具体发放和管理分开的一种管理方式。审贷分离,一是指贷款经办人员同贷款审查人员分开,这种分开可能是机构上的分离,也可能不是,这要依不同的银行而定。对大银行,最好是机构分开,贷款经办人员和调查人员是一个部门,而审查人员属于另一个部门。经办部门同客户,即借款人接触,但无权审批贷款;审批部门有权审批贷款但不同借款人面对面地经常接触。另一种方法指不用从机构上分开,审批权由分支行行长(或信贷处长)掌握,或者一个人数较少的贷款审查委员会掌握,这对于小银行是可行的。

(3) 分级审批制度。分级审批实际上是一个分级授权的问题,就是说哪一级银行什么职务的人具有多大的批准贷款的权力。对于一家小银行,对下级的授权要十分小心,因为大多数贷款都可以由总行来审查和决定。如果授权太多太滥,除了产生不必要的管理成本之外,还可能导致下级滥用权力给银行带来风险。但是,对于一家大银行,如果没有一个完整而科学的授权系统,则银行是无法运转的。因此,分级审批是根据分支机构的不同级别,确定其贷款审批权限的管理方式。分级审批的重点是银行首先要确定其经营的层次,它准备以哪一层次为基本经营单位,具有几个层次的管理;管理层次是否有贷款的权力;是以经营层次进行贷款还是以管理层次为主贷款。

2. 贷款的审查与评估

企业贷款审查的主要内容有:

(1) 贷款的直接用途。符合工业企业流动资金贷款支持范围的直接用途有:合理进货支付货款、承付应付票据、经银行批准的预付货款、各专项贷款按规定的用途使用、其他符合规定的用途。

(2) 企业近期经营状况。主要包括物资购、耗、存及产品供、产、销状况,流动资金占用水平及结构状况,信誉状况,经济效益状况等。

(3) 企业挖潜计划、流动资金周转加速计划、流动资金补充计划的执行情况。

(4) 企业发展前景。指企业所属行业的发展前景,企业发展方向,产品结构、寿命周期和新产品开发能力,主要领导人实际工作能力,经营决策水平及开拓、创新能力。

(5) 企业负债能力。主要指企业自有流动资金实有额及流动资产负债状况,一般可用自有流动资金占全部流动资金比例和企业流动资产负债率两项指标分析。

(三) 质量评估及分类(贷款五级分类)

1. 贷款五级分类的含义

贷款五级分类也叫做贷款风险分类,是指银行的信贷分析和管理人员,综合能获得的全部信息并应用最佳判断,根据贷款的风险程度对贷款质量做出评价和判断。贷款风险分类的目的为:一是揭示贷款的实际价值和风险程度,真实、全面、动态地反映贷款的质量。二是发现贷款发放、管理、监控、催收以及不良贷款管理中存在的问题,加强信贷管理。三是为判断贷款损失准备金是否充足提供依据。

我国引进贷款五级分类管理实际上从 1994 年即已开始。1994 年至 1997 年,在世界银行技术援助项目下,中国人民银行在对部分商业银行的资产质量检查中,试用了五级分类方法。1997 年 11 月,全国金融工作会议明确提出,要参照国际惯例,结合我国实际情况,完善现行信贷资产质量分类和考核办法。按照上述要求,1998 年,中国人民银行参照国际惯例制定了《贷款风险分类指导原则(试行)》,要求商业银行依照借款人的实际还款能力进行贷款质量的五级分类,并在广东省进行了试点。1997 年,中国人民银行发布了《关于全面推行贷款五级分类工作的通知》,要求政策性银行、国有独资商业银行、股份制商业银行和城市商业银行在试点的基础上实施贷款风险分类管理办法。在经过一段时间的试运行后,2001 年中国人民银行对 1998 年颁布的《贷款风险分类指导原则(试行)》进行了修订,颁布了正式的《贷款风险分类指导原则》,决定自 2002 年 1 月 1 日起在中国银行业全面推行贷款风险分类管理。

2. 贷款风险分类的标准

我国的贷款风险分类主要借鉴美国为代表的贷款分类方法，即把贷款分为正常、关注、次级、可疑和损失五类。加拿大、东南亚国家及东欧转轨国家都采用这种模式。此外，有些国家还把贷款划分为四类（如德国）、六类（如西班牙）和七类（如巴西）。大多数国家还是采用五级分类法。

(1) 正常贷款。

正常贷款指借款人能够履行合同，有充分把握按时足额偿还贷款本息。

正常贷款的特征是借款人能正常还本付息，银行对借款人最终偿还贷款已有充分把握，各方面情况正常；不存在任何影响贷款本息偿还的消极因素，没有任何理由怀疑贷款会遭受损失。

(2) 关注贷款。

关注贷款指尽管借款人目前有能力偿还贷款本息，但存在一些可能对贷款偿还产生不利影响的因素。

关注贷款的特征是借款人偿还贷款本息没有问题，但是存在潜在的缺陷，继续存在下去将会影响贷款的偿还。其具体特征包括：宏观经济、市场、行业的外部环境的变化对借款人的经营产生不利影响，并可能影响借款人偿债能力，例如借款人所处的行业呈下降趋势；企业改制（如分立、租赁、承包和合资等）对银行债务可能产生不利影响；借款人的主要股东、关联企业或母子公司发生了重大不利变化；借款人的一些关键财务指标，例如流动性比率、资产负债率、销售利润率和存款周转率低于行业平均水平或较大幅度下降；借款人未能按规定使用贷款；固定资产的项目出现重大的、不利于贷款偿还的调整，例如机械项目工期延长，或概算调整幅度较大；借款人还款意愿差，不与银行积极合作；贷款抵押品、质押品价值下降，或依法对抵押品失去控制；贷款保证人的财务状况出现疑问；银行对贷款缺乏有效监督；银行信贷档案不齐全，重要文件遗失，并且对于贷款构成实质性影响；违反贷款审批程序，例如超越授权发放贷款。

这类贷款的损失概率一般不会超过5%。逾期90天以内的贷款至少划为关注贷款。

(3) 次级贷款。

次级贷款指借款人的还款能力出现明显问题，完全依靠其正常营业收入无法足额偿还贷款本息，即使执行担保，也可能造成一定的损失。

次级贷款的特征是借款人缺陷已经很明显，正常经营收入不足以保证还款，需要通过出售、变卖资产和对外融资，乃至执行担保来偿还。次级贷款具体的特征包括：借款人支付出现困难，并且难以获得新的资金；借款人不能偿还对其他债权人的债务；借款人内部管理问题未能解决，妨碍债务及时足额清偿；借款人采用隐瞒事实等不正常手段获取的贷款；借款人经营亏损，净现金流量为负值；借款人不得不寻求拍卖抵押品、履行担保等还款来源。

这类贷款的损失概率为20%～30%。逾期90天至180天的贷款至少划为次级贷款。

(4) 可疑贷款。

可疑贷款指借款人无法足额偿还贷款本息，即使执行担保，也肯定要造成较大损失。

可疑贷款的特征是贷款肯定要发生一定的损失，只是因为存在借款人重组、兼并、合并、抵押物处理和未决诉讼等待定因素,损失金额还不能确定。可疑贷款具体特征包括:借款人处于停产、半停产状况;贷款项目,如基建项目处于停缓状态;借款人已资不抵债;企业借改制之机,逃避银行债务;贷款经过了重组,仍然逾期,或仍然不能正常归还贷款本息,还款状况未明显改善。

这类贷款损失的概率为40% ~60%。逾期180天以上的贷款至少应划为可疑贷款。

(5) 损失贷款。

损失贷款指在采取了所有可能的措施或一切必要的法律程序之后,本息仍然无法收回,或只能收回极少部分。

损失贷款的特征是贷款要大部分或部分发生损失。具体表现为:借款人和担保人依法宣告破产,经法定清偿后,仍不能还清的贷款;借款人死亡,或依照《中华人民共和国民法通则》的规定,宣告失踪或死亡,以其财产或遗产清偿后,未能还清的贷款;借款人遭受重大自然灾害或意外事故,损失巨大且不能获得补偿、确实无力偿还的部分或全部贷款;经国务院专案批准核销的逾期的贷款;贷款企业虽未破产,工商行政管理部门也未吊销其执照,但企业早已关停或名存实亡;由于计划经济体制等历史原因造成的、债务人主体已经消亡、悬空的银行贷款。

这类贷款的损失率基本上是95% ~100%。如果贷款逾期天数在720天以上,一般要划为损失贷款。

3. 贷款风险分类的程序

(1) 阅读信贷档案,开始填写《贷款分类认定表》。

贷款分类的信息主要来源于信贷档案。一般地,信贷档案至少覆盖以下6个方面的内容:

① 客户的基本情况。包括:借款人的名称、地址;企业类型及所处行业;业务经营范围和主营业务;组织结构、业主和高级管理人员的情况,以及附属机构的情况;借款人的经营历史、信誉评级,以及保证人的基本情况。

② 借款人和保证人的财务信息。主要指资产负债表、损益表、现金流量表、外部审计师的报告以及借款人的其他财务信息。

③ 重要文件。包括:借款人贷款申请;银行信贷调查报告和审批文件,包括长期贷款的可行性分析报告、上级行的立项文件和批准文件;贷款合同、授信额度或授信书;贷款担保的法律文件,包括抵押合同、保证书、抵押品评估报告、财产所有权证,如地契和房产证明等;借款人还款计划或还款承诺。

④ 往来信函。包括信贷员走访考察记录、备忘录。

⑤ 借款人还款记录和银行催款通知。

⑥ 贷款检查报告。包括定期、不定期的信贷分析报告和内审报告。

银行应当制定信贷档案管理制度,为每个借款人建立完整的档案。信贷员有责任保护客户信贷档案的完整和真实,如有漏缺,应以书面形式说明。

检查人员应该对银行信贷档案存在的严重问题提出批评。重要法律文件(例如贷款合同、担保合同等)缺失或有误导致法律责任不清的贷款应至少划为关注以下(包括关注)。

如果信贷档案存在严重问题,重要法律文件缺失或有误导性以至法律责任不清的贷款应至少划为关注以下。

(2) 审查贷款的基本情况。

贷款的基本情况主要包括贷款目的、还款来源、资产转换周期以及还款记录4个方面,贷款分类就从这4个方面入手。

① 贷款目的。

对贷款目的即贷款的用途审查的主要内容是贷款合同所规定的用途与贷款的实际用途是否一致,这是判断贷款正常与否的最基本标志。根据《贷款通则》的规定借款人有义务按借款合同的约定用途使用贷款,如果贷款被挪用,意味着原先贷款发放的依据已丧失,对银行而言则意味着更大的风险,已用的贷款至少被划为关注贷款。

② 还款来源。

通常借款人的还款来源不外乎现金流量、资产销售、抵押品的清偿、重新筹资及担保人偿还等,这几种来源的稳定性和可变现性不同,成本费用不同,风险程度也不同,而通过正常经营所获得的资金是偿还债务最有保障的来源,依靠担保抵押的形式重新筹资,由于不确定性因素较多和成本较高,风险也就较大,因此在分类中,贷款分类人员就应判断借款人合同约定的还款来源是否合理,风险程度是高或是低,从而为贷款分类提供初步依据。贷款分类人员可以通过以下三个预警信号来判断还款来源是否存在风险:第一,贷款目的与借款人原定计划是否一致;第二,存在与贷款目的不一致的偿付来源;第三,存在与主营业务无关的贷款的偿付来源。

③ 资产转换周期。

资产转换周期是银行信贷资金由金融资本转化为实物资本,再由实物资本转化为金融资本的过程。目前我国商业银行有相当一部分逾期贷款就是由于信贷人员对资产转换周期评估不准而造成的。

根据资金性质不同,资产转换周期(循环)可分为两个内容:一是经营性循环,由生产、销售产品和提供服务的日常经营活动组成,即通常所说的供、产、销的过程,资金投入在一个经营周期内以销售形式(提供劳务)转换成现金;二是通过折旧方式在借款人多个经营周期内收回资金。

分析资产转换周期的意义在于:一是资产转换周期的长短是确定贷款期限的主要依据;二是资产转换周期的内容为考察贷款目的和还款来源提供非常有用的信息。

④ 还款记录。

还款记录在贷款分类中具有特殊的作用,它可以直截了当地告诉你目前的状态是正常还本付息的还是发生过严重拖欠或被部分注销,贷款是否经历过重组,或已挂账停息等重要信息,这为进行贷款分类提供了最基本的依据。假如还款记录不正常,那么,至少可以很快地对贷款的不良状况做出基本的判断;如果还款记录完全正常,仍有必要对贷款质量进行监控。

(3) 评估还款的可能性。

① 财务分析。通过分析借款人财务状况,评价其资本收益能力和其他财务稳健状况及流动性,看其是否具有偿债能力,借款人的未来发展前景如何,从而对其贷款分类做出判断。

② 现金流量分析。贷款偿还的可能性主要取决于借款人的还款能力,还款能力的主要标志是借款人的现金流量是否充足,而不仅仅是利润,因为现金流量是偿还贷款的主要还款来源。

③ 担保分析。当借款人财务状况出现问题,完全依赖于正常营业收入已无法保证足额偿还贷款本息时,担保就从次要还款来源变为最直接、最现实的还款来源,因此它的可靠性和充足性影响对贷款质量的判断。因此要对贷款的担保做出分析和评估,确定贷款的可行受偿程度。

④ 非财务因素分析。通过对市场环境、企业管理、还款意愿、银行信贷管理等因素的分析,帮助信贷人员进一步判断借款人偿还贷款的可能性,使贷款分类更为准确。

⑤ 综合分析。其分析步骤为:第一,借款人财务状况如何,现金流量是否充足,是否有还款能力;第二,借款人过去的经营业绩和记录如何,是否具有还款意愿;第三,借款人目前潜在的问题是什么,对贷款偿还有何影响;第四,借款人前景如何,对归还贷款有何影响。

(4) 确定分类结果。

根据上述还款可能性分析,依据规定的分类标准,写出风险评估理由,确定分类结果。

(四) 问题贷款的控制和管理

1. 问题贷款的含义

问题贷款是指商业银行发放给借款人的、具有较大风险的贷款。一般而言,问题贷款是指偿还有困难的贷款。目前,有关问题贷款的研究很多,不同的专家有不同的意见和看法。有的专家认为问题贷款是指未能按照原贷款协议按时偿还本金或利息,或未能按规定的方式偿还的贷款;有的专家认为问题贷款是指借款人一次或多次未能按计划还款,或贷款抵押品的价值已严重下降的贷款;有的专家认为问题贷款是指偿还有困难的贷款,特别是那些即使借款人或相关债务人有预期的还款来源,但还款来源不足以偿还债务,或者已经违约而不能按时偿还,可能发生损失的贷款。

2. 问题贷款的控制与处理策略

(1) 拒绝策略。贷款决策时,运用风险测度模型对风险进行预测,并计算出违约概率,主动放弃或拒绝可能引起风险损失的方案。

(2) 回避策略。在对借款人和借款方案进行选择时,应做到趋利避害:一是在可供选择的多种方案面前,选择风险小的方案。二是改变银行资产信贷结构,使资产结构短期化。三是向盈利好和信誉高的企业和客户倾斜。

(3) 分散策略。一是组成银团,共同承担一项贷款义务,分散风险。二是调整贷款风险比例和期限结构,使其与银行的风险承受能力相适应。

(4) 证券化策略。将质量相对较好的问题贷款从整个不良贷款中分离出来,发行以预期资产处置收入作为担保的证券,使银行预先取得不良贷款的处置收入。

(5) 诉讼策略。如果贷款没有担保或清算抵押品后仍不足还款,银行可以对借款人或担保人提起上诉,请求法庭判决。

3. 我国银行业问题贷款的控制与处理

(1) 关注早期财务信号和非财务信息,及早发现问题贷款。

银行在发现问题贷款方面一般有三道防线:信贷员、贷款的复核和外部检查。其主要是依靠第一道防线,第二三道防线及时性不强,因此银行要善于从早期信号中及早发现问题,特别是财务信号,如杠杆作用、获利能力、流动性等。这些财务信号的获得会有一个滞后时间,因此银行收到的财务报表的频率是至关重要的,银行如果不能获得足够的财务信号,发现问题贷款就要依靠非财务信息。非财务信息的早期信号主要有:企业管理风格的改变,行业、市场或产品的变化,信息获取的变化等。银行对非财务信号指标也要做到时时警觉,尽管这些征兆是无形的,但它们常常是问题的最初警报。

(2) 成立专门的班子来处理问题贷款。

为了能够更好地对企业贷款进行追踪监督并提供专业的建议,应该打造一批拥有专业管理知识的人员,能对问题企业展开调查并提供专业的建议。目前,在美国,大约有60%的银行有专门的班子来处理问题贷款,而且成绩斐然。许多商业银行,尤其是大银行,历来认为要由配备有处理问题贷款经验和才干的职员组成的班子来处理这类贷款,而不应该让原先发放这笔贷款的信贷员去做。理由是:对于这种贷款的形势应该有一个全新的认识,此外,原来发放贷款的信贷员也许同借款人有较密切的个人关系,因此难以对借款人进行科学的、无偏差的分析,而且缺乏处理问题贷款需要的坚定信念。

(3) 银行自身应加强管理。

银行应当强化资产负债比例管理,严格控制信贷风险。严把新增贷款质量关,控制总量,盘活存量,实现战略性结构调整,要确立不盲目追求市场份额,着眼于做优做强的信贷经营策略,综合运用各种手段清收不良资产,化解潜在的信贷风险。同时加强业务培训,强化责任意识,强化法制观念,提高管理技能。

二、商业银行个人贷款信用管理

(一) 个人贷款的概念和特征

1. 个人贷款的概念

个人贷款是指银行向个人发放的用于满足其各种资金需求的贷款。

个人贷款业务属于商业银行贷款业务的一部分。在商业银行,个人贷款业务是以主体特征为标准进行贷款分类的一种结果,即借贷合同关系的一方主体是银行,另一方主体是个人,这也是与公司贷款业务相区别的重要特征。

2. 个人贷款的特征

在个人贷款业务的发展过程中,各商业银行不断开拓创新,逐渐形成了颇具特色的个人贷款业务。

(1) 贷款品种多,用途广。

各商业银行为了更好地满足客户的多元化需求,不断推出个人贷款业务新品种。目前,既有个人消费类贷款,也有个人经营类贷款;既有自营性个人贷款,也有委托性个人贷款;既有单一性个人贷款,也有组合性个人贷款。这些产品可以多层次、全方位地满足客户的不同需求,满足个人在购房、购车、旅游、装修、购买消费用品和解决临时性资金周转、从事生产经营等各方面的需求。

(2) 贷款便利。

近年来,各商业银行都在为个人贷款业务简化手续、增加营业网点、改善服务手段、提高服务质量,从而使得个人贷款业务的办理较为便利。目前,客户可以通过个人贷款服务中心、声讯电话、网上银行、电话银行等多种方式了解、咨询银行的个人贷款业务;客户可以在银行所辖营业网点、网上银行、个人贷款服务中心或金融超市办理个人贷款业务,为个人贷款客户提供了极大的便利。

(3) 还款方式灵活。

目前,各商业银行的个人贷款可以采取灵活多样的还款方式,如等额本息还款法、等额本金还款法、等比累进还款法、等额累进还款法及组合还款法等多种方法,而且客户可以根据自己的需求和还款能力的变化情况,与贷款银行协商后改变还款方式。因此,个人贷款业务的还款方式较为灵活。

(二) 个人贷款信用风险来源

当前,个人信贷业务的风险产生的原因主要体现在两个方面:一方面来自银行外部;另一方面则来自银行内部。正是这两方面的原因,构成了个人信贷业务潜在的风险。

1. 外部原因

(1) 借款人过度负债,缺乏有效的债务管理。

调查表明,过度负债是借款人的履约能力出现问题的最主要和最直接的原因。但是,一些借款人并没有认识到过度负债可能带来的不良后果,也未认真计划其日常开支,而是一味地放纵自己的消费和借款行为,从而导致债务积累,不堪重负,最终导致借款人无法偿还贷款而发生贷款拖欠。

(2) 借款人信用观念淡薄,失信现象严重。

一是由于传统观念的影响,一些人没有养成信用观念,只管借,不管还;二是一些人还沿用计划经济体制下的老办法,以个人信用代替企业信用,赖债、躲债、恶性逃废债务的现象较为普遍;三是社会上一些企业和个人逃废银行债务成功的示范效应以及社会上一些不法分子的非法信用活动,也在社会上造成了一定的影响,诱使一些人铤而走险积极效仿,进而严重阻碍了人们信用观念的建立和增强。

(3) 社会信用环境差,信用程度低。

目前,由于受整个社会信用环境差的影响,一些个人信用观念淡薄,主动还款意识差,对贷款仍然存在“就怕借不到,不怕还不起”的观念。

2. 银行自身内部原因

(1) 信息系统落后。

信息系统落后主要表现在两个方面:一方面是个人信贷业务不同于公司信贷业务。公司信贷业务每发生一笔,都能及时录入与反映;个人信贷业务是汇总录入,只能了解整体情况,不能看到每个人或者每一户贷款情况,由此,就使后台人员对一些重复贷款很难及时发现。另一方面是系统内不能及时发现风险。个人信贷业务自成体系独成系统。在这个系统内,看不出各户贷款情况,即贷给谁、贷了多少、多长时间、初次贷款还是重复贷款等都不知晓,不能直接发现风险或者识别风险。还有,现在银行内部对个人信贷业务风险识别信号的制度没有建立起来。由于后台看不到前台的信息,也就无法去识别风险。

(2)风险意识和效益观念不强。

由于受计划经济的影响,造成金融管理粗放、经营粗放、市场观念淡薄、效益观念差;整体工作偏重于增机构、争规模、重放贷、轻回收、经济效益下滑、发展后劲不足,直接或间接地削弱银行抗风险能力。

(三)个人贷款信用风险控制

1. 建立完善、科学的个人信用评价体系抑制风险

(1)建立商业银行内部个人信用评价体系。

商业银行应根据自身业务特点和发展战略建立内部个人信用评价体系。信用评价体系可采用积分制,具体分成四个部分:一是基本情况评分,包括个人工作经历、工作单位、家庭情况等不同情况设定不同的积分。二是业务状况评分,即在信用记录号下,每发生一笔业务,均相应积分。三是设立特殊业务奖罚分,如个人信用记录号下屡次发生信用卡透支,并在规定期限内偿还透支额的,即可获得额外奖分;个人贷款按期还本付息情况良好可以获得奖分;发生恶意透支并不按时归还本息的,即实行额外罚分,情节严重的列入黑名单。四是根据上述累积得分评定个人信用等级。

(2)加快完善现行个人征信系统。

一是增加信息采集深度与广度,将各商业银行储蓄账户数据,公、检、法涉及个人不良记录数据,税务局、水务局、供电局等涉及个人日常缴费情况数据纳入系统采集信息。二是出台关于征信数据开放和规范使用征信数据的法律法规。明确规定征信机构的设立条件、经营方式、管理部门、数据开放范围与开放渠道、保密数据、隐私权保护、法律责任等。三是建立个人信用监管制度。通过它,很快就可以查出居民的信用状况,当居民出现信用污点时,不仅在银行的监控机制上会对其予以反映,而且在个人信用记录方面会有负面评价。这种负面评价对其入学、择业、提薪、升迁及使用信用消费等方面都会产生不利影响。

2. 严控三大环节,有效抑制风险

(1)贷前调查环节。

贷前调查是银行信贷决策的主要依据,是风险控制的起点,是商业银行信贷文化建设的基础。调查不实,风险控制无从做起。一是要掌握有效的调查方法。首先要通过实地调查了解借款人住址、生活区域,了解其工作环境、收入状况,了解经营户经营状况、市场环境,了解担保物的位置、市场价值等;其次要通过间接调查了解借款人及其所属行业等综合信息,如通过走访借款人周边客户、上下游客户及市场管委会、房地产部门等,全面了解借款人综合信息;最后要根据调查掌握的信息进行综合分析论证,对借款人还款意愿、还款能力做出综合评价,做出风险提示和评价。二是履行必要调查原则。对于一定金额贷款必须坚持双人调查原则,共同鉴证相关资料;对于所有贷款坚持实地调查原则,确保眼见为实;实施回避原则,对于与正在调查贷款有亲缘关系、重大利益关系的银行内部关联人实施回避;实行限时原则,对于受理调查的贷款,必须在规定时间调查,做出结论,提

高效率。三是执行相应的调查程序。按照明确贷款调查人员,制定调查方案,实施调查行为,进行分析论证,撰写调查报告,交送审查、审批人的明确程序进行调查,规范操作,严格执行制度规定。

(2) 贷中审查环节。

贷中审查环节是贷款上账前把关环节,是贷款决策环节。一是严格进行审查、审批与决策。审查人员要按照信贷政策要求严格进行审查,从借款人主体资格、资料完整、信贷政策、信贷风险等方面细致、认真审查,审批、决策人员要仔细分析论证该笔贷款的风险点,进行科学、客观决策。二是在贷款上账前进行必要核准。主要是核准担保是否落实(如抵押物抵押手续是否办妥),信贷文本使用是否正确,合同文本填写是否完整正确,重要权利凭证是否按规定交接入库。

(3) 贷后管理环节。

贷后管理是指贷款从发放直到本息收回的全过程信贷管理行为的总和,包括账户监管、贷后检查、风险预警、到期处理、风险分类、不良贷款管理、信贷档案管理等工作。要按照标准化、流程化、格式化、强制性的制度安排做好贷后管理工作。

一是明确贷后管理原则。按照职责明确、人员落实、标准统一、检查到位、预警及时、处理快速、奖罚分明的原则,实施贷后管理。二是制定有效制度。要明确制定管户主责任人制度,派驻风险经理制度,落实条线分层监管制度,明确风险预警信号,落实风险预警制度,最后是落实责任追究制度,强化责任意识。三是做好日常检查与管理工作。首先是实施不定期在线监测,密切关注贷款分类以及账户还款情况。其次是做好定期检查工作,按照一定频率进行定期检查,密切关注资金走向与还款来源。再次是做好风险预警及处理,密切关注风险预警信号,及时向前后台部门反映,并实行预期检查制度,按照制度进行电话催收、上门催收、信函催收、公告催收等,前后台部门相互配合,有效处理和化解信贷风险。最后是进行担保有效性检查,确保担保物足值、有效,不发生债权纠纷。四是做好信贷档案管理和贷后管理记录工作。将纸质档案和电子档案分类保管,特别是纸质档案要集中由专人保管。同时在电子系统中做好数据录入工作,将自律监管资料留存,建立问题库台账,及时反馈贷后管理信息。

3. 实施五大控制,防范信贷风险

(1) 准入控制。

一是产品准入。商业银行应根据市场需求特点、客户群体、风险特征等研究符合市场需求的个贷产品,使个贷产品功能完整,具有抗风险能力。二是客户准入。要将优质客户、高信用客户、高学历客户、高职级客户和高成长客户作为主要客户群体,并且在这些客户中进行细分,制定准入标准。三是机构准入。要把风险管理能力强、经营规范的机构优先准入,并定期进行检查,使办贷机构良性循环,严控管理混乱、人员配备不齐的机构办理贷款。

(2) 额度控制。

一是单户总体额度控制。在权限管理上对于单户额度进行总量控制,如单户贷款金额不超过一定金额,有效控制多头贷款风险。二是单笔贷款额度控制。根据客户自身经营规模、承受能力、综合还款能力以及客户担保能力测算,对客户贷款额度进行有效控制,同时要关注客户其他方式融资能力进行综合控制。

（3）担保控制。

一是以客户核心资产作为担保。通过实地调查、间接调查，将客户的核心资产如房地产作为抵押物，同时要选择其高价值抵押物。二是抵押物的选择。商业银行首先应将抵押物进行分类，将临街门店、商铺、住房、写字楼、厂房、建设用地分类排序，同时根据地段进行分类指导，优先选择核心地段的高价值房产；其次对不同抵押物抵押率进行分类设定，并根据宏观经济定期进行调整；再次是选择优质中介评估机构，确保抵押物评估价值公允；最后是根据法律法规明确禁止作为担保物的资产。三是要求借款人的“关联人”提供连带责任担保。在提供抵押担保的同时，对于有关联人的贷款，应要求借款人的“关联人”提供连带责任担保，确保双重监控，落实债权。

（4）定价控制。

一是根据市场定价。商业银行应随时关注市场利率水平和同业定价水平，确保定价水平合理。二是根据同业竞争形式定价，避免打价格战，使客户无所适从，增加定价风险。三是根据贷款风险状况定价，确保贷款在客户风险承受能力之内。

（5）年检控制。

一是对借款客户进行年检。将客户分类为战略型、发展型、临时型、退出型客户，每年进行年检，优先营销战略型、发展型客户，根据经济走势、竞争程度等对退出型客户进行选择，如对属于行业衰退期的可实施战略性退出，对竞争过于激烈、风险较高的客户可选择策略性退出。二是对合作商进行年检。对于合作商如开发商、担保机构、评估机构每年应进行一次严格年检，对这些合作商经营状况、信用状况、自身实力进行综合评价，择优选择风险投资者，使信贷风险在总量上得到控制。

4. 借助现代金融工具

（1）保险。

通过购买商业保险可以弥补由于借款者个人财产量和收入水平的有限而导致的风险吸收能力的不足，同样可以弥补由于个人行为不确定性而导致的大量风险。

（2）担保。

担保是另一种极为重要的社会化风险转移机制。以政府和中介结构为载体提供担保，将使许多中低收入的居民家庭运用个人信贷实现消费需求变为现实，当这些消费者不能按期偿还其债务时，政府和中介结构作为担保人将承担其偿债义务，降低了个人信贷的风险。

（3）抵押资产证券化。

推行个人消费贷款证券化、个人抵押资产证券化，从而有效地将信贷风险转移给众多的风险投资者，使信贷风险在总量上得到控制。

拓展阅读 10-3

工行黑龙江省分行 54 亿元理财产品涉嫌违规　银监局开出 3 400 万元罚单

针对中国工商银行（下称工行）黑龙江省分行 54 亿元理财产品涉嫌违规一案，2018 年 1 月 12 日，黑龙江省银监局公布了查处情况。

通报显示，经过立案、调查、审理、审议、告知等一系列法定程序，至 2018 年 1 月 11

日,黑龙江省银监局依法对工行黑龙江省分行及所辖13家二级分行及责任人予以累计3 400万元罚款,其中机构罚款3 310万元,高管人员罚款90万元,给予15名高管人员取消任职资格、警告等处罚,并责令工行黑龙江省分行按照党规党纪、政纪和内部规章,对有关责任人给予纪律处分。此外,黑龙江省银监局还对内部监管履职不力人员进行了执纪问责。

事件起因源自上海银监局在现场检查中发现,工行黑龙江省分行6只金额为54.7亿元的理财产品涉嫌违规。银监会递责成黑龙江省银监局和工行进行全面核查。

黑龙江省银监局表示,通过监管部门检查和该行自查发现,自2015年6月以来,工行黑龙江省分行辖内13家分支机构多次违规销售对公理财,虽已全部结清,未形成实质损失,但暴露出省分行及其辖内分支机构经营管理存在严重问题。

当日,黑龙江省银监局及其下辖的大兴安岭、黑河、鹤岗、牡丹江、齐齐哈尔等12家银监分局合计公开的24张罚单,全部针对工行黑龙江省分行及涉案的分支机构和责任人,案由主要为越权私售对公理财产品和违规修改合同文本销售对公理财产品。其中,以齐齐哈尔银监分局对工行齐齐哈尔分行的处罚金额最高,为1 040万元人民币,而与其他银监分局相比,齐齐哈尔银监分局则没有对相关责任人的处罚信息。

2017年以来,以"防风险""治乱象"为主题,银监会对信贷、票据、同业和理财等领域进行了重点整治,且处罚力度较往年明显加大。数据显示,银监会全年共做出行政处罚3 452件,处罚机构1 877家,罚没金额29.32亿元,对270人取消了一定期限直至终身银行业从业和高管任职资格。其中,对"侨兴债"违规担保窝案所涉出资机构罚没合计超过20亿元,对广发银行单家罚没金额达7.22亿元,创史上最大罚单。

银监会副主席曹宇在2017年城商行年会上表示:"还要继续加大整治力度,没做完的要继续做,没做好的要重新做。监管部门花这么大的精力帮大家排雷,各银行一定要变被动为主动,真查真改。要充分认识到,治乱象防风险是我们长期的工作任务,强监管将是今后工作的主基调。"

黑龙江省银监局表示,下一步,将深入贯彻落实党的十九大和全国经济、金融工作会议精神,坚持严监管、防风险,持续整治金融乱象,深化银行业改革转型,引导银行业自觉压实"三个责任",筑牢"三道防线",形成"不敢违规、不能违规、不愿违规"的合规文化,切实提升服务实体经济能力。

银监会近期披露,2018年监管重点为公司治理不健全、违反宏观调控政策、影子银行和交叉金融产品风险、侵害金融消费者合法权益、不当关联交易进行利益输送、违法违规展业、案件与操作风险、行业廉洁风险八个方面。

资料来源:界面新闻官网。

本章小结

1. 商业银行信用是指以银行为中介,以存款等方式筹集货币资金,以贷款方式对国民经济各部门、各企业提供资金的一种信用形式。

2. 商业银行信用风险是指由于债务人未能按照与银行所签订的合约的条款履约或未按约定形式履约,而使银行借贷资产遭受损失的风险。

3. 对银行来讲,在存款业务中面临的信用风险主要是指由于存款者集中挤兑而导致商业银行的流动性出现问题,即流动性风险。

4. 由于各种事先无法准确预料的因素的影响,使银行贷款资金遭受损失的一种可能性即信贷风险,主要表现为贷款到期不能按时收回和贷款的贬值。商业银行信用风险管理的主要手段有风险回避、风险分散、风险转移和风险补偿等。

5. 企业信用分析包括定量分析和定性分析两方面。定量分析主要是财务分析;定性分析则是通过对无法量化的因素做出判断,分析借款企业的责任感是否强烈,定性分析法有5C(6C、7C)分析法、5P要素分析法、5W分析法和SWOT分析法等。

6. 贷前调查、贷时审查、贷后管理是贷款管理程序的三个主要环节。在实践中,被称为"三查"。

7. 贷款五级分类也叫作贷款风险分类,是指银行的信贷分析和管理人员,综合能获得的全部信息并应用最佳判断,根据贷款的风险程度对贷款质量做出评价和判断。

8. 个人贷款是指银行向个人发放的用于满足其各种资金需求的贷款。

关键术语

银行信用 银行信用风险 信用违约期权 总收益互换 信用联动票据 6C系统 5P要素分析法 5W分析法 SWOT分析法 正常贷款 关注贷款 次级贷款 可疑贷款 损失贷款 问题贷款 个人贷款 风险分散 证券化

复习思考题

1. 商业银行保持流动性的途径主要有哪两种?
2. 商业银行信用风险管理的主要内容是什么?
3. 简述信用分析的含义及其常用方法。
4. 借款企业财务报表分析的主要内容有哪些?
5. 借款企业财务比率分析的主要内容有哪些?
6. 借款企业非财务分析的主要内容是什么?
7. 什么是五级贷款分类? 贷款分类有何意义?
8. 简述贷款审批制度。
9. 银行如何控制和处理问题贷款?
10. 个人贷款的特点有哪些?
11. 商业银行如何化解个人信贷风险?

本章实训

一、实训目的

1. 掌握商业银行信贷的基本概念。
2. 训练学生收集、阅读和梳理文献的能力。

3. 运用相关资料说明商业银行贷款业务的风险防范问题。

4. 训练学生理论联系实际解决问题的能力。

二、实训内容

1. 案例资料

厦门银监局开九罚单

多家银行因汇票业务违规、贷款挪用购房、转嫁成本等原因再受监管部门处罚。

6月5日,中国银监会厦门监管局(厦门银监局)公布九张行政处罚单,这是该局2017年以来首次公开处罚金融机构。九家受罚银行分别为:农业银行厦门市分行、工商银行厦门市分行、招商银行厦门分行、民生银行厦门分行、中信银行厦门分行、浦发银行厦门分行、平安银行厦门分行、厦门银行、厦门翔安民生村镇银行,处罚金额合计300万元。

除了对银行进行罚款,厦门银监局同时还责令这九家银行对直接负责的董事、高级管理人员和其他直接责任人员处以纪律处分。

汇票业务违规,四家银行被罚140万元

在这批处罚文件中,农业银行厦门市分行、招商银行厦门分行、中信银行厦门分行和浦发银行厦门分行均因承兑汇票业务违规被罚。

这四家银行中,农业银行厦门市分行被罚金额最多,为60万元,主要因该行将贷款资金用作银票保证金、代理贴现业务贴现资金回流出票人,并违规上调贷款风险分类。剩余三家银行被罚原因均为违规将信贷资金用于承兑汇票保证金。

从监管部门近期的处罚动作来看,银行的信贷和票据业务依然是"重灾区"。2017年5月,新疆银监局曾一天挂出15张行政处罚单,多家银行被罚的原因均涉及信贷和票据业务违规。

民生银行贷款被挪用购房,厦门银行违规担保被重罚

民生银行厦门分行因"房易贷"部分贷款资金被挪用于借款人购房,交易背景不真实而被罚款20万元,同时该分行直接负责的高级管理人员和其他直接责任人员被责令处以纪律处分。

厦门银行在这批处罚中被罚款金额最多,为70万元。厦门银监局公布的主要违规事由包括:同业投资业务接受业务承诺函,为非保本理财产品违规出具担保,办理某公司NRA存款质押业务不规范,贷前调查不详尽,贷款管理不到位。

五部委联合发布的《关于规范金融机构同业业务的通知》(127号文)明确规定,金融机构开展买入返售(卖出回购)和同业投资业务,不得接受和提供任何直接或间接、显性或隐性的第三方金融机构信用担保,国家另有规定的除外。

除此之外,工商银行厦门市分行在操作中存在个人住房贷款收入证明单一、佐证资料不充分的情况,被罚35万元。平安银行厦门分行由于开立银行承兑汇票授信审查不严、授信管理不尽职被罚20万元。厦门翔安民生村镇银行则因向部分客户转嫁贷款抵押物评估成本被处15万元罚款。

资料来源:央广网。

2. 实训要求

要求学生以小组为单位,查阅并收集相关资料,在了解我国当前商业银行信贷风险的基础上,回答如下问题。

(1) 厦门银监局九罚单中说明银行信贷业务中存在何种风险?

(2) 结合厦门银监局罚单现象谈谈银行如何防范此类风险。

(3) 试分析商业银行的其他业务中是否也存在该类风险,举例说明,并谈谈如何化解之。

三、实训组织

1. 指导教师布置案例分析作业,提示相关要求。

2. 采取学生自由组合的方式,将班级学生划分为若干小组,并指定组长进行负责。

3. 要求学生以小组为单位,认真查阅并收集相关银行信贷风险的资料,就相关问题以 PPT 形式进行课堂汇报。

延伸阅读

1.《贷款通则》(中国人民银行 1996 年 6 月 28 日).

2.《商业银行授信工作尽职指引》,银监发〔2004〕51 号.

3.《商业银行集团客户授信业务风险管理指引》,银监发〔2007〕12 号.

4.《贷款风险分类指引》,银监发〔2007〕54 号.

5.《金融企业不良资产批量转让管理办法》,财金〔2012〕6 号.

6.《商业银行流动性风险管理办法(试行)》,中国银行业监督管理委员会,2015 年 9 月 2 日.

相关网站

1. 中国人民银行网、中国金融网、中国银行业协会等网站。

2. RiskManager 官网。

3. 中国诚信信用管理股份有限公司官网。

4. 信用中国官网。

5. 中国信用管理师官网。

第十一章

非银行金融机构信用管理

本章导言

随着我国金融体制改革的不断深入，非银行金融机构迅速发展，证券公司、保险公司、信托与租赁公司等作为现代金融机构的重要组成部分，和商业银行一样，在其业务经营过程中不可避免会遭遇各种信用风险的困扰，防范和化解信用风险也是上述公司业务管理中最重要的环节。

本章着重介绍证券公司信用管理、保险公司信用管理、信托与租赁公司信用管理的内容和方法措施等。

本章知识结构图

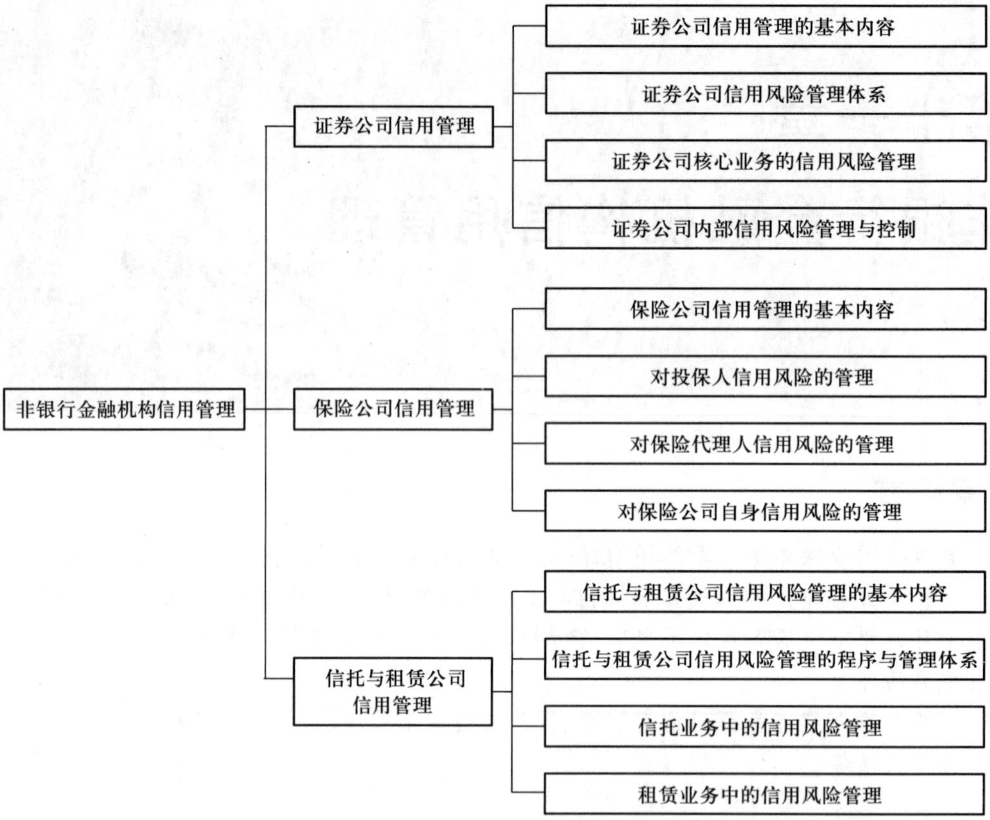

第一节　证券公司信用管理

证券公司,在中国又称证券商,简称券商,是指按照《中华人民共和国公司法》规定和经国务院监督管理机构批准从事证券经营业务的有限责任公司或股份有限公司。欧美称之为投资银行,日本称之为证券公司。证券公司是证券市场重要的金融中介机构和重要的机构投资者,在证券市场运作中发挥着重要作用。

一、证券公司信用管理的基本内容

信用风险是金融机构最常见、最传统的风险类别。证券公司与其他金融类企业一样,是通过对风险的管理或经营而获得利益,在寻求风险与利益的平衡中生存并完成其所承担的社会经济职能,风险管理体系的完善和风险管理技术的不断提高已成为证券公司必备的发展前提。

(一)证券公司信用风险特性

证券公司信用风险是指证券公司与其他的交易对手进行交易时不履行合约的可能

性。这些合约包括:其一,按时偿还本息;其二,互换与外汇交易中的结算;其三,证券买卖与回购协议;其四,其他合约义务。证券公司签订贷款协议、场外交易合同和授信时,将面临信用风险。由于每项业务具有不同的交易对手和交易特征,因此面临的信用风险也不同,例如自营业务的风险就明显高于经纪业务。一般而言,证券公司的信用风险具有以下特征:

1. 存在的客观性

股市的风险与地震、台风、洪水、瘟疫、意外事故等一样,都不以人的意志为转移,是独立于人的意识之外的客观存在。人们只能在一定的时间和空间内改变风险存在和发生的条件,降低风险发生的频率和损失幅度,而不能彻底消除风险。股市永远风云变幻莫测,有涨有跌,有赢家也有输家。收益与风险共存,高收益必然伴随着高风险。任何一位准备或已经参与证券市场的投资者,在具体的投资品种面前,在将做出操作选择之际,都应认清、正视收益与风险的辩证关系从而树立风险意识。

2. 不确定性

风险事故的不确定性主要表现为:风险事故是否发生不确定,何时发生不确定,发生后果不确定。股市的风险是客观存在的,但就某一具体风险而言,它的发生是偶然的,是一种随机现象。每次风险发生的剧烈程度,及影响结果充满不确定性。股票价格围绕价值上下波动,各个阶段各种信息对股市的影响不尽相同,有着一定的不确定性。

拓展阅读 11-1

资管违约事件频发:已涉及三家券商　联储证券给出回应

2017 年 12 月 26 日,联储证券在一份公告中称,该公司管理的一款券商集合资产管理计划违约。不过,今日联储证券回复券商中国记者称,目前,中弘新奇 1 号产品融资人已完成本期利息支付,资管计划会尽快进行收益分配。

12 月 26 日,联储证券在一份公告中称,该公司管理的一款券商集合资产管理计划违约。不过,27 日联储证券回复券商中国记者称,目前,中弘新奇 1 号产品融资人已完成本期利息支付,资管计划会尽快进行收益分配。

记者还注意到,新奇世界此次违约并非孤例。近日,大同证券和国盛资管也均涉及同一家上市公司龙力生物的违约事件。业内人士表示,信托产品的严格意义上的刚性兑付几年前就已经打破,只是一般都是延期后逐步偿付本金和利息。

联储证券:融资人已完成利息支付

公告显示,联储证券担任管理人设立的“联储证券中弘新奇 1 号集合资产管理计划”投资于陕西信托发行的“陕国投 · 联储证券中弘新奇信托贷款集合资金信托计划”,信托计划为事务管理类信托,以信托贷款方式投向于浙江新奇世界影视文化投资有限公司(简称“新奇世界”),用于补充新奇世界的流动资金。

根据约定,新奇世界应于 12 月 21 日将当期贷款利息总计约 2 079 万元划转至陕西信托的信托计划保管户,但截至 12 月 25 日,新奇世界仍未能完成上述划转。

27 日,联储证券回复记者称,关于中弘新奇 1 号产品的公告是按照合同约定,对投资者进行相关事项信息披露。作为管理人的联储证券近几日一直保持与融资人顺畅沟通和交流,敦促融资方尽快付息。目前,中弘新奇1号产品融资人已完成本期利息支付,资管计划会尽快进行收益分配。

券商资管违约事件频频爆发

值得注意的是券商资管违约事件并非孤例。

12月19日,大同证券官网公告称,大同证券作为管理人发行的"大同证券同吉9号集合资产管理计划"逾期属实。12月26日,大同证券公告了最新进展:在山东省德州市、禹城市政府的积极协调下,龙力生物与大同证券达成调解,龙力生物承诺将分期偿还全部借款本息。据悉,首笔钱已到账大同证券,大同证券或在近日启动投资者的兑付程序。

一位华南地区券商资管业内人士表示,信托产品的严格意义上的刚性兑付几年前就已经打破,只是一般都是延期后逐步偿付本金和利息。时间长的会延期1年甚至更长的时间来处置资产还钱。他表示,当具体违约的业务出现在有通道嵌套的产品时,肯定会有扯皮的现象。当年山西一家银行私行销售一家信托公司的产品就出过类似问题,那个产品从合同上看还没有嵌套。最终真正的解决问题,也不完全是依照明面上的合同条款来执行的。但不管怎么说,基本固收的信托还没有赖皮不还钱的。

券商资管规模连续两个季度下滑

岁末,类似券商资管违约事件的频频出现,引发了部分投资人的担忧。

业内人士对记者表示,不必过于担心,券商资管这类产品应该是不多的,毕竟券商资管和基金子公司规模都在萎缩。确实,券商资管规模已经连续两个季度下滑,这意味着,"去通道""降杠杆"正在剧烈影响着整个券商资管行业。

中国基金业协会发布的最新统计数据显示,包括通道业务在内的全口径规模,截至2017年11月底,证券公司资产管理业务规模为16.96万亿元,较2017年三季度末的17.37万亿元下降约4 100亿元,较2017年一季度末的18.77万亿元缩水了1.81万亿元。

中信证券以1.79万亿元位居三季度券商资管规模第一,是目前唯一的一家资管规模超过1万亿元的券商。国泰君安资管、华泰证券资管、申万宏源证券则分列第二、第三、第四,资管规模均超过8 000亿元。其中,国泰君安资管排名较二季度末上升一位。

从管理人资管规模分布情况看,截至三季度,资产管理月均规模前20的券商中,除中信证券资产规模超过1万亿元外,7家券商资管的规模为5 000亿~10 000亿元,资管规模3 000亿~5 000亿元的券商共7家,还有5家券商资管的规模为2 000亿~3 000亿元。

资料来源:东方财富网。

3. 可控性

个别风险事故的发生是偶然的,而对大量风险事故的观察会发现,其往往呈现出明显的规律性。运用统计学方法去处理大量相互独立的偶发风险事故,其结果可以比较准确地反映出风险的规律性。根据以往大量资料,利用概率论和数理统计的方法可测算出风险事故发生的概率及其损失幅度，并可构造出损失分布的模型，成为风险估测的基础。随着人们对风险认识的增强和风险管理方法的完善，某些风险在一定程度上得以控制，降低其发生频率和损失幅度。某些风险在一定的空间和时间范围内可以被消除。证券行业的非系统性风险可以通过股票组合来适当回避；为了规避证券市场的系统性风险推出的股指期货，丰富了我国资本市场风险管理的内涵。

4. 效益性

风险可能造成损失，也可能产生收益。风险都带有诱惑性，可以促使某些人为了获利而甘冒损失风险。证券行业是高风险和高收益共存的行业，没有高风险也就没有高收益。

5. 创新性

金融产品创新的主要动机是回避已经发现的风险，但在创新的同时会引进新的风险，甚至是带来更大损失的风险。

（二）证券公司信用风险管理流程与体系

1. 证券公司信用风险管理流程

证券公司完整的信用风险管理流程包括确认风险来源、衡量风险、监控与管理风险、报告与揭露风险四个步骤，如表 11-1 所示。

表 11-1　证券公司信用风险管理流程

步骤	工作职责	工作内容	目标要求
第一步	确认风险来源	辨识和确认所有业务风险的来源	分为公司运营风险、证券经纪业务风险、证券自营风险、发行与承销风险、委托理财风险、并购风险等
第二步	衡量风险	不同来源的风险，衡量方法和监控机制也不相同	根据不同部门产生的不同风险，选取适合的衡量方法
第三步	监控与管理风险	当公司面临的各类风险已经辨识和界定后，需要以客观量化的模型或方法来衡量风险。在董事会决定公司整体的风险政策及风险限额后，再将风险限额分配给各业务部门及交易员，风险管理部门应每天监控所有业务的风险值，一旦业务单位风险暴险程度超出限额，应发出警示通知，并采用相关超限处理措施。除监控风险外，积极的风险管理包括对各业务单位进行风险调整后的绩效评估，以作为公司资产配置与风险额度分配的依据	按照 Z 分值模型或在险价值模型来衡量风险，根据各业务的风险特性和对公司的贡献度分配风险额度。对可能产生的风险进行有效控制
第四步	报告与揭露风险	风险管理的报表与风险咨询的定期揭露，以及风险管理执行结果报告，除了可协助高级主管制定决策外，也可达到及时风险管理的目的	提前控制或减少风险发生，力争规避风险，减少风险损失

2. 证券公司信用风险管理体系

(1) 三级信用风险管理体系。

我国证券公司的信用风险管理一般为三级控制风险体系:在董事会下设的风险控制委员会专门负责管理风险;公司设立稽核部或风险控制部、审计部;各业务部门设立风险控制小组,各营业部设立专门风险控制人员,各级逐级上报风险。

① 风险控制委员会。风险控制委员会直接对董事会负责,根据董事会的规定明确风险容忍程度,对公司的各种经营决策定期进行检查,以确保风险承受与业务发展战略、资本结构以及现在和预期的市场条件相一致。制定公司的风险控制体系,明确风险管理政策和程序,对公司整体风险监管进行定期的审核。

② 稽核部或风险控制部、审计部。稽核部或风险控制部在风险控制委员会和公司总经理的领导下,落实风险政策,确定风险衡量的定量分析工具;在职责和分工明确的情况下,保持业务、行政管理和风险管理之间的良好沟通和协调。定期对各部门的业务进行稽核,通过财务数据评估各部门的风险控制程度,独立地检查和报告、提供质量监控。审计部对各部门经理、副经理及营业部的部门主管进行离任审计。

③ 风险控制小组和风险控制人员。各部门或各营业部的负责人及选取的部门员工组成风险控制小组,以控制本部门业务中可能出现的风险,及时提醒其他人员防范风险,减少损失。保证风险管理职能使用信息的完整和准确。对各业务部门的头寸和限额进行控制。

(2) 风险管理的目标。

风险管理是指证券公司通过风险识别、风险估测、风险评价,对风险实施有效的控制和妥善处理风险所致损失,期望达到以最小的成本获得最大安全保障的管理活动。

风险管理的目标由损失发生前的风险管理目标和损失发生后的风险管理目标两部分组成。前者的目标是避免和减少风险事故形成的机会,包括节约经营成本、减少忧虑心理;后者的目标是努力使损失的标的恢复到损失前的状态,包括维持证券公司的继续生存、经营服务的持续、收入的稳定、业务的持续增长和社会责任。两者有效结合,构成完整而系统的风险管理目标。

(3) 我国证券公司信用风险管理工作。

我国证券公司的发展只有十几年的历史,证券公司风险管理工作起步不久,整体状况比较差,大多都已有过较沉痛的教训。目前各证券公司普遍存在对风险管理工作重视不够,没有制定明确的风险管理政策,未设立专门的风险管理机构或即使设立也仅是为了应付检查,风险管理制度不健全,风险管理覆盖面比较窄,风险管理手段落后,风险管理报告不受重视等问题。

针对我国证券公司风险管理现状,证券公司应积极做好以下几方面工作,以从根本上提高风险管理水平。

① 树立正确观念、营造良好氛围。要做好风险管理工作,公司的最高层必须对风险有全面、正确的认识,清楚地了解公司风险管理现状与需求。公司最高层应对风险管理提出明确的目标,制定风险管理政策,设定风险承受水平。公司还应营造良好的风险管理环境,争取使风险管理工作处于和谐的工作氛围之中;充分发挥风险控制委员会的职能,变

摆设为实际,变抽象为数字。

② 设立专门机构,做好内部控制工作。公司应建立独立且权责明确的风险管理机构,全面负责风险管理工作。公司只有在做好内部控制工作后,风险管理工作才能真正发挥出作用。例如,数据工作是风险管理的基础,公司只有建立了良好的内部控制,风险管理工作才有可能收集到真实、完整的数据,风险管理工作才能正常运行。在这方面,巴林银行事件是一个非常典型的例子;从根本上讲,巴林银行是由于内部控制失效才导致破产的命运。

③ 应用数学模型。数学模型的应用是近年来风险管理工作的重要进步。应用数学模型对风险进行明确的定量分析,可以大幅提高风险管理水平,为公司管理和决策提供有力的科学依据。

④ 建立以净资本为核心的风险控制指标体系。考虑到我国和西方的社会经济背景不同,我们需要从国情出发,借鉴国外控制风险的思想,对 Altman 的 Z 分值模型及 G30 集团的在险价值模型结合我国的经济与文化环境加以改进,构建我国证券公司的信用管理体系。为了加强证券公司风险监管,督促证券公司加强内部控制、防范风险,证监会于2006 年制定了以净资本为核心的风险控制指标体系,证券公司按照《证券公司风险控制指标管理办法》计算净资本和风险准备,编制净资本计算表和风险控制指标监管报表。证监会及其派出机构应当对证券公司净资本等各项风险控制指标数据的生成过程及计算结果的真实性、准确性、完整性进行定期或不定期检查,同时要求证券公司聘请具有证券相关业务资格的会计师事务所对其月度净资本计算表和风险控制指标监管报表进行审计。

二、证券公司信用风险管理体系

(一) 证券公司信用风险控制指标体系

以净资本为核心的风险控制指标体系,主要考察:

1. 净资本

净资本是指根据证券公司的业务范围和公司资产负债的流动性特点,在净资产的基础上对资产负债等项目和有关业务进行风险调整后得出的综合性风险控制指标。净资本的基本计算公式为:

净资本 = 净资产 - 金融资产的风险调整 - 其他资产的风险调整 - 或有负债的风险调整 -/+ 中国证监会认定或核准的其他调整项目

(1) 证券公司经营证券经纪业务的,其净资本不得低于人民币 2 000 万元。

(2) 证券公司经营证券承销与保荐、证券自营、证券资产管理、其他证券业务等业务之一的,其净资本不得低于人民币 5 000 万元。

(3) 证券公司经营证券经纪业务,同时经营证券承销与保荐、证券自营、证券资产管理、其他证券业务等业务之一的,其净资本不得低于人民币 1 亿元。

(4) 证券公司经营证券承销与保荐、证券自营、证券资产管理、其他证券业务中两项及两项以上的,其净资本不得低于人民币 2 亿元。

2. 风险控制指标标准

（1）证券公司必须持续符合下列风险控制指标标准：

① 净资本与各项风险资本准备之和的比例不得低于 100%。

② 净资本与净资产的比例不得低于 40%。

③ 净资本与负债的比例不得低于 8%。

④ 净资产与负债的比例不得低于 20%。

（2）证券公司经营证券自营业务的，必须符合下列规定：

① 自营权益类证券及证券衍生品的合计额不得超过净资本的 100%。

② 自营固定收益类证券的合计额不得超过净资本的 500%。

③ 持有一种权益类证券的成本不得超过净资本的 30%。

④ 持有一种权益类证券的市值与其总市值的比例不得超过 5%，但因包销导致的情形和中国证监会另有规定的除外。

（3）证券公司为客户买卖证券提供融资融券服务的，必须符合下列规定：

① 对单一客户融资业务规模不得超过净资本的 5%。

② 对单一客户融券业务规模不得超过净资本的 5%。

③ 接受单只担保股票的市值不得超过该股票总市值的 20%。

3. 中国证监会对各项风险控制指标设置预警标准

对于规定“不得低于”一定标准的风险控制指标，其预警标准是规定标准的 120%；对于规定“不得超过”一定标准的风险控制指标，其预警标准是规定标准的 80%。

（二）证券公司信用风险衡量方法

信用风险的计量可以通过历史违约率的统计得到实现，例如采用证券公司历史上的违约次数与交易次数的比例，或者违约金额与交易金额的比例来表示。由于证券公司面临的风险多样，不确定性高，因此在实践中风险额的大小主要通过资本衡量来进行管理。对证券公司来说，资本金的多少决定了证券公司的实力和支付、清偿能力。因此对公司信用风险的资本衡量是必要的。国内外学者运用不同的预测变量、采用各种数学工具和方法建立了大量的财务预警模型。

1. 单变量模型

单变量模型是用单个财务比例恶化来预测企业的破产可能性。财务预警研究可溯至 Paul Fitzpatrick 开展的单变量破产预测。

Willam Beaver 于 1966 年首先运用统计方法建立了单变量财务预警模型。他按综合性和预测能力大小进行预测，预测企业财务失败的因素有债务保障率、资产收益率、资产负债率、资产安全率。其中：

债务保障率＝现金流量/债务总额

资产收益率＝净收益/总资产

资产负债率＝总负债/总资产

资产安全率＝资产变现率－资产负债率

2. 多元线性判断模型

Altman 以美国 1946—1965 年提出破产申请的 33 家公司和 33 家健康公司为研究样本，采用多元线性判断方法构建了 Z 分值模型：

$$Z=1.2R_1+1.4R_2+3.3R_3+0.6R_4+1.0R_5$$

式中：R_1＝运营资金/总资产；

R_2＝留存收益/总资产；

R_3＝息税前利润/总资产；

R_4＝优先股和普通股市值/负债账面价值；

R_5＝销售收入/总资产。

模型通过 5 个变量，将企业偿债能力、获利能力和资金运营能力有机地联系起来，综合预测企业财务失败或破产的可能性。一般来说，Z 值越低则企业破产的可能性越大。Altman 提出了判断企业破产的临界值：

（1）当计算出来的 Z 值等于或小于 1.8 时，预示企业破产的可能性非常高。

（2）当 Z 值介于 1.81 和 2.99 之间时，企业是否破产不能确定。

（3）当 Z 值等于或高于 3 时，企业则不可能破产。

Altman 以 1970—1982 年 109 家破产公司为样本对 Z 分值模型进行了有效性验证，发现模型对破产公司样本破产前一年的预测准确率达到 86.2%，而审计师在公司破产前 1 年的预测准确率仅为 48.1%。这表明 Z 分值模型对持续经营危机的预测准确率高于审计师，应用模型有助于减少审计期望差距。

3. 多元概率比模型

Zmijewaki 选取了 1972—1978 年破产的 40 家公司和 800 家健康公司作为样本，采用概率方法建立了预测模型，即 X 模型：

$$X=-4.3-4.5R_1+5.7R_2-0.004R_3$$

式中：R_1＝净利润/总资产；

R_2＝总负债/总资产；

R_3＝流动资产/流动负债。

4. 人工神经网络模型

20 世纪 80 年代末期，神经网络理论开始兴起，并影响财务危机预测研究领域。人工神经网络是对人类大脑神经运作的模拟，模型具有较强的容错能力和自主学习能力，可随时依据新的数据资料进行自我学习，并调整其内部储存的权重参数。

有人选取了我国 A 股市场 30 家公司作为样本模拟构建人工神经网络模型，测试结果表明人工神经网络模型预测是否发生持续经营危机的准确性较高。

5. 专家系统方法

Messier 和 Hansen 将专家系统首次引入财务困境预测领域，从知识获取的角度探讨了专家系统在信用分析领域的应用。这类方法的主要代表有 5C 要素分析法、5W 要素分析法等。

证券公司对于融资人进行综合评估，使信用数量化，最后得出融资决策，确定其信用等级以作为是否融资、融资标准和随后融资跟踪监测期间的政策调整依据。使用这种方法对评估人的综合业务能力、专业水平要求较高。

6. 剖面分析法

剖面分析法是计算财务困境公司和非财务困境公司间的某些指标在财务困境前历年的描述性统计量或特征值,并使用图表进行简单分析,以考察财务困境公司和非财务困境公司的异同。近年来我国学者借鉴和运用其他学科的新理论和新技术,提出了多种财务预警模型,如决策树法、熵值法、状态空间模型、雷达图法。此外,灰色模糊预测法、聚类分析法、近邻法、联合预测模型、功效系数法、主成分分析法等预测分析方法也得到了应用,大大丰富了财务预警模型类型。

7. 信用等级法

信用等级是由信用评级机构发布的,其中最具有权威性的是穆迪和标准普尔的评级。该评级说明了一家公司的信用水平,用不利条件下的财务困难发生的概率来衡量一个公司发生本金和利息偿付违约的可能性。国际通行的评估信用等级为"四等十级制",具体等级分为:AAA,AA,A,BBB,BB,B,CCC,CC,C,D。

三、证券公司核心业务的信用风险管理

证券公司的主要业务有证券承销、证券经纪、证券自营、兼并与收购、融资融券等。

(一) 证券承销业务的信用风险管理

证券承销是证券公司最根本、最基础的业务活动。证券承销是指证券公司代理证券发行人发行证券的行为;发行人向不特定对象公开发行证券,法律、行政法规规定应该由投资银行承销的,发行人应该同证券公司签订承销协议。

证券承销业务采取代销或者包销方式。证券代销是指证券公司代发行人发售证券,在承销期结束后,将未出售的证券全部退还给发行人的承销方式。证券包销是指证券公司将发行人的证券按照协议全部购入或者在承销期结束时将售后剩余证券全部自行购入的承销方式。

1. 证券公司在证券承销中的作用

(1) 证券公司在股票承销中的作用。

证券公司担任准备发行证券公司的保荐人,主要承担发行上市的辅导、股份制改造、申请文件的协助报批、证券包销,价格发现、发行方案的设计,以及发行程序的安排等工作。保荐人应当遵循勤勉尽责、诚实信用的原则,认真履行审慎审核辅导义务,并对其出具的发行保荐书真实性、准确性、完整性负责。上市公司的保荐人不仅在协助公司上市时负有重大的责任,在上市后的任期内,仍有持续的保荐责任。

(2) 证券公司在债券承销中的作用。

在债券承销中,证券公司作为保荐人,主要是提交债券发行方案和包销债券。证券公司在确认发行人满足发行条件后,帮助发行人设计券种,确定发行规模、票面利率、到期日及偿还方式,设计可转债及确定转换条件等事项。

2. 证券承销业务的信用风险管理

(1) 证券承销业务面临的信用风险。

证券公司在承销证券过程中获得高额承销报酬的同时,承担着承销风险(实际收入与

标准收入之差所对应的损失）。当证券公司实行代销时，它本身不参与投资，其作为投资者的风险是不存在的，而只是承担作为中介机构的承销风险。但是证券公司在包销过程中则具有双重身份：一方面作为中介机构，另一方面作为投资者。相应的风险也表现出双重性。

① 政策风险。国家政策的变化不仅会引起证券市场的波动，也会影响拟上市公司的上市进度和再融资速度，从而增加了证券公司承销业务的波动性和不确定性。

以承销业务的发审制度变革为例，我国的证券发行制度目前为核准制，拟公开发行股票的企业由证券公司申报，将申报资料上报中国证券监督管理委员会（简称证监会）后，由证监会的发行审核委员会按照法定条件，按公开程序，以投票方式对企业的发行申请进行表决，2/3 委员通过有效。随着国内承销业务的发展及资本市场进步的需要，我国的证券发行制度将由核准制向注册制转变，在注册制下，证监会将只负责注册，并在形式上对申报公司上市文件的全面性、准确性、真实性和及时性进行审查，证券公司对发行公司的股票负全责，并承担信息真实披露的连带责任，证券公司将面临更大的风险。

② 违规操作风险。在我国，主承销商对上市企业具有改制辅导的责任，促使股份公司规范运作。但由于相当部分企业素质差，为了达到上市标准，证券公司面临对上市企业过度包装、违规操作的风险。例如，1996 年华夏证券作为“石油大明（000406）”的主承销商违反证监会“禁止缩股上市”的规定，事发后，被罚停止两个月承销业务。2000 年的“红光实业案”被定性为证券欺诈案，发行人、中介机构和当事人都遭到证监会的严厉查处。

③ 市场发售风险。证券发行从代销到余额包销到全额包销，证券公司承销的风险依次增加。以前股票发行价格是按过去三年已实现每股税后利润的算术平均数乘以发行市盈率计算得到的，证监会对发行市盈率的上限规定不得超过 15 倍，而二级市场的平均市盈率为 30 倍。一二级市场之间存在巨大的价差，一级市场申购的投资者获利空间很大，对券商来说，几乎不存在发行风险。然而，目前一级市场发行市盈率也逐渐接近二级市场同行业的市盈率，因此新股不能全部售出的风险大大加强。当市场处于冷淡阶段，承销商按发行合同规定的价格将遇到障碍，而由此导致亏损的风险将大大增加。一些主承销商甚至因包销配股余额而被迫成为上市公司的大股东。

④ 发行人的违约风险。证券公司为企业发行企业债；在债券到期时，有的企业不能及时向投资者兑付债券；在我国特有的制度安排下，证券公司需要先替发债企业兑付债券。这样，证券公司就要面临手中的企业债不能被偿还的信用风险。

（2）证券承销业务信用风险的管理。

① 法制监管，严格执行市场禁入机制。国家已经制定了一系列的法律、法规来规范证券的发行与承销业务，加大执法力度，打击违法、违规行为，严格执行证券市场禁入机制，从法律体系角度推行发行与承销市场的诚信制度。充分发挥市场投资者及各种金融服务机构和媒介的监督力量。

② 证券公司完善内部控制机制，提高发行业务人员的素质。证券公司遵循内部防火墙原则，使投资银行部门与研究部门、经纪部门、自营部门在信息、人员、办公地点等方面相互隔离，防止内幕交易和操纵市场行为的发生。从事证券发行的业务人员必须具备较高的职业道德，珍惜行业名誉，坚持守法经营，恪守本行业公认的业务标准和道德规范，诚

实守信、规范运作、严格自律、公平竞争,严禁行贿、受贿等不法行为。

③ 控制承销规模,组织承销团。按照规定,证券公司不得同时承销 4 只或 4 只以上的股票。向社会公开发行的证券票面总值超过人民币 5 000 万元的,应当组织承销团,签订承销协议。

④ 做好承销失败后的补救措施。将证券承销与战略投资有机结合,与上市公司建立长期合作关系。证券公司可与企业签订财务顾问协议,与企业进行长期合作,为其提供一系列资本运营服务,以此增加发行人公司的价值,从而有助于解套自救。

(二) 证券经纪业务信用风险管理

1. 证券经纪业务的作用

证券经纪业务是指证券公司接受客户委托,为其代理股票和其他有价证券交易的中介业务。无论是综合类还是经纪类券商,经纪业务都是其主要业务和重要的利润收入来源。经纪业务涉及的主体比较多,环节复杂,因而风险来源多、发生频繁。

2. 证券经纪业务的信用风险

证券经纪业务的信用风险是指证券公司在办理代理买卖证券业务时,由于信用原因而对其自身利益带来损失的可能性。信用风险主要包括:

(1) 客户素质风险。

申请开户的投资者,有的存在身份上的缺陷,如国家法律、法规不准许开户的对象;有的存在资金上的缺陷,如使用违规资金、洗钱资金;有的存在信用缺陷,如有过进行欺诈的前科;有的存在代理缺陷,如实践中的“代办人”没有获得身份证和股东账户卡所有人的授权委托。客户素质的参差不齐是一种客观现象,而经纪市场争夺客户的竞争又十分激烈,有的经纪商为留住客户就放松了对客户素质的审查,使客户素质风险滋生。客户素质风险属于源头性质的风险,后续的风险大都与此有关。按照源头控制的思想,有必要对此予以足够的重视。其风险后果主要表现在:客户保证金被盗提,证券被盗卖,而营业部将被追究未尽妥善保管和充分注意义务的民事责任;违法违规招致法律惩处;公司信誉遭受损害,等等。

(2) 客户资料散失风险。

客户开户时提供的有关资料一方面属于客户私密,证券公司有义务保密,不得泄露;另一方面又是客户买卖证券委托时进行审查的重要依据,证券营业部如果对留存的客户资料没能采取必要的保管措施,往往会使客户资料散失,从而造成风险。具体表现为:客户买卖证券委托合法性审查困难,客户保证金被盗取,客户的开户资料相关利益受到损害。

(3) 代理协议风险。

证券营业部直接与客户签订包括各项必要条款的证券买卖代理协议,使双方的委托代理关系得以明确。有的证券营业部为增加经纪佣金收入,鼓励经纪人行为,但又疏于管理,在实践中经常出现经纪人越权代理,最终让证券公司承担赔偿责任。

3. 证券经纪业务的信用风险管理

(1) 提高全体员工的风险意识。

风险管理有两个基本支撑点:一是人员;二是信息。人员是最活跃、最能动的一方面,所有制度安排都需要人去实现，是积极能动地去执行制度，还是被动消极地遵从制度，甚至于逃避制度，结果将是完全不一样的。在大连证券公司因为违规遭受关闭处罚之时，有关部门检查了它的内控制度，其内控制度的规定不可谓不详尽，但在执行过程中被管理层抛之脑后，形同虚设。当制度本身出现缺陷时，高素质的人将弥补制度缺陷，因此树立全员的风险意识应当成为风险管理的第一目标。提高从业人员业务素质，加强执业道德教育；严格禁止欺诈客户、虚假陈述等行为发生。

（2）成立独立的风险管理部门。

证券公司应成立在最高管理层组成的风险管理委员会领导下的独立的风险管理部门。该部门独立地评估经纪业务中的风险程度，制定风险管理策略，实施风险管理与监督，负责员工风险教育和风险事项提示，向风险管理委员会提交风险报告，提请风险责任处理。

（3）规范经纪人队伍建设。

建立一支强大的经纪人队伍不仅是证券公司经纪业务发展壮大的坚强力量，也是风险防范与控制不可缺少的环节。一方面经纪人必须具有基本的证券知识、良好的个人形象，认同证券公司的企业文化，有良好的协同和服从性，具有诚实正直的品格。证券营业部必须在证券公司相关部门的监督之下发展经纪人。另一方面经纪人在代理证券交易时，需向委托客户出示风险提示书，告示客户经纪人拥有的授权范围，说明其不可从事的业务，向客户提示风险。

（4）加强业务人员的职业道德和诚信教育，强化业务人员的保密意识、合规操作意识和风险控制意识。

（三）证券自营业务信用风险管理

证券自营业务是证券公司在经证监会批准经营证券自营业务的条件下，用自有资金和依法筹集的资金，用自己的名义开设的特定证券账户，买卖依法公开发行的或证监会认可的其他有价证券，以获取盈利的行为。

1. 证券自营业务的作用

证券公司经营证券自营业务需要满足的条件有：注册资本最低限额达到人民币 1 亿元，净资本不低于人民币 5 000 万元。在从事自营业务时，证券公司必须使用自有或依法筹集可用于自营的资金，在以自己名义开设的专用证券账户中为自己买卖证券。在投资标的上，只能是依法公开发行和证监会认可的其他有价证券。依法公开发行并上市的证券，包括股票、债券、权证和证券投资基金等，是证券公司自营买卖的主要对象。证监会认可的其他证券，主要是银行间市场以及证券公司营业柜台交易的证券。证券公司自营业务要求证券公司直接面对市场风险，操作不当则可能面临亏损。自营证券投资业务是证券公司的重要利润来源，在市场行情较好的年份，自营业务创造的利润可以占公司利润总额的一半以上。但是，自营业务也是证券公司风险最大的业务，在熊市中证券公司自营业务的亏损也会非常严重，有时甚至会损失其他所有业务的盈利。

2. 证券公司自营业务信用风险

（1）企业风险。这是指上市公司和债券发行企业因各种原因影响，而导致经营业绩下降甚至破产给投资者带来的损失。例如,有些公司造假包装上市,业绩不能有效维持,出现非系统性风险,给投资者造成损失。

(2) 决策风险。这是指在对投资规模、投资目标、投资时机、投资对象、投资组合、操作策略,以及与此相关的规章、制度进行决定和选择时由于失误而产生的风险。

(3) 流动性风险。这是指将持有的证券出售变卖以取得现金的快慢、难易而带来的风险。市场管理不规范时,证券公司在自营业务中很容易持有单一股票过多,甚至过度集中持股,从而给卖出变现造成困难,形成流动性风险。中国香港百富勤持有 7.5 亿美元的印度尼西亚债券,东南亚金融危机爆发后,所持有的印度尼西亚债券等级降至垃圾,市场缺乏流动性,无法出售,造成百富勤无法偿还到期债务而破产。

3. 自营业务的信用风险管理

(1) 证券公司应调整投资理念,重新定位投资业务。同时应重视中短项目投资、组合投资、价值发现与价值再造,提高资金的使用效率和规避市场风险。完善证券投资的论证机制,建立股票池制度;自营业务部门只能在确定的自营规模和可承受风险限额内,从股票池内选择投资对象。

(2) 制定证券自营业务风险控制策略,包括规模、比例控制的有关规定,内部控制制度自营业务决策机制(分级授权、分级决策、分级管理、分级负责),自营操作原则,自营内部监督与检查。

(3) 自营业务的投资决策、投资操作、风险监控的机构和职能应当相互独立;自营业务的账户管理、资金清算、会计核算等后台职能应当由独立的部门或岗位负责,以形成有效的自营业务前、中、后相互制衡的监督机制。

(4) 建立健全自营业务风险监控系统功能。根据法律法规和监管要求,通过系统的预警触发装置自动显示自营业务风险的动态变化,提高动态监控效率。

(5) 建立健全自营业务风险监控缺陷的纠正与处理机制。风险监控部门定期对自营业务的合规运作、盈亏、风险监控等情况进行全面稽核,出具稽核报告;根据自营业务风险监控的检查情况和评估结果,提出整改意见和纠正措施,并对落实情况进行跟踪检查。

(四) 兼并与收购

企业兼并与收购已经成为证券公司除证券承销与经纪业务外最重要的业务组成部分。兼并与收购统称并购。证券公司可以以多种方式参与企业的并购活动。例如,寻找兼并与收购的对象,向猎手公司和猎物公司提供有关买卖价格或非价格条款的咨询,帮助猎手公司制定并购计划或帮助猎物公司针对恶意的收购制定反收购计划,帮助安排资金融通和过桥贷款等。此外,并购中往往还包括"垃圾债券"的发行、公司改组和资产结构重组等活动。

1. 兼并与收购的概念

兼并有狭义和广义之分。狭义的兼并相当于《中华人民共和国公司法》和会计学中的吸收合并。广义上的兼并是指在市场机制作用下,企业通过产权交易获得其他企业的产权,并企图获得其控制权的经济行为。广义的兼并除了包括吸收合并以外,还包括新设合并与控股等形式。

收购是指对企业的资产和股权的购买行为。收购涵盖的内容较广,其结果可能是拥有目标企业几乎全部的资产或股份,从而将其吞并;可能是获得企业较大一部分股份或资产,从而控制该企业。

2. 证券公司在企业并购业务中的作用

(1) 证券公司可以提供企业改制、重组、收购兼并、关联交易等业务的咨询服务。

(2) 证券公司的参与,可以使实施并购的企业减少成本,提高并购成功率。证券公司参与企业并购的主要原因是并购双方因信息不对称造成并购成本过高。证券公司有专门的从事企业并购的专家,可以更经济、有效、快捷地找到并购或被并购的对象,并能公正、客观地促进双方交易达成。

(3) 证券公司可以为并购方提供融资方案。证券公司可以为上市公司再融资、资产重组、债务重组、相关股权重组提供融资方案、路演推介,甚至直接融资等业务。

3. 证券公司在企业并购业务中的信用风险

(1) 并购双方隐藏信息,或是用虚假并购等来获得证券公司的融资。在企业重组上市或并购活动中,有的公司作假,欺骗证券公司和社会投资者,致使证券公司被监管部门处罚。

(2) 收购方的违约风险。很多企业在证券公司开展活动后,由于各种原因导致收购失败。比如,某公司想通过买壳上市(买壳上市,是指不相关的两个企业之间的资产重组,收购方购买上市公司的上市资格,注入收购方的资产,从而实现收购方的股票上市交易;借壳上市,一般是母公司借助子公司的上市资格,实现母公司整体上市,或是子公司借助母公司的上市资格,通过购买母公司的资产实现子公司上市),可是这一过程整整经历了8年,前后有很多证券公司为该公司做过收购工作,投入了大量的人力、物力,它们遇到的是收购方的违约风险。

4. 证券公司在企业并购业务中的信用风险管理

(1) 证券公司自身应完善并购业务的规章制度,努力提高公司员工的执业能力和执业道德。在并购中出现的可疑问题立即上报证券公司风险控制委员会。

(2) 为并购方提供融资时,运用数量化风险控制模型,对其进行资信评级,设定授信额度,并动态跟踪资金动向。

(3) 及时掌握并购双方的信息,避免出现虚假收购的现象。证券公司应充分了解并购双方高管层的思想动态,掌握并购目的和并购后企业未来发展策略,充分了解双方的资金动态和流向,减少虚假并购现象发生。

(4) 监管部门应加强对并购业务的监管,制定规章,随时跟踪并购进程,并要求并购双方及证券公司定期就并购信息进行公开披露。

(五) 融资融券业务

融资融券又称证券信用交易,是指投资者向具有证券交易所会员资格的证券公司提供担保物,借入资金买入本所上市证券或借入本所上市证券并卖出的行为,包括证券公司对投资者的融资、融券,以及金融机构对证券公司的融资、融券。

融资是借钱买证券。证券公司借款给客户购买证券,客户到期偿还本息;客户向证券公司融资买进证券称为“买空”。

融券是借证券来卖，然后以证券归还，证券公司出借证券给客户出售，客户到期返还同种类和数量的证券并支付利息，客户向证券公司融券卖出称为“卖空”。

1. 融资融券的作用

（1）发挥价格稳定器的作用。

在完善的市场体系下，信用交易制度能发挥价格稳定器的作用，即当市场过度投机或者坐庄导致某一股票价格暴涨时，投资者可通过融券卖出方式沽出股票，从而促使股价下跌；反之，当某一股票价值低估时，投资者可通过融资买进方式购入股票，从而促使股价上涨。

（2）缓解市场的资金压力。

由于现在证券公司的融资渠道可以有基金等多种方式，融资的放开和银行资金的入市也会分两步走。在股市低迷时期，对于基金这类需要资金调节的机构来说，融资融券不仅能解燃眉之急，也会带来相当不错的投资收益。

（3）改善证券公司生存环境。

融资融券业务除了可以为证券公司带来数量不菲的佣金收入和利息差收益外，还可以衍生出很多产品创新机会，并为自营业务降低成本和套期保值提供了可能。

2. 证券公司在融资融券业务中的信用风险

（1）客户信用风险。

在融资交易中，证券公司以自有资金或依法筹集的资金供给客户使用，可能面临到期融资客户不能偿还融资款，甚至对其质押证券平仓后所得资金还不足以偿还融资款的信用风险，证券公司可能因此遭受一定的资产损失。信用交易潜藏着巨大风险。表面上，信用交易可以使信用提供者和使用者获得各自希望的利益，但实质上，证券公司和客户是在承担着巨大风险前提下获得这种利益的。一旦证券市场转入熊市或操作失误，信用交易者就会遭受巨大的亏损，同时证券公司因此无法追回巨额款项，最终受损失的是国家的财产、他人的财产及客户本身的利益，严重的还会造成较大的社会震荡。

（2）业务管理风险。

在信用交易中，证券公司缺乏相关的内控机制或制度执行力度不够，或缺少必要的信息技术系统，或融出证券价格下跌，都可能给证券公司带来经营管理上的风险。另外，证券公司对信用交易业务的技术系统操作不当，也可能带来业务操作风险。经营中制度不全、管理不善、控制不力、操作失误都是可能发生的业务管理风险。

3. 证券公司在融资融券业务中的信用风险管理

（1）控制客户信用风险。

建立客户选择与授信制度，明确规定客户选择与授信的程序和权限；严格合同管理，履行风险提示；确定合理的证券种类、折算率、保证金比例；建立健全预警补仓和强制平仓制度。

（2）控制业务管理风险。

制定完备的内部控制制度，业务操作规范，风险管理措施等；建立由高层、中层和基层相互交叉、相互制衡的风险管理体系，主要包括：高层管理机构应由董事会、经营管理层及下设的有关部门组成，中层由有关业务管理部门和专门的风险管理小组组成，基层主要是指公司一线部门的管理人员;必须建立独立的风险管理委员会,确保公司对各种风险能够识别、监督和综合管理。

四、证券公司内部信用风险管理与控制

我国证券业兴起之后,经过一段时间的发展,风险因素逐渐显露,风险观念也得到一定的强化。但我国证券公司风险观念、风险意识出现重大转折和升华,真正归根于1997年的亚洲金融风暴。经历了1997年的亚洲金融风暴之后,无论是证券监管部门还是证券公司,都深刻地认识到了风险管理和风险控制的重要性,走上了探索建设证券公司内部控制机制的良性道路。经过几年的努力,我国证券公司内部控制机制建设取得了明显的成效。1998年颁布了《证券法》及各项业务的管理办法,2001年发布了《证券公司内部控制指引》和《证券公司管理办法》(已于2009年4月10日废止),一系列规章制度的建立为证券公司的内部控制机制建设指明了方向。

证券公司的内控制度,就是指证券公司为了保障其业务的正常运作,实现其既定的工作目标,防范经营风险而设立的各种内控机制和一系列内部运作程序、措施和方法等文本制度的总称。

(一)内部控制系统的要素

成功的风险管理少不了制度建设,制度建设是证券公司风险管理的基石和框架,这一点已为金融界所广泛认同。而内部控制系统的要素是证券公司风险管理的控制充足性基准,它包括下面四大要素。

1. 控制环境

控制环境代表了证券公司的决策机构和高级管理层对保护公司资产和内部信息的完整性态度、意识和行为。控制环境确定了一个机构的基调,影响着人们的控制意识,是内控系统中其他要素的基础,为它们提供了规则和架构。强有力的控制环境是公司免受意外损失和资本侵蚀的重要基础,如果运行良好,风险管理控制能使潜在问题及早暴露,即使不能免遭意外的损失,它也能迅速将有关情况在决策层和高级管理层曝光。

2. 控制范围和性质

风险管理控制的范围和性质必须适应证券公司组织结构、业务特点和风险偏好的内在需要进行设计,而不是从外部进行详细规定。证券公司风险管理控制应包括对整个公司和单个单位交易限额、市场风险、信用风险、法律风险、操作风险和流动性的控制。

3. 控制实施

实行风险控制运作需要有效地贯彻管理层关于控制的意愿。如果没有有效的实施程序,再好的制度也不过是一纸空文。高级管理层的责任是为最高层提供总体指引,为较小的业务单位和单个交易柜台提供具体详细的指南,通过在各级控制机构使用关于控制的书面文件可以达到这个要求。合理实施内控制度的适当程序最好留给各个公司自身去完成。任何实施程序要能有效,必须有各级管理层的参与,并得到严格执行。

4. 控制检验

检验是风险管理及控制系统的关系因素之一。公司如果不建立一套完整的检验程

序,机构内部失控的风险就不断增加。对证券公司而言,检验程序必须包括由经过专门训练并掌握足够信息的职员所作的内部审计。近年来,国内证券公司对内部控制的重视程度逐年提高。各大公司也意识到内部控制是防范风险的第一道关口。

(二)我国证券公司内部控制制度的内容

中国证监会针对证券公司如何建立科学完善的内部控制制度问题,依据《中华人民共和国证券法》等法律法规和审慎监管的要求,对2001年发布的《证券公司内部控制指引》进行了修订,于2003年12月发布了《证券公司内部控制指引》(以下简称《指引》)。中国证监会要求,各证券公司必须根据《指引》建立科学完善的内部控制制度。《指引》就证券公司内部控制的定义、目标、要素、责任归属等理论问题阐明了自己的观点,并就证券公司内部控制建设提出了需要遵循的原则和基本要求。

1. 证券公司内部控制的定义

《指引》将证券公司内部控制定义为:证券公司为实现经营目标,根据经营环境变化,对证券公司经营与管理过程中的风险进行识别、评价和管理的制度安排、组织体系和控制措施。

2. 证券公司内部控制的目标

《指引》提出,有效的内部控制应为证券公司实现以下目标提供合理保证:保证经营的合法合规及证券公司内部规章制度的贯彻执行;防范经营风险和道德风险;保障客户及证券公司资产的安全、完整;保证证券公司业务记录、财务信息和其他信息的可靠、完整、及时;提高证券公司经营效率和效果。

3. 证券公司内部控制的要素

《指引》认为,证券公司内部控制应充分考虑控制环境、风险识别与评估、控制活动与措施、信息沟通与反馈、监督与评价等要素。

控制环境:主要包括证券公司所有权结构及实际控制人、法人治理结构、组织架构与决策程序、经理人员权力分配和承担责任的方式、经理人员的经营理念与风险意识、证券公司的经营战略与经营风格、员工的诚信和道德价值观、人力资源政策等。

风险识别与评估:及时识别、确认证券公司在实现经营目标过程中的风险,并通过合理的制度安排和风险度量方法对经营环境持续变化所产生的风险及证券公司的承受能力进行适时评估。

控制活动与措施:保证实现证券公司战略目标和经营目标的政策、程序,以及防范、化解风险的措施。主要包括证券公司经营与管理中的授权与审批、复核与查证、业务规程与操作程序、岗位权限与职责分工、相互独立与制衡、应急与预防等措施。

信息沟通与反馈:及时对各类信息进行记录、汇总、分析和处理,并进行有效的内外沟通和反馈。

监督与评价:对控制环境、风险识别与评估、控制活动与措施、信息沟通与反馈的有效性进行检查、评价,发现内部控制设计和运行的缺陷并及时改进。

4. 证券公司内部控制建设的原则和基本要求

《指引》对证券公司内部控制建设提出了需要遵循的原则和基本要求。证券公司应当贯彻健全、合理、制衡、独立的原则，提高内部控制的有效性。其中，健全性是指内部控制应当做到事前、事中、事后控制相统一；覆盖证券公司的所有业务、部门和人员，渗透决策、执行、监督、反馈等各个环节，确保不存在内部控制的空白或漏洞。合理性是指内部控制应当符合国家有关法律法规和中国证监会的有关规定，与证券公司经营规模、业务范围、风险状况及证券公司所处的环境相适应，以合理的成本实现内部控制目标。制衡性是指证券公司部门和岗位的设置应当权责分明、相互牵制；前台业务运作与后台管理支持适当分离。独立性是指承担内部控制监督检查职能的部门应当独立于证券公司其他部门。

证券公司应当树立合法合规经营的理念和风险控制优先的意识；建立健全公司治理结构；充分发挥独立董事和监事会的监督职能；与其股东、实际控制人或最终控制人、关联方之间保持资产、财务、人事、业务、机构等方面的独立性；建立具体、明确、合理的授权、检查和逐级问责制度；建立清晰合理的组织结构，设立严密有效的三道业务监控防线（建立重要一线岗位双人、双职、双责为基础的第一道防线；建立相关部门、相关岗位之间相互制衡、相互监督的第二道防线；建立独立的监督检查部门对各项业务、各部门、各分支机构、各岗位全面实施监控、检查和反馈的第三道防线）；主要业务部门之间应当建立健全“防火墙”制度；相互牵制、适当审批；不断完善业务、财务、人力资源等综合信息管理系统；建立健全监控净资本充足状况与补充净资本的机制；建立业务风险识别、评估和控制的完整体系；对经纪、自营、投行、资产管理、咨询以及创新业务等制定统一的业务流程和操作规范，针对业务的主要风险点和风险性质，制定明确的控制措施；大力加强自有资金和客户资金的风险控制；建立科学的资金管理绩效评价制度；真实、全面、及时地记载每一笔业务；建立高效的信息交流和反馈机制；建立危机处理机制和程序。

5. 证券公司的主要控制内容

证券公司的主要控制内容包括：

（1）经纪业务内部控制。应重点防范盗用客户交易结算资金、为客户融资、接受客户全权委托、盗卖盗买客户证券以及其他侵占客户资源等行为产生的风险。

（2）自营业务内部控制。应重点防范规模失控、决策失误、超越授权、变相自营等导致的投资损失风险、交易人员道德风险和违规操作风险。

（3）投资银行业务内部控制。应重点防范因管理不善、权责不明、能力不足、投资银行项目个人控制和道德风险等原因导致发行失败、资金垫付、大额包销、虚假承销，以及有关法律文件存在严重误导、重大遗漏、虚假、欺诈等风险。

（4）受托投资管理业务内部控制。应重点防范规模失控、违反有关签订受托投资合同、违反合同约定越权投资、未经授权擅自承揽业务、经营以及盗用客户资产等风险。

（5）研究咨询业务内部控制。应重点防范利益冲突误导客户，以及从业人员不规范执业、无资格执业或从事违规业务。

（6）创新业务内部控制。应重点防范违法违规、决策失当、沟通不畅、开支失控以及投资损失等风险。

（7）分支机构内部控制。应重点防范控制失灵、预算失控、越权经营以及道德风险。

（8）财务管理内部控制。应建立健全预算管理制度和资金计划控制，明确界定预算编制与执行的责任，建立适当的业绩考核标准和评价方法。

(9) 会计系统内部控制。应依据实际发生的经济业务事项,按照国家颁发的会计法规、准则和制度的规定,结合本公司实际情况,建立健全适合自身的会计确认、计量、记录和报告的具体制度,并针对会计监督和控制风险的要求,建立健全严密的会计控制系统,杜绝账外经营、无账经营以及账务混乱等情况。

(10) 信息系统内部控制。应设立专门的信息技术部门统一归口管理信息技术工作,负责整个公司信息系统的规划、设备购置及系统建设、维护、管理,并定期对信息系统的可靠性进行检查。

(11) 人力资源管理内部控制。应建立科学的聘用制度,使所聘用人员具备和保持诚信、正直、廉洁的品质,以及与业务岗位要求相适应的专业能力。

6. 监督、检查与评价

(1) 证券公司业务部门和分支机构的负责人负责对其业务范围内的具体作业程序和风险控制措施进行自我检查和评价,并接受证券公司上级管理部门和监督检查部门的业务检查和指导。直接从事业务经营活动的业务部门和分支机构的相关人员有义务向证券公司报告内部控制的缺陷并及时加以纠正;相关人员应对违反职责范围内的内部控制导致的风险和损失承担首要责任。

(2) 证券公司应设立监督检查部门或岗位,独立履行合规检查、财务稽核、业务稽核、风险控制等监督检查职能;负责提出内部控制缺陷的改进建议并敦促有关责任单位及时改进。监督检查部门对证券公司董事会负责,并应同时向经理人员和监事会报告证券公司内部控制的建设与执行情况。

(3) 证券公司应有高级管理人员专门负责证券公司内部控制的监督、检查与评价工作。该高级管理人员和监督检查部门负责人可列席证券公司任何会议。证券公司负责监督检查部门的高级管理人员不得兼管业务部门。

(4) 证券公司应当为监督检查部门配备足够的具有法律、财会、计算机以及相关业务技能、经验的专业人员,确保监督检查部门的人员具有专业胜任能力,并为监督检查部门及人员履行职责提供必要的条件。证券公司检查部门人员名单应向证券公司注册地的中国证监会派出机构备案。

(5) 证券公司监督检查部门应加强对内部控制执行情况的现场检查、非现场检查和常规稽核、非常规稽核,并将检查结果报证券公司注册地中国证监会派出机构。证券公司监督检查部门应当对监督检查不力、发现问题隐瞒不报等承担相应责任。

(6) 证券公司所有部门和人员应当积极配合监督检查部门的工作,对于拒绝、阻挠监督检查部门工作和打击、报复、陷害监督检查人员的行为应严肃处理。

(7) 证券公司应积极配合中国证监会及外部审计机构对证券公司内部控制情况的检查和评价,不得以任何形式干预、阻挠。

(8) 证券公司应明确董事会、监事会、经理人员的内部控制职责。

(9) 证券公司应当建立健全内部控制缺陷的纠正与处理机制,应根据内部控制的检查情况和评价结果,提出整改意见和纠正措施,督促业务主管部门和分支机构落实,并对落实情况进行跟踪检查。

第二节　保险公司信用管理

一、保险公司信用管理的基本内容

保险公司进行信用管理的实质是保险公司运用一定的方法和技术，辨别可保风险，判断风险水平，合理制定保险费率，实现风险和收益的配比，以确保自身经营的稳定性。只有保险公司在保持持续经营的条件下，才能在未来保险事故发生时对投保人履行赔付义务，使保险这一信用活动得以完结。保险公司信用管理包括对投保人的信用管理、保险代理人的信用管理以及对保险公司自身的信用管理。信用管理的具体内容体现在保险产品开发、展业、承保、理赔等各业务环节。

（一）投保人的信用风险

最大诚信原则的实现建立在保险当事人双方信息的准确传递和完全交流的基础上。然而，不完全信息造成保险市场存在大量的信息不对称。信息的不对称在保险市场直接体现为道德风险和逆向选择。

道德风险是在保险当事人签约之后产生的与人的道德品质有关的无形风险。道德风险通常有三种表现形式。一是有意识的骗赔行为，即欺诈性索赔。保险欺诈指投保人、被保险人、受益人以欺诈手段伪造损失或夸大损失获取不合理的保险赔款的违法行为，是保险经营过程中不可忽视的外部风险因素。二是表现为滥用保险。在保险市场上，尤其是医疗保险中，大多数投保人并不以欺诈方式获取保险金，而是在保险合同允许的范围内最大限度地使用超过治疗所必需的医疗费用。三是表现为心理风险。投保人或被保险人在参加保险后产生的松懈心理，不再小心防范所面临的自然风险和社会风险，或在保险事故发生时，不积极采取施救措施，任凭损失扩大。道德风险给保险公司带来的不利影响最终改变了损失发生的概率，使保险公司支付比预计的更多的赔款，增加保险运营的成本。

逆向选择是在保险当事人签约之前发生的，它指保险标的损失概率高于保险企业平均损失概率的风险。在汽车失窃保险和人寿健康保险中存在严重的逆向选择。逆向选择风险的出现会影响保险企业收支相等、公平合理原则的贯彻，无法保证被保险人权利义务的对等和保险企业业务经营的稳定。

（二）保险代理人的信用风险

在保险人授权的范围内，保险代理人一方面要积极推销保险业务，实事求是地向投保人介绍条款内容；另一方面，应将投保人的情况及时反馈给保险人，向保险人如实反映承保标的情况。要求保险代理人对保险人和投保人具有双重的诚信。保险代理人的信用风险主要表现为：保险代理人受个人经济利益和短期行为的驱使，在展业宣传时擅自修改、变更、删除和扩大保险条款内容误导客户投保，或者私自向客户允诺，变更保险费率，或者片面追求业务数量，不注意风险选择，对一些不符合保险公司承保条件的标的也承保进来而给保险企业带来风险。

（三）保险公司的信用风险

保险作为风险转移的一种手段，被保险人通过保险转嫁风险获得经济保障，保险公司只有按保险合同的规定履行保险义务,才显示出财务上的偿付能力。因此对一家保险公司来说,最大的信用风险莫过于缺乏偿付能力。偿付能力是指企业偿还债务的能力,具体表现为企业是否有足够的资产来抵偿其负债。作为一般企业来说,只要资产能够完全偿还债务,即具有偿付能力。但是保险企业的资产能够完全偿还债务,并不说明保险企业具备了偿付能力。保险公司的偿付能力是指保险公司对所承担的风险在发生超出正常年景的赔偿和给付数额时的经济补偿能力。对保险公司来说,不仅要求资产能够完全偿还债务,而且资产必须超过负债达到一定额度,也就是我们通常所说的最低偿付能力。偿付能力风险是保险企业信誉风险、投资风险、利差风险、财务风险以及其他风险的集合。偿付能力风险的存在不仅严重损害保险企业的经营能力,破坏保险企业的声誉和形象,而且使广大投保人、被保险人、受益人的安全感荡然无存,进而影响社会的稳定。因此保证保险企业具有足够的偿付能力,既是保险企业追求的首要目标,也是保险监管当局关注的焦点。

二、对投保人信用风险的管理

对投保人信用风险的管理是保险公司经营管理的重要组成部分,它贯穿于保险经营的各个环节,保险公司通常运用一些技术手段通过承保管理和理赔管理加以防范。

(一) 承保管理

承保是保险合同双方在展业的基础上,就保险条件进行实质性谈判,并最终签订保险合同的过程。虽然根据大数法则的内在要求,保险公司应尽量多地承保同质风险,但在考虑量的因素同时,更要注重承保风险的质。若将大量不符合保险公司承保要求的风险予以承保,会使保险公司的赔付率增加,同样影响保险公司的利润和财务稳定,容易使保险公司陷入赔付危机,最终影响保险公司的信誉度。因此,做好保险承保工作,认真进行风险选择,对保险公司来说非常重要。

1. 承保流程中的信用管理

(1) 接受投保单。

投保人若有购买保险的意愿,就要向保险公司提出保险申请,即填写投保单。投保单是投保人向保险公司申请订立保险合同的证明,也是保险公司签发正式保单的依据。投保单一般由保险公司提供,主要内容包括投保人名称,投保日期,被保险人名称,保险标的名称、种类和数量,保险金额,保险标的所在地址,保险期限,受益人等。投保人在填写保单时应注意填写内容必须与实际相符。由于投保单是制定保险合同的依据,也是保险公司决定是否承保以及以何种费率承保的依据,保险公司须对投保单进行认真核查,如发现投保人故意弄虚作假,保险公司有权据此解除保险合同,免除赔付义务。

(2) 核保。

保险公司接到消费者提交的投保单后,将投保单交给核保人员审核,若发现问题可及时纠正,同时确定承保的风险等级,并据以确定保险费率以控制保险责任。核保内容包括审核投保申请、分析风险因素和控制保险责任等。

(3) 接受业务。

核保人员在对保单做完审核之后,按照保险公司规定的业务范围和承保权限,做出承保或拒保的决定。如果保险公司决定承保,还须进一步确定承保条件,使保险公司承担的风险成本和保费收益相匹配。

(4) 缮制单证。

缮制单证就是保险公司在接受业务后,填制保险单或办理批单手续(批单是为变更保险合同内容,保险公司出具给被保险人的补充性的书面证明,与保单具有同等的合同约束力)。保险单是表明保险合同关系双方当事人的权利与义务的书面凭证,是被保险人向保险公司索赔和保险公司据以处理赔款事项的主要依据,直接关系到保险合同当事人双方的权利和义务能否正常实现与履行。因此,在缮制单证时,要求做到合同要素明确、单证相符。保险单、批单必须在保险责任开始前处理完毕,以使保险责任的履行有据可依。

2. 核保与信用管理

核保是保险公司的核心业务之一。核保的目的在于判断投保的风险是否属于保险公司可保风险范围,审核投保行为中是否存在保险欺诈的风险,确定与投保风险相对的保险费率水平。核保是在保险责任开始前保险公司剔除不良风险的防火墙。

(1) 审核投保申请。

① 对投保人或被保险人的审核。

即审核投保人是否具有民事权利能力和民事行为能力及标的物是否具有可保利益。据《中华人民共和国保险法》的规定,投保人必须具备两个条件:一是具有相应的民事权利能力和民事行为能力;二是对保险标的具有可保利益。一般来说,财产保险合同中,投保对保险标的的可保利益是指因投保人对保险标的具有的所有权、管理权、使用权、抵押权、保管权等具有的法律承认的经济利益;人身保险合同中,可保利益一般来自血缘关系或债权债务关系。保险公司审核投保人的资格,是为了防止投保人或被保险人故意破坏保险标的,发生骗取保险赔偿的道德风险。另外,在保险期内,保险标的一般都处在投保人的控制之下,投保人的道德品质、行为习惯都会直接影响保险事故发生的可能性和损失程度的大小。因此,保险公司在承保前有必要了解投保人的品格、信用等。例如,在车辆保险核保时,保险公司会对驾驶员的驾驶技术、以往的肇事记录等进行严格的审核。

② 对保险标的的审核。

一是核查保险标的的使用性质、结构性能、所处环境、防灾设施、安全管理等情况。将保险标的的风险状况分类,对风险程度较高的保险标的制定较高的费率,使保险公司承担的风险和收益相匹配。例如,建筑物的火灾保险中,保险公司要对建筑物的坐落地点、建筑结构、消防措施、使用年限等进行判断,对发生火灾可能性较大的保险标的制定较高的保险费率。二是保险公司应尽量承保不同类型或不同地区的保险标的,使风险尽量分散,从而使总体风险趋于稳定。例如,冰雹可能使保险公司在一个地区的赔偿金额大量增加,但是这些赔偿将由那些同期没有发生冰雹的其他地区的保险费来平衡。

③ 对保险费率的审核。

保险费率是保险公司计算收取保险费的依据,也是保险公司承担保险责任的合法依据。不同的风险标的所适用的费率是不同的。费率审核的重点是判断保险标的的风险状况与其相应的费率是否一致。例如,承保建筑物的财产保险,需要考察房屋的建筑类别,是砖结构还是木结构;房屋的占用或使用性质,是商用还是民用;周围房屋的状况;房屋的火灾防护设施和安全保卫措施,如是否安装灭火装置或警报器等。保险公司承保时只需按风险程度将建筑物划分为不同的等级,套用不同的费率即可。但是,有些保险业务的风险情况不固定,如海上保险因航程不同、运输货物种类不同,承保每笔业务时都需要根据以往的经验,结合风险的特性制定单独的费率。因此,承保这类业务时应对每一笔业务的实际情况与它所适用的费率条件进行核查,以保证保险费率的合理性。

(2) 分析风险因素。

保险公司在承保时必须评估以下两种风险因素:

① 实质风险。

保险公司通过单证审查、现场勘察等手段对保险标的进行审核,全面评估各种实质风险因素,如建筑物的结构、防火措施、外部环境等。

② 道德风险。

保险公司需要评估投保人或被保险人是否因为购买了保险,就可能因疏忽或故意行为导致保险事故发生,从而扩大风险发生的可能性或损失程度。例如,在人寿保险的承保中,一个月收入为2 000元的人为他人购买保险金额为100万元人寿保险,并指定自己为受益人;由于保险金额与投保人的财务状况相差较大,保险公司除了重点调查投保人对被保险人具有可保利益外,还要就保险金额征得被保险人的书面同意,同时要对投保人的收入来源和以往的保险史进行调查,以决定是否承保。又例如,投保人可能因购买了财产保险,就不再小心防火,因购买了盗窃险,就不再谨慎防盗,对此,保险公司都应采取一定的技术手段进行控制,尽量防范风险。

(3) 控制保险责任。

控制保险责任是指保险公司运用保险技术手段对承保后的风险加以控制,防止风险增加。控制保险责任主要是防止道德风险的发生,以防被保险人或受益人在投保后,因故意、疏忽或者放松警惕,增加了风险发生的可能性或扩大损失程度。

保险人控制道德风险的措施主要有以下几种:

① 控制保险金额,避免高额赔付。控制保险金额也就控制了保险损失赔偿的最高限额。对于财产保险,保险公司通过控制保险金额,限制超额保险,根据损失补偿原则,被保险人所获得的赔偿仅限于其实际损失,或者是将被保险标的恢复原状所需要的费用,不能使被保险人因参加保险而获得额外收益,从而减少了道德风险的发生。对于人寿保险,由于保险标的价值的不可测性,很容易因高额人寿保险诱发道德风险,因此,保险公司一般不接受过高保险金额的人寿保险业务。

② 控制风险类型。保险公司在承保时,为了控制保险责任范围,满足投保人的不同需求,将保险责任分为基本责任、特殊责任和除外责任。基本责任针对基本风险,通常是一般的自然灾害和意外事故,一般适用基本条款。特殊责任是指保险公司在承保基本责任的基础上,根据投保人的要求或根据投保标的的实际状况,对保险标的具备的特殊风险附加承保,对于特殊责任范围内的风险一般适用于附加险(相对于主险而言,是指附加在主险合同下的附加合同,不可以单独投保,要购买附加险必须先购买主险)。例如,机动车附加主要有附加在车辆损失险上的附加险,包括玻璃单独破碎险、车辆停驶损失险、新增加设备损失险等。除外责任是指针对不可保的风险,保险公司不承担保险赔偿和给付责

任的范围,如战争、核辐射等。

③ 规定免赔额。免赔额的运用有两种方式:一是保险公司对免赔额内的损失不负赔偿责任,对超过免赔额的损失承担全部赔偿责任;二是保险公司不论损失大小,均以损失扣除免赔额后的金额进行赔付。规定免赔额除了可以降低保险公司的赔付成本,主要是还可以促进被保险人加强防灾防损,减少保险事故发生的可能性,防范道德风险。

④ 制定保证条款。保证条款是保险公司和投保人在保险合同中约定,投保人或被保险人在保险期限内担保或承诺某种作为或不作为;投保人或被保险人只有尽到保证条款中的义务,保险公司才负责赔偿。保证条款对被保险人的个人行为进行了规定,有利于制止被保险人实施诱发风险行为。

(二) 理赔管理

理赔是保险公司经营的重要业务环节,指保险公司在保险标的发生风险事故后,对被保险人提出的索赔请求进行处理的行为。投保人购买保险的主要目的就是在保险事故发生时获得补偿,保险理赔是保险补偿职能的具体体现。但是在实际操作中,由于风险存在多样性和复杂性,被保险人发生的经济损失不一定都由承保风险引起;即使承保标的发生了保险事故,由于多种原因的限制,被保险人所获得的赔偿额也不一定等于损失额。许多保险纠纷和保险欺诈现象都发生在这一环节。所以,保险公司在理赔时,要做好信用管理,既要切实保护投保人或被保险人的合法权利,发挥保险的补偿功能,也要认真勘察各种风险因素,合理确定保险责任,做到赔付有理有据,谨防保险欺诈。

1. 理赔原则

(1) 重合同、守信用原则。

保险理赔是保险公司向投保人或被保险人履行风险赔偿义务的具体体现。保险合同是保险公司向被保险人或受益人赔偿或者给付保险金的法律依据,赔偿或给付保险金是保险公司应尽的义务。如果保险公司未能按照合同约定诚实守信地进行补偿,被保险人可根据保险合同起诉保险公司,以获得保险合同约定的保险保障,保险公司的信誉必然遭受不良影响。

(2) 实事求是原则。

由于客观风险的多样性和复杂性,保险事故也是多种多样、极其复杂的,而人们可能对保险的认识不同,对保险合同的有关条款理解各异,再加上保险双方所处立场不同,被保险人提出的索赔要求可能并不合理,保险双方难免发生分歧。这就要求保险公司按实事求是的原则,对保险事故所造成的损失不夸大、不缩小、不惜赔、不乱赔,严格按照保险合同的约定进行赔偿。

(3) 主动、迅速、准确、合理原则。

这一原则的宗旨在于提高保险服务水平,争取更多客户。"主动、迅速"要求保险公司在接到赔付请求时积极、主动、及时了解受损情况,迅速赔偿损失。"准确、合理"要求保险公司在审核理赔案时明确保险责任,准确核定赔款金额,做到不惜赔、不乱赔。对不属于保险责任的案件,应当及时向被保险人发出拒赔通知书,并说明拒赔理由。《中华人民共和国保险法》第 23 条第 1 款和第 25 条规定,保险人"与被保险人或者受益人达成赔偿或者给付保险金的协议后十日内,履行赔偿或给付保险金义务”“保险人自收到赔偿或者给付保险金的请求和有关证明、资料六十日内,对其赔偿或者给付保险金的数额不能确定的,应当根据已有证明和资料可以确定的数额先予支付;保险人最终确定赔偿或者给付保险金的数额后,应当支付相应的差额”。

(4) 实际损失赔偿原则。

对于财产保险和医疗费用保险,保险事故发生时,保险公司在保险金额的限度内按实际损失赔偿,即实际损失多少赔付多少,被保险人不能因保险额外获利。

(5) 重复保险分摊原则。

财产保险和医疗费用保险中,若出现重复保险,各家保险公司应按比例分摊实际损失。但在人身保险中,死亡保险金和残废保险金的给付不存在重复保险的分摊,只要是保险责任范围内的事故造成被保险人的死亡和残废,任何一家保险公司都必须按照约定的保险金额给付。

(6) 代位追偿原则。

保险标的的损失如果是由第三方的过错造成的,在财产保险和医疗费用保险中,如果第三方已经赔付了,保险公司就不再赔付。如果保险公司先按保险合同的规定进行了赔付,则保险公司可以行使代位追偿权,代替被保险人向有责任的第三方追偿。但是,此原则在人身保险中并不适用,如果被保险人的死亡或残废是由第三方过错造成的,保险公司给付后不能行使代位追偿权。

2. 理赔程序中的信用管理

(1) 受理登记。

保险事故发生后,为使保险公司能够及时开展调查,投保人、被保险人或受益人应及时将保险事故情况告知保险公司,这是其必须履行的义务。保险公司在接到被保险人的报案后,应及时记录通知事项,并查抄有关保险单底,了解承保情况。而后,将承保条件与报案内容进行核对。例如,出险日期是否在保险责任有效期内,所受损失是否在承保责任范围等。对于存在保险关系且符合索赔时效的申请,应及时编号立案。

(2) 审查单证和证明材料。

被保险人或受益人向保险公司索赔时,保险公司应要求提供下列材料:保险单、支付保险费的收据、保险事故证明或损害结果证明。一般来说,人身保险应提供病例、医疗费收据、住院证明、残疾证明、死亡证明等;财产险应提供财产损失清单、技术鉴定证明、事故报告书、抢救费用收据等。理赔人员须检查单证是否齐全、相符,事故是否真实可靠。

(3) 现场勘察。

现场勘察是理赔的重要环节,为处理理赔案提供第一手资料,是审查投保人或被保险人是否履行诚信的关键。现场勘察一般需要理赔人员确认受损财产是否属于保险财产,出险时间是否在保险公司承担赔偿责任的时间段内,导致风险发生的原因是否在保险责任范围等内容,必要时可请有关部门和专家予以协助。现场勘察时,通常要对出险地点、财产损失情况等进行拍照,以便存档。若理赔人员到达受灾现场后,险情尚未排除,应立即与被保险人及有关部门一道进行施救,减少损失。此外,为了解损失的大小,必要时理赔人员应向被保险人索要相关会计资料进行核对。现场勘察结束后,理赔人员应完成现场勘察报告，为后续程序做好准备。

一般而言，现场勘察是财产保险的必备环节，对于单证齐全、事实清楚、责任明确的人身保险事故，可以不进行现场勘察。

（4）责任审核。

现场勘察之后，理赔人员根据现场勘察报告和被保险人提供的各项证明材料，认真对照保险条款的规定，分析事故发生原因，确定损失是否属于保险责任的赔偿范围。例如，理赔人员需要审查保险合同的有效性，被保险人所提供证明材料的可靠性，保费是否按期足额交纳，投保人对被保险人或保险标的是否具有可保利益，引发事故的原因是否在承保范围内等。若事故属于保险责任范围，则进入核定损失环节；若不属于保险责任范围，则须做出全面的分析论证后做出拒赔结论，并书面通知被保险人。若事故是由第三方引起并由第三方负责的，保险公司可以先行赔付，随后向第三者实施代位追偿。

（5）核定损失。

若风险损失属于承保责任范围，核保人员将根据被保险人提供的财产损失清单和有关证明，逐项核对损失数量和金额。这时，核保人员主要将财产损失清单与实物及会计账目进行核对，审查报损是否准确；若被保险人对保险事故采取了必要的施救措施，其所支付的合理的施救费用由保险公司负责赔付；最后根据核实结果填制保险标的损失清单，作为计算赔款的依据。

（6）损余物资处理。

在财产保险中，可能受损后的财产仍具有一定价值，保险公司在全部赔付之后，可以将损余财产折价卖给被保险人，以冲抵保险金额。

（7）赔付计算。

对于财产保险来说，保险公司按照保险金额与保险价值的比例承担赔偿责任。若保险金额高于保险价值，当发生全部损失时，赔偿金额以不超过保险价值为限，当发生部分损失时，赔偿金额按实际损失计算；若保险金额低于保险价值，当发生全部损失时，按保险金额赔偿，当发生部分损失时，按保险金额与保险价值比例计算。施救费用要与保险标的的赔款分开计算，其额度不得超过保险金额。

三、对保险代理人信用风险的管理

保险是以积聚投保人或者被保险人所面临的大量风险为基础，将被保险人偶然遭受的风险损失在所有面临相同风险的其他人之间分摊承担，从而为被保险人提供经济保障的一种风险分散机制。因此，保险公司只有通过展业招揽大量符合承保条件的业务，大数法则才能发挥作用。但是，在现实中我们也经常发现，由于市场竞争不规范，各家保险公司为了扩大市场份额，盲目追求业务规模，过于强调保费收入，而忽视业务质量。还有一些保险代理人受个人经济利益的驱使，在展业宣传时人为改变保险条款内容，误导客户投保，或者私自向客户允诺，降低保险费率，或者为追求业务数量，不注重风险选择，将一些不符合保险公司承保条件的标的承保进来，从而给保险公司带来风险。所以，保险公司在争取客户的过程中，既要诚实守信、客观公正地介绍保险产品，避免对客户的误导，也要加强对展业人员的管理和培训，对承保风险做出初步的认识和选择，把好质量关。

（一）保险展业的渠道

展业是通过各种宣传途径,争取保险业务的过程。大体来说,保险展业通过直接展业和间接展业两种方式进行。

1. 直接展业

直接展业是指保险消费者根据保险公司的广告宣传,直接向保险公司购买保险产品。保险公司通过在各种媒体上发布广告或邮寄直销材料,诱发消费者对保险产品的兴趣。感兴趣的消费者会向保险公司询问产品的具体情况,这时接待人员可以对其进行详尽的解答和分析,促使消费者形成购买决定。直接展业避免了保险中介的介入,在有效降低成本的同时,避免了保险中介对消费者进行误导的风险。

2. 间接展业

间接展业是指保险公司通过销售中介推销保险产品。例如,保险公司通过银行柜台销售保险产品(银行保险),或者委托保险代理人提供上门服务推销保险产品。在间接展业方式中,保险公司需要向保险代理机构或代理人支付一定的代理费。这种方式可以更加广泛、深入地开发保险市场和保险需求,是各国保险销售采取的主要方式。但是,在间接展业方式中,难以避免保险代理人受个人经济利益的驱使,片面追求业务数量,不注重风险选择,在展业宣传时人为改变保险条款内容,误导客户投保,给保险公司带来信用风险。因此,对保险代理人的管理是展业过程中信用管理的主要内容。

（二）对保险代理人的信用管理

加强对保险代理人的信用管理,就是在提高保险代理人对保险公司忠诚度的同时,要求代理人员在宣传保险产品时,坚持实事求是原则,毫不夸张地向客户宣传和解释保险产品作用、承保范围、保险责任、适用费率、赔偿条件,以及投保人的权利和义务等。不能为了追求短期业绩,投消费者所好,做虚假宣传。否则,必将造成日后大量的合同纠纷,降低承保质量,并严重损害保险公司在消费者心目中的信誉和地位。

1. 保险代理人的选择和使用应严格遵守国家有关法律法规

《中华人民共和国保险法》和《保险代理人管理规定(试行)》对保险代理人的定义、法律地位、执业资格、业务范围、执业管理等做了明确的法律规定。保险公司应参照有关规定,加强对保险代理人的管理。

我国《保险代理人管理规定(试行)》第 8 条规定,从事保险代理业务的人员必须参加保险代理人资格考试,并获得中国人民银行颁发的《保险代理人资格证书》。第 58 条规定,保险代理人从事保险代理业务,不得有下列行为:擅自变更保险条款,提高或降低保险费率;利用行政权力、职务或职业便利强迫、引诱投保人购买指定的保单;使用不正当手段强迫、引诱或者限制投保人、被保险人投保或转换保险公司;串通投保人、被保险人或受益人欺骗保险公司;对其他保险公司、保险代理人,作不正确的或误导性的宣传;代理再保险业务;以代理人名义签发保险单;挪用或侵占保险费;向投保人收取保险费以外的额外费用;等等。第 76 条规定,保险代理人在保险代理业务中欺骗投保人、被保险人或受益人的,应依照《中华人民共和国保险法》的规定由中国人民银行责令改正,并给予个人人民币 5 000 元以上 1 万元以下、单位 1 万元以上 5 万元以下罚款;情节严重的,吊销其《资格证书》《经营保险代理业务许可证》;构成犯罪的,依法追究刑事责任。第 77 条规定,保险代理人拖欠、挪用保险费或保险金,中国人民银行视情节轻重给予警告,并对个人处以人民币五千元以上 1 万元以下、单位 1 万元以上 3 万元以下罚款,构成犯罪的,由司法机关依法追究刑事责任。

2. 建立规范的保险代理工作制度

规范的保险代理工作制度包括:

(1) 保险代理人行为的规范。保险代理人在推销保单的整个过程中,无论是拜访客户、接听电话、提供咨询,还是指导客户填写投保单、收取保险费等都应保持良好的仪态和耐心礼貌的态度。不得使用诱导、误导、欺骗等手段让客户投保,不得故意诋毁其他保险公司及其产品,不得泄露公司的重要文件、商业秘密以及客户的私人资料。

(2) 保险单使用管理制度。代理人只负责推销保险单而不能签发保险单,保险单必须由保险公司统一编发。

(3) 保费及时缴存制度。保险代理人须将所收保费逐笔登记入账并于当日存入保险公司指定的银行账户,做到保险单证、款项相符。

(4) 等级代理制度。根据保险代理人业务素质的高低,制定不同的代理权限,并相应给予不同的待遇和绩效标准,激励保险代理人不断进取。

(5) 监督审核制度。保险公司要定期对保险代理人的工作质量进行检查和考核,防患于未然,同时采取相应的奖惩措施。

(6) 举报投诉制度。通过设立专门的举报投诉部门,及时发现保险代理人的不守信行为,尽快采取补救措施,避免不良影响进一步扩大。

3. 加强对保险代理人的职业培训

加强对保险代理人的职业培训并设置不同级别的资格考试,能够帮助代理人理解相关行为规范、规章制度,充分认识和理解保险产品的特征,提高专业素质和职业道德水平,使之能够如实、准确地传递保险服务信息,正确解答客户提出的问题,加深客户对保险的理解,打消客户心中的疑虑。例如,日本新招聘的保险代理人要经过三个月的保险基础知识和推销技术的培训,通过初级考试才能成为寿险代理人,通过中级考试才能取得寿险顾问资格等。

4. 推行职业担保制

《中华人民共和国保险法》第 124 条规定,保险代理机构、保险经纪人应当按照国务院保险监督管理机构的规定缴存保证金或者投保职业责任保险。这样做不仅使保险代理机构、保险经纪人的信誉得到相应的经济保证,还可以使保险代理机构、保险经纪人的行为给保险公司造成的经济损失得到一定程度的补偿,提高保险代理机构、保险经纪人工作的责任心。

四、对保险公司自身信用风险的管理

由于保险公司的设立都要经过严格的审批程序,在符合法律、法规的前提下才能取得经营许可证,因此在很多人的心目中,保险公司是值得信赖的。然而保险人在经营业务过程中由于各种因素诸如风险选择、费率厘定、市场竞争、通货膨胀、投资市场波动、法律变更、国内外政治经济形势变动等的影响,使实际经营结果与预期值发生偏差,严重的将导致保险公司破产,事实上保险人并不“保险”。1996 年以来日本连续七家生命保险公司破产,使第二次世界大战以来日本生命保险不倒的神话破灭了,也标志着一贯以“保护经营”著称的日本保险业,在自由竞争的形势下,无奈地迈出了重组的一步,震惊了整个世界的保险业。由此可见,从保护投保人的利益出发,保险人的诚信也变得越来越重要。这种诚信更多地体现为保险公司的偿付能力。因此对保险公司信用风险的管理也主要表现为对保险公司偿付能力的管理。保险公司偿付能力的管理包括保险监管机关对偿付能力的管理和保险公司对公司偿付能力的管理。

拓展阅读 11-2

国企违约之后,保险企业出现偿付能力不足

在国有企业频现违约之后,现在似乎是轮到保险企业了。2016 年一季度的保险企业偿付报告显示,数家险企偿付能力逼近红线,还有几家则存在严重的偿付能力不足。

财新记者统计发现,在已公布 2016 年一季报的 120 多家保险公司中,有 10 家寿险公司和 1 家财险的偿付能力已逼近监管红线,面临偿付能力不足风险,而中融人寿、新光海航人寿和国泰财险综合偿付能力则严重不足。

保险业称综合偿付能力高于 300% 的为偿付能力充足,高于 150% 为相对充足,低于 150% 为偿付不足。来看一下部分偿付触发监管红线的企业(见表 11-2)。

表 11-2 部分偿付触发监管红线的企业

公司名称	2016 年一季度末
瑞泰人寿	140. 00%
幸福人寿	139. 60%
吉祥人寿	138. 68%
天安人寿	130. 93%
前海人寿	127. 58%
上海人寿	125. 69%
珠江人寿	118. 07%
国华人寿	117. 54%
昆仑健康	110. 00%
长城人寿	108. 54%
华夏人寿	106. 58%
国泰财险	63. 63%
中融人寿	18. 22%
新光海航人寿	-3. 91%

不过总体而言,险企偿付尚算稳定,19 家企业偿付充足,40 家相对充足。

根据财新网的介绍,偿付能力是保监会监管保险公司的最基本指标,反映保险公司

的风险覆盖能力，可类比于银监会以资本充足率监管银行这一缰绳。如果指标值低于保监会制定的标准(100%)，保险机构需要限期整改增资，并可能面临着限制增设分支机构、限制业务范围、责令停止开展新业务、限制资金运用渠道等一项或多项监管措施。

"偿二代"即中国第二代偿付能力监管制度体系，更加注重风险导向，于2016年1月正式取代"偿一代"。"偿二代"下，保险公司的产品结构、业务质量、销售渠道、投资风格不同等都将反映在资本要求中，因此一些发展激进、业务模式风险高的保险公司将会付出额外的资本要求代价。

目前监管层尚未对偿付能力低于150%的险企采取监管措施，低于100%的则会采取措施。据财新记者了解，目前保监会还在研究制定"偿二代"下的具体监管措施，但监管主要针对不达标公司，对达标公司并不会按其充足率高低采取区别监管措施。也就是说，对于偿付能力充足率低于100%的公司，保监会会采取监管措施，但对充足率为100% ~150%的公司，目前未考虑采取监管措施。

《中国证券报》另外援引业内人士指出，在偿付能力下滑、短期高现价产品扩张风险暴露的同时，上市险企还是有能力使其偿付能力保持平衡的。不少险企可能通过增资的方式保证其偿付能力以通过监管考核。

自2015年开始，监管层就表示将会有条件地允许企业破产，这导致了这两年企业违约的数量明显上升，出现了东北特钢等一系列国企的连续违约。

资料来源：搜狐网。

（一）偿付能力的概念

偿付能力是指保险公司偿付其到期债务的能力。在保险经营中，保险先收取保险费，后对保险损失进行赔付。先收取的保险费被视为保险人的负债，赔偿或给付保险金被视为对负债的偿付。偿付能力大小用偿付能力额度表示。偿付能力额度等于保险人的认可资产与实际负债之间的差额。

（二）国家对保险公司偿付能力的监管

国家对保险公司偿付能力的监管是通过保险监管机关，运用立法和行政手段，加强对保险公司偿付能力的管理。偿付能力的监管是世界各国保险监管的核心。法定偿付能力额度是保险监管机关为确保保险公司稳健经营，根据保险法规定保险公司必须保持的最低偿付能力。法定最低偿付能力额度是判断保险公司财务是否处于危险状态的"早期危险信号"。如果保险公司未达到法定最低偿付能力额度，说明保险公司技术上无偿付能力。设立法定的最低偿付能力的目的是在保险公司技术上无偿付能力时，保险监管机关增强监管力度，帮助公司改善不利的财务状况，以求在保险公司财务状况恶化并实际破产前恢复其财务的稳定性。一般情况下，保险公司技术上无偿付能力时，保险监管机关通过责令公司追加资本或限制业务规模等来增强保险公司的偿付能力。

偿付能力监管方法有静态监管和动态监管。

1. 偿付能力静态监管

偿付能力静态监管的方法主要有规定最低资本金财务比率分析法、风险资本法和现场法定检查法。

(1) 财务比率分析法。

财务比率分析法是保险监管机构分析和监管保险公司偿付能力的主要方法,也是保险信用评级机构在评级中分析保险公司财务状况的常用方法。保险监管机构通过设置保险公司的一些特定财务比率,如流动比率、盈利能力比率、财务杠杆比率、经营活动比率等,分别考察保险公司的资产、负债、所有者权益及盈利能力等方面的状况,也可以设置准备金比率、再保险比率、赔付率等指标分析保险公司的资产、负债、盈利能力等方面的风险对偿付能力状况的影响。

财务比率分析法是一种事前监管方法,通过比率测试找出最需要关注的保险公司,采取不同的监管措施防止保险人偿付能力水平的进一步恶化,起到了偿付能力监管早期预警的作用。但是财务比率分析法只有对某一特定时段的财务报表进行分析,才能动态反映保险公司的偿付能力。同时财务比率分析法对每家保险公司都采取相同的指标和正常范围,并没有考虑各家保险公司面临的不同风险状况,这就是财务比率分析法的缺陷。

(2) 风险资本法。

风险资本法是一种量化风险的监管方法,根据保险公司的规模和风险状况衡量保险公司用于支持业务经营所需要的最低资本,以保证保险公司的偿付能力。通过对保险公司的资产、负债等各个项目设计不同的风险系数,并将经过风险加权的各项目加总,得出最低风险资本,以保险公司的实际资本与风险资本的比率为指标,通过指标值的大小变化,衡量有关资本相对于风险的充分程度以及监管机构应采取的监管行动。风险资本法考虑各公司的具体风险构成,不再拘泥于对保险公司资产与盈余的固定要求,而是针对风险状况决定最低风险资本的大小,是一种比较科学的偿付能力评估和监管方法。

(3) 现场法定检查法。

现场法定检查法是由监管机构通过对保险公司进行现场检查,检查保险会计账簿和记录、业务经营程序、经营计划以及日常管理,了解保险公司的实际财务状况,发现偿付能力方面的风险。

规定最低资本金财务比率分析法、风险资本法和现场法定检查法作为保险偿付能力静态监管的重要手段,为保险监管机构实施监管提供了有力帮助,但仍存在一些缺陷。

最低资本金规定具有普遍性,但作为偿付能力监管指标,比较适合于新成立保险公司的偿付能力的监管,对经营到了一定规模的保险公司显得力度不足。因为最低资本金规定不能反映保险公司经营风险大小,没有考虑经营风险对资本充足性的影响,难以为监管机构提供保险公司偿付能力不足的信息。

财务比率分析法、风险资本法虽然能为保险监管机构找出最需要关注的保险公司,成功地起到监管预警的作用,但是财务比率分析法和风险资本法是由一系列定量指标体系构成的,定量指标选择是否恰当、合理,是预警系统的关键,况且这两种方法并没有考虑到各种风险对保险公司偿付能力的影响。风险资本法虽然考虑了保险公司的多种经营风险对公司资本充足性的影响,比较确切地反映了保险公司资本的充足性,但是它只测算某一特定时期保险公司的静态偿付能力,并没有考虑保险公司经营环境的变化,也没有考虑保险公司的保险技术、管理水平、业务发展以及公司资产负债匹配状况等因素,不能真正反映不同保险公司的实际偿付能力。此外,偿付能力静态测试要求测算的时间通常为一年,而保险公司要求的是长期连续经营。考虑的时间期限为3~5年。因此,一些保险业发达国家从保持保险公司未来持续的偿付能力出发,在偿付能力静态测试的基础上,发展了偿付能力动态测试,而且这种测试方法已经成为保险监管的一种发展趋势。

2. 偿付能力动态监管

对保险公司偿付能力的动态监管有两种:一种是现金流量测试,另一种是资本充足性测试。这两种方法都对保险人在一定假设条件下的现金流入和现金流出及其对保险人财务状况的影响做出了预测,比偿付能力的静态测试更科学、更合理。现金流量测试是在某一确定的评估日,在一系列预测的基本假设情况下,通过预测和比较资产与负债在未来某个时间段内可能的现金流量的时间和数量,分析保险公司在这个时间段中的财务状况、偿付能力水平、准备金水平、产品设计的可行性等。

偿付能力动态测试,由保险公司的委任精算师通过分析保险公司面临的各种风险,建立综合模型来测试在未来一段时间内保险公司现在和未来业务相关的准备金和盈余的充足性。偿付能力动态测试可作为预警工具,为管理者提供有关公司财务状况、偿付能力、产品盈利能力等重要信息,提高了管理效率,保证了公司的稳健经营,已日趋成为公司管理的核心环节。

偿付能力动态测试的最大优点表现在两个方面:一是对保险公司而言,通过测试可以发现威胁公司维持良好财务状况的各种因素,并提出消除和缓和这些因素的对策,便于保险公司及时调整业务发展计划,加强对公司盈余的管理,确保公司保持持续的偿付能力。二是对保险监管机构来说,保险公司的精算师从动态角度分析评估各种风险因素对保险公司未来几年财务实力和偿付能力的影响,揭示每家保险公司的实际偿付能力。保险监管机构可以根据精算师提交的偿付能力状况报告,清楚地了解各家保险公司的实际情况从而采取相应的措施,提高了保险监管的精确度和有效性。在防止过低偿付能力额度要求而危及保险公司的偿付能力和避免过高偿付能力额度要求而妨碍保险公司的效率之间找到一个更合理的平衡。

我国2009年10月实施并于2015年修订的《保险法》,对保险公司的偿付能力管理做出了具体的规定:

(1)《保险法》第101条规定:保险公司应当具有与其业务规模和风险程度相适应的最低偿付能力。保险公司的认可资产减去认可负债的差额不得低于国务院保险监督管理机构规定的数额;低于规定数额的,应当按照国务院保险监督管理机构的要求采取相应措施达到规定的数额。

(2)《保险法》第97条规定:保险公司应当按照其注册资本总额的20%提取保证金,存入国务院保险监督管理机构指定的银行,除公司清算时用于清偿债务外,不得动用。

(3)《保险法》第103条第1款规定:保险公司对每一危险单位,即对一次保险事故可能造成的最大损失范围所承担的责任,不得超过其实有资本金加公积金总和的10%;超过的部分应当办理再保险。

(4)《保险法》第102条规定:经营财产保险业务的保险公司当年自留保险费,不得超过其实有资本金加公积金总和的4倍。

(5)《保险法》第105条规定:保险公司应当按照国务院保险监督管理机构的规定办理再保险,并审慎选择再保险接受人。

2003年颁布的《保险公司偿付能力额度及监管指标管理规定》,借鉴英国及欧盟国家所采用的最低偿付能力额度计算标准。

(1) 第4条规定,财产保险公司应具备的最低偿付能力额度为下述两项中数额较大的一项。

① 最近会计年度公司自留保费减营业税及附加后1亿元人民币以下部分的18%和1亿元人民币以上部分的16%;

② 公司最近3年平均综合赔款金额7 000万元以下部分的26%和7 000万元以上部分的23%。

综合赔款金额为赔款支出、未决赔款准备金提转差、分保赔款支出之和减去摊回分保赔款和追偿款收入。

经营不满三个完整会计年度的保险公司,采用本条第1项规定标准。

(2) 第5条规定,人寿保险公司最低偿付能力额度为长期人身险业务最低偿付能力额度和短期人身险业务最低偿付能力额度之和。

长期人身险业务是指保险期间超过1年的人身保险业务;短期人身险业务是指保险期间为1年或1年以内的人身保险业务。

① 长期人身险业务最低偿付能力额度为下述两项之和:

第一,投资连结类产品期末寿险责任准备金的1%和其他寿险产品期末寿险责任准备金的4%。

上款所指的寿险责任准备金,是指中国银保监会规定的法定最低责任准备金。

第二,保险期间小于3年的定期死亡保险风险保额的0.1%,保险期间为3年到5年的定期死亡保险风险保额的0.15%,保险期间超过5年的定期死亡保险和其他险种风险保额的0.3%。

在统计中未对定期死亡保险区分保险期间的,统一按风险保额的0.3%计算。

风险保额为有效保额减去期末责任准备金,其中有效保额是指若发生了保险合同中最大给付额的保险事故,保险公司需支付的最高金额;期末责任准备金为中国银保监会规定的法定最低责任准备金。

② 短期人身险业务最低偿付能力额度的计算适用第4条的规定。

(三) 保险公司自身对偿付能力的管理

除了对偿付能力的法定监管外,加强保险公司自身对偿付能力的管理更为重要:保险公司自身对偿付能力的管理是指保险公司为实现其财务稳定性、经营连续性和业务发展性而对影响偿付能力的诸因素进行计划、组织、协调和控制的活动过程。保险公司对偿付能力的管理在保险公司经营管理中占有重要地位。一是偿付能力管理是保险公司生存和发展的重要保证。二是偿付能力管理有利于保险公司的财务稳定性。

保险公司自身偿付能力管理的内容主要包括:

1. 偿付能力额度的管理

偿付能力额度由资本金、总准备金、未分配盈余构成，其中资本金在保险公司开业时确定；准备金一部分来源于费率厘定时的风险附加部分，另一部分来源于业务经营中赔付数额低于预期年度的业务盈余；未分配盈余源于公司实现利润总额经缴所得税，提取公积金、公益金、总准备金，分派股利、红利后的结余，其中一部分可用来增资，剩余部分用于业务发展。因此，保险公司在制定公司政策时，要在保证偿付能力的前提下，在经营连续盈利性和业务增长性之间选择最佳点，处理好这三部分的关系。

2. 承保风险能力的控制

保险公司自担风险只能在自身一定综合能力的范围之内，其额度大小与其偿付能力相适应。保险公司不能盲目地、不计后果地招揽业务。具体表现在对危险单位的计算方法和巨灾风险的计划安排上。危险单位的测定是否正确，直接影响保险公司对自己承担风险责任的最高保险金额的确定是否合理，以致影响最终的赔款准备金估计的准确性。因此保险公司对危险单位的计算方法应报监管部门核准，以保证危险单位计算的合理准确。此外，保险公司也应对巨灾风险进行合理安排，在合理确定自留额的基础上进行分保。

3. 确定保险公司实际偿付能力边际

保险公司的偿付能力分为保险公司的实际偿付能力和保险公司最低偿付能力。保险公司的实际偿付能力即在某一时点上保险公司认可资产与认可负债的差额。保险公司最低偿付能力是指由保险法或保险监督管理机构颁布有关管理规定的，保险公司必须满足的偿付能力要求。如果保险公司认可资产与负债的差额低于这一规定的金额，即被认为是偿付能力不足。保险公司的偿付能力边际达到法定偿付能力边际是法律的要求，只能保证其可以继续经营不会破产，但并不等于保险公司的偿付能力有了充分的保障，由于各家保险公司所处的环境不同，面临的风险不同，资金实力、保险技术、管理水平也不同，因此，必须由保险精算师对保险公司实际面临的风险进行识别，建立综合模型，从动态的角度将各风险因素对保险公司的财务能力和偿付能力的影响进行分析和评估，揭示出保险公司的实际偿付能力水平。保险公司实际偿付能力测算的方法多样且较复杂。最常用的方法是指标管理法，设置与保险公司偿付能力相关的指标，并规定其正常的取值范围。保险管理人员定期检查分析与偿付能力相关指标，如流动资产比率、承保变化率、准备金保费比率、赔付率等，检查保险公司的实际偿付能力。

第三节　信托与租赁公司信用管理

一、信托与租赁公司信用风险管理的基本内容

（一）信托公司的信用风险

1. 信托公司的信用风险分析

信用是信托业存在和发展的基础，信用风险是其基本风险，这是由信托业自身的特点所决定的。信托，通俗地说，就是“受人之托，代人理财”。它是接受他人委托，代为保管

财物或代办业务,为指定人谋利益的经济行为。这种关系一经确定,就直接涉及三方当事人:委托者、受托者与受益者。显然,这种信用关系是在财产和收益中加入了第三方,使彼此之间的经济法律关系变得复杂了,同时使彼此之间多了产生变化的一种可能。在经济秩序稳定,各环节运行协调的环境下,信用关系的这个基本风险被多种关系与制度掩盖,而经济一旦出现可能的波动与危机,信托关系的风险性就会暴露,尤其是在建立信托制度时未有良好的约束机制与其配合的环境下。相较于银行而言,信托中介机构有着更深刻更复杂的内涵,它是以信托为基础,以委托为形式的财产经营管理制度中的关键环节,受托因此存在比银行更大的责任义务,其要求的信任基础更为稳固,也因而存在更可能的不稳定成分。另外,信托是所有权与经营权相分离的一种经济关系,信托的基本内容是信托财产的转移和获得经济利益,若无财产转移,或说无经营权的转移,信托关系就不能确立。信托财产的转移,同时要求信托机构的可靠与信托制度的稳定,这进一步加深了信托基础风险的潜在可能。

对信托业的中介——信托机构而言,信用风险是一种基本风险。主要表现在:

(1)守信意识风险。这是指信托关系各方主观上存在的信用风险。如信托资金的借入者有意拖欠,委托人不愿承担损失责任,信托机构无视自身实力盲目扩张和片面追求短期利润等。

(2)守信能力风险。这是指信托财产的债务人不能按期偿还贷款或投资遭受损失的可能性。这种风险又有两个原因:一是客户的经营状况恶化无法按时归还信托财产;二是信托机构自身桎梏,如由于信托公司资本金规模偏小、资本充足率偏低、负债率过高而造成抵御损失能力差,无法信守信托关系。

(3)指示差错风险。虽然信托合同中明确规定,信托公司对遵守合同规定,按照委托人旨意处置信托财产所发生的财产损失不承担赔偿责任。但由于委托人自身条件的限制,有时对受托人发出错误的授权,受托人未能指出,而按照该授权处置财产后造成损失,违反了信托财产保值增值的目的,未能遵循恪尽职守原则。

(4)道德风险。主要是指信托机构的违法行为或不良行为给委托人或受益人带来损失的可能性。信托公司作为受托人,应该忠于委托人和受益人,不能牟取私利。但信托公司挪用信托资金或其收入为受益人以外的他人谋利益,不按信托契约规定处理信托财产便会产生道德风险,导致信托财产妨碍信托业的正常发展。

2. 信托公司的信用风险特点

(1)危害性。信用风险本身代表了遭受损失的可能性,而任何损失都会给有关当事人带来不利影响。从小的方面来讲,它会影响信托的资产质量、支付能力与收益水平,甚至导致金融机构的倒闭;从大的方面来讲,会引起整个国家的金融秩序混乱,阻碍经济的持续健康发展,甚至影响世界经济金融的稳定。

(2)客观性与主观性并存。信托面临的信用风险中有的是信托活动本身所具有的,是由客观因素造成的;有的则是由信托业务的当事人本身的主观因素所引起,这类风险从理论上说是有可能随着管理体制和管理方法的完善而减少的。

(3)可测性与不可预知性并存。信托公司面临的信用风险具有一定的规律性,随着认识的深入,人们可以对其表现形式、危害程度进行分析与测定,从定性及定量方面进行风险管理和风险控制。但由于信托信用风险同时具有无序性特征,会随着经济、心理等因素的变化而发生诸多变化,也具有一定的不可预知特征。

(4) 可控性与不可消除性并存。信托公司通过加强管理及采用防范、规避措施,就有可能对信用风险进行一定成效的控制和转化。但这类风险所具有的客观性和不可预知性又使得人们不可能对风险进行完全的控制,更不可能消除。

(5) 累积性。由于信托业务中收益的支付往往具有分期、分次的特点,一旦出现违约便会使以后的支付也违约,呈现出风险的累积性特征。例如承租人未支付某一期租金,则以后各期的租金一般也会出现违约。

(二) 租赁公司的信用风险

租赁公司的信用风险,是指承租人不认真履行租赁合同,不按照租赁合同及时、足额支付租金,从而导致出租人遭受损失的可能性。

1. 租赁公司信用风险的特点

(1) 融资租赁项目信用风险暴露期较长。融资租赁业务的租赁期往往涉及所租设备的整个寿命期,时间往往较长,有的甚至10年以上,因而一般具有长期风险投资业务的特征。相比之下,银行信贷则往往短期、中期、长期贷款结合,且偏重短期贷款,其信用风险暴露期短于融资租赁业务。

(2) 融资租赁交易涉及关系复杂,信用风险较大。在普通的融资租赁业务中,由于涉及出租方、承租方、设备厂商,需要三方签订多个合同。对于出租人而言,需要面临设备厂商、承租人两方违约所带来的信用风险,或由于设备厂商的违约而导致承租人不满意租赁标的,从而违约造成的信用风险。

(3) 租赁信用风险与产业周期关系密切。租赁业务的成功与否在于项目选择,由于租期长的特点,项目选择最好着眼于成长性产业和有发展前景的企业,具有较强的抵御产业周期波动风险的能力,效益不会大起大落,以便保证较长周期的租金支付。

(4) 类似抵押贷款机制,出租人可采取措施防止信用风险的恶化。由于融资租赁设备的所有权归属出租人,当承租人经营出现问题,有无力偿还租金的趋势时,承租人可采取措施收回租赁设备,防止信用风险的进一步恶化。

2. 租赁公司信用风险发生的原因

(1) 从企业层面考虑。从企业层面考虑,导致租赁公司信用风险发生的原因主要有以下几方面:

① 承租人品质问题。承租人有意不认真履行租赁合同,不及时、足额支付租金。

② 承租人经营出现问题。资金周转困难,或者是在租赁期间,由于租赁物因不可抗力等不能归责于双方当事人的事由而致毁损、灭失,使其无力履行租赁合同。

③ 承租人中途解除租赁合同,从而造成租赁公司蒙受损失的风险。

④ 由出租设备自身带来的风险。在融资租赁业务中,按照租赁合同,承租人负责设备的日常使用和维修、保养工作,把设备的物理磨损控制在合理范围内,以便设备能在正常寿命期内有效发挥作用。如果承租人不认真履行义务,违章使用设备,掠夺式使用设备,不对设备进行正常的维护等,从而使得设备的正常使用寿命或者性能的发挥等受到影

响,一旦设备最终被出租人收回,这些情况都可能导致出租人遭受财产损失。

⑤ 由于融资租赁涉及供货方,当供货方未能按照合同及时供货,或者租赁物本身存在瑕疵,或者运输人装卸发生障碍,或因设备的质量、技术等存在问题,不能达到承租人的要求致使承租人遭受损失,影响租赁公司和承租人之间租赁合同的履行,导致承租人拒付租金或要求退货、撤销合同的风险。

(2) 从宏观层面考虑。从宏观层面考虑,导致租赁公司面临信用风险的因素有:

① 法律法制的不完善。目前,对租赁业务的管理还没有十分完备的法律法规,对融资租赁机构的性质、业务范围、当事人的权利义务没有较明确的法律界定,影响出租人的合法权益保护。比如,承租企业破产清算时,将租赁资产作为破产财产处理的现象。又如,目前,"欠租"问题是阻碍我国融资租赁业发展的一个重要因素。出租方在行使合法权利收回出租设备过程中会碰到实际障碍。在法律解决过程中,由于目前关于融资租赁的条规、法令还不够完善,加之我国司法体系的地方保护主义,出租人或败诉或赢了官司却无法执行,尤其是售后回租形式,在地方政府的干涉下,国内出现过多次售后回租业务中,法院认定出租方是贷款方,融资租赁合同无效,出租方败诉导致重大损失的案例。

② 金融环境的影响。目前,由于商业银行的市场化运作,中小企业融资难的问题一直存在,国内相当部分的企业是在向银行借贷无门之后,才求助租赁公司。这部分承租人达不到银行信贷的标准,本身潜藏着相当大的经营风险,潜藏着将来不能按期支付租金的信用风险。

③ 社会信用制度不够完善。目前,我国的社会信用制度建设已经取得了重大成就,但还存在一些问题。如部分企业的信用意识还需进一步加强,信用观念尚待深入经济的各个层面;全社会信用基础还有待加强,需要建立全社会统一、高质量的企业信用数据库,提高现有数据库资料数据的完整性、真实性、时效性等;商业化的企业信用评级机构需要逐步跟国际接轨。

二、信托与租赁公司信用风险管理的程序与管理体系

(一) 信托与租赁公司信用风险管理的程序

信托与租赁公司对信用风险管理的基本程序包括信用风险识别、信用风险的预测与衡量、信用风险管理决策和信用风险管理效果评价等环节。

1. 信用风险识别

信用风险识别是信托与租赁公司对信用风险管理的第一步,它是指信托与租赁公司对所面临的信用风险以及潜在的信用风险加以判断、归类和性质鉴定的过程。

一般来说,信用风险识别可以从以下几方面入手:一是对业务对象的业务活动现状进行分析,如信托业务中债务人的资产分布、人员构成、以前业务的信用记录等。二是对潜在的信用风险进行识别,分析业务对象可能面临的人员损失、财物损失、营业损失、费用损失、责任损失等,从而判断将来出现违约的可能性。

识别信用风险的方法很多,在实际操作中应根据具体情况而定,并应综合运用多种方法,以收到良好的效果。对信用风险的识别可以通过感性认识和经验进行判断,但更重要

的则必须依靠对各种客观的会计、统计、经营资料和风险记录进行分析、研究和整理，从而发现信用风险产生的原因和条件，鉴别性质，为采取有效的风险处理措施提供基础。

信用风险的识别是信用风险管理过程中最基本的阶段，当然，信用风险的变化性决定了信用风险识别过程也是一个连续、系统和动态的过程。信托与租赁公司的风险管理者要持续不断地去识别信用风险，随时掌握原有风险的变化，并及时发现可能出现的新的潜在风险。

2. 信用风险的预测与衡量

信用风险是客观存在的，但其在时间、空间及数量上又是不确定的，需要运用一定的理论和技术工具来预测风险发生的概率以及造成损失的程度。信用风险的预测与衡量便是在信用风险识别的基础上，运用概率论和数理统计的方法，对所收集的大量的详细资料进行分析、估计以预测信用风险发生的概率和损失程度。

信托与租赁公司的信用风险预测主要体现在对信托与租赁项目及业务对象的评估中。预测的方法主要有：

（1）经验法。经验法主要是根据过去的经验，采用仿真试验、主观衡量法、乐观悲观法、保守估计法等进行类比，推算出信托与租赁业务的风险变化趋势。

（2）数学法。数学法主要采用概率分析、敏感性分析、盈亏平衡分析、决策树分析、蒙特卡罗分析、趋势外推法、回归分析等数学方法进行计算，从不同的角度验证经验法的预测。

（3）资产评估法。在立项时，信托与租赁公司根据业务对象过去的经营情况进行信用风险评估，决定项目的取舍。也可对正在开展的业务经营状态进行评估，决定项目继续进行或需立即采取补救措施。评估的内容包括销售分析、存货分析、成本分析、利润分析、负债分析、还债能力分析和股本利润率分析，以此预测信托与租赁信用业务风险。

（4）财务分析法。财务分析法是信托与租赁公司的风险管理人员利用业务对象的各项财务指标对预计经营状况进行分析。分析指标有销售利润率、资产利润率、成本利润率、投资利润率、平均投资利润率、投资收益率、股本收益率、平均股本收益率、净现值、现值指数、现金流量、内部收益率、投资回收期、借款还款期、财务收益分配、项目清偿能力、收支平衡点和内部收益率，以此预测项目未来的信用风险及违约的可能性。

（5）模型法。利用目前国际金融界流行的信用风险管理的模型，如 KMV 模型、Credit Risk+模型及 Credit Portfolio View 模型计算违约的概率。

信用风险的预测与衡量是一项极其复杂和困难的工作，风险的大小要结合违约频率的高低或损失幅度的大小才能做出合理的判断。当然，由于信用风险预测的不确定因素太多，仅依靠计算出的数据是不行的，还应强调调查研究的科学性，调查的手段应有权威性和可靠性。为此，信托与租赁公司应与专业咨询公司、工商管理部门及银行建立信息网络，组织经验丰富的专业人员建立专门的评估机构，使信用风险预测与衡量更科学，更接近实际。

信用风险预测与衡量是信用风险管理中不可缺少的一环，它不仅使信用风险管理建立在科学的基础上，而且使信用风险定量化，为选择有效的管理技术提供了可靠依据。

当然，信用风险预测与衡量是信用风险识别的深化，两者在时间上不能截然分开。事实上,有些数量分析活动是在信用风险识别的过程中进行的。

3. 信用风险管理决策

信用风险管理决策就是根据信用风险衡量的结果,选择最佳信用风险管理方案并加以实施。它是实现信用风险管理目标的关键一步。信托与租赁公司可以在第二步的基础上,根据预测的信用风险形态及可能发生的情况,有针对性地采取适当的风险管理策略把风险损失降到最低程度。信用风险管理是一个动态决策和实施的系统工程。具体风险管理策略如图 11-1 所示。

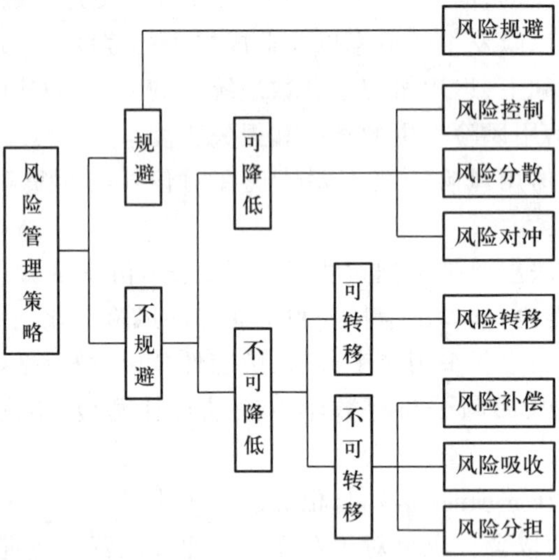

图 11-1　信托与租赁风险管理策略

(1) 风险规避。

风险规避是指信托与租赁公司通过拒绝或退出某一业务或市场,从而避开该业务或市场潜在的风险。从战略上来讲,信托与租赁公司作为一类受托管理资产的金融机构,其使命就是在给定的风险水平下,通过有效管理风险,获取尽可能高的收益,不应该规避风险。但从战术上来讲,针对具体业务和具体项目,风险规避是一种策略,有时主动回避是明智之举,不能简单地把风险规避理解为一种消极行为。当然,选择风险规避也不是随意的,须符合以下三个标准之一:第一,规避的风险应该是本公司没有能力管理的风险;第二,规避的风险应该是本公司没有实力承担的风险;第三,所规避风险的预期收益与风险不匹配,不值得投资。

(2) 风险控制。

风险控制是指信托与租赁公司对所要进行的业务或管理事项所潜在的风险种类和性质、风险产生的原因、损失发生的过程、带来的影响及程度等进行深入细致的分析和评估后,预先采取防范性措施,以防止损失的实际发生,或降低损失发生的可能性和影响程度,将风险控制在可承受的范围之内。通过制定严格的内控制度与操作流程,认真按制度与流程办理业务,辅之以事中风险预警及事后审计监督,不断对制度与流程进行修改和完善,从而达到降低风险的目的。

(3) 风险分散。

对于组合中资产收益的相关系数不是完全正相关(介于-1与+1之间)时,分散投资对于两种资产就具有降低风险的作用。所以,风险分散是一种通过多样化的投资来分散和降低风险的风险管理策略。

《信托公司管理办法》第19条第1款规定,信托公司管理运用或处分信托财产时,可以依照信托文件的约定,采取投资、出售、存放同业、买入返售、租赁、贷款等方式进行。《信托公司集合资金信托计划管理办法》第26条第1款规定,信托公司可以运用债权、股权、物权及其他可行方式运用信托资金。以上法规的规定为信托公司运用风险分散策略提供了政策支持。

(4) 风险对冲。

风险对冲是指通过投资两种收益波动负相关的资产,来冲销资产潜在风险的一种风险管理策略。信托与租赁公司的风险对冲可以分为自我对冲和市场对冲两种情况。自我对冲是指利用某些具有收益负相关性质的业务或资产组合本身所具有的对冲性质,来达到冲销风险的目的。市场对冲是指利用衍生产品对冲风险。

(5) 风险转移。

风险转移是指信托与租赁公司出于某种目的将本身不愿意承担的风险采取某种措施转嫁给其他经济主体承担。风险转移策略是一种传统的风险管理策略,在信托与租赁公司的风险管理中拥有广阔的应用空间。

购买保险是最常见的一种风险转移手段,信托与租赁公司可以以缴纳保险费为代价将特定风险转嫁给保险公司。业务外包是另一种转移风险的手段,信托与租赁公司可以通过业务外包的形式将不擅长或在战略上不愿意重点拓展的业务或管理环节委托给相应的外部专业机构。

信托与租赁公司可以通过担保措施将信用风险转嫁给保证人或抵押物承担。目前,无论是自有资金还是信托资金,通过贷款的方式运用出去,以贷款利息收入作为资金运用的回报,仍然是信托公司最常用的资金运用方法。所以,担保是转移信用风险的最有效手段。随着金融创新的不断涌现,信托与租赁公司的资金运用手段也越来越丰富,一些公司充分利用信托业务制度灵活的优势,开发出贷款出售业务,将已发放的贷款出售给其他金融机构,随着贷款的出售,信用风险也发生了转移。

(6) 风险补偿。

风险补偿指因承担风险而获得的价格补偿,是信托与租赁公司根据承担的风险水平确定回报多少和风险溢价高低的一种策略。对外提供担保收取担保费是一种典型的风险补偿,按照《信托公司管理办法》的规定,信托公司可以按照不超过净资产50%的额度开展对外担保业务。

尽管对外提供担保业务属于信托与租赁公司的业务范围,通过提供担保可以获得担保收入,但由于担保业务风险较大,信托与租赁公司一定要慎用该项业务职能。一是要考察好被担保人的信用状况,防止成为其他金融机构转移风险的承担者;二是要设置安全可靠的反担保措施,一旦需要履行担保责任,可以通过反担保措施追偿损失;三是要收取适当的担保费,既能够保持自己在担保市场中的竞争力,又能对所承担的风险给予足够的风险补偿。

(7) 风险吸收。

风险吸收是信托与租赁公司基于谨慎性原则,为保证经营的可持续性,针对风险发生的可能性,提取足够的风险准备金,以保证损失发生之后能够很快吸收的一种风险管理策略。

风险吸收策略与风险控制、风险分散、风险对冲、风险转移及风险补偿等策略互为补充。风险控制、风险分散、风险对冲、风险转移等策略主要在事前及事中发挥作用,风险吸收策略主要在事后发挥作用。风险补偿策略通过增加收入的方式管理风险,而风险吸收策略则把风险摊销到了不同期间,通过减少各期利润的方式来管理风险。

风险吸收策略在信托与租赁公司主要应用于两个方面:一是按照资产五级分类结果对各类资产提取风险准备金,包括应收账款坏账准备金、贷款呆账准备金、投资风险准备金等;二是提取信托赔偿准备金,用于信托与租赁公司作为受托人违反受托人义务时的赔偿。

(8) 风险分担。

风险分担是指受托人与受益人共担风险,是信托与租赁公司作为受托管理资产的金融机构所特有的风险管理策略,是在风险管理中正确处理当事人各方利益关系的一种策略。

4. 信用风险管理效果评价

这是对实施信用风险管理措施的结果进行认定和评价,是对信用风险管理方法的适用性和收益性情况进行分析与检查,也是对风险管理的一个周期工作的总结。

信用风险管理技术选择是否最佳、其管理效果如何,需要进行科学的评估。风险管理效益的大小取决于是否能以最小的成本取得最大的安全保障。成本等于为采取信用风险管理技术所支付的各项费用与机会成本之和,而保障程度取决于由于采取了该项风险管理技术后减少的信用风险损失(直接损失和间接损失之和)。若成本大于安全保障则说明该项风险管理技术在经济上是不可取的。但在信用风险管理的实践中,通常不仅要考虑经济性,还要考虑该项技术与整体管理目标的一致性、实施的可能性和有效性,故而一般应评价以下几项:

(1) 信用风险管理的指导思想是否适合。

(2) 信用风险识别是否存在重大偏差。

(3) 信用风险衡量是否存在重大偏差。

(4) 信用风险管理策略是否适当。

(5) 信用风险管理成本与收益是否偏离预先的目标。

(6) 信用风险管理的操作流程是否合理。

由于信用风险的可变性、人们认识水平的阶段性以及风险管理技术的不完善,对信用风险的识别、衡量、评价乃至管理技术的选择需要定期检查。对评价过程中出现的问题,应提出改进意见,并反馈给决策层,以不断改进与修正风险管理技术,从而保证管理技术的最优性与合理性。

（二）信托与租赁公司的风险管理体系

1. 信托与租赁公司建立有效风险管理体系的要求

信托与租赁公司作为专业的资产管理公司，需要构建一个完善、有效的风险管理体系。这个体系是以风险管理组织架构为支撑，实现风险识别到风险度量再到风险管理的流程。虽然每家信托与租赁公司的风险管理体系都需要基于自身的特点构建，不存在一个统一的模式，但从现代风险管理的经验与趋势来看，一个完善、有效的风险管理体系至少满足以下几个方面的标准。

（1）风险管理能涵盖公司运营过程中所有可能遇到的风险因素。

这些风险因素来自公司的各业务部门，包括信用风险、市场风险、操作风险、流动性风险等。公司要能够有效地识别出各类风险，并将其纳入管理范畴。

（2）风险管理能够在公司层面上实现对各类风险的整合。

在信托与租赁公司因业务宽泛产生多样化风险的情况下，要在公司层面对各类风险进行整合，实现业务组合分散风险的功能。具体来讲，各投资项目按业务类别归总，业务的风险大小并不是同一类业务下各投资项目风险大小的简单加总，因为各个投资项目的独特风险在同类业务中可以通过组合被降低。同理，在公司层面对各业务风险进行整合。整合过程一方面起到降低风险的作用；另一方面使公司高层管理者很清楚地知晓公司每一类业务、每一个投资项目对公司总体风险的影响程度，通过公司资源配置调整，使公司所承受的风险在可以接受的范围内。

（3）风险管理过程要与公司经营过程有机地结合。

公司经营的是金融产品，在考虑它为公司带来收益的同时，必然要考虑它所带来的风险，因此风险管理过程要与经营过程有机结合，而不能将风险管理过程作为经营过程的一个补充。具体来讲，在开展业务时，从业务活动开始时就引入风险管理，包括对投资项目的风险识别、风险评估以及制定相应的风险管理策略；在人员上，通过实施基于风险调整的绩效评估，使公司内的每个职员都对风险管理负责；在机构设置上，能够体现风险管理对业务实时监控的需要。

（4）风险管理要与公司经营目标建立直接联系。

明确公司经营目标的实现需要依托风险管理活动，而公司的风险管理活动是为了实现经营目标。为了建立这种直接联系，首先，要确定影响公司经营目标的风险因素；其次，要根据风险因素的具体情况，基于改善风险状况的思路提出管理战略；最后，要评估风险管理战略对经营目标的影响，以决定是实施战略还是提出新的战略。

2. 信用风险管理组织机构的构成

一套科学健全的信用风险管理组织机构是信托与租赁公司的信用风险管理目标得以实现，业务流程和管理方法得以顺利运行的基本保证。信托与租赁公司的信用风险管理组织机构，必须按照金融机构抵御风险、高效运转和灵活反应的要求，结合业务项目的安全营运合理设计。要做到部门设置系统，层次安排有序，岗位配置合理，功能组合齐全，任务分工清楚，责权限明确，既便于集中指挥，又便于互相协作与制约。

信托与租赁公司信用风险管理组织机构一般由信用风险管理决策机构、信用风险管理部门、相关业务部门组成。

(1) 信用风险管理决策机构。信用风险管理决策机构的主要职责是:审查批准公司的信用政策和风险管理策略;审批高风险的大额交易事项;审批处理重要信用风险事项的处理方案等。

(2) 信用风险管理部门。信用风险管理部门的主要职责包括:负责客户资信的调查、分析、建立和管理客户信用档案;负责建立、管理企业的信用风险管理信息系统;制定企业的信用政策;审查业务部门与客户签订的合约;监督业务部门的操作流程;对项目进行跟踪监控和债务追查等。

(3) 相关业务部门。信托与租赁公司的金融业务部门、财务部门等则是信用风险管理组织体系的具体实施部门。在日常工作中,它们不仅要认真执行信用风险管理的各项规定,还必须积极配合、支持信用管理部门的工作,及时、主动地向信用风险部门报告、反馈有关信息。

3. 影响信用风险管理机构组织的因素

(1) 信用风险的严重性及复杂程度。信用风险的严重性和复杂程度决定和影响着风险管理机构的建立。一般来说,信用风险的严重程度和复杂程度越高,其管理组织机构的地位也越显著。

(2) 公司的规模。信用风险管理组织系统是信托与租赁公司管理系统中的一个子系统,因而信托与租赁公司自身规模的大小也会影响信用风险管理组织机构的大小和复杂程度。一般来说,规模越大的公司信用风险管理的组织机构就越复杂。

(3) 风险主体管理层的态度。如果最高领导层对待信用风险的态度不积极,则可能人为地削弱风险管理部门的地位,而一个有远见的领导层则注重信用风险管理,愿意投入一定的人力、物力和财力来支持风险管理组织机构。

(4) 政策与法令。这是影响信用风险管理组织机构建立的外部因素,作为一个经营非银行金融业务的机构,信托与租赁公司必须按国家的政策和法令的规定来设置信用风险管理组织。当然,由于不同信托与租赁公司的具体情况不同,各公司应根据具体情况来选择合适的信用风险组织机构,使信用风险管理的目的能够实现,同时能降低成本。

三、信托业务中的信用风险管理

根据对信托公司信用风险来源及主要特点的分析,我们对信托公司信托业务的信用风险做重点分析。在对信托类业务的分析中,我们着重对信托贷款业务和信托投资业务的信用风险管理进行分析。

(一) 对信托贷款业务的信用风险管理

同商业银行贷款不同,信托贷款的发放范围较窄,主要用于满足投资对象无法从商业银行得到支持的一些正常、合理的资金需要。同商业银行的贷款机制一样,信托公司的贷款需要经历贷前审查、贷款发放、跟踪监督、贷款质量分类、本息收回这样一个流程,当贷款对象无力或不愿按期归还本息时,信托公司就会遭受巨大损失。

为了有效防范信用风险,信托公司要充分吸收商业银行的贷款管理经验。

1. 做好对贷款对象的资信调查工作

贷款对象必须是恪守信用的企业,近年来无不良信用记录,能及时偿还各项贷款本息:企业的主营业务符合国家的产业政策和行业发展规划,不属于国家限制或禁止发展的产业范围;企业经营状况良好,在可预见的将来不存在严重影响企业经营发展的不利因素;企业有比较健全的组织管理体系,公司治理结构比较完善,管理层的诚信意识比较强;从财务上分析其近年来的各项关键财务指标,如销售利润增长率、资产负债率、流动比率、资产周转率、现金流量等没有恶化趋势,各项指标值良好,以保证企业具有良好的履约能力,在偿还期能顺利还本付息。

2. 做好对贷款项目的考察工作

对信托公司发放的科研试制信托贷款,要充分考虑该科研机构或企业的科研能力和科研项目的可行性,要组织相关专家对其可行性报告进行充分的评估,并对项目成功后的经济效益做出科学衡量,以保证项目成功后能及时转化为现实生产力和经济效益。对信托公司发放的技术改造项目贷款,由于其金额往往较高,要充分考虑新技术是否成熟,与贷款项目相关的配套资金能否及时、足额到位,并衡量改造项目完成后的经济效益的大小,对技术改造前和改造后的现金流量情况做出比较,以保证项目完成后,企业具有良好的履约能力。对于其他项目贷款,主要考虑该项目是否合法,是否符合国家的大政方针,投资项目的规模是否合理,项目所生产的产品是否适销对路,在市场上是否具有足够的竞争力。

拓展阅读 11-3

违约炸弹一个一个爆　信托的日子不好过

2018 年新年以来,信托逾期兑付事件接二连三。在资管新规的冲击波下,信托行业流动性压力不可小觑。

1 月 15 日,中融信托两个产品逾 9 亿元本息被曝出面临资金困境,二度延期兑付,涉及云南国资委下属企业。次日,云南省国有资本运营有限公司公告称已完成兑付,渡过中融信托的危机。1 月 25 日,媒体报道称,山西信托多个产品密集违约,其中信达 3 号集合资金信托计划,已逾期近四个月,至今仍未得到解决。

2017 年 11 月出台的资管新规明确规定了金融机构对资产管理产品实行净值化管理的要求,同时要求资管业务不得承诺保本保收益,即打破刚性兑付。

业内人士认为这些措施将令银行理财规模承压,进而对银行的流动性产生冲击,而这对与银行合作密切的信托公司冲击更大,尤其是一些以通道业务为主的信托公司。

《上海证券报》援引北方某信托公司研究员称,"在严监管的背景下,融资需求正从表外回流表内,尤其是在非标业务被进一步压缩的情况下,融资需求的供求失衡将进一步加大"。他认为,融资缺口增大,或令部分企业的资金缺口无法得到有效满足,致使流动性风险上升。

据该研究员测算,2018 年信托到期清算量大约在 5.6 万亿元,同比增长 22%,提升了近 7 个百分点。"如果按照现有证券投资信托规模占比为 12% 估算,其他信托业务方面整体需要到期偿还的债务量约4.9万亿元,基本与债券市场的到期量相当。无论从债券市场还是从信托融资渠道看,2018年都是债务到期压力较大的年份,而且融资方资质并不高,可能存在违约风险上升的可能。”他分析。

信托普遍具有刚兑的传统,在近期出现的多起违约事件中,信托公司也都是力保完成兑付,但在未来“破刚兑”的趋势下,信托面临转型压力。

联讯证券李奇霖、钟林楠介绍称,信托在产品出现兑付困难时,一般会采取以下方式进行兑付:

(1) 利用自有资金受让资产,进行流动性支持。如果是单一信托,虽可直接受让信托财产,但因涉及关联交易,需先向银监报送;如果是集合信托,依据《信托公司集合资金信托计划管理办法》,信托财产需与固有财产保持独立,自有资金不能受让信托财产。但有些公司可能采用灰色手段,先将信托财产转让给第三方,而后再用自有资金间接受让。

(2) 引入第三方或关联公司受让信托财产。第三方主要代表为AMC,由AMC直接从信托公司手中收购可能出现现金流问题的不良债权,进行重组回收。这种方式时间偏长,往往需要经历看资产、谈价格等阶段,因此需提前做好准备。但由于这种方式无须惊动受益人,在现实中也普遍被信托公司应用。

(3) 新发信托产品兑付老产品。直接采用这种模式违反《信托公司集合资金信托计划管理办法》,现实中往往会采取先引入第三方或关联机构接盘,然后由新发信托善后的灰色手段。

(4) 转让信托受/收益权。即将信托计划的受益人更换为第三方,让原始受益人退出,保障原始受益人的利益。但这种方式需要受益人的同意,对信托公司的信誉也会造成一定的影响。

从以上四种方式中可以看出,(2)与(4)较为合规,类似于债基剥资产。但(1)与(3)都存在较大风险,从这个视角看,监管层要求信托产品打破刚兑是正确的选择。

李奇霖、钟林楠认为,对信托而言,刚兑被打破后,其所遭受的影响不仅在于其自身产品吸引力下滑,渠道销售难度进一步加大,更在于上游银行理财将面临的一系列问题。作为信托资金的重要来源之一,刚兑被打破后,缩量转型在所难免,但转向何方、如何转、还有多少资金能给信托做银信合作等疑问将给后刚兑时代信托资金募集蒙上一层阴影。

资料来源:和讯网。

3. 做好贷款的担保准备工作

首先,为了充分减少信用风险发生的可能性,信托公司在发放贷款时,尽可能地采取贷款担保抵押机制,减少信用贷款的发放。对贷款对象担保人的资信情况要认真调查,并对其财产情况做出科学评估,以保证其具有良好的资信和良好的偿还能力。其次,对采取抵押物或质押物的贷款,要明确抵押物或质押物的产权归属,保证其不具有发生潜在司法争议的可能性,同时通过专业机构确定抵押物或质押物的价值,并评估其变现能力。最后，信托公司要按国家规定对抵押物办理抵押品登记手续，到公证部门进行公证以避免抵押物重复抵押或在贷款期内转让、赠与等行为的发生。

4. 健全贷款管理机制

由于贷款发放涉及多个环节和多个部门，通过健全整个贷款流程的管理制度，做到每个环节严格按照操作流程办理，各个环节尽量不出现问题和差错，从各个环节上尽量减少信用风险最后发生的可能性。首先，贷款的调查工作人员要如实反映贷款对象的资信情况、企业经营情况，以便贷款审核部门对调查资料进行科学评估和做出科学决策；其次，在贷款发放后，贷款管理部门积极对贷款资金跟踪监督，监督借款人严格按照约定的贷款用途进行资金运用，随时了解企业的经营现状和发展趋势，以便及时进行信用风险的识别和预警；最后，信托公司要严格按照五级分类方法，做好对贷款质量的评估，并据以提取坏账准备金，充分应对信用风险的发生。

（二）对信托投资业务的信用风险管理

由于信托投资不涉及本息的偿还，其面临的风险相对较大。因此，信托公司要严格做好以下几方面工作。

1. 做好信托投资项目的选择工作

在投资前，信托公司要慎重选择投资项目，科学评估项目的经济效益，项目效益是防范信用风险的关键。首先，要对拟投资企业做出认真调查，要分析企业所处的行业前景、企业在整个行业中的地位，分析企业的核心竞争力和可持续发展前景，充分了解企业的管理团队，选择行业有前景、管理团队富有才能、具有核心竞争力的企业；其次，认真做好项目评估工作，在项目合法和符合国家产业政策的基础上，衡量项目实施的可行性和预期经济效益，在投资前，尽量委托专业机构或者专家对项目可行性报告进行分析，最好做实地调研，避免被纸上所设想的美好前景迷惑，在充分分析项目可行性和预期现金流量等情况后再做科学决策。

2. 做好对投资企业的监督管理工作

投资发生后，根据情况委派专人负责对投资企业的监督管理工作，并依据合同条约的规定，参与企业的管理机构，督促企业严格按照约定的用途使用信托资金或信托财产，督促企业及时到位配套资金、配套项目，及时了解项目的进度及企业的经营动态；在项目完成后，密切关注企业现金流量和项目效益。

3. 投资分散策略

严格遵守监管部门的规定，进行投资比例控制，避免风险过度集中于少数几个投资项目上。信托公司在进行信托投资时，应使固定资产投资额与自有资金保持一定的比例，防止信托公司因超负荷投资而带来的信用风险。在进行投资策略分析时，最好把项目投资于多个行业，避免行业景气度发生变化从而遭遇系统性风险。

4. 做好风险的化解工作

在投资发生后，为保证投资项目在发生意外时得到赔偿，信托投资机构可将投资项目向保险公司投保，把投资的信用风险转嫁给保险公司。同时，尽管信托公司采取各种措施来控制信用风险，但损失仍可能发生，因此信托公司要按《信托投资公司管理办法》，每年从税后利润中提取坏账准备金,以增加信用风险损失的承受能力。

(三)信托公司自身信誉风险的防范

信誉是信托公司生存的根本,信托公司要不断加强自身信用意识,恪守信托合约,打造诚信招牌,从而获得长远的发展能力。

1. 大力培育信用文化

在全行业范围内营造信用文化,加强信用文化的宣传,让每个员工明白信誉就是生命,培育每个员工的信用意识。

2. 严格遵守国家法律、法规,做到合法、合规经营

回顾信托业在我国的发展历程,信托业在我国经历多次整顿的一个重要原因就是相当部分的信托公司违规经营,违背委托人的意图,任意运用和处置所吸收的信托资金或信托财产,最终导致支付危机。信托公司要充分吸取原有的教训,严格按照国家有关规定开展业务,绝不违规经营,损害公司信誉。

3. 提升资本实力,增强对风险的抵御能力

充足的自有资本是防范信誉风险的一个有效指标。信托公司要通过多种途径提升资本实力,改变资本充足率低的现状,使资本充足率至少维持在国家要求的最低比例之上,以便在支付风险发生时能以充足的自有资本尽量化解风险,维护公司的信誉。

(四)对委托业务的信用风险管理

在委托业务中,信托公司主要承担检查和监督的义务,可以从以下方面来加强对其信用风险的管理。

1. 认真签订委托合同

在同委托人签订委托合同时,信托公司不得使用带有歧义或比较模糊的用语。信托公司必须向委托人明确双方责任的划分,投资范围、投资项目、投资金额、资金用途由委托人自主决定,信托公司不负责投资项目的损益情况,不承担项目本身的信用风险,不承担损失责任。做好委托合同的签订工作,可以避免信托公司遭受不必要的损失。

2. 做好对委托项目的监督管理工作

在委托合同签订后,信托公司必须认真履行合同条约,以委托人的身份做好对项目、投资对象、投资资金的监督管理工作,切实维护委托人的利益。信托公司要充分发挥自己的专业长处及经验丰富等优势,做好从资金的发放、资金的使用监督、项目的管理、资金的回笼到本金及利润的收回等一系列工作。

3. 向委托人及时、充分披露信息

在对投资项目的跟踪管理中,信托公司要及时了解投资对象的经营动态、投资项目的进度、委托人的收益情况等,并对投资项目的风险情况进行分析,形成自己的专业判断,并及时和委托人沟通,进行信息的充分披露;一旦受托人的经营状况恶化或出现信用问题,要及时向委托人反映,以便采取有效措施化解风险。

四、租赁业务中的信用风险管理

对租赁业务的信用风险管理,具体可包括两方面的内容。从微观层面上看,包括租赁

公司自身强化对信用风险的管理;从宏观层面上看,包括完善租赁行业的法律法规,从制度上减少租赁公司面临的信用风险。

(一)租赁公司加强对信用风险的管理

1. 谨慎做好项目前期调查研究

项目前期调研阶段,要充分做好各项调查,尽可能地通过各种渠道,全面、真实、详细、及时地掌握企业各种资料。例如,实地考察以获得企业资料与财务数据,与目标企业的主要及重点客户联系并获得有关信息,与目标企业所处的行业协会联系获得相关资料,利用发达的互联网了解企业信息等。

2. 做好对租赁项目的经济效益分析

租赁公司应对承租人租赁项目投资的可行性报告进行慎重论证分析,分析其投资项目的预期经济效益,以确保租赁公司开展融资租赁项目后,承租人有稳定的资金流量来支付每期的租金。对因技术改造而需要进行租赁的标的物,要确保其技术先进,确保承租人具有较好的配套设施和一定的资金;对生产性或经营性设备,要确保承租人在租赁后能迅速在实际生产或经营中转化为现实生产力或现实经营效益,生产出来的产品或提供的服务具有一定的市场需求和销路;对大型工程机械等设备,要仔细分析承租人引入后对其工程项目进度、节省的人力成本等多方面可能带来的经济效益;对不能直接转化为现实生产力的技术改造型设备,要着重考察其引入后对企业整体技术水平、对企业经营所带来的间接影响,分析其间接经济效益的大小。

3. 建立早期风险预警体系、资产质量分析指标体系

从定性和定量两方面,建立客户信息数据库。保持数据的系统性、准确性并及时更新,如企业的财务数据可保持每月更新;在掌握大量数据资料的前提下,可参考目前国内外关于建立财务危机预测模型实证分析的结论;在模型的选择上,可选择目前实证常用的多变量评定模型、概率模型、类神经网络预测模型等。

4. 不断进行业务创新,化解风险

创新是租赁业持续发展的动力,租赁公司要大力推动租赁业务的创新,以此来降低经营风险。国内租赁公司可积极引入国外已比较普遍的风险租赁业务和项目融资租赁业务。风险租赁是指出租人以租赁债权加股权的形式将设备出租给承租人,承租人以部分股东权益作为租金,出租人可获得租金和股东权益作为投资回报的一项租赁交易。在项目融资租赁中,承租人以项目自身的财产和效益为保证,与出租人签订项目融资租赁合同,出租人对承租人项目以外的财产和收益无追索权,也没有担保,租金的收取以项目的现金流量和效益来确定。在积极借鉴国际经验的同时,国内租赁公司可结合国内实际情况,创新租赁模式。

5. 认真做好租赁合同的签订工作

合同的条款一定要全面,特别是主要条款,更不得遗漏。合同中对交付时间、履行地点及租赁机械的名称、数量、标准、质量等要做明确的规定,切忌含混不清;租金结算及付款方式要明确,并尽可能地采用预付租金或预付定金的方式降低风险。在租赁合同的签订上还可以明确约定如果承租人延期交付租金,每日须按一定的比例加罚利息;如果承租

人单方面终止合同,将承担高比例的违约赔偿(一般在应付租金总额的50%以上),以此来保证一旦出租人的违约事件发生,即使低价变卖租赁设备也不会出现亏损。

6. 做好租赁项目的担保抵押工作

在租赁公司开展业务中,根据具体情况,对价值高昂的大型设备,要求承租人就租赁项目提供有效的担保抵押。担保抵押的优先顺序为:首先是考虑物的抵押,作为抵押的财产可限定在存单和国债等有价证券,无潜在司法争议的房产证、土地证等;其次是考虑由承租人提供有效担保物的担保;最后才是高信用等级的信用保证。

7. 有效防范供货环节可能出现的风险

为了防范供货环节出现问题从而导致租赁公司遭遇信用风险的现象发生,租赁公司要加强对设备厂商的资信调查工作。在签订购买合同前,通过各种渠道充分了解其资信状况,对于信用等级不佳或资信状况难以了解的设备商,可要求承租人更换设备购买方或要求对方担保。其次,在融资租赁业务中,尽管所购买设备由承租人选定,但在同设备厂商签订购买合同时,为了保证所购设备的质量,也要认真审查各项合同条款,尤其是有关违约和违约责任的处理,应力求详细明确,以便届时能追究供货商的责任和索赔。最后,针对供货环节中的运输环节,可以通过向保险公司投保的办法,进行风险转嫁。

8. 充分吸收同行业其他租赁公司的风险管理经验

租赁公司在不断探索科学有效的信用风险管理方法的同时,可积极学习同行业其他租赁公司的一些较好的管理经验,并结合实际情况吸收借鉴。例如,四川金融租赁公司在实践中通过保证金制度来降低信用风险发生的概率,公司同承租人约定,租赁合同签订后向客户一次性收取租赁物总金额10% ~20%的保证金,如果客户在具体经营中遇到实际困难不能按时支付租金,可用保证金冲抵部分租金,以缓解客户还租压力。

(二) 完善租赁行业的有关法律法规

我国虽然陆续颁布了《企业集团财务公司管理办法》《金融租赁公司管理办法》和《外商投资租赁业管理办法》,对从事融资租赁业务的公司的设立、审批和最低注册资本金等的要求做了较完善的规定,但我国政府还应尽快颁布《融资租赁法》,使融资租赁活动有法可依,有章可循,以推动融资租赁业的规模发展。另外,逐步完善与融资租赁业相关的法律体系,统一原有的各种部门规章、制度、文件,出台详细的租赁法规,明确租赁各方当事人的权利义务,以确保出租人的权益;制定和完善一系列配套的具体法律、法规,以便形成有利于租赁发展的法律环境。同时,有关司法部门在处理融资租赁法律纠纷过程中要严格遵守目前已颁布的法规及各项规章制度,保持公正的执法立场,抵制地方保护主义、政府有关部门等方面的干扰,切实维护融资租赁公司的合法权益。因融资租赁的涉及面广,其立法的意义已超出了融资租赁业本身,不仅是维护融资租赁涉及的所有当事人的合法权益,而且对整个国民经济的健康发展都有着深远意义。

本章小结

1. 证券公司信用风险与其业务内容紧密相连,其信用风险主要来源于经纪业务、证券承销业务、并购业务、融资融券业务等。完善的内部控制制度是证券公司控制其信用风险的重要保证。内部控制要素是证券公司风险管理的控制充足性基准，包括控制环境、控制范围和性质、控制实施、控制检验四大要素。

2. 保险公司的信用管理是指保险公司在产品设计、展业、承保、理赔等各环节，通过技术、制度等方面的安排，降低保险公司与投保人之间信息不对称的程度，使保险公司能够充分了解承保标的风险信息，据以收取相应保费，做到风险与收益的配比，为保险公司的正常经营提供保障。同时，能使投保人对保险产品有充分了解，做出合理的投保决定，为正确履行保险合约创造条件。

3. 作为现代金融机构重要组成部分的信托与租赁公司，在其业务经营过程中不可避免地会遭遇各种风险的困扰，信用风险对它们来说更为直接，因此防范和化解信用风险成为其业务管理中最重要的环节。

4. 信托与租赁公司对信用风险管理的基本程序包括信用风险识别、信用风险衡量、信用风险管理技术选择和信用风险管理效果评价等环节。

关键术语

证券公司　证券承销　证券公司信用风险　证券自营业务　并购　风险对冲　风险转移　风险控制　信托　承保　理赔

复习思考题

1. 证券公司的内部控制系统的要素有哪些？
2. 证券公司在企业并购中的作用及风险管理的主要内容是什么？
3. 概述证券公司信用风险管理流程及体系。
4. 试述证券公司信用风险衡量方法。
5. 保险公司信用管理的主要内容包括哪些内容？
6. 试述理赔过程中信用风险管理的内容。
7. 概述保险展业渠道。
8. 试述租赁公司信用风险的特点及成因。
9. 试述信托与租赁公司信用风险管理的程序。

本章实训

一、实训目的

1. 掌握证券公司信用风险来源。
2. 训练学生收集、阅读和梳理文献的能力。
3. 运用相关资料说明证券公司信用风险防范问题。
4. 训练学生理论联系实际解决问题的能力。

二、实训内容

1. 案例资料

股票质押违约，保荐踩雷，两融违约……多家券商诉讼缠身！

3.09亿元！在上半年行业整体经营承压的情况下，有券商又摊上了巨额诉讼支出。

券商是怎么惹来这些麻烦的?

《国际金融报》记者梳理多家券商半年报发现,近年来,券商诉讼案件多集中在股票质押回购、两融纠纷,以及投行保荐失职被罚等方面。

股权质押业务麻烦不断

牛市中如火如荼的股票质押式回购业务,在市场下跌过程中风险加大。由于存在客户无法履行合同约定而带来的损失,证券公司面临较大的信用风险。

通过梳理券商中报,《国际金融报》记者发现,东吴证券、东海证券、西南证券、申万宏源证券四家券商,仍在进行股票质押回购交易纠纷的后续处理。

(1) 东吴证券。东吴证券已在苏州中院向张跃飞就股票质押式回购业务违约提起诉讼,诉讼涉及金额5 000万元及相应利息、罚息、费用等。该案尚未开庭审理。

(2) 东海证券。东海证券在2013年为练卫飞提供股票质押回购交易业务,初始交易金额为人民币2亿元,以练卫飞持有的2 500万股零七股份作为质押,到期未能赎回。

(3) 西南证券。西南证券在申请执行蔡开坚股票质押式回购交易纠纷案,以实现蔡开坚质押给其的3 700万股中捷股份的优先受偿权。

(4) 申万宏源证券。申万宏源因股票质押回购之融资方王涛违约,于2017年7月5日接到委托人指令,提起三项诉讼并申请财产保全。

此前有统计,自2016年以来,A股合计发生1.4万多笔大股东质押融资,1 700多家上市公司牵涉其中。据民生证券策略估算,截至2017年5月23日,跌破股票质押警戒线的市值规模接近3 000亿元,跌破警戒线的个股平均跌幅达5%。国泰君安等多家券商研报表示,根据目前券商股票质押部分的业务政策,对已触及平仓线或接近平仓线的股票,协商解决是普遍的出路。

两融业务是纠纷高发地

融资业务在市场低迷的情况下,带来的不是收益,而是风险。

两融业务也是纠纷高发业务,光大证券、东海证券都在中报中披露了两融业务纠纷进展。

光大证券于2016年1月26日收到上海市静安区人民法院发出的应诉通知书。公司某客户称光大证券违反了融资融券业务中有关暂缓平仓的约定而致其损失,遂将光大证券诉至法院要求赔偿人民币3 939万元,并承担相应诉讼费用。2016年11月30日,静安区人民法院对该案做出一审判决,对原告的诉讼请求不予支持,原告不服一审判决,并上诉至上海市第二中级人民法院。2017年4月28日,上海市第二中级人民法院做出终审判决,驳回原告诉讼请求,维持原判。

东海证券也被融资业务纠纷拖累。因春和集团到期未能兑付面值总额为1亿元的短期融资债券,东海证券作为分销人承担连带责任。2017年4月17日,宁波市中级人民法院驳回了要求东海证券承担连带责任的诉讼请求。

上海一位券商人士告诉《国际金融报》记者:“因为有较为全面的法律条款,券商多数在此类诉讼中有胜算。”

相对于券商的游刃有余,投资者在此类业务中却要小心谨慎。在签署两融业务风险揭示书时,投资者是否明白可能承担的后果呢?以券商强行平仓是否妥当为例,有分析认为，如果该券商与两融客户的合同里说明了可以视情况调整强平时间，客户在签字时意味着已经同意和接受证券公司拥有此项调整权力。

投行业务成潜在高危区

2016年7月，欣泰电气因欺诈发行被证监会重罚，其保荐机构兴业证券设立了5.5亿元先行赔付专项基金，赔付金额约为保荐收入的46倍，也成为了监管部门对券商的最大罚单。2017年上半年，兴业证券继续推进欣泰电气欺诈发行先行赔付工作。然而，麻烦事却接连不断。2017年3月至6月，侯海波等18名欣泰电气投资者，向福州市中院提起18宗证券虚假陈述责任纠纷诉讼，要求兴业证券作为欣泰电气的保荐人及主承销商赔偿因欣泰电气虚假陈述给其造成的损失382.66万元。同时，兴业证券向上海国际经济贸易仲裁委员会申请仲裁，请求裁决欣泰电气赔偿公司因其违约行为而遭受的损失3 600万元，并支付公司因签字保荐代表人职业资格被撤销的补偿金360万元。然而，欣泰电气却提出反申请，要求兴业证券赔偿因违约给欣泰电气造成的损失1 972万元（包括保荐费用1 200万元和772万元行政罚款）及相关合理费用。

伴随2016年“最严监管年”序幕拉开，监管层对券商IPO等多项投行业务加大核查力度，并公开对多家券商的投行业务进行了处罚或立案调查。投行业务或将成为引发诉讼纠纷的潜在高危区。

资料来源：搜狐网。

2. 实训要求

要求学生以小组为单位，查阅并收集相关资料，在了解我国当前证券公司信用风险的基础上，回答如下问题。

（1）证券公司存在哪些信用风险？

（2）证券公司的信用风险可能给证券公司造成怎样的风险损失？如何防范？

（3）你还知道哪些证券公司信用风险的案子？

三、实训组织

1. 指导教师布置案例分析作业，提示相关要求。

2. 采取学生自由组合的方式，将班级学生划分为若干小组，并指定组长进行负责。

3. 要求学生以小组为单位，认真查阅并收集相关证券公司信用风险的资料，就相关问题以PPT形式进行课堂汇报。

延伸阅读

1. 赵晓菊，柳永明．金融机构信用管理[M]．北京：中国方正出版社，2004.

2. 孟庆福．信用风险管理[M]．北京：经济科学出版社，2006.

3.《证券公司风险控制指标管理办法》，中国证券监督管理委员会，2008年3月4日.

4. 吴晶妹．信用理论概论[M]．2版．上海：上海财经大学出版社，2011.

5. 焦瑾璞．金融机构信用管理[M]．北京：中央广播电视大学出版社，2011.

6. 陈勇阳．信用评估——理论与实务[M]．北京：北京交通大学出版社，2011.

7. 孙森，翟淑萍．信用管理[M]．北京：中国金融出版社，2012.

8. 谭中明，张静，文学舟．信用理论学[M]．镇江：江苏大学出版社，2012.

9. 各年度信托行业风险分析报告.

相关网站

1. 各金融机构网站。
2. 新华网。
3. 中国诚信信用管理股份有限公司官网。
4. 信用中国官网。
5. 中国信用管理师网。

参考文献

[1] 史福厚．金融学[M]．呼和浩特：内蒙古人民出版社,2006.
[2] 张亦春,等．中国社会信用问题研究[M]．北京：中国金融出版社,2004.
[3] 朱毅峰,吴晶妹．信用管理学[M]．北京：中国人民大学出版社,2005.
[4] 吴晶妹．三维信用论[M]．北京：当代中国出版社,2013.
[5] 谭中明,等．社会信用管理体系——理论、模式、体制与机制[M]．合肥：中国科学技术大学出版社,2005.
[6] 英国皇家银行学会(CIB),布莱恩·科伊尔．信用风险管理[M]．北京：中信出版社,2003.
[7] 吴晶妹．现代信用学[M]．北京：中国人民大学出版社,2009.
[8] 王东胜．社会信用体系原理[M]．北京：中央广播电视大学出版社,2011.
[9] 焦国成．中国社会信用体系建设的理论与实践[M]．北京：中国人民大学出版社,2009.
[10] 中国市场学会信用学术委员会．中国社会信用体系模式探索[M]．北京：中国方正出版社,2012.
[11] 林钧跃．征信技术基础[M]．北京：中国人民大学出版社,2007.
[12] 陈建中．社会信用管理体系建设构想[M]．北京：中国经济出版社,2009.
[13] 李信宏,等．信用评级[M]．北京：中国人民大学出版社,2006.
[14] 杜金富,等．征信理论与实践[M]．北京：中国金融出版社,2004.
[15] 全国信用标准化技术工作组．国内外信用理论研究与标准化实践[M]．北京：中国计量出版社,2010.
[16] 谭中明,张静,文学舟．信用管理学[M]．镇江：江苏大学出版社,2012.
[17] 吴晶妹．信用管理概论[M]．2版．上海：上海财经大学出版社,2011.
[18] 中国就业培训技术指导中心．信用管理师[M]．北京：中国劳动社会保障出版社,2008.
[19] 胡斌．金融监管蓝皮书：中国金融监管报告[M]．北京：社会科学文献出版社,2013.
[20] 祁敬宇,祁绍斌．金融监管案例评析[M]．北京：首都经济贸易大学出版社,2011.
[21] 郭田勇．金融监管学[M]．北京：中国金融出版社,2008.
[22] 科尔,米什勒．消费者与商业信用管理[M]．北京：清华大学出版社,2003.
[23] 林钧跃．企业与消费者信用管理[M]．上海：上海财经大学出版社,2005.
[24] 毛道维．中国社会信用体系中信用结构和信用链研究[M]．上海：上海三联书店,2011.
[25] 李士梅．公债经济学[M]．北京：经济科学出版社,2006.

[26] 孙森,翟淑萍. 信用管理[M]. 北京:中国金融出版社,2012.
[27] 刘澄,徐明威. 信用管理[M]. 北京:经济管理出版社,2011.
[28] 中国就业培训技术指导中心. 信用管理师(基础知识)[M]. 北京:中国劳动社会保障出版社,2006.
[29] 朱荣恩,丁豪樑. 企业信用管理[M]. 北京:中国时代经济出版社,2005.
[30] 叶陈毅. 企业信用管理[M]. 北京:高等教育出版社,2008.
[31] 关伟. 企业信用管理[M]. 北京:中国人民大学出版社,2009.
[32] 高秀屏. 企业信用管理[M]. 上海:上海财经大学出版社,2013.
[33] 张美林,欧志伟. 信用评估理论与实务[M]. 上海:复旦大学出版社,2004.
[34] 林钧跃. 企业信用管理[M]. 北京:企业管理出版社,2001.
[35] 李敏,张美林,韩家平. 企业信用管理[M]. 上海:复旦大学出版社,2004.
[36] 罗伯特·科尔,朗·米什勒. 消费者与商业信用管理[M]. 北京:中国人民大学出版社,2004.
[37] 林钧跃. 消费者信用管理[M]. 北京:中国方正出版社,2002.
[38] 石庆焱,秦宛顺. 个人信用评分模型及应用[M]. 北京:中国方正出版社,2006.
[39] 焦瑾璞. 金融机构信用管理[M]. 北京:中央广播电视大学出版社,2011.
[40] 郑磊. 商业银行信用管理——商业银行转型系列[M]. 北京:清华大学出版社,2006.
[41] 中国银行业从业人员资格认证办公室. 2014 银行从业人员资格考试教材——公司信贷 2013 版(2014 年 6 月考试沿用)[M]. 北京:中国金融出版社,2013.
[42] 陈洁. 信用管理案例分析[M]. 北京:中央广播电视大学出版社,2011.
[43] 赵晓菊,柳永明. 金融机构信用管理[M]. 北京:中国方正出版社,2004.
[44] 孟庆福. 信用风险管理[M]. 北京:经济科学出版社,2006.
[45] 陈勇阳. 信用评估——理论与实务[M]. 北京:北京交通大学出版社,2011.
[46] 杜金富. 社会信用体系建设的若干思考[J]. 中国金融,2012(8).
[47] 李少林. 信用与市场经济[J]. 山东省青年管理干部学院学报,2004(4).
[48] 王慧. 中国信用体系脆弱性与制度约束[J]. 青海社会科学,2004(4).
[49] 安贺新. 关于我国社会信用制度建设目标模式的思考[J]. 中央财经大学学报,2004(6).
[50] 蓝寿荣. 试析美国个人信用的法律规制[J]. 国际金融研究,2003(2).
[51] 周汉华. 信用与法律[J]. 经济社会体制比较,2002(3).
[52] 任森春,姚然. 欧美国家失信惩戒制度及启示[J]. 安徽商贸职业技术学院学报,2007(3).
[53] 王雨本. 我国市场信用立法的指导思想和基本原则探析[J]. 南方金融,2009(11).
[54] 范昱. 论诚信与市场经济[J]. 巢湖学院学报,2008(2).
[55] 贺学会,尹晨. 信用体系与征信:概念与基本框架[J]. 金融与保险,2005(4).
[56] 张淳清,曹加. 信用环境的影响因素分析[J]. 生态经济,2008(11).
[57] 刘宝. 产权、信息与信用——我国信用缺失的经济学分析[J]. 安徽商贸职业技术

学院学报,2005(4).
[58] 周素萍.征信国家失信惩戒机制的建立及启示[J].经济纵横,2007(4).
[59] 陈坤木.美国信用建设的考察与启示[J].科技导报,2003(11).
[60] 王富全,许长新.征信体系建设中的失信惩戒机制分析[J].金融研究,2008(5).
[61] 林忠,吴钟海.现代经济学多重视角下的信用缺失分析[J].大连海事大学学报:社会科学版,2008(8).
[62] 陈湘封.论信用文化[J].经济经纬,2006(2).
[63] 陈延斌,王体.中西诚信观的比较及其启迪[J].道德与文明,2003(6).
[64] 孟勤国.中美诚信之比较[J].法学评论,2004(1).
[65] 葛晨虹.市场经济与社会诚信建设研究述评[J].工作研究与建设,2004(1).
[66] 王晓明.信用文化建设的实现路径[J].中国金融,2012(5).
[67] 韩家平.中国商业保理行业研究报告(2012)[R].中国服务贸易协会商业保理专业委员会,2012.
[68] 国务院研究室"建立社会信用体系基本框架研究"课题组.建立社会信用体系的基本构架[N].中国经济时报,2004-01-13.
[69] 堂吉伟德.建立社会信用体系须发挥政府主导作用[N].光明日报,2014-03-11.
[70] 刘姝威,王学飞,张现峰,阎黎丽.不同社会信用体系的国际比较[N].上海证券报,2004-08-12.